労働者派遣法論

萬井隆令
TAKAYOSHI YOROI

旬報社

はしがき

　2015年の派遣法改正は、従来、曲がりなりにも、派遣事業の適正な運用のために"派遣元を規制する法律"であったものを、労働者の過半数代表への意見聴取で足りるとする派遣継続要件の創設が象徴するように、"派遣の運用を派遣先の都合に合わせる法律"へと法律の性格を一変させた。派遣法に関心を持つ研究者は「一言無かるべからず」である。

　私は、労働契約の性格、いかなる要素があればその締結が認められるのかといったことに特に関心を持っていた。その問題関心から、後に次々と裁判になる「派遣切り」で遭遇する、偽装請負業者の従業員が請負契約の解除に伴い失業した際、事実上の労働関係が継続している間に発注者との間に黙示の労働契約が成立したと主張して、その確認を求めた事件について、判例評釈を書いたことがある（「事業場内下請労働者と労働契約論－ブリティッシュ・エアウェイズ・ボード事件」龍谷法学14巻1号）。派遣法が論議され始めた1981年春のことである。その後、龍谷大学法学部に在職中、脇田滋氏、大橋範雄氏の論文博士の審査委員を務め、脇田滋『労働法の規制緩和と公正雇用保障』、大橋範雄『派遣法の弾力化と派遣労働者の保護』を丹念に読む機会を得た。その前後から、派遣問題にも関心が広がり、それに関わる論文や判例評釈、意見書を手掛けてきた。同じ問題に関心を持つ研究者や事件を担当する弁護士とも交流が深まり、古稀の際、労働法理論研究会の共同研究の成果である和田肇・脇田滋・矢野昌浩編『労働者派遣と法』（日本評論社、2013年）を贈られた。偶然の事情から、同書のほぼ全ての原稿を読み、我流のコメントをし、その「流れ」で、高橋賢司『労働者派遣法の研究』（中央経済社、2015年）、本庄淳志『労働市場における労働者派遣法の現代的役割』（弘文堂、2016年）の書評も手掛けた。

　図らずも、労働者派遣法の研究がライフワークとなっているが、書評をしてばかりいないで、書評される側になってはどうかと挑発され、また、私の派遣論は多くの論点にわたっているし、同じ論点でも少しずつ変化している点もあるようだ、一度、整理して纏めてはどうかと助言されたこともあり、この間、公表したものを一から見直して、まとめることとした。

論説はともかく、書き綴ってきた判例評釈および意見書では、当該事件に即しながら、法律論としては同様な論旨を繰り返していることも多いから、過去のものを整理して並べ、若干の手を加えて1冊の本にまとめるということはできない。勢い、過去の論文等を一旦は解体し、一から構成し直し、書き綴っていくことを余儀なくされた。そのような事情であるので、派遣に関わる拙稿を一括して掲載しておく（xi頁以下）。

　大学で進路を考えている頃、いくつかの労働事件に接するなかで、研究を通じて労働者の権利を擁護することに寄与したいという想いをもって研究者の道を選んだ。労働法は成り立ちの経緯に照らしても、法律の規定や契約の内容だけでなく、労使関係の実態を正確に把握し、それを分析し、法理論化していくことは初歩であり、基本であると考えてきた。また、研究の道を選んだ動機からして、自然に、労働者の権利を擁護する法解釈論を構築することを私の役割と自ら位置付けてきた。

　法科大学院が発足する頃、しばしば「理論と実務の架橋」といった言葉を聞いたが、労働者の権利闘争や権利の実現、発展に寄与することを心掛けてきたつもりの私には違和感があった。「架橋」というからには、異なる二つのものを橋渡しするということであろうが、私にとっては「理論」と「実務」は切り離すことはできないものであり、法廷や団体交渉の場で、労働者が主張し得る理論を構築するという意味で「実務」と結びつかないような「理論」は考えもしなかったからである。

　本書は、労働法理論研究会、非正規労働者の権利研究会での報告、討論から多大な示唆を受けている。私の解釈方法論にとって重要な、「実態の把握」に繋がる、具体的な事件の準備書面、書証の類を多くの弁護士から提供していただいた。判例などの入手には、龍谷大学ローライブラリアン中村有利子氏の協力を得た。また、甲南大学の武井寛、龍谷大学大学院の妹尾知則両氏には、原稿の段階で眼を通していただき、いくつもの貴重なコメントをいただいた。疑問を出されたり、見解が相違する場合は、それを機に再考し、その後の推敲の

参考にした。記して感謝したい。

　旬報社には困難な事情のなかで出版を引き受けていただいた。また、私の悪癖で、提出した原稿について考え直し、部分的な差替えを依頼することが数回もあるなど、編集者古賀一志氏の手を煩わせ、ようやく刊行することができた。厚くお礼を言いたい。

2017年5月

萬井隆令

目　次

はしがき
凡　例

第1章　戦後労働法制と労働者派遣 …………………………………… 1

第1節　フィラデルフィア宣言、職安法44条と直接雇用の原則 ………… 1
　1　戦後民主化と直接雇用の原則 ……………………………………………… 1
　2　直接雇用の原則の論拠 ……………………………………………………… 4
　3　直接雇用の原則に対する否定的見解 ……………………………………… 5
　4　直接雇用の原則に対する消極的見解 …………………………………… 11
　5　まとめ …………………………………………………………………… 12
第2節　派遣法制定とその意義 ……………………………………………… 15
　1　法制定までの経過 ……………………………………………………… 15
　　（1）行政管理庁の『勧告』から法案作成まで　（2）記憶に留めるべきもの
　2　1985年法制定の理念と法の概要 ……………………………………… 18
　　（1）「労働者派遣」の定義　（2）派遣対象業務－専門的業務と特殊な雇用管理を要する業務　（3）派遣事業者の要件と手続き　（4）労働者派遣契約　（5）派遣可能期間　（6）違法派遣の取締りと刑事法的規制　（7）労基法等の適用　（8）小括－派遣に対する肯定的評価への疑問
第3節　相次ぐ法改正－規制緩和と労働者保護の同時進行 ……………… 42
　1　1996年改正（96年12月施行） ………………………………………… 42
　2　1999年改正（99年12月施行） ………………………………………… 43
　　（1）派遣対象業務のネガティブリスト化と派遣期間　（2）派遣期間にかかわる派遣契約締結の手続き　（3）直用化努力義務　（4）「特定」避止努力義務　（5）専ら派遣の禁止　（6）まとめ
　3　2003年改正（04年10月施行） ………………………………………… 48
　　（1）製造業務への派遣解禁　（2）期間の上限延長　（3）直用化への誘導　（4）紹介予定派遣

4　2012年改正（12年10月施行）……………………………………………50
　　（1）　違法派遣の場合の労働契約申込みみなし制　（2）　日々または30日以内の有期派遣の禁止　（3）　マージン率等の開示義務等　（4）　その他
　5　小括－2015年改正まで………………………………………………57
　　（1）　安倍政権による2015年改正へ　（2）　15年改正の導き役－今後の派遣制度の在り方研『報告書』

第4節　2015年改正の意義と問題点……………………………………61
　1　2015年改正の内容…………………………………………………62
　　（1）　派遣業の許可制　（2）　政令指定業務と自由化業務の区分の廃止　（3）　派遣元での雇用形態と派遣可能期間　（4）　雇用安定措置　（5）　直接雇用に関わる規定の変更　（6）　派遣元への計画的キャリアアップの義務付け等
　2　2015年改正法の問題点……………………………………………66
　　（1）　現状追随による業務区分撤廃　（2）　派遣可能期間3年と雇用の不安定化　（3）　40条の6をめぐる諸問題　（4）　職務能力や技術習得の評価を派遣元に伝えることの危険性　（5）　引き抜き条項問題――労政審、もう一つの疑惑　（6）　15年改正に肯定的な評価について　（7）　小括

第5節　2015年改正に際し放置された問題………………………………100
　1　「派遣先」と「派遣の役務の提供を受ける者」………………………100
　　（1）　「派遣先」と「派遣の役務の提供を受ける者」の意義　（2）　労働者派遣の受け手の定義　（3）　派遣先に対する派遣法の適用
　2　紹介予定派遣………………………………………………………117
　　（1）　紹介予定派遣の意義　（2）　紹介拒否、採用拒否に対する法的規制とその意義　（3）　紹介予定派遣の実情と効果　（4）　採用への経路・トライアル雇用　（5）　まとめ

第2章　間接雇用に関わる諸概念と相互の関係……………129

第1節　派遣法制定以前における間接雇用の概念………………………130
　1　職安法44条と労働者供給事業……………………………………130
　2　労働者供給概念の本来の意義……………………………………131
　　（1）　行政解釈における労働者供給概念　（2）　判例上の労働者供給概念　（3）　学説上の労働者供給概念　（4）　まとめ

3　出向の意義……………………………………………………………138
　　　（1）　学説上の出向概念　（2）　行政解釈
　　4　小括……………………………………………………………………141
　　　（1）　交錯しない、労働者供給事業論と出向論　（2）　冤罪を作る労働者供給論　（3）　問題の真の焦点
　第2節　派遣法制定と間接雇用論の混迷……………………………………151
　　1　派遣法検討過程における、間接雇用に関わる概念の歪曲……………151
　　　（1）　労働基準法研究会『報告』　（2）　中央職業安定審議会労働者派遣事業等小委員会『立法化の構想』　（3）　法案審議の過程で
　　2　『施行通達』などにおける間接雇用に関わる概念の新解釈…………157
　　　（1）　1986年4月告示37号　（2）　『施行通達』等　（3）　間接雇用の概念と相互の関係　（4）　小括
　　3　労働省の概念論がもたらした実務上の問題……………………………181
　　　（1）　曉明館病院事件の顛末　（2）　労働省の解釈が招いた事態
　　4　今後の課題……………………………………………………………186
　　　（1）　間接雇用に関わる概念論の整理　（2）　小括－直接雇用の原則と立法
　第3節　「業としない派遣」……………………………………………………192
　　1　厚生労働省が粗略に扱う「業としない派遣」…………………………193
　　2　「業としない派遣」と出向、労働者供給…………………………………195
　　　（1）　従来の見解　（2）　行政解釈
　　3　まとめ…………………………………………………………………196
　第4節　間接雇用の概念－総括………………………………………………199
　　1　派遣法制定前…………………………………………………………199
　　2　派遣法制定を機に始まった概念論の変化……………………………199
　　3　間接雇用概念についての議論の原点と混乱収束の方向……………201
　　　（1）　原点の確認　（2）　求められる、簡明な議論の整理

第3章　労働者派遣と労働契約論……………………………205

　第1節　派遣労働者と派遣元との契約の性格………………………………205
　　1　問題の所在……………………………………………………………205

(1) 問題の性格　(2) 分析の方法と対象の限定
　2 諸理論の検討……………………………………………………………………208
　　　(1) 派遣元と労働者との契約の性格　(2) 派遣先が労務指揮権を取得する根拠　(3) 小括
　3 派遣労働契約説の提唱…………………………………………………………218
　　　(1) 派遣労働契約の意義　(2) 派遣労働契約説の実践的意義
第2節　派遣先と労働者の間の労働契約の成否──判例に見る……………226
　1 概説………………………………………………………………………………226
　2 松下PDP事件・最高裁判決の検討…………………………………………229
　　　(1) 労働者派遣と労働者供給の関連　(2) パスコと原告との労働契約の有効性に係る判示　(3) 松下PDP・原告間の黙示の労働契約関係の存否を判断する三つの要素　(4) まとめ
　3 松下PDP最高裁判決以降の下級審の動向…………………………………244
　　　(1) ユーザーによる採用決定を根拠とする黙示の労働契約成立論　(2) 事実上の使用従属関係を根拠とする黙示の労働契約成立論　(3) 小括
第3節　黙示の労働契約論 - 労働者派遣法40条の6への架橋……………287
　1 問題の所在………………………………………………………………………287
　　　(1) 黙示の労働契約推認の要件が問われる事情 - 二つの場合　(2) 検討の依るべき基軸 - 直接雇用の原則
　2 事実上の使用従属関係の意義…………………………………………………289
　　　(1) 「指示」と「労働」　(2) 事実上の使用従属関係の意義
　3 学説上の黙示の労働契約論 - 諸説の検討……………………………………292
　　　(1) (伝統的) 黙示の労働契約説　(2) 客観的労働契約成立説　(3) 事実的労働契約関係説　(4) 客観的黙示の労働契約成立説　(5) 片面的事実的労働契約関係説　(6) まとめ
　4 判例における黙示の労働契約認定要件の「定式化」………………………300
　　　(1) 初期の黙示の労働契約論　(2) 安田病院事件および松下PDP事件の大阪高裁判決　(3) 黙示の労働契約認定の要件とその検討　(4) 賃金の決定、支払いに関わる要件論
　5 小括 - 派遣法40条の6への架橋………………………………………………310

(1)　黙示の労働契約論の再認識　(2)　黙示の労働契約の成立時期と労働条件

第4章　労働者派遣と不当労働行為制度……317
第1節　不当労働行為制度上の「使用者」……317
1　不当労働行為制度の趣旨と「使用者」……318
2　不当労働行為の類型と「使用者」……318
　　(1)　不利益取扱・黄犬契約と「使用者」　(2)　団体交渉拒否と「使用者」　(3)　支配介入と「使用者」　(4)　小括
第2節　団体交渉法上のユーザーの「使用者」性……324
1　団交事項と「使用者」性の相関性……326
2　義務的団体交渉応諾事項……328
　　(1)　義務的団体交渉応諾事項の意義　(2)　直用化、雇用安定措置等と義務的団体交渉応諾事項　(3)　まとめ
3　団体交渉法上の「使用者」……333
　　(1)　中労委のいう「使用者」性の「一般的な法理」　(2)　中労委の「使用者」性論の問題点－具体的な事案に即して　(3)　論理倒錯的理由付けの労委命令　(4)　都道府県労働委員会の注目すべき命令　(5)　学説における「使用者」性論
4　小括……358
　　(1)　国交省（スクラムユニオン・ひろしま）事件・東京地裁判決　(2)　おわりに

あとがき
判例等索引……370

※ 凡　例

1　判例集・雑誌等の略語

学会誌	日本労働法学会誌
季労	季刊労働法
権利	季刊労働者の権利
ジュリ	ジュリスト
判タ	判例タイムス
判時	判例時報
別中労時	別冊中央労働時報
龍法	龍谷法学
労協	日本労働協会雑誌
労経速	労働経済判例速報
労研	日本労働研究雑誌
労旬	労働法律旬報
労判	労働判例
労問	月刊労働問題

2　文献の略記（著者名五十音順）

荒木〔3版〕　荒木尚志『労働法〔第3版〕』（有斐閣、2016年）
安西『実務』　安西愈『労働者派遣法の法律実務』（総合労働研究所、1986年）
伊藤『多様化』　伊藤博義『雇用形態の多様化と労働法〔新版〕』（慈学社、2009年）
大橋『弾力化』　大橋範雄『派遣法の弾力化と派遣労働者の保護』（法律文化社、1999年）
唐津ほか『読むⅠ』、『読むⅡ』　唐津・和田・矢野編『新版労働法重要労判を読むⅠ総論・労働組合法関係』、同『Ⅱ労働基準法、労働契約関係法』（日本評論社、2013年）
川口『労働法』　川口美貴『労働法』（信山社、2015年）
毛塚古稀　古稀記念論文集『労働法理論変革への模索』（信山社、2015年）
菅野〔11版補正〕　菅野和夫『労働法〔第11版補正版〕』（弘文堂、2017年）――1985年刊行の初版は菅野〔初版〕と示す。版を重ねている著書については、他の例も同様とする。
菅野古稀　古稀記念論文集『労働法学の展望』（有斐閣、2013年）
高梨『詳解』　高梨昌編著『詳解労働者派遣法』（日本労働協会、1985年）
高橋『研究』　高橋賢司『労働者派遣法の研究』（中央経済社、2015年）
土田〔契約2版〕　土田道夫『労働契約法〔第2版〕』（有斐閣、2016年）
土田〔概説3版〕　土田道夫『労働法概説〔第3版〕』（弘文堂、2014年）
西谷〔2版〕　西谷敏『労働法〔第2版〕』（日本評論社、2013年）
西谷〔組合3版〕　西谷敏『労働組合法〔第3版〕』（有斐閣、2012年）
西谷・脇田『法律』　西谷敏・脇田滋編『派遣労働の法律と実務』（労働旬報社、1987年）
本庄『役割』　本庄淳志『労働市場における労働者派遣法の現代的役割』（弘文堂、2015年）
本多『人事』　本多淳亮『雇用調整と人事問題』（ダイヤモンド社、1978年）
馬渡『研究』　馬渡淳一郎『三者間労務供給契約の研究』（総合労働研究所、1992年）

水町〔6版〕　　水町勇一郎『労働法〔第6版〕』（有斐閣、2016年）
萬井『締結』　　萬井隆令『労働契約締結の法理』（有斐閣、1997年）
萬井ほか『規制緩和』　　萬井隆令・脇田滋・伍賀一道編『規制緩和と労働者・労働法制』（旬報社、2001年）
労働省（厚労省）コンメ　　労働省（厚生労働省）労基局、労政局の編集責任で、労働基準法、労働者派遣法、労働組合法などで巻数は異なるが、『労働法コンメンタール』シリーズが刊行されている（労務行政研究所）。引用・参照の場合は、「コンメ3」はコンメンタール3を指し、それぞれ発行年を記す。
労働省『実務』　　労働省職業安定局『人材派遣法の実務解説』（労務行政研究所、1985年）──1987年の改訂版は、労働省『改訂実務』とする。
脇田『公正雇用』　　脇田滋『労働法の規制緩和と公正雇用保障』（法律文化社、1995年）
和田ほか『法』　　和田肇・脇田滋・矢野昌浩編『労働者派遣と法』（日本評論社、2013年）
和田『復権』　　和田肇『労働法の復権─雇用の危機に抗して』（日本評論社、2016年）

派遣法関連論文、判例評釈など一覧

【論　文】論文名＝掲載誌

萬井論文①　労働時間・休憩・休日・休暇＝西谷・脇田『実務』（法律文化社、1987年）

萬井論文②　労働者派遣法と労働者保護法制－労働者派遣・労働者供給・出向の概念をめぐって＝龍谷大学法学部創設20周年記念『法と民主主義の現代的課題』（有斐閣、1989年）

萬井論文③　労働者派遣と労働契約論－派遣元と派遣労働者との契約の性格について＝龍法28巻1号（1995年）

萬井論文④　『労働者供給』の概念－労働者派遣法制定を契機とする労働省による解釈の変更とその問題点＝労旬1557号（山崎友香氏と共著）（2003年）

萬井論文⑤　偽装業務請負・労働者供給と労働契約論－ヨドバシカメラ事件を素材として＝Vita Futura10号（2004年）

萬井論文⑥　市場原理主義と労働者派遣－小嶌典明氏の労働者派遣論の批判的検討＝労旬1571号（2004年）

萬井論文⑦　若者の就業支援策の批判的検討－トライアル雇用と紹介予定派遣の法構造について＝脇田滋・井上英夫・木下秀雄編『若者の雇用・社会保障－主体形成と制度・政策の課題』（日本評論社、2008年）

萬井論文⑧　「出向」と「労働者供給」の概念上の混迷の淵源について＝労旬1685号（2008年）

萬井論文⑨　戦後労働法制と労働者派遣法＝月刊全労連150号（2009年）

萬井論文⑩　出向の概念について－労働者供給、派遣概念との関連性を視野に＝龍法41巻4号（2009年）

萬井論文⑪　労働者派遣法における期間制限の意義＝龍法42巻1号・2号（2009年）

萬井論文⑫　労務に関わる三者間関係の概念について＝学会誌114号（2009年）

萬井論文⑬　業務請負、派遣のユーザーによる事前面接の法的意義－選抜試験、「関与」、「特定」とその関連＝労旬1721号（2010年）

萬井論文⑭　労働者派遣と労働契約＝西谷・根本編『労働契約と法』（旬報社、2011年）

萬井論文⑮　労組法上の「使用者」概念と義務的団交対象事項－偽装請負ユーザーに対する直接雇用の要求について＝労旬1739号（2011年）

萬井論文⑯　派遣対象業務限定の意義－主として「事務用機器の操作」について＝龍法44巻1号（2011年）

萬井論文⑰　派遣切り事件裁判の最近の傾向・特徴と問題点＝労旬1764号（2012年）

萬井論文⑱　直用化・雇用保障問題と団体交渉法上の「使用者」＝労旬1792号（2013年）

萬井論文⑲　偽装請負、違法派遣と刑事的規制＝龍法46巻4号（2014年）

萬井論文⑳　「採用の自由」論復活の試み－内容とその批判的検討＝労旬1834号（2015年）

萬井論文㉑　黙示の労働契約論：試論－労働者派遣法40条の6への架橋＝龍法48巻3号（2016年）

萬井論文㉒　労働者派遣法における「派遣先」の概念－偽装請負の発注者と派遣法の適用＝龍法48巻4号（2016年）

萬井論文㉓　派遣法40条の6の適用上の諸問題＝権利314号（2016年）

萬井論文㉔　労働者派遣法2015年改正の意義と問題点＝龍法49巻4号（2017年）

【判例・命令評釈】　事件名＝掲載誌
萬井評釈①　ブリティッシュ・エヤウェイズ・ボード事件・東京地判昭 54.11.29 労判 332 号＝龍法 14 巻 1 号（1981 年）
萬井評釈②　朝日放送事件・最 3 小判平 7.2.28 労判 668 号＝ジュリ『平成 7 年解説』（1996 年）
萬井評釈③　安田病院事件・最平 10.9.8 労判 745 号＝法時 71 巻 8 号（1997 年）
萬井評釈④　JR 吹田工場事件・大阪地判平 12.3.9 労判 806 号＝龍法 34 巻 2 号（2001 年）
萬井評釈⑤　ヨドバシカメラ事件・大阪地判平 16.6.9 労判 878 号＝龍法 37 巻 4 号（2005 年）
萬井評釈⑥　松下 PDP 事件・大阪地判平 19.4.26 労判 941 号＝労旬 1665 号（2008 年）
萬井評釈⑦　松下 PDP 事件・大阪高判平 20.4.25 労判 960 号＝労旬 1682 号（2008 年）
萬井評釈⑧　松下 PDP 事件・最 2 小判平 21.12.18 労判 993 号＝労旬 1714 号（2010 年）
萬井評釈⑨　松下 PDP 事件・最 2 小判平 21.12.18 労判 993 号＝和田ほか『法』（豊川義明氏と共著）（2013 年）
萬井評釈⑩　国交省広島国道事務所等事件・中労委平 24.11.21 別中労時 1437 号＝権利 298 号（2013 年）
萬井評釈⑪　日産自動車横浜工場事件・横浜地判平 26.3.25 労判 1097 号＝労旬 1825 号（2014 年）
萬井評釈⑫　国交省広島国道事務所等事件・東京地判平 27.9.10 判時 2295 号＝労旬 1853 号（2015 年）
萬井評釈⑬　DNP ファイン事件・さいたま地判平 27.3.25、同事件・東京高判平 27.11.11 労旬 1859 号＝労旬 1859 号（2016 年）

【意見書】　事件名（提出先裁判所）＝掲載誌
萬井意見①　JR 西日本事件・大阪高裁宛＝（未公表）
萬井意見②　大阪空港事業事件・大阪高裁宛＝民主法律協会『新たな権利闘争の地平をめざして』（2004 年）
萬井意見③　ムサシ鉄工事件・名古屋地裁豊橋支部宛＝龍法 42 巻 1 号（2009 年）
萬井意見④　イナテック事件・名古屋地裁岡崎支部宛＝権利 282 号（2009 年）
萬井意見⑤　松下 PDP 事件・最高裁宛＝労旬 1694 号（2009 年）
萬井意見⑥　国交省広島国道事務所等事件・東京地裁宛＝権利 304 号（2014 年）
萬井意見⑦　日産自動車本社事件・東京地裁宛＝未公表
萬井意見⑧　NTT 多重派遣事件・京都地裁宛＝未公表
萬井意見⑨　日本化薬事件・神戸地裁姫路支部宛＝未公表

【書　評】　書籍名＝掲載誌
萬井書評①　脇田滋『労働法の規制緩和と公正雇用保障』（法律文化社、1995）＝龍法 28 巻 2 号（1999 年）
萬井書評②　書評『労働法の争点』考（鎌田、本庄論文について）＝労旬 1843 号（2015 年）
萬井書評③　高橋賢司『労働者派遣法の研究』＝労旬 1852 号（2015 年）
萬井書評④　本庄淳志『労働市場における労働者派遣法の現代的役割』＝労旬 1870 号（2016 年）

第1章　戦後労働法制と労働者派遣

第1節　フィラデルフィア宣言、職安法44条と直接雇用の原則

1　戦後民主化と直接雇用の原則

（ア）　フィラデルフィア宣言

「労働は商品ではない」。ILOは1944年5月第26回総会で、第二次世界大戦の終結を見通し、戦後の国際社会における完全雇用や社会福祉の向上などに関わる活動の基本方針を謳う、いわゆるフィラデルフィア宣言（ILO憲章の付属文書）を採択した。これは、その中で、ILOの「基礎となっている根本原則」として最初に謳われる文章である。

もとより、それは「労働は商品ではない」という事実を単に描写したものではない。第二次大戦の帰趨が明らかになった時点で、ナチスドイツや大日本帝国がユダヤ人や中国人、朝鮮人を強制的に軍需生産に就労させたり、労働者を酷使した現実を批判的に認識して、戦後世界の再編成を展望し、将来においてはそのようなことを許さないと宣言した、国際的な規範である。つまり、労働（人が働くこと）を"物"扱いし、あたかも使い勝手の良い商品であるかのように、商取引の対象とし、購入、使用や廃棄を「所有者」が意のままにするようなことがあってはならない、ということを鮮明にした。現在、派遣をはじめとする非正規労働者が「使い捨てられ、買い叩かれ、摩滅させられている現実」があるから、あらためて注目されている。

（イ）　職業安定法44条および労働基準法6条

人はそれぞれ独立の人格で、契約は自由であり、契約した場合に限り、その契約に拘束される、とするのが近代法の原則である。労働者は労働契約を締結した場合に限り、契約の相手方である使用者の指揮命令に従って就労する義務

を負うことになる。ところが、その原則に反し、使用者の指示によって他の企業に提供され、当該企業の指揮命令の下で就労させられる状況になることがある。それは、労働者が商取引の対象として"物"化されることを意味する。戦前には、人夫出し等の労働者供給事業も公然と存在したが、それは必然的に、本来労働者が得るべき賃金のピンハネ（中間搾取）を伴い、同事業の遂行のために供給元が強制的に労働者の足止めを行なうなどの弊害を伴い、労働の民主化を阻害することになる。そのような事態を一掃し、日本特有の半封建的労働関係を克服し、公正な労働条件の下での雇用を確保することは、日本の民主化のために不可欠なこととされ、GHQの強力な指導によって推進された(3)。

　労働者の労働基本権や労働権を保障する憲法にもとづき、労働組合法、労働基準法、職業安定法等が制定された。職安法44条は、労働ボスとそれを利用する企業が生み出す半封建的労働関係を廃絶することを目的として、違反に対しては刑罰を科すこととして労働者供給事業を禁止した。それは、労働者を指揮命令して自己のために就労させるためには、当該労働者と直接に労働契約を締結して指揮命令権を得なければならない、とする直接雇用の原則を確認し、宣言する意義をもっている。企業は労働契約を締結した労働者だけを指揮命令して就労させることができるとする直接雇用の原則は、近代法の原則であるとともに、労働法の基本原則の一つである(4)。

　また労基法6条は、何人も他人の就業への介入により利益を得ることを禁止している。当然、労働者供給事業による「介入」をも禁止の対象に含んでおり、同条も実定法として直接雇用の原則を支える(5)。職安法44条は、「利益を随伴すると否とにかかわらず、人と職業との結合過程に……介入する事業そのものを禁止し、中間搾取発生の余地を排斥し……一段徹底したもの」である(6)。

　同原則から、直接の契約関係がないにもかかわらず、何らかの経緯・事情によって、実際に自ら指揮命令して労働者を就労させる状況に至ったものは、使用者としての責任を負うべきである、という法理が派生する。こうして労働者は、職安法等によって不安定で差別的な就労形態から保護されている。

　職安法44条は、制定当初、名宛人を労働者供給業者だけとしていた（1947年12月施行）。翌年2月に施行規則を改正し、業務請負の形式をとって法を潜脱すること（偽装請負）を防ぐため、請負が合法と認められる基準を定めた。

すなわち、請負業者が①作業の完成について事業主としての財政上法律上のすべての責任を負う、②作業に従事する労働者を指揮監督する、③労働者に対し、使用者としての法律上のすべての責任を負う、そして、④自ら提供する機械、設備、器材もしくはその作業に必要な材料・資材を使用し、または専門的な企画・技術を必要とする作業を行ない、単に肉体的な労働力を提供するものでないことである（施行規則4条1項）。それらの四つの要件をすべて充たさない限り、労働者を他人に提供して使用させることは労働者供給事業とみなされる。

労働省職業安定局長通達（1948年2月5日職発81号）は、法違反の場合、「労働者は原則として従来の供給先において……直用労働者とすること」と、直接雇用を推奨・指導した。それを追って職安法改正が行なわれ、44条は業務請負契約の発注者が業者の従業員を直接指揮命令して自己のために就労させることをも禁止した（1948年6月施行）。労働者を供給した業者も供給を受けて使用した企業もともに1年以下の懲役等の刑罰を受ける（職安法64条9号）。同改正は、労働者を指揮命令して就労させようとする場合には、企業は労働契約を締結し、労務指揮権を自ら手にすべきである、という直接雇用の原則を一層、鮮明にした。

ちなみに、同改正についての国会審議に際し、政府は、当初の44条施行後の指導によりほぼ半年で約7,000の業者が廃業し、その下にあった約21万人の労働者が従来の供給先に直接雇用されたことを成果として紹介し、改正法制定から施行までの間に行なうべきこととして第一に、業者数がなお約2,700あり、所属労働者が約73,800人いるが、労働者は「成るたけ工場の常傭にして貰いまして、勞務供給業の手から外して貰いたい」と、直接雇用への移行の期待を率直に述べている。政府は国会で、44条は「労働者の権威と自由」の保障を図るものと説明した[(7)]。それらは、政府の立場から、労働者供給事業の禁止の趣旨が直接雇用の原則であることを確認したものである。

1950年10月には、その4要件を充たしたとしても、「故意に偽装されたもので……事業の真の目的が労働力の供給」であれば労働者供給事業であるとの認定を免れ得ない、とする第2項が施行規則4条に追加され、非常に厳格な労働者供給事業の禁止の法律制度となった。前年に成立したILO96号（有料職業紹介禁止）条約も影響していると考えられる。

2　直接雇用の原則の論拠

　直接雇用の原則を主張する場合、上記のように職安法44条、労基法6条を根拠とするものが多いが、その論拠を職安法44条以外に求める見解もある。

　毛塚勝利氏は、職安法44条は「違法な第三者労働力の利用を禁止」はするが、その「利用一般に関して直接言及するものではない」として、同条が直接雇用の原則を謳っているとの理解には消極的である。そして、同原則の根拠を民法に求められる。すなわち、民法623条は雇用契約を二当事者間の双務有償契約とし、625条は「使用者は、労働者の承諾を得なければ、その権利を第三者に譲り渡すことができない」と定めて雇用契約の一身専属性を規定しており、両者相俟って直接雇用の原則を示している、三者間労務提供関係は「労働者の利益を損ねる蓋然性を持つから」職安法条44等によって禁止されると説き、それを根拠に、派遣先の信義則上の、第三者労働力（他社労働者）の「適正利用義務」を導かれる。[8]

　民法が示唆する一身専属性は直接雇用の原則を示しているという指摘は妥当である。しかも、それは、民法的な自由論を根拠に労働者派遣を広く容認しようとする論者の立脚点を疑問視する指摘として重要である。

　ただ、民法の各条項は原則として任意規定である。民法625条は623条に対置すると、憲法13条に根拠を有する規定とも解し得る、強行法規的な意味合いも持っている[9]。それにもかかわらず、同条自体が「労働者の承諾」があれば指揮命令権の譲渡を容認し、当事者の合意によって同原則の例外を創ることを認めている。同条は、労働者の「承諾」を条件に、契約上の指揮命令権を第三者に譲渡したり、その行使を委任することは容認し、つまりは、労働者供給事業をも合法化することに道を開いている。その意味で、直接雇用の原則の根拠を法623条等に求めることは妥当ではない。

　それに対して、職安法44条は文字どおりの強行法規であり、45条以外に例外はなく、違反行為は強い違法性を有するとして刑罰を科すこととしているだけでなく、私法的にも同条に違反する合意を否認する効力を有する[10]。毛塚氏のいう「利用一般……」が何を意味するか定かではないが、職安法44条は供給先による「利用を禁止」したことに重要な意味があった。職安法44条は、仮

に労働者が承諾したとしても、労働者供給事業を容認はしない。直接雇用の原則の根拠は、労働法上の強行規定である職安法44条および労基法6条に求めるべきである。

3 直接雇用の原則に対する否定的見解

派遣法は間接雇用を一部容認したが、後に見るように、労働者保護の見地から、40条の3以下、徐々に直接雇用の原則を指向する条項が制定され始めた。にもかかわらず、なお一部に、同原則に否定的な見解が存在する。

(ア) 小嶌典明氏の見解

小嶌典明氏は、労働市場を「健全な競争の場」と観るとともに、「最適な需給バランスを決定する、神の見えざる手（マーケット・メカニズム）」への信奉を公然と表明される、労働法研究者の中では特異な存在である。派遣を、事実によって裏付け、検証することはないまま、「temp to perm」の一環として肯定的に捉え、一時期は政府の総合規制改革会議の専門委員を務めつつ、派遣に対する規制を様々に批判し、最終的には労働者供給事業の合法化までも展望されていて、直接雇用の原則は論じるまでもないという態度である。[11]

(イ) 馬渡淳一郎氏の見解

馬渡淳一郎氏は、一般の商品は卸小売商を通じて取引されるのが通常で、「労働力についてのみ素朴な直接取引を強制すること……は、今日では甚だしく経済社会の実態から遊離した政策」であるという基本的認識の下で、労働者供給事業は民法の第三者のためにする契約を利用すれば基本的に容認される、と解される。日本の戦後民主化を主導したアメリカ本国では労働者供給事業等に特別な法的規制は行なわれていないことも理由の一つとして、職安法44条の存在そのものに否定的であるが、その立法趣旨は、前近代的な労働ボスによる封建的な雇用慣習の打破に限定されている、と解する限りで肯定し得る、とされる。その立場から、職安法制定直後に、供給先が提供された労働者の使用を禁止することにした改正を、「供給行為のみを対象としていたという歴史的経緯からみると、立法趣旨の換骨奪胎」であると批判される。[12]

しかし、そもそも、「経済社会の実態」を論拠として労働者供給事業を肯定的に捉えること自体が批判の対象になる。労働者の雇用問題を一般の商品の流

通や取引を基準として捉え、労働者の「労働」と一般の商品とを同一視する馬渡氏の当該認識は、時代に逆行するもので、まさに「労働は商品ではない」という国際的な理念を掲げる ILO によって明確に否定されたものである。

　占領軍の主力を構成したアメリカは、本国では確かにこの種の問題に対する労働法的規制は存在しないに等しく、A 社の従業員を B 社に移籍したうえで A 社に派遣し、A 社の指揮命令の下で就労させ、賃金管理などは B 社が行なうという人材リース業（PEO）でも労働者供給事業でも、まったく規制されない[13]。しかし、占領は連合国によるものであって、日本の民主化は国際社会の監視の下に進められ、アメリカ本国の法制をそのまま取り入れるといった単純なものではなかった。しかも、GHQ の主力を占めたアメリカ人スタッフの中には複雑な内部抗争もあった[14]。アメリカの法制がただちに日本法を認識する基準になるわけではない。

　なお、労働者供給事業は労働ボスだけでは成り立たない。それは労働者の供給を受入れる供給先があって初めて成り立つ三者間労務供給事業である。戦前も戦後も、そして今も、三者間労務供給関係においては、供給先は、供給元にとって顧客という立場にあり、数ある供給事業者の中から好みの業者を選択することは容易で、基本的に（契約によって拘束されない限り）いつでもそれを変更し得るから、供給元に対してほぼ常に優越的な地位にある。派遣契約の交渉から締結（契約書作成）までの過程で、契約締結上の過失責任論によれば、派遣元が派遣先を相手とした損害賠償請求訴訟も充分考えられるようなキャンセルもあるが、寡聞にして、実際に派遣元がそのような訴訟を提起した例を聞かない[15]。派遣先と派遣元の関係を示唆しているものと推察される。

　労働者供給事業の廃絶をめざす以上は、本来なら職安法制定当初から供給先も禁止規定の名宛人と定めるべきであった。その意味では立法に不備があったとさえ言うべきで、半年後の 44 条改正はそれを補修するもので、内容的には法の整備・発展である。立法後わずか半年で改正された、以前の法律を立法趣旨の基準としてそれに固執し、今なお、当該改正を批判される発想は理解し難い。馬渡氏が直接雇用を原則とは認めない論拠は明快であるが、しかし、労働法理論として通用し得るとは考え難い。

(ウ)　大内伸哉氏の見解

大内伸哉氏は、主に政策的判断として、正社員の雇用の安定を重視すれば、雇用の調整弁である派遣を含む非正規社員の存在は否定し得ない、労働者も派遣という就労形態に合意している、雇用の安定のためには、本人が努力し政府や企業が協力して、エンプロイヤビリティを向上させる以外にない、企業経営の一環である採用の自由に過剰に介入し、法的に直接雇用を強制することは好ましくなく、派遣法40条の6は行為の反規範性と雇用強制の均衡がとれていない等々と述べて、直接雇用の原則を否定される。[16]何らかの誘導型、あるいは支援型の雇用政策を念頭に置かれているのであろうが、基本的には自由放任型である。経済政策的にはごく常識的な見解に属するのであろう。

しかし、その経済学的な考え方はあらゆる立法政策を拘束するものなのか。一般論としていえば、法規範は、法的正義実現のために必要とあれば、経済的必然性をも規制する。まさに、そこに法規範の独自の存在意義がある。一般的な経済必然性も憲法の謳う人間の尊厳や幸福追求の権利によって制約を受けることはないのか、あるとすればどのような場合かといった、素朴だが根本的な規範論的な問いかけを正面からすることを避けているように考えられる。

(エ)　濱口桂一郎氏の見解

濱口氏は、職安法が禁止し派遣法が規制するのは、労働者供給や派遣自体ではなく、それを事業とすることであって、労働者供給、派遣は「価値中立的な行為概念であり、それ自体に合法違法を論ずる余地はない。『違法な労働者派遣』という概念はあり得ない……『労働者派遣事業』は『労働者派遣』の部分集合であるから、『違法な労働者派遣事業』も『労働者派遣』であることに変りはない」と言い、派遣法の定義に該当すれば「当然『労働者派遣』なのであり……両概念の相互補完性からして、『労働者供給』ではあり得ない……『違法な労働者派遣事業』が『違法な労働者供給事業』になることはあり得ない」と述べられる。[17]

まず疑問なのは、労働者供給や派遣を「業」と切り離して考察されることである。「業」ではなくても、供給ないし派遣をしようとすれば、提供先企業の作業体系の一環に組み込まれて就労し得る能力を備えた労働者を一定期間、確保し続けなければならない。わざわざ労働者を確保しておいて「業としない派

遣」をすることは現実には考え難いが、その継続的な確保の手段を雇用による場合は賃金、社会保険料その他の負担を免れない。事実上の支配下に置く場合も、他に提供し続けるためには手元に長く引き留めておく必要があるから、宿舎、食事、小遣いなどを与えなければならない。その原資はどうするのか。一回だけの供給や派遣もないわけではないが、その場合は、負担額が少なくなるだけのことで、原資が必要であることに変わりはない。慈善事業ではないとすれば、その原資を賄うために、自らの取り分を含めた代金を受け取ることになるのは必然であり、労働者供給ないし派遣は、組織的に繰り返す営利事業として為されることになるのは必定である。したがって、そもそも「業としない」労働者派遣や労働者供給が現実に存在し得るのか、疑問である。濱口氏の主張は、社会的現実を正確に把握して初めて成り立つ法律論からは逸脱しているのではあるまいか。職安法の労働者供給、派遣法の派遣の定義はいずれも「業」を想定したものであり、それを切り離して把握することに無理がある。

　なお、濱口氏が「部分集合」という用語をいかなる趣旨で用いられたのか、浅学にしてただちには理解できない。辞典の類によれば、数学の分野の用語で、「部分集合」とは「集合Ｂの要素がすべて集合Ａの要素になっている時の、集合ＢをＡの部分集合という」とある。異なる分野のテクニカルタームを用いる時には、まず、その用語を労働法理論で使う場合の意味について、解説を付されたいが、いずれにしても、労働者供給や派遣は社会的な意味を持つ概念・言葉であり、その内容は社会的常識をもって認識されることが必要不可欠であるし、また、それで充分であろう。間違いを恐れず言えば、派遣＝集合Ａ、派遣事業＝集合Ｂであり、濱口氏の上記フレーズは、派遣事業は派遣という広い概念に含まれている、と説明しただけのことである。労働者派遣と労働者供給とは「相互補完的」であるとか、両者は「価値中立的」であると断言されるが、肝心なその指摘については内容も根拠も何ら解明されてはいない。

　次に、濱口氏は、職安法上、業でない「『労働者供給』を明示的に対象とした規定は存在しない」と言われるが、読み落としではあるまいか。職安法63条1号は、「業」としているか否かにかかわりなく、暴行、脅迫等の手段を用いた労働者供給を処罰対象としている。それは、労働者供給の行為そのものを反・価値と位置づけていることを意味し、44条と併せ考えれば、職安法は労

働者供給を「行為」と「事業」で基本的評価を異にせず、いずれも違法と判断していることを意味する。しかも、刑法は、暴行、脅迫等を用いて「人に義務のないことを行わせ」ることを強要罪とし、3年以下の懲役刑を定めているが（刑法223条）、職安法63条は、手段は同じでも1年以上10年以下の懲役刑と、より重い刑罰を科している。その違いは、単純な強要よりも、脅迫などにより仕向ける労働者供給のほうが違法性が強いとの判断を示唆している。濱口氏の、「労働者供給」は「価値中立的」な概念だとする指摘は、そのような実定法にもそぐわない。

「労働は商品ではない」とすれば、対価を得て労働者を他者に提供する労働者供給や派遣は、いずれも直接雇用の原則に反し、労働法上、本来的に反・価値的である[20]。

ただ、マイナス評価される行為に対するサンクションは一律的なものではなく、その程度、内容は立法政策に委ねられる。ある行為が、個別の場合は社会的影響も少ないし、逆に「事業」の場合は利益追求のため必然的に反復継続し、拡張の傾向を持ち、社会的影響も大きいから、「事業」としてなされる場合に初めて、法による規制を行なう法政策をとることは十分にあり得る。たとえば、職業紹介は、登録型派遣と機能的に区別し難いほどに類似すると指摘されるし、それは的確であるが、それだけでは一面を捉えた見方にすぎない。個別に、親族や（教師を含む）知人等によって親切心や本人の将来への配慮からなされる職業紹介は、動機がそうであるから、判断ミスなどの場合を除けば弊害も予測されないし、感謝されることはあっても、反・価値的とは考えられていない。しかし、それを「業」とするとなれば状況は一変する。斡旋料収入を得ることを主目的とするから、多くの成約を急いで、求職者の熟慮を遮ったり、虚偽の労働条件を伝え、甘言を弄してでも労働者に応諾を促す（あるいは、迫る）、そのため将来の紛争の種になる弊害も予測されるから、それを法律で規制する合理性が認められる。

派遣や労働者供給は直接雇用の原則に反し、基本的に違法だから、それが「業」となれば、厳しい取締り対象となるのは当然である。しかし、濱口氏のように、その行為は価値中立で、基本的に違法と評価されないとすれば、それが「業」とされると、何故、急に違法という評価に転ずるのか。そこには論理

の飛躍がある。法律でそう定められているというだけでは説明にはならない。その法律の規範論的な根拠の説明が求められる。

濱口氏は、直接雇用を労働法上の原則とは認めない、と明白に述べているわけではない。だが、「社会的実態として問題にする必要性があるのは」、労働者を提供する企業において常用型であるか否かだけである、常用型であれば請負、派遣、出向も反復継続していても「基本的に問題がない」と述べられる。労働者供給も派遣も「価値中立的」であるという指摘と併せて考えれば、結局、そう表明されていると言わざるを得ない。

（オ）　本庄淳志氏の見解

本庄淳志氏は、「物心ついた頃にはすでに派遣という働き方が当たり前に存在した……それをネガティブにみること……には違和感しか感じない」と、派遣に対する批判的見解に対する感情を明け透けに述べられる。それは直接には「派遣という働き方」に対するものであるが、それ故に、直接雇用の原則に懐疑的であり、労働者派遣法が間接雇用を公認したことを積極的に評価し、強調される。

本庄氏は、直接雇用の原則（直用中心主義と呼ばれる）については清正寛、脇田滋、毛塚勝利、三氏の見解をただ紹介するだけで、それについての批判的分析もなく、自らの見解も述べられないまま結論に飛び、定義規定から考えても、派遣は「価値中立的」である、と主張される。派遣法の定義を紹介するだけで、「価値中立的」の意味の解説もなく、根拠も語られない。濱口氏もそうであったように、本庄氏が直接雇用の原則に否定的であるために、定義が価値中立的に映るだけのことではあるまいか。

また本庄氏は、馬渡氏の見解を支持し、職安法44条の立法趣旨を労働ボスの実効的排除だけに限定し、供給先の法的責任の潜脱防止機能は48年改正の「目的というより結果にすぎない」と強調される。しかし、三者間労務提供関係において、労働者の受け入れ先を視野に入れない議論は、現実離れした空論でしかない。先に示した経緯を見ても明らかなように、その「結果」が予見されるからこそ、それを「目的」にして1948年法改正が行なわれたのではあるまいか。供給先も適用対象に加えてみたら、たまたま、法的責任の潜脱防止の効果があった、といった場当たり的、成り行き任せ的な法改正であったと判断

される根拠は推測し難い。

　「間接雇用」とは、労働契約を結んではいないが、あたかもその契約を結んだ雇用主であるかのように労働者を指揮命令している状況を上手く描写しているから利用されるが、「雇用」は直接的であるべきだから、基本的には矛盾を含む用語・概念である。それは労働法が想定する「ノーマルな形態」ではなく、容認されるのは、辛うじて、派遣法の規定に従った、適法な派遣の場合に限られる。[25]

　間接雇用の意義や「派遣」の意味内容を自らは明快には説明しないまま、ひたすら「間接雇用」を肯定的に述べ続けられる態度は、客観的には直接雇用の原則に対する感情的反発としか映らない。本庄氏は、直接雇用を原則として重視することを、独断偏見的な意見とか柔軟性を欠く無批判な信念といった意味合いであろうか、「ドグマ」と批判されるが、それは間接雇用を肯定的に評価する自らの論拠が不明なままであることの裏返しでしかないようにみられる。[26] 見解の相違はやむを得ないとしても、感情的反発の次元に止まることなく、その理由を冷静に分析し、明快に説明しない限り、法理論として成り立ち難い。

4　直接雇用の原則に対する消極的見解

　直接雇用の原則を積極的に肯定するのでも、否定するのでもなく、同原則についての見解を明らかにされない研究者も少なくない。

　菅野和夫氏は、労働者供給事業は「『労働ボス』（Labor Boss）による労働者の支配と搾取の形態」とみなされ、労働の強制、中間搾取、使用者責任の不明確化などの弊害を伴いがちとして職安法44条により禁止されたと説明されるが、たとえば、改正前の派遣法40条の4については、「期間の制限を設けた以上は、派遣可能期間を超えて……引き続き労働者派遣の形態で受入れることは許されず……直接雇用へ移行」すべし、との考え方と解説されるに止まり、40条の6についても、意義などの解説はなく、条文の説明に終始している[27]。

　労働者供給事業禁止の意義を的確に把握して初めて、それを解禁した派遣法の意義をよく理解し得ると考えられる。ところが、荒木尚志氏、土田道夫氏、川口美貴氏らは派遣法の制定から叙述を始められ、その解説が主であり、職安法44条の立法趣旨にまで遡ることもない。[28]

労働契約に関わる競業避止義務、企業秩序遵守義務、安全配慮義務、組合活動に関わる使用者の受忍義務、不当労働行為に関わる「使用者」概念の拡大等々、法律に明記されているわけではないが、労働法研究者が労働法学上の理論として提唱し、有力となり、判例でも受け容れられている義務や概念も数多い。

直接雇用の原則もそのような例の一つである。論拠を明らかにして同原則を基礎とし、派遣を論じる論者は多いから、同原則に言及しないことは議論回避の態度に類する。労働者派遣の問題に言及する以上は、同原則に対する自らの見解を示したうえで論議することが建設的である。賛否は別として、同原則を論じる姿勢を期待したい。

5 まとめ

直接雇用の原則を強調する論者も、間接雇用を全面的に否定するわけではない。例外的に、派遣法に適合する場合に限ってではあるが、その存在を認め、原則と例外の関係として捉えている。

労働者派遣法が1985年に制定されたが、その後、改正を重ねるなかで、一定の場合に直接雇用を指向する旧法40条の3から40条の5が追加され、派遣先に直接雇用を促した。それでも、その実効性が不充分と考えられた結果、2012年改正により定められた40条の6は、偽装請負や違法派遣が判明した場合、その時点で派遣先は労働者に対し直接雇用を申込んだものとみなされるとする、契約締結申込みみなし制を取入れたことは注目に値する。ドイツ、フランス、韓国などの派遣法でも同様であるが、間接雇用を一定の条件の下で許可したものの、当該条件に反した場合、本来の原則に立ち戻って直用とすべき立法的措置を講じた。理念とされてきた直接雇用の原則が日本でも実定法の姿をとることとなったわけである。

なお、同原則は職安法44条、労基法6条を根拠として説かれることが多い。しかし、派遣法においても、上記のように旧法40条の3から40条の6と徐々に同原則が鮮明化されてきたが、それだけでなく、派遣終了後の派遣先との労働契約締結の禁止を禁ずる派遣法33条も、契約自由の原則に規制を加え、直接雇用への志向を示唆している。また、派遣終了の際の雇用安定のための措置

第1節　フィラデルフィア宣言、職安法44条と直接雇用の原則　13

とされる派遣元の努力義務の第一は、従来の派遣先への直接雇用の依頼である（30条1項1号）。それらの規定の実効性はともかく、共通するのは直接雇用を指向する姿勢である。それらは全体として、直接雇用の原則はいわば派遣法全体のバック・ボーンであることを示している。

　かつて日本では、建設業、造船業、製造業等で二重、三重の下請構造の下で、請負業者の従業員が発注企業の工場内で就労する社外工（事業場内下請け労働者）が多く存在した。後に、労働者派遣法は一定の要件を充たすことを条件に「労働者派遣」を容認したが、それは間接雇用の存在を広報する機能も果たし、派遣が拡大するとともに、各種サービス業、放送産業、情報処理業などにおいても業務処理請負が見られるようになり、現在ではその状況はあらゆる業種に拡大している。それだけに、偽装請負や違法派遣を許さず、直接雇用の原則の意義を正しく捉え、それを徹底させる課題が実践的にも理論的にも重要である。

（1）　中山和久編著『国際労働法』（三省堂、1998年）46頁。
（2）　石田眞「ILO『労働は商品ではない』原則が意味するもの－労働法との関連をめぐって」早稲田商学428号（2011年）125頁。
（3）　沼田稲次郎著作集1『日本労働法論』（労働旬報社、1976年）95頁以下、沼田稲次郎代表編『労働法事典』（労働旬報社、1979年）139頁以下（横井芳弘ほか）等参照。
（4）　清正寛「雇用保障法における『直接雇用の法理』－労働者供給事業禁止法理の再検討」林迪廣先生還暦祝賀論文集『社会法の現代的課題』（法律文化社、1983年）276頁、鎌田耕一「労働者供給事業禁止規定の立法趣旨と意義」労旬1108号（1984年）72頁、伊藤「多様化」255頁、脇田「公正雇用」9頁、39頁、中野麻美「労働者派遣を中心とした第三者労務供給関係の問題点と課題」学会誌112号（2008年）29頁、西谷敏「派遣法改正の基本的視点」労旬1694号（2009年）6頁等。有田謙司氏は憲法27条が要請する原則と解されるし（同「偽装請負」法学教室318号（2007年）3頁）、根本到氏はより広く、憲法上の人権規定を指摘される（同「職安法44条、労基法6条と労働者派遣法の関係」和田ほか『法』56頁）。
（5）　同旨、西谷〔2版〕463頁、和田『復権』116～118頁、川口『労働法』154頁など。
（6）　労働省コンメ4（1970年）430～431頁。
（7）　1947年8月25日衆議院労働委員会議事録および1948年6月18日衆議院労働委員会議事録、6月21日参議院労働委員会議事録参照。
（8）　毛塚勝利「偽装請負・違法派遣と受入企業の雇用責任－松下プラズマディスプレイ事件高裁判決に見る『黙示の労働契約』論の意義と課題」労判966号（2008年）9頁。和田肇氏も同旨か、和田『復権』116～118頁。
　　なお、浜村彰氏は、職安法44条を「規範的要請」、民法623条を「雇用契約関係の法的構成」と指摘し、合わせて直接雇用の原則を「規範原理」と呼ばれる（同「労

働者派遣の今後の法的規制のあり方」学会誌112号（2008年）45〜46頁）。
（9）　和田肇氏は強行法規そのものと解される、和田『復権』116頁。
（10）　異なる見解もある。濱口桂一郎氏は、労働者供給事業は「強度の違法性」を持たなかったから、後に派遣法制定によって一部が解禁されたし、それに該当する場合、契約がただちに無効となるわけではない、と指摘される、同「いわゆる偽装請負と黙示の労働契約‐松下プラズマディスプレイ事件‐」NBL885号（2008年）20頁。しかし、そのような論理が一般論として成り立ち得るものか、疑問である。労働組合そのものが、経済的自由を侵害する犯罪者の団体として結成を禁止された時代から、自由放任時代を経て一転して権利として認められ、保護されることになった歴史があるが、それは時代背景（社会的規範意識）の変化の問題であって、本来的な違法性の「強度」の問題ではないのではあるまいか。
（11）　小嶌典明「労働市場をめぐる法政策の現状と課題」学会誌87号（1996年）6頁、29頁、同「求められる派遣スタッフのための規制改革」労研489号（2002年）22頁、同「採用の自由とその制約‐求められる慎重な議論」阪大法学59巻3・4号（2009年）125頁等。同氏の派遣論に対する批判として、萬井論文⑥労旬1571号36頁。
（12）　馬渡淳一郎「労働者派遣事業と労働契約」山口経済学雑誌34巻6号（1985年）14頁、同「労働者派遣法と三者間労務供給契約」季労157号（1990年）6頁、馬渡『研究』52頁以下。同旨、本庄『役割』100頁。
（13）　仲野組子『アメリカの非正規雇用』（桜井書店、2000年）85頁、中窪裕也『アメリカ労働法〔第2版〕』（弘文堂、2010年）195頁。
（14）　竹前栄治ほか『日本占領秘史〔上〕』（早川書房、1976年）13頁以下、孫崎享『戦後史の正体』（創元社、2012年）78頁以下ほか。
（15）　ヨドバシカメラ（パソナ）事件では、ヨドバシ開店を商機と見たパソナが持ちかけて労働者派遣契約の交渉を行ない、口頭合意が成立し、実際の派遣に向けてパソナは、プールしていた登録者だけでは不足したので新聞広告を繰り返して労働者募集を行ない、ようやく必要数を確保した。開店に先立ち、ヨドバシの店舗を会場として事前研修を行ない、その際、ヨドバシ社員である講師の指摘を受けて、髪を染めていた女性に指示して黒く染め直させるといったところまで事態は進展していたが、開業（派遣の開始）の10日ほど前に、ヨドバシから派遣契約をキャンセルされ、全員にわずかながら金銭を支払って内定を取消した。そのため、内定者の1人から損害賠償請求の訴訟を提起された（それが、先の事件である）。将来的にも顧客である可能性があると判断したものか（企業内部の政策判断であり、真相は判らないが）、労働者募集のため相当額を費やしたパソナが損害賠償請求に類した対処をした形跡はない。
（16）　大内伸哉「雇用強制についての法理論的検討」菅野古稀93頁。同論文の批判的検討を含む萬井論文⑳労旬1834号44頁以下参照。
（17）　前掲注（10）濱口・NBL885号18〜19頁。
　　　なお、野田進氏は、派遣法2条が「合法的という価値的定義まで含んでいるのか……基本的に疑問」と言い、労法6条の「介入」は「価値の概念も含んでいる」と述べられる、野田進「学界展望・労働法理論の現在‐2008年〜10年の業績を通して」労研608号（2011年）36頁。その場合の「価値的」とは具体的に何を意味する

のか、二つの記述に齟齬はないのか、明快な説明を求められる。
(18) 松村明・佐和隆光・養老孟司編『辞林21』(三省堂、1993年)。新村出編『広辞苑』(岩波書店、1999年)、『マグローヒル数学用語辞典』(日刊工業新聞社、2001年) もほぼ同文で、大同小異である。『マグローヒル数学用語辞典』では「集合」を「数あるものが集まり、中に属するかどうか決定できる性質をもつ対象のあつまり」と説明する。なお、岩波書店『数学辞典』には掲載されていない。
(19) 前掲注 (10) 濱口・NBL885号19頁。
(20) 後にILOは181号条約において派遣を容認したが、それは労働者の保護と一体のものであって、同宣言と矛盾するものではない、脇田滋「労働者派遣事業と有料職業紹介事業の自由化論批判 - 1997年ILO『民間職業紹介所条約』を手がかりに」季労183号 (1997年) 61頁。
(21) 濱口桂一郎「労働者派遣システムを再考する (3)」時の法令1813号 (2008年) 49頁。リーマンショック直前の発言であるが、派遣についての認識を誤ったということになろう。
(22) 本庄淳志「改正労働者派遣法をめぐる諸問題」季労237号 (2012年) 30頁。
(23) 本庄『役割』38～43頁、98頁。「価値中立的」についての説明はない。濱口氏の用例に倣ったのだとすれば、上記の疑問、批判がそのまま妥当する。
(24) 本庄『役割』100～103頁。
(25) 和田『復権』119頁。
(26) 本庄淳志「読書ノート　和田肇・脇田滋・矢野昌浩編著『労働者派遣と法』」労研642号91頁。
(27) 菅野〔11版補正〕59頁、366頁以下、395頁。
(28) 荒木〔3版〕521頁、土田〔契約法2版〕822頁、川口『労働法』635～636頁 (職安法44条については条文解釈に終始する、155～162頁)、水町〔6版〕335頁。

第2節　派遣法制定とその意義

1　法制定までの経過

(1)　行政管理庁の『勧告』から法案作成まで

　職安法44条の下で、法の網をくぐる企業によって偽装請負が蔓延していったが、行政機関はそれを厳格に取締まることはなかった。逆に1952年2月には、合法的な請負と認められるための要件としていた「専門的な企画、技術」を「企画若しくは専門的な技術若しくは専門的な経験」と改正して規制を緩和し、偽装請負の拡大に隙を開いた。
　行政管理庁は業務処理請負事業等の実態およびそれに対する職業安定機関の

監督状況等を調査し、1978年7月、『民営職業紹介事業等の指導監督に関する行政監察結果に基づく勧告』を行なった。同『勧告』は、業務処理請負事業の概要を描写した後、職安法44条違反に「該当する疑い」のあるものの存在を指摘しつつ、「労働基準監督行政も整備され、産業構造、労働者の社会的地位等が大きく変化してきている現在において、業務処理請負依頼事業所に対してこれを一律に適用した場合、かえって実際的でないことも懸念されるなど、適切に対応し難い面が生じてきている」と現状追認的な姿勢を示し、「今後、労働者の労働条件の確保、雇用の安定など、労働者の利益が十分確保されることを前提として、適切に対処する方策を確立する必要がある」と結論付けている。要するに、業務処理請負事業の実態に沿う方向での規制緩和を勧告したのである。

それを機に、労働省職安局長は私的諮問機関として、高梨昌氏を座長とする労働力需給システム研究会を設置した。同研究会は1980年4月、『今後の労働力需給システムのあり方についての提言』(以下、システム研『提言』)を発表し、労働者派遣事業制度の創設を提言した。システム研『提言』は、派遣事業がただちに強制労働や中間搾取といった弊害を伴うとは断定できない、「職業の専門化が進むなかで年功的な雇用、賃金慣行になじみ難い仕事、また企業が恒常的に必要としない仕事……は……人件費の節約等労務管理の合理化を図ろうとする傾向が強まる」が、労働者の中にも「自らの専門的知識または技能を最大限に発揮できる雇用機会を広く求める者が増加してきた」ことを背景として、今後、経済活動の複雑・多様化に伴って派遣事業の役割が一層高まることを直視して、労働者供給事業を一律に禁止するのではなく、その一部を"労働者派遣"という概念で括って合法化し、一定の適正な秩序の下で管理することが労働者の保護にも有益である、と述べた。ただ、労働者派遣契約による派遣先での就業条件の明確化、常用型に限定すること等、派遣労働者の雇用環境の向上を図る観点から一定の公的規制を加え、対象業務を限定したうえで、労働者派遣事業を労働力需給システムの一つとして制度的に確立していくための立法措置を講ずる必要があると結論付けた。

高梨『詳解』は、「はしがき」によれば、「立法化作業に深くかかわった労働省職業安定局の関係職員の全面的な協力」により、「草稿は関係職員の分担に

より作成され、私が最終的な取りまとめを行なう」形で公刊されたというから、実質的には労働省の公式見解と解されるが（以下、同書はそのような扱いとする）、「当事者間の自由な意思に基づいて雇用契約が締結されている場合……今日の状況の下において、封建的な支配従属関係やこれに基づく弊害の発生のおそれは少な」く、職安法44条の趣旨を没却することはないから、労働者を他人に提供し、労働に従事させることを業として行なわせることを容認した、とも説明している。

この時点では、後に1999年改正の際に公然と提唱された、労働者を求める企業と就労の機会を求める労働者のマッチング論ではなく、「職業の専門化」「企業が恒常的に必要としない仕事」「専門的知識または技能を最大限に発揮できる雇用機会」などがキー・ワードとされた。また、当時横行していた登録型では、派遣されている間だけ雇用されるから雇用が不安定で、派遣されていない時は無収入となり、各種の労働・社会保険の適用は困難であったことに鑑み、安易な派遣事業を規制するためにも常用型派遣に限定することを必要としていたことに留意すべきである。

当時、雇用面での男女平等を求める運動が進み、1979年に成立した国連の女性差別撤廃条約の批准を迫られて、男女雇用機会均等法を制定する作業が同時並行的に進められていたが、労働者派遣という就業形態は、結婚、出産を機に退職した、高度の専門的能力を持つ女性を再び労働の場に迎えるシステムとして、女性の労働力を「不安定な雇用形態で確保しておきたいとする経営側」の期待に沿うものであったことも無視できない。

システム研『提言』で示された大枠の下で、中央職業安定審議会に石川吉右衛門氏を会長とする、三者構成の労働者派遣事業問題調査会が設置され、難航の末、1984年2月、『報告書』が出された。それを具体化すべくさらに、中職審に高梨昌氏を座長とする労働者派遣事業等小委員会が設けられ、同小委員会が84年11月に『立法化の構想』を発表し、それを受けて派遣法制定へと進むことになった。なお、『立法化の構想』は「労働者の一時的な就労のニーズ」や「需給の迅速かつ的確な結合を図るという労働者力需給調整システムとしての機能」を理由として、登録型派遣も容認した。

84年10月には経済同友会労使関係プロジェクトが公表した『ME化の積極

的推進と労使関係』が、「市場でもあり企業内部でもあるような中間的クッション」の有用性を訴える「中間労働市場」論を提起し、「ME化を推進するに必要な……人材を集中的にかかえ、それを必要に応じて供給してゆく組織」や余剰人員を「当該企業に所属させたまま一時的に預かり他企業に供給する応援体制の『人材仲介組織』」の創設、つまり間接雇用の拡大を促している[6]。

　それらを受けて、派遣法の政府案が作成された。

(2)　記憶に留めるべきもの

　この経緯は、今後に向けての反省材料として記憶に留めるべきである。それは、職安法44条の下で偽装請負の蔓延を放置したという前史を、特に反省するでもなく引継ぐとともに、公然たる現状追随型の派遣労働行政の始まりを示唆している。発端が、労働省職安局長が設置し公費を用いて運営しながら、私的諮問機関というのも欺瞞的であるが、そのシステム研で大筋の方向を決めた後で、公式の、三者構成の調査会を設けるなど、労働行政・立法に関わっては、労働者代表も参加する三者構成の機関で審議するという、基本的枠組みを踏み外した議論の進め方であったことにも留意する必要がある[7]。

　その後、派遣対象業務の拡張、派遣可能期間の緩和などに関して現状追随を繰返すとともに、政府が設ける規制改革会議等といった、労働者代表を除外し構成員が財界に偏った諸機関や、厚生労働省が有識者として選んだ研究者による「……の在り方研究会」の類がまず審議して政策の大筋を定め、その後、公式な三者構成による委員会に具体化を委ねる、ということが慣例化している。

　そのような形で法改正が相次ぎ、結局、2015年の法改正によって労働者派遣法は性格を一変させることになる。そのことを正確に理解するためにも、制定時からの法制度の変遷を最小限度で跡付けておく。

2　1985年法制定の理念と法の概要

　国会では、1985年4月に衆議院社会労働委員会で法案審議が始まったが、企業が求める「労働管理の合理化」への対応という理由だけでは、労働者供給事業を禁止してきた歴史を覆すには根拠が薄弱で、立法作業を円滑に進めることは難しい。システム研が述べた、「専門的知識または技能を最大限に発揮で

きる雇用機会」の創出や「技術革新の進展に伴う技能労働者」の育成といった類の、労働者に対しても利益があると説明できる大義名分が不可欠であった。同時併行的に進んでいた男女雇用機会均等法の制定作業は、女性労働者の労働力を、適当な形で確保し続けたいという企業サイドの思惑も秘めており、派遣法制定はそれに応じるものでもあった。[8]

　山口敏夫労相は、冒頭、「今後の労働力の需給の変化を展望した場合、増大する高齢者や女子労働者の雇用の安定を図り、技術革新の進展に伴う技能労働者を育成し、確保していくため……新たな観点から労働力需給システムの整備を図っていく」必要を訴え、法案の概要を、①労働者派遣事業を公認し、「労働者の就業条件の整備を図り、もって派遣労働者の雇用の安定と福祉の増進に資する」、②「事業の適正な運用」を確保するため、登録型では許可を要件とし、欠格事由に該当するものは認めない、雇用が安定している常用雇用型は届出制とする、③「専門的な知識、技術、経験を必要とする業務及び特別の雇用管理を必要とする業務」に限って認める、④労働者派遣契約に具体的な就業条件を定めさせ、性差別、信条差別や正当な組合活動等を理由とする契約解除を禁止し、派遣元に教育訓練の機会の確保等の努力を求め、苦情を的確に処理させる、⑤労基法上の使用者責任を明確にする等と説明した。[9]

　審議を経て成立した法律の概要は以下のとおりである。

(1) 「労働者派遣」の定義

　労働者派遣は「自己の雇用する労働者を、当該雇用関係の下に、かつ、他人の指揮命令を受けて、当該他人のために労働に従事させる」ことで、「当該他人に対し当該労働者を当該他人に雇用させることを約してするものを含まない」、と定義される（2条1号）。

　（ア）定義の意義

　法制定の経緯に照らして、派遣法成立後も職安法44条は存続し続けるから、労働者派遣と偽装請負（労働者供給事業）とは理論的に明確に判別されなければならない。

　職安法施行規則は先に見たように（第1節1（イ）参照）、合法的な請負と看做されるための四つの要件を定めているが、たとえば、④の、作業に使用する

機械、設備、器材は自ら提供せねばならないという要件は、必ずしも自らが所有していなくても、労働者を提供する先から借り、賃貸借契約を結ぶ形を整えることでも充たされる。だが、②の、作業に従事する労働者を直接、業者が指揮監督をするという要件は、事実そのものであるので、現実に指揮監督をしていなければ、要件を充たしたことにならない。事実として指揮監督行為があったのかなかったのか、が法的な基準となる。

　ただ、業務請負の形式をとっているが、労働者を提供する業者が直接、指揮監督をしにくいという事情が存在することもある。一つは労働者の提供を受ける企業の側の事情として、業者を間に置くと指示が間接的になる、つまり、業者に注文や要望を出して、業者が労働者を指示して、当該注文や要望に従わせようとしても、迅速で正確な、あるいは臨機応変な仕事を期待しにくいため、発注者が自ら指揮監督に乗り出す誘惑に駆られる場合である。

　もう一つは、業務によっては、請負業者の側が、到底、指揮命令できないというような状況が存在することがある。たとえば、ある資料に、製造工程の一部の業務の遂行を請け負っている業界大手のＣグループに属するＡ社の取引先一覧が紹介されているが、それによれば、ある時点で取引先が314社あり、製造するのは半導体83社、電気電子部品68社、電気機器37社で電気関係が比較的多いが、他にも、輸送用機器、諸工業、商業、流通、建設、食品、繊維製品、パルプ、紙、化学、医薬品、石油、ゴム、ガラス、鉄鋼、機械という業種で製造工程を請負っている。(10) 製造業で、これだけ多様な種類の製造工程を指揮監督できる多種多様な管理職をＡ社が実際に擁しているとは想定し難い。必ずや、労働者提供先の企業が指揮命令していると推測される。

　いずれも、直接雇用にすれば避けられることであるが、業務請負という形態を敢えて選択した企業は、自己の責任でその要件を充たさねばならない。仮に、その要件を充たし得ないとすれば、偽装請負となるから、発注者および業者は職安法44条違反の責任を問われなければならない。

　（イ）　派遣と労働者供給、出向との理論的区別

　派遣法を施行するにあたり、合法とされる派遣と違法な労働者供給を実際に判別することが不可避であり、その前提として、両者の概念を理論的に明確に区分することが不可欠であった。

派遣法施行に先立ち、労働省は1986年6月6日、労働基準局長通達・基発333号『労働者派遣事業の適正な運用の確保及び派遣労働者の就業条件の整備等に関する法律の施行について』を公表した。そこにおいては、法律が定める労働者派遣の定義を解説し、「労働者派遣と請負、出向、派遣店員及び労働者供給との関係等」については文書を別添している（以下、『施行通達』、『別添』という）。

　ある事象をいかなる概念で捉え、類似の事象と何を基準に区別するのか。概念が明確であっても、現実には判断が難しい場合があることは否定できないが、それはそれとして、概念そのものが判別できないことは避けられねばならない（第2章で詳説する）。法の施行にあたる行政当局の解釈を述べた『施行通達』および『別添』はその要請に応えているであろうか。

　『施行通達』は、派遣については派遣法の定義をそのまま紹介したから問題はないが、中間搾取については疑問のある解説をした（第2章第2節2(3)(カ)）。請負、労働者供給などとの関係は『別添』に委ねられている。

　『別添』は、職安法5条6項が定める労働者供給の定義を紹介した後、労働者と労働契約を結んでいない業者が、供給契約にもとづいて「労働者を供給先の指揮命令を受けて労働させるもの」はすべて労働者供給に該当するとし、供給元と労働者が労働契約を結んでいる場合でも、「供給先に労働者を雇用させることを約しているものは労働者派遣に該当せず、労働者供給に該当する」とした。

　そこで、後者の場合、「供給先に労働者を雇用させることを約している」のか否か、明確な判断基準が求められることになる。それについては、「契約書等において……意思の合致が客観的に認められる場合は」それによるが、それ以外は、①雇用する労働者を他の企業に提供することを派遣法の「枠組み」と解したうえで、その枠組みによる場合は、原則として、そう約しているとは判断しない、例外的に、②業者に企業としての実体（独立性）がなく、「派遣元自体も……労働者とともに派遣先の組織に組み込まれてその一部と化している場合」、および企業の実体は持つものの、派遣の実体が、「派遣先の労働者募集、賃金支払いの代行となっている場合その他これに準ずる」場合は、「約して行われるものと判断する」という、回り道の表現をしたうえで、しかも、言い切

るのではなく、なおも「……と判断することがある」と、曖昧な説明をしている。

　実は、その説明には派遣法の運用の混乱を招いている重大な欠陥がある。
「雇用させることを約しているもの」は派遣法の定義規定の後半において、派遣概念から外れるものを指す場合に用いられたのと同じフレーズであるが、『別添』も、在籍型出向は「出向先との間において新たな労働契約関係に基づき相当期間継続的に勤務する形態」であると述べているように、それは出向だと理解されてきた。『別添』は、その「新たな労働契約」の存否は、出向先の指揮命令権、賃金の支払い、労働条件の変更等の「労働関係の実態……総合的に勘案して判断」するという。

　しかし、それらの概念を当てはめると、労働者を提供する業者が労働者と労働契約を結んでいる場合には、同時に出向にも労働者供給にもあたるように見え、両者を区別できない場合があることになりかねない。厚労省はまさに、労働者供給と出向は概念上は同じである、とさえ述べている。

　ただ、一般には合法と理解されている出向と違法な労働者供給が、概念上は同じであるという状況をそのまま放置しておくわけにはいかない。そこで実務では、「業として」行なわれているか否かを第二基準として、労働者提供の目的、回数等により「事業」性を判断し、「業として」いるものは労働者供給事業に当たり、していないものは出向と区分しているように見受けられる。

　だが、入手し得た、いくつかの労働局の是正指導書を読む限りでは、その判断を分かつ明快な基準は見当たらない。その他にも、新聞報道などによれば（事実関係の細部は報道されないため推測する以外にないが）、偽装請負と見られる事案について、ある事案では労働者供給事業に当たるとして職安法44条が適用され、同様な別の事案では違法派遣として派遣法が適用される、また、出向は合法とされているため、労働局が出向と判断した場合には介入しない（放置しておく）という、無秩序状態になっている（詳しくは第2章第2節参照）。

(2)　派遣対象業務－専門的業務と特殊な雇用管理を要する業務

　政府提出の派遣法案では、既存の業務請負形式による就労実態を参考としつつ、派遣対象業務としては、一般的に「専門的な知識、技術、経験を必要とす

る業務」および特殊な雇用管理を要する業務と説明された。この二つの類型の業務の結びつけに必然性や合理性はない。後者は派遣という就労形態を容認することに便宜的に便乗したもので、その趣旨について、直接雇用では不都合がある（間接雇用が望ましい）ことについて合理的根拠は説明されていない。

制定された派遣法は、派遣対象業務を「その業務を迅速かつ的確に遂行するために専門的な知識、技術又は経験を必要とする業務」および「就業形態、雇用形態等の特殊性により、特別の雇用管理を行う必要があると認められる業務」を併置したうえで、具体的な業務等の決定は政令に委ねた（4条1項）。法律の重要な部分をそのように一括して政令に委ねることは憲法27条2項に違反する疑いがある。

　（ア）　専門的業務等

専門的業務について、当時しきりに発信されたのは、高度に専門的な技術や知識を持っているので、派遣元との交渉力もあり労働条件は相当程度高く、また派遣先も容易に見つけ得るから雇用が途切れることはなく、就労先が変わるとしても雇用は安定している、会社、労働者の双方にとって効率的で社会的にも有益である、という中央職業審議会派遣事業等小委員会『立法化の構想』についての説明であった。中職審は、「当該業務を迅速かつ的確に処理するためには、単純労働者以外の専門的知識や経験を有する者に行わせる必要がある業務」の試案として、具体的に14の業務を挙げた。[13]

最終的に1986年4月3日、政令95号（派遣法施行令2条）は、a）ソフトウェア開発、b）事務用機器操作、c）通訳・速記、秘書、d）ファイリング等の文書の専門的な管理、e）調査、f）原価計算、決算等の会計・経理の処理、g）取引文書作成、h）デモンストレーション、i）添乗の専門9業務と、いわゆる特殊な雇用管理のための、j）建築物清掃、k）建築設備運転・整備等、l）受付・案内等の4業務を加え、13業務とした。施行直後の1986年10月よりm）機械設計、n）放送機器等操作、o）放送番組等演出の3業務が追加され、計16業務となった。

　（イ）　「事務用機器操作」の場合

後に濫用的に利用され、実際の派遣の約半数を占めた「事務用機器操作」に該当するものとしては、中職審『立法化の構想』は①ワープロ、タイプライタ

ー等の事務用機器の操作、②テレックス等の通信機器の操作、③コンピュータ・システムの操作、データの入力の3種類をあげていた。①、②は「事務処理」であり、③は「情報処理」で両者は別とされ、前者はタイピスト等、後者はシステムエンジニア、プログラマー、オペレーター等が念頭に置かれていた。

コンピュータの操作に関しては、業務請負という形で「派遣」を先取りして営業している企業の関係者、阿島征夫氏（電機労連政策企画局長）および宮川尚三氏（日本事務処理サービス協会監事）が参考人として招かれた際、異口同音に、事業としてその操作を請負うためには、担当者の教育はOJTで済まされるようなものではなく、専門学校における3か月程度の教育訓練が必要である、と具体的に述べたことが注目される。[14]

政令に委ねられた具体な業務について、施行令2条2号は、「電子計算機、タイプライター、テレックス又はこれらに準ずる事務用機器」として一括し、その「操作の業務」が指定されている。後に4条5号となり、政令5号業務と略称された。他方で、懸案であった、出回り始めたワープロの操作を含めるかについては、数日の習練でマスターし得るとして異論も強かったため、排除されている。[15]

政令は法律が授権した範囲内で法律の規定の具体化を図る、いわゆる委任立法であるから、立法者の意思、法律の趣旨に則った内容でなければならない。その後、濫用され、問題の多かった「事務用機器操作」も、法案審議において前提とされた当時のハード（機器）、ソフトの性能や普及および習熟した労働者の数や状況等の実情を的確にふまえて、合理的な範囲内に限定されなければならない。

ちなみに、1981年にIBMがDOSを搭載したPCを発売し、マイクロソフト社からMS-DOSが提供されて、1982年にNECがPC-9801を定価17万円弱で発売した。[16]法案が審議された85年頃、高級機は約250万円、実用に適した機種は1台50～60万円を超えていて、企業としてもPCは高価で事務用に多用し得るものではなかったし、ましてや労働者個人としての購入は無理で、労働者は汎用コンピュータの端末を使用することが通常であった。[17]それも実際に使用したのは汎用コンピュータの端末を操作するのは事務労働者全体の5％程度、PCは4％であり、コンピュータは企業における事務用機器としてはまだ実用

化の緒に就いたばかりであった[18]。勤労者世帯における普及率を見ても、PCは88年でもまだ11%と、ワープロの16%よりも少なく、その後も普及率上昇は緩慢で、それが20%を超えるのは、Windows95が開発された1995年の2年後、つまり派遣法施行後10年以上経ってからのことである[19]。

　派遣においては、派遣先は必要とする「専門的な知識、技術又は経験」の内容を具体的に示して、派遣元に当該業務を担当する労働者の提供を求める。労働者は派遣されてから派遣先で研修を受けるのではなく、派遣元に雇用あるいは登録される時以前に、ないし遅くとも派遣される時点で、すでに、その「専門的な知識、技術又は経験」を身に付けていることが前提である。法制定当時、PCを使いこなして事務作業を行ない得る者はたしかに一種の専門家と言い得たが、その技術をもって派遣労働者（派遣法制定前であるから、厳密に言えば偽装請負業者の従業員）として複数の企業を転々としながら働くことができた者は現実にはごく少なかったし、したがって、その例は極めて稀であったに違いない[20]。「事務用機器操作」はそういう状況を前提として派遣対象業務として指定された。

　その後、PCのハード、ソフトの両面において飛躍的発達を見るとともに、価格も下がり、企業の事務機器としての利用も拡大し、今や、PCを利用しない事務作業を想像できないほどになっている。しかし、それとともに、PCを使用した事務作業は、派遣法が想定した専門業務とは言えなくなった。にもかかわらず、労働省はそのような状況に照応する適切な指導をせず、企業はそれに乗じて、PCの操作を5号業務と位置づけて、派遣を利用してきた。それは、客観的には立法の趣旨を逸脱する、企業による恣意的な濫用に他ならなかった。

(3)　派遣事業者の要件と手続き

　「常用雇用される労働者のみ」を派遣する特定労働者派遣事業の場合は労働大臣への届け出（2条5号、16条）、それ以外の一般労働者派遣事業の場合は許可を受けることが義務付けられた（2条4号、5条）。

　派遣労働者に登録型のほか常用雇用型の労働者を含む場合も許可が要件とされるが、後者は一般に登録型とも呼ばれる。登録型には、労働者をあらかじめ登録しておき、派遣先から必要な技術、経験、資格などを指定して注文を受け

た時、派遣業者が登録者の中から注文に適合する労働者を選抜して派遣する場合と、先に注文を受けて、それに適合する労働者を募集して、応募者の中から選抜し、派遣するという二つのパターンがある。もっとも、前者の場合も、あらかじめ登録している者だけでは注文に応じきれない場合は募集に取り掛かることになるし、労働者もまた就業の機会を逃すことのないよう、通常、複数の業者に登録しているから、たまたま適当な就労先を提示されても、その時は他で就労していて応じられないこともあるから、截然とパターンを分けられるものではない。[21]しかし、いずれにせよ、実際の派遣事業は派遣の注文があることが起点となり、当該注文に適合する労働者を派遣元で捜し、選抜して派遣する。その現実的な機能は職業紹介に近く、雇用が特に不安定なため、派遣事業を営む者はそれに対応するだけの基盤を持つ者に限るために、審査が欠かせないから許可制としたのである。

　常用雇用型は対象が常用雇用で安定しているという理由で手続きが緩和され、届出だけで良いとされた。

(4)　労働者派遣契約

　派遣を行なうためには、派遣元と派遣先で労働者派遣契約を書面をもって結ぶ必要がある。派遣契約書に記載すべき諸項目は細かく列挙されている（26条1項、同法施行規則21条3項）。契約締結に際し、派遣元は合法的な派遣業者であることを明示する必要がある（85年法26条4項－現行法では同3項）。

　大半は派遣先が派遣労働者の提供について打診し、派遣契約を申込むことを契機に交渉が始まるが、派遣先は求める技術等の要件を示し、就業内容や使用する機器等の就業条件、就労場所、派遣期間を明示する。それに対応し得る労働者の選抜・決定は派遣元が行なわなければならない。

　通常はまず労働者派遣基本契約が結ばれ、それにもとづき具体的な派遣についての様々な準備が行なわれ、派遣される労働者が特定された時点で個別派遣契約が結ばれる。基本契約には派遣対象業務ごとに当該業務に就く人数を記載し（施行規則21条1項）、実際に派遣するに際して氏名、性、年齢等が通知されることになっているが（35条、施行規則28条）、実際には、基本契約はおろか、個別派遣契約にも業務ごとの労働者数だけで氏名は記載されないこともある

(日産自動車本社事件・乙イ第1号証、日本化薬事件・乙第7号証等)。

(5) 派遣可能期間

システム研『提言』では、西ドイツ、フランス等は期間について制限を設けているが、それが「日本の今日の実情に適応しているか」を検討課題の一つとしていた。ちなみに当時、西ドイツの派遣可能期間は3か月、フランスでは6か月であった。[22]

当初、法案には期間制限に関する規定はなかったが、議員の追及を受けて、政府は、「派遣期間が長期に及びます場合には、派遣労働者の雇用の安定、当該業務の処理の実情等に配慮しながら、派遣元事業主に対して適切な指導を今後行っていきたい」と答弁した。[23]派遣は臨時的であるがゆえに短期であるべきこと、派遣が派遣先の正規雇用労働者の代替となることを防止することは派遣法全体の趣旨として確認され、対象業務の限定とともに、派遣期間は短期ということを確認した上で法律に規定することになった。26条2項は、労働大臣が「労働力の需給の適正な調整を図るため必要があると認める場合」には一定の期間を定め得るものとし、労働者派遣契約においてそれを「超える定め」をすることを禁止した。労働省告示38号（1986年4月17日）はコンピュータ・システムの設計・保守やプログラムの設計などについては1年、その他、ビルメンテナンス以外の9業務については9か月と定めた。

派遣法の制定の際、両院の社会労働委員会は附帯決議で、派遣が「常用雇用労働者の代替を促すこととならない」ことを求めている。当初は、派遣という就労の在り方は、直接雇用の原則に対する例外であるということへの配慮もあり、少なくとも公式には、対象業務を限定し、派遣期間を規制すれば、雇用慣行その他に支障はない、というむしろ消極的位置付けないし弁明を伴いながらの合法化であった。[24]

派遣期間終了後については、特に規定されなかった。派遣契約の更新は特に禁止はされなかったが、同一の派遣先に対して、「継続して3年を超えて行わないよう」にと行政指導された。[25]たびたび更新することは、もはや臨時的、一時的需要でないことを示しており、したがって、直接雇用へ移行すべきである、という趣旨であった。

その「継続して……」に関して、厚生労働省は、前の派遣が終わってから3か月以上あいていれば、それに該当しないとしており、それは俗にクーリング期間と呼ばれる。

(6) 違法派遣の取締りと刑事法的規制

派遣法違反に対しては、行政指導と罰則の適用によって取締りが行なわれる。

行政指導としては、まず、労働大臣は『指針』等を公表し、一般的な「事業の適正な運営……を確保するために必要な指導及び助言」を行なう（48条）。法違反があった場合は、個別に派遣元に対し必要と認める「雇用管理の方法の改善その他……必要な措置」を命じ（49条）、派遣元、派遣先から「必要な事項」について報告を求め（50条）、立入検査を行なうことができる（51条）。

罰則は、派遣法が派遣事業の円滑な運営を意図している事業法であることを反映して、派遣先に対する罰則は、派遣先責任者を選出しなかった、管理台帳を作成しなかった等の場合だけに限定されており、主としては派遣元に対するものになっている（58条以下）。

ところで、派遣法違反とは言っても、偽装請負など、そもそも「派遣」概念から外れるものから、派遣先管理台帳の記載事項の派遣元への通知の遅延（42条3項）といった、違法性はさほど大きくないと判断されるものまで、各種あり得る。後者がただちに職安法44条違反を構成するとは考えられないとしても、派遣法の諸規定に則らないで、自己の雇用する労働者を発注元に提供してその使用に委ねる偽装請負は、違法派遣であると同時に労働者供給事業でもあるから、職安法44条に抵触する。そこで、偽装請負については、端的に言えば、発注者（供給先）も派遣法違反として処罰の対象とされ、派遣法、職安法が重畳的に適用されるのか、が問われた。

派遣法に対する基本的認識と犯罪の構成要件に関わる解釈の問題である。明白な偽装請負でさえも職安法は適用されないことになれば、派遣法上、処罰規定がないため、発注者（違法派遣の派遣先）は刑事的ペナルティを受ける危険がないから、労働者の提供を受けることの合法性についても注意を払わず、偽装請負等の利用も躊躇しないことになる。肯定されれば、職安法44条違反とされ、犯罪捜査のための発注企業の家宅捜索、関係書類の押収、責任者の逮捕

などが予測されることになり、偽装請負、違法派遣を禁圧する効果は格段に増す。その結論は違法派遣取締りの実効性を左右する重大な意味をもっているだけに注目された（民事法的には、2012年改正により40条の6ができて、別の問題が生じたが）。本来であれば、偽装請負や対象業務以外についての派遣などの違法派遣に対する刑事法的規制として適用される法律が何かは、派遣法および職安法に明確に規定されているべきであるが、実際には規定されていないために、解釈が分かれている。派遣法制定が生み出した大きな問題の一つである。

それについては、職安法4条6号が労働者供給事業には派遣法2条1号に規定する「労働者派遣に該当するものを含まない」としたことの解釈が焦点となる。つまり、その「労働者派遣に該当するもの」とは、派遣法を遵守した適法な派遣のことを指すのか、それとも、労働者を提供する業者が労働者を雇用する形をとっていれば偽装請負などの違法派遣でも含むのか、が問われるのである。

違法派遣に対する刑事法的規制に関わり、三つの見解がある。

（ア）　派遣法単独適用説について

（a）　派遣法単独適用説とその問題点

派遣法単独適用説は、労働契約を結んでいる労働者を他の企業に提供することが「派遣の枠組み」であると解し、請負業者が労働者を雇用している場合には、偽装請負は（違法だが）法的性格は派遣であり、職安法4条6項により同法の適用を除外され、派遣法のみが適用される、とする。中職審『立法化の構想』は、労働者派遣事業は「派遣契約に基づき、自己の雇用する労働者を派遣し、他人に使用させることを業として行うもの」で、労働者供給事業のうち「供給元と労働者との間に雇用関係があるものは労働者派遣事業……ないものが労働者供給事業となる」と述べて、明確に単独適用説を示唆していた。

下井隆史氏は、業者が労働契約を結んで雇用する労働者を提供するものは、派遣業について許可・届出の手続きを欠く業者によるもの、適用対象業務以外の業務についてのもの、期間を超えて行なわれているもの、つまり派遣法による規制に適合しないものもすべて「派遣」であり、それに対して職安法44条は適用されない、と結論のみ述べられる。中職審『立法化の構想』と同様、論拠の説明はない。

濱口桂一郎氏は、先に見た「価値中立」論を提唱しつつ、職安法の規制対象は「労働者供給」を業とすることであるが、「両概念の補完性」からして、派遣は『労働者供給』ではあり得ない」、と述べられる。「両概念の補完性」という表現で、労働者供給と派遣とは相互排他的で相いれない概念であると主張されるのだが、労働者供給事業は同時に違法な派遣事業でもあり、職安法、派遣法が重畳的に適用されるという見解（重量適用説）に反論を試みることもなく、論証されるべき結論（単独適用説）を主張の根拠とし、理論的には何も語らないまま、違法な派遣事業には派遣法のみが適用されるとする。
　時期的には遅れるが、次に検討する荒木氏の見解に依拠しつつ、本庄淳志氏は、派遣労働者の保護も含め、すべて「派遣法の枠内で対処することが想定されていた」と述べられる。だが、「対処」「保護」を派遣法が具体的にどのように規定しているのかの指摘・説明も、その「想定」の根拠の解説もなく、また労働者供給概念についての行政解釈が変更されるのも当然だとされるが、その根拠について説明もない。本庄氏は、重畳適用説は、「『労働者派遣』を適法なものだけに限定」し、それ以外の場合は職安法44条との抵触を主張するから「論理的には『派遣法違反のケースで派遣法による是正が図れない』という奇妙な結論」になるとか、派遣の概念を「（違法なものも含め）広範に解し……職安法と派遣法とで、『労働者派遣の』概念に異なる意味を持たせ」る解釈には無理があると指摘し、重畳説をとらない根拠とされる。しかし、重畳適用説は、一般的に派遣を適法なものに限定しているわけではない。職安法が労働者供給の定義から除くこととした、その「労働者派遣」は「適法なものに限定」されるのか、が問われている局面において、それを肯定し、対象外業務に対する派遣や許可を得ていない業者からの派遣は、違法派遣であると同時に、労働者供給事業の定義に該当するから職安法も重畳的に適用されると主張しているのである。本庄氏は重畳適用説を正確に理解していない。「奇妙な結論」とか罪刑法定主義の要請に反するという批判は的外れである。
　なお、単独適用説との関わりは明確ではないが、本庄氏は1996年改正の際に規定された24条の2を論拠に、派遣法が派遣の定義に「違法なものを含む」と解されるが、それは同条を曲解している。24条の2は派遣元事業主以外の者からの派遣受入れという違法派遣の一つの類型を具体的に示し、その禁止を

明記している。「違法派遣も『労働者派遣』に該当することを前提に……罰則等を規定した」ことは間違いないが、それは違法派遣に対しても派遣法が適用されることを示すだけであって、そのことと、当該違法派遣が職安法44条の構成要件に該当する場合に、それに対して派遣法の罰則とともに、(観念的競合となるが) 同条が適用されるかは全く別の問題である。労基法をはじめ (労働法以外を含め) 他の法令でも例は無数にあるが、派遣法違反に対する刑罰規定が存在することは、改めて言うまでもなく、違法派遣の存在を肯定的な意味で認めるという意味を持つわけではない。合法的な派遣を逸脱したものが存在し得ることを想定し、それに対処する規定に他ならない。ここでの問題は、それに重畳的に職安法44条が適用されるのか、ということなのである。

　職安法の定義から除外されるのは派遣法を遵守した適法な派遣に限るのではないか、という先の問い掛けは不可欠である。だが、総じて、単独適用説を採る論者はその問掛けの検討を回避し、論拠としては、労働者供給事業には「労働者派遣に該当するものを含まない」とした職安法4条6号を指摘するだけで済ませている。(33) 論旨明快に見えるが、その実、「労働者派遣に該当する……」「労働者派遣」の意味が問われているにもかかわらず、それに正面からは応えようとしていないから、甚だしく説得性に欠ける。職安法および派遣法の規制を意図的に潜脱しようとする偽装請負が、業者が形式だけにせよ労働者と労働契約を結んでいる場合には、それだけで、何故、法違反を犯したユーザーに対しては刑事法的に実効的なサンクションを欠く派遣法だけが適用され、職安法の適用が除外されるのか。立法目的を無視して法解釈が成り立つとは考えられないが、〔目的〕を謳う派遣法1条は、「職業安定法と相まって労働者力の需給の適正な調整を図る……」と始まるが、その「相まって」という文言の趣旨をどのように理解するのか。単独適用説は実質的な理由を何ら説明し得ていなかった。

　そのような中にあって、荒木尚志氏は説得的な解説を試みられた。派遣法は対象業務を規制する4条違反について「同法59条1号で、職安法44条違反と全く同じ刑罰を科している」ほか、独自に同法違反に対して罰則を設けており、「法違反の労働者派遣であるからといって職安法44条の禁止する労働者供給となるわけではないことを前提に、違法派遣については派遣法の枠組みの中で処

理する制度設計となっている」、「派遣法違反であれば当然に労働者供給に当たると解することは現行法の解釈として困難」と述べ、単独適用説を適当とされる。たしかに、派遣の形式を踏んだとしても許されない「公衆道徳上有害な業務」に就かせる派遣（58条）から始まって、派遣の要件を定める規定に違反する行為（61条）、さらに法人の代表者らの違法行為（62条）まで処罰規定を整備しており、荒木氏の指摘される「制度設計」が存在するかのように見える。ただ問題なのは、派遣法59条1号は派遣対象業務以外の業務に関わる派遣禁止を定める4条1項違反の派遣元だけを対象とし、その受入れを禁止する4条3項違反の派遣先は対象とはしていないが、それに対し、職安法44条は業者から提供された労働者を使用することも禁止して刑罰の対象としているから、派遣法と職安法は法違反に対する抑圧効果を著しく異にすることである。

間接雇用は本来の労使関係から逸脱するから、職安法44条は長く労働者供給事業を禁止し、違反した供給元、供給先双方とも処罰の対象としてきた。だが、派遣事業の適正な運営の確保を図る事業法として制定された事情によるのであろうが、派遣法では違法派遣に対する罰則は派遣元にのみ向けられた。仮に、派遣は間接雇用ではあるが雇用事情などへの悪影響は少ない、違法派遣があるとしても、それに派遣先が加担することはほとんどない、といった客観的資料が存在し、それにもとづき、派遣先が法違反を犯したとしても処罰する必要はないと政策判断し、職安法44条をすべて吸収し、派遣法に移すといった類の提案説明があればともかく、そのような資料も説明もなく、したがって、国会では議論もされていない。戦後の労働民主化の柱の一つであった直接雇用の原則について、労働者の提供先が法違反を犯したとしても処罰の対象から外すことにするとすれば、それは間接雇用についての基本的見解に関わる重大な政策変更であるから、それを国会における説明も議論もなしに行ない得るとは考え難い。荒木氏はそのようなことについて、何ら説明はされない。

なお、重畳適用説は、職安法44条の構成要件に該当すれば、派遣法違反と同時に職安法44条違反を構成し、その適用を受ける、と述べているのであって、荒木氏が指摘するように、派遣法違反であれば、どのようなものであれ当然に労働者供給に当たると主張しているわけではない。

しかも単独適用説を取ろうとするのであれば、違法派遣は「労働者供給とな

るわけではない」ということは本来、独自に論証すべき課題であったにもかかわらず、その肝心なことを論証をしないでおいて、逆に、それを「前提」として検討を始めるのは倒錯した論理展開である。「前提とすることにして」程度の仮定的論法であったとしても、倒錯に変りはない。

　私は、積極的姿勢は評価しつつ、その趣旨の批判を行なったが、荒木氏はそれには答えず、〔第3版〕でも繰り返されるし、高橋賢司氏、本庄淳志氏は荒木氏の見解をそのまま支持される。理論の発展を展望する立場からすれば、両氏には荒木氏の見解に対する私見を批判するか、荒木氏の見解を補強したうえで、単独適用説を提唱されることが望ましかった。

　(b)　単独適用説の違法派遣に対する刑事的規制論

　職安法44条と派遣法は、同様な行為に対し処罰の対象とするか否か、対応を異にしている。現実に適用されることが稀なためか、軽視される傾向があるが、そのことについて刑事法についての基礎的な理解と連携し得る理論であることが求められる。だが、単独適用説の論者には、違法派遣という行為に対する刑事的規制に関わる観点からして重要な問題についての分析が完全に欠落している。

　犯罪行為の中には、国家秩序、公衆道徳などの、いわば倫理的価値に対する侵犯が犯罪とされる場合もあるが、殺人、窃盗、詐欺など、犯罪行為者と被害者が対立する行為類型が大半である。そのほかに、対向する複数の行為者による共同の行為があって初めて成立する犯罪類型が存在する。贈収賄、賭博、麻薬の売買、売春などがその例である。いずれも単独では犯罪が成立しない。贈収賄であれば賄賂を渡すものと受ける者、賭博であれば胴元と賭博に参加する客、麻薬であれば売る者と買う者、売春であれば売春婦と客がいて初めて、犯罪が成立する。もっとも、それぞれの犯罪行為の性格を分析すれば、対向する行為者といっても当該犯罪を主導する者とそれに追随する者があり、犯罪の抑止ないし防止の観点から、いずれかをより重く処罰することはあり得る。あるいは、当該犯罪の社会的構造からみて、対向行為者の一方については刑罰を科さないことに合理的理由が認められれば、そう扱うこともあり得よう。

　労働者供給事業は対向する複数の行為者があって初めて成立する犯罪である。労働者を供給する者と、対価を払って供給を受け、当該労働者を使用する者が

いて初めて、労働者供給事業が成立する。その一部を「労働者派遣」として合法化した派遣法を刑事的規制の側面から考察する場合、前記の基礎的な理解を欠くことはできない。派遣法では、派遣対象業務以外の業務について派遣を行なった者（4条1項違反）、無許可で派遣を行なった者（5条1項違反）などに「1年以下の懲役又は100万円以下の罰金」刑が科される（59条）。しかし、いずれも、派遣労働者の提供を受け、使用する派遣先がなければ成立し得ない犯罪であるにもかかわらず、派遣法はそのような犯罪の対向行為者（違法な派遣先）を処罰する規定を置いていない。対向行為者の存在なしには成立し得ない犯罪について、一方だけを処罰し他方は処罰しないのは、犯罪に関する基礎的理解からすれば、極めて異例なことである。違法な派遣においては、もっぱら派遣元が犯罪の元凶であって、派遣先に刑罰を科すことは社会的に合理性に欠ける、というのであれば別だが、派遣は、むしろ派遣先のほうが力関係では優位にあるから、そのようなこともあり得ない。

　とすると、単独適用説によるとすれば、現行の派遣法の違法派遣に対する刑事的規制の在り方はあまりにも異常である。派遣法の刑事的規制の現状は、何か、それを補完するような、他の理由がなければ合理性を認められ難い。それは、当該違法派遣が労働者供給事業に該当する限り、職安法44条による刑事的規制が働くから、全体としてみれば、違法行為に対する刑事法的抑圧策として遺漏はないと解される場合、つまり重畳適用説が現実に運用される状態でなければならない。派遣法制定の際、同法の業法としての性格から、もっぱら派遣元を規制する観点から法律全体が構成された結果、派遣法の枠内でだけみれば異常に映るとしても、重畳適用説がとられるのであれば、職安法の適用を含めて全体的に見れば、取り立てて問題があるとはいえない。派遣法1条の、職安法と「相まって……」はそのような意味を持っている。派遣法制定の際も、そのような理解であったと推論しない限り、派遣法が違法派遣について派遣元だけを処罰の対象としていることの説明が付かない。重量適用説のように解して初めて、全体的な説明となる。単独適用説にはそのような視点が欠けている。

　なお一部に、労働者供給事業については、労働ボスの責任追及、追放が主眼であると強調する見解がある。それを根拠として違法派遣には派遣法だけが適用されるとする単独適用説も合理的だと解されるのかも知れないが、論者から

の説明はない。やはり、違法派遣に対する刑事的規制という観点からの分析が欠落していることは否定し難い。

　なお、罰則が設けられても現実には適用されることはほとんどないから、刑事的規制についての分析は意味がないとの意見も予測される。しかし、現実の法運用と法体系上の意義とは別次元の問題であって、法律家としては、後者を無視することは許されない。

　（イ）　職安法、派遣法重畳適用説

　派遣法は、合法的な派遣と認められるための要件として対象業務、許可等の手続き、派遣可能期間等について規定し、労働者派遣契約において合意すべき項目を列挙したうえで、それを書面とすべきもの（要式契約）とし、派遣先、派遣元が講ずべき措置等に関わる規定をおき、労働者の思想や組合活動を理由とする派遣契約の解除を禁止し、派遣終了後、派遣先が労働者を直接雇用することを妨げることを禁止し、労働基準法や安全衛生法の幾つかの条文については派遣先が当該法律上の「使用者」とされることを規定する等々、全体として派遣事業の適正な運営を意図している。24条の2は無許可の業者から派遣を受けることを禁止して、実質的には偽装請負が違法であることを重ねて示し、違反した場合は40条の6第1項2号、5号により派遣先は直用を申込んだものと看做されるし、公法的には是正指導や罰則の対象となる。当然といえば当然のことだが、そのようにして、派遣法は立法政策として適法な労働者派遣を創り上げることをめざしている。そうである以上、職安法4条の定義規定において労働者供給事業から除かれる派遣法「2条1号に規定する労働者派遣」とは、違法でも差し支えないとすることは背理であり、派遣法の規定を踏まえた適法な派遣を指していると解すべきである。

　野田進氏は、職安法が定義した労働者供給事業は、供給元が事実上支配している労働者を提供した場合に限られると解し、その理解とどう関係するのかわからないが、重畳適用説（直接には私見）に対し、「なぜ派遣法2条が合法的という価値的定義まで含んでいるといえるのか……基本的に疑問」だとされる[38]。野田氏の見解によれば、職安法44条の適用対象は現実にはほとんど存在しないことになるが、そのような重要な結論の行方について説明はない。

　刑事法において、本質的に違法なものから一部を政策的に特別法によって合

法化した場合、当該法律に準拠したものだけが合法となる。外形が同じであればすべて合法化されるわけではない。適法と判断され得る条件を充たさない業務請負は、構造が同じである以上、違法派遣であると同時に労働者供給事業に該当し、派遣法、職安法が重畳的に適用され、発注者は職安法44条違反として同法64条により刑罰を受けることになる。法違反に対する行政指導や刑罰に関わる規定は、他の法令でも随所に見るところであって、派遣法にそのような規定が備えられていることは、違法派遣を認めて、それを派遣法の中に取り込むといった趣旨では毛頭なく、合法的な派遣を逸脱したものへ対処するための規定に他ならない。派遣法はあくまで合法的な派遣を前提としているし、職安法の定義もそれを前提とし、適法な労働者派遣だけが職安法の労働者供給事業の定義から除外されたと解すべきである。[39]

　(ウ)　折衷説

『別添』は、供給元・労働者間に労働契約がある場合も、「供給先に労働者を雇用させることを約しているものは労働者派遣には該当せず、労働者供給に該当する」と述べる。間接的な表現をとり、回りくどくて一読しただけでは理解しにくいが、労働者の提供者と労働者間に労働契約関係がある場合は「派遣法の定める枠組みに従って行われる」派遣であり、原則として労働者供給事業には該当しない、との見解をとる、基本的には派遣法単独適用説である。ただ、労働者を提供している業者が①「企業としての人的物的な実体（独立性）」がなく、供給先の組織に組み込まれている、②「労働者募集、賃金支払の代行」になっている、③これに「準ずる」場合は、「例外的に派遣先（供給先）に労働者を雇用させることを約して行なわれるもの」、すなわち労働者供給事業にあたる、と解釈して、結論的には折衷説を取る。

　行政解釈であるので、現実にも、偽装請負事案に対して職安法が適用されることがあり、影響力は小さくはない。[40]

　野田進氏は、1999年法改正によってネガティブリスト化された後では「労働者派遣は、それ自体で独立した雇用形態の範疇」となり、派遣法違反から「ただちに当該契約全体を労働者供給に性格変更する解釈」は当事者意思から離れ、無理があるとして、原則として派遣法が単独に適用されるが、請負業者と労働者間に「雇用の実態が見られない」場合は労働者供給事業と認められ、

一種の折衷説をとられる。[41]

　折衷説は、特に説明もなく単独適用説を取ることから出発する点に根本的に問題がある。具体的事案に対する解釈によっては適切な結論を得られるが、何よりもその解釈基準が不明確で、法を実際に解釈・運用する担当者の判断に委ねられる部分が大きく、法の安定性に欠ける点に現実的な問題がある。

　（エ）　まとめ

　法解釈論は、それが導く事態、社会的影響をも視野に入れ、十分に配慮したものでなければならない。単独適用説によれば、業者が労働者と労働契約を結んでいる限り、偽装請負の発注者（労働者供給事業の供給先）、違法派遣の派遣先（本書では、両者を含む意味で以下、ユーザーと呼ぶことがある）は、処罰の対象となるリスクを負うことなく、営業許可を得ていない業者からでも、派遣対象業務以外の業務についても、気軽に業者が提供する労働者を受入れられることになる。しかし、それは、偽装請負の蔓延を助長する、法的には好ましくない事態である。

　ちなみに、韓国の労働者派遣法は日本法をモデルとした経緯もあり、重要な点での差異はありながら、構成・規定内容ともに良く似ているが、派遣先が「2年を超えて継続的に派遣労働者を使用する場合には……派遣労働者を雇用したとみなす」と規定していた（2007年改正以前の韓国派遣法6条3項）。その規定の適用を免れるべく、正規の派遣の後、偽装請負に移り、通算して2年を超えたユーザーに対し、労働契約関係の確認を求めたイエスコ事件において、原審が同規定は適法な派遣だけに適用されると解したことに対し、（日本の最高裁にあたる）韓国大法院は、原審の理解によれば、法違反を犯した派遣先は「かえって直接雇用成立擬制の負担を負わない結果になって法的公平に反し……（筆者注－法規定上、派遣対象業務に該当する場合、無許可の業者から派遣受入れに対しては刑罰は科されないが）派遣先としては当然、派遣事業の許可を受けない派遣元から派遣を受けることをより好むことになる」など、派遣法違反を助長し派遣事業許可制度の根幹を崩すおそれがあるので妥当ではない、と判示した。[42] その法解釈の基本姿勢は良識的で、判示は説得力があり、日本の派遣法の解釈に対しても示唆に富む。

　そもそも、職業安定法は職業の安定、経済社会の発展のために職業紹介事業

等を規制する行政刑法的な法律であり、労働者派遣法は、仮に業法であるとしても、主として派遣事業を営む企業を規制し、「もって派遣労働者の雇用の安定その他福祉の増進に資する」ことを目的とする（1条）、私法的な色彩の濃い法律であって、いずれか一方だけが適用されることが当然想定されるというものではない。単独適用説はそのことも無視し、職安法の労働者供給事業に関する定義規定についての上記問い掛けに真摯に向き合わず、回避している。批判と反批判、それを重ねることによって初めて理論の発展が期待できるが、単独適用説の論者には遺憾ながらその姿勢は窺われず、それを避けているかに見える。

(7) 労基法等の適用

派遣関係に対しても、差別禁止等の労働法の基本原則は当然、適用される。派遣法27条は、派遣先が労働者の国籍、信条、労働組合の活動等を理由として派遣契約を解除することを禁止している。

さらに、派遣においては、雇用者ではない派遣先が労働者を指揮命令することになるため、労働現場での実質的な責任の所在に着目し、労基法の労働時間制（37〜39条を除く32〜41条、60〜63条）、妊産婦の保護規定（64条の2〜64条の5）などについては、派遣先だけをそれらの規定の名宛人と定める（44条2項）。また、労働安全衛生法に関しては多くの条項の名宛人を派遣先とする（45条）。

他方で、労働時間制などに関連する就業規則の制定、36協定の締結などについては派遣元を当事者とする（44条2項）。そこで、就業規則について意見を聴取するためや、36協定の締結当事者として必要な労働者の過半数代表を、多くの派遣先で就労しており、お互いに名も顔も知らない者同士の中から具体的にどのようにして選出するのか、という技術的な問題に直面する。36協定についてはさらに、業種や就労形態が異なる、多数の派遣先では基本の労働時間制も異なるはずだが、それに適合するような時間外協定をそれぞれの派遣先について結ぶのか、それとも包括するような協定とするのか、後者は労基法36条が求める内容となり得るのかといった難問もある。また、安全配慮・保持義務を派遣先に課すことは適切だとしても、労災が発生した場合に、補償の[43]

責任を派遣元に負わせており、安全配慮・保持義務の履行が上滑りのものになる危険もある。
(44)

(8) 小括－派遣に対する肯定的評価への疑問
　派遣法は、戦後の労働民主化を牽引してきた法理を転換し、新たな概念と複雑な制度を創出した法律であった。対象業務、期間制限、労働者派遣契約の合意項目と文書化などに関わる規制が細かに行なわれることを見ても、その基本姿勢は、労働者派遣を容認はするが、間接雇用に対しては基本的に抑制的であることが明らかである。
　一部には、職安法の規制が時代のニーズに反するとして派遣法が制定されたと積極的に評価するものもあるが、その根拠について論理的な説明が尽くされているのか疑問である。
(45)

　派遣法施行直後から、様々な業種において、大企業が出資して派遣事業会社を設立し、新たに労働者を募集するだけでなく、従来の従業員を移籍させたり、出向させたうえで、派遣という形態で戻し、受入れた。当初、その対象とされたのは多くは女性労働者であった。それは、派遣法と同時に成立した男女雇用均等法によって、将来的に男女差別的な低い労働条件で働かせることが違法と判断される可能性が増した、と認識されたからである。労働条件の差別があったと批判されたとしても、それは性差別ではなく、派遣という就業形態に変わり、派遣先と派遣元との労働条件の相違が反映されているに過ぎないと弁解する余地を創り出したのである。当該労働者にとっては所属企業が変わり、多くの場合、労働条件が下げられたが、作業場所も作業内容も以前と異ならないという事態が多発した。それらの企業は今も、子会社、孫会社として派遣事業会社を系列下においている。そのような事象は、「多彩で迅速なマッチングに対するニーズ」への対応といった綺麗ごとではなく、正社員のスリム化、雇用リスク低減策以外の何ものでもない。派遣合法化への企業エゴによる便乗的「活用」という以外にあるまい。それらは、単純に「外部労働市場」とは理解し難く、社会的に肯定的評価を受けるべきものか、疑問である。
(46)

(1) 労働省『実務』58 頁以下参照。
(2) 高梨『詳解』185 頁。
(3) 高梨昌「労働力需給システムのあり方－職安法改正の提言について」ジュリ 716 号（1980 年）83 頁。
(4) 脇田『公正雇用』98 頁、毛塚勝利「『2014 年労働者派遣法改正法立案要綱』を読み解く」労旬 1816 号（2014 年）7 頁等参照。
(5) 労働省『実務』70 頁以下および高梨『詳解』107 頁以下参照。
(6) 批判として、脇田滋「派遣・職業紹介法と雇用保障法制の規制緩和」萬井ほか『規制緩和』218 頁。
(7) この経緯を国会における質疑の紹介も含め、具体的かつ詳細に批判的に描写される、伊藤『多様化』263 頁以下は示唆に富む。
(8) 前掲注（4）のほか脇田『公正雇用』320 頁、奥田香子「女性労働法制と規制緩和」萬井ほか『規制緩和』308 頁。
(9) 1985 年 4 月 16 日衆議院社会労働委員会議事録 15 号 232 ～ 233 頁。
(10) 小嶌典明「事業所請負の拡大と労働法の課題」電機連合総合研究センター編・佐藤博樹監修『IT 時代の雇用システム』（日本評論社、2001 年）148 頁図 6-2 参照。
(11) 高梨『詳解』181 頁。菅野〔11 版補正〕375 頁、荒木〔3 版〕524 頁、西谷〔2 版〕469 頁など。
(12) たとえば、厚労省・職発第 0328008 号『労働者派遣事業関係業務取扱要領』（03 年 3 月 28 日）8 ～ 10 頁、厚労省職安局民間需給調整課長『改正労働者派遣法施行に際しての擬義解釈について』職民発第 0218001 号（04 年 2 月 18 日）、2008 年 2 月 29 日の今後の労働者派遣の在り方研究会（鎌田耕一座長）に提出した資料 1-4 等。同資料では、「出向の形態は労働者供給に該当するので、出向が『業として行われる』場合には、職業安定法 44 条により禁止される」と述べている。
(13) ジュリ 831 号 44 頁、49 頁。
(14) 1985 年 4 月 19 日衆議院社会労働委員会議事録 14 ～ 15 頁。
(15) 伊藤『多様化』263 頁以下のほか、脇田『公正雇用』83 ～ 109 頁、国会審議については 1985 年 4 月 16 日衆議院社会労働委員会議事録 2 ～ 7 頁、同 22 頁、同 28 頁、同 32 頁、4 月 19 日議事録 3 頁、同 24 頁、5 月 30 日参議院社会労働委員会議事録 6 ～ 8 頁等参照。
(16) 派遣法制定の頃までの PC の発達と普及について、通産省機械情報産業局電子政策課監修・日本電子工業振興協会編『5 年後のコンピュータ－コンピュータ・システムの高度利用』（1986 年）112 頁以下、機械振興協会経済研究所『OA 化と雇用・労働の変化に関する調査研究』（1984 年）39 頁以下参照。
(17) 当時の通産相官房調査統計部編『機械統計年報』によれば、性能等を無視して生産台数と販売額から PC1 台当りの単価を推計すれば、1984 年で生産台数約 184 万台で約 16 万円（1985 年版 289 頁）、1994 年で生産約 416 万台で約 29 万円（1995 年版 312 頁）、2008 年で生産約 712 万台で約 11 万円（2009 年版 292 頁）である。1985 年頃、私費で購入した PC 先駆者は、実用的な PC はほぼ 50 ～ 60 万円であった、と語る。
文部科学省『1986 年科学技術白書』第 1 - 2 - 1（2）図「機種別導入企業の割合の推移」によれば、1983 年にはオフィスコンピュータを導入している企業は 47.6％、

PCは36.0％であるが、それは企業数についての割合であって、普及の程度は不明である。
(18)　前掲注（17）『1986年科学技術白書』第1-2-11図。
(19)　内閣府『消費動向調査』による主要耐久消費財の普及率推移参照。
(20)　常用雇用型では、労働者を採用後、研修し、技術を習得させてから派遣することは理念的にはあり得るが、現実に存在しているかは疑問である。
　　業務は異なるが、JR西日本（大誠電機）事件の場合、車輛誘導業務を請負った大誠電機の従業員（原告）は、発注者であるJR西日本による運転および医学の適性検査を受けて合格し、さらに当該業務についての教育・訓練を受けてから就労を始めた（同事件・大阪地判平13.3.9労判806号86頁）。つまり、業務請負の準備、体制がないまま契約を結び、労働者を確保してJR西日本に提供しただけの、典型的偽装請負であった。
(21)　ヨドバシ・パソナ事件では、パソナのような大手でも、400人程度の労働者をプールの中に見つけることができず、新聞広告を重ねてようやく必要数を確保した、同事件・大阪地判平16.6.9労判878号20頁。
(22)　1985年5月29日参議院社会労働委員会において、宮里邦雄参考人が紹介している（同会議録22号）6頁等。
(23)　1985年6月6日参議院社会労働委員会議録25号2頁。
(24)　直接雇用の原則と労働者派遣との関連については、西谷敏「派遣法改正の基本的視点」労旬1694号（2009年）6頁以下、萬井論文⑫学会誌114号70頁以下参照。
(25)　労働省職業安定局編著『詳解・労働者派遣法の実務』（労務行政研究所、1998年）191頁。
(26)　菅野〔11版補正〕225頁、西谷〔2版〕479頁等。
(27)　業法であることを強調する菅野氏〔11版補正〕254頁等と、批判の視点からではあるが、脇田『公正雇用』128頁等は、同じ内容を指摘される。
(28)　下井氏の松下PDP事件に関する最高裁判所への「意見書」（平20.6.19）3～4頁。
(29)　前掲第1節注（10）濱口・NBL885号18～19頁。
(30)　本庄『役割』103頁。
(31)　本庄『役割』99～100頁。
(32)　本庄『役割』98頁以下。
(33)　菅野氏は、派遣法2条1号の定義に該当すれば、すべて派遣法だけが適用される、とする（菅野〔11版補正〕70頁、375頁）。その他、前掲第1節注（10）濱口・NBL885号19頁、本庄『役割』98頁。
(34)　荒木〔初版〕432～433頁、同〔3版〕524～526頁。
(35)　萬井評釈⑧労旬1714号12頁。
(36)　高橋『研究』304頁、本庄『役割』88頁、97頁以下。
(37)　馬渡『研究』52頁、菅野〔11版補正〕366頁、本庄『役割』100頁など。
(38)　前掲第1節注（17）野田・労研608号36頁。有田謙司氏はそれに異論を呈される。
(39)　同旨、浜村彰「違法な労働者供給・労働者派遣と労働契約関係」法学志林98巻1号（2001年）197頁、菅野和夫・安西愈・野川忍編『実践・変化する雇用社会と法』（有斐閣、2006年）60頁、和田肇「受入会社と社外労働者との間の労働契約の成否」

名古屋大学法政論集 228 号（2008 年）311 頁、西谷〔2 版〕468 頁、勝亦啓文「違法派遣における派遣先の雇用責任の範囲と課題」労判 997 号（2010 年）9 頁、根本・和田ほか『法』65 頁等。川口美貴氏は労基法 6 条を主な論拠とされるが、結論は同旨、同『労働法』159 頁。
(40) 新聞報道では、請負契約を結んで、（労働契約を結んでいる）労働者を提供する業者および発注者を、厚労省が、派遣法だけでなく、職安法 44 条違反として指導した例があるが、何を基準として業者に企業の「実体」がない等と判断したのかは不明である。朝日新聞 2006 年 10 月 6 日（日野自動車）、同 2006 年 11 月 2 日（松下電器）、赤旗 2009 年 3 月 25 日（日本トムソン）等。詳しくは、第 2 章第 2 節注（4）、（5）参照。
(41) 野田進「松下 PDP 事件・大阪高裁判決が展開する三つの『雇用契約』」労旬 1682 号（2008 年）20 頁。
(42) 朴済晟（訳：崔碩桓）「構内請負と韓国労働法」季労 224 号（2009 年）159 頁、脇田滋「韓国の労働者派遣法」和田ほか『法』336 頁。
(43) 西谷・脇田『法律』135 頁〔萬井隆令〕。
(44) 西谷・脇田『法律』161 頁〔脇田滋〕。
(45) 本庄『役割』159 頁。同旨、前掲第 1 節注（11）小嶌・学会誌 87 号 6 頁、同注（16）大内・菅野古稀 98 頁。
(46) 本庄『役割』4 頁。

第 3 節　相次ぐ法改正 – 規制緩和と労働者保護の同時進行

　法制定後、対象業務や派遣可能期間に関わる規制緩和の法改正が相次いだ。もっとも、その際、徐々に労働者保護に関わる規定の整備も行なわれていった。それぞれ重要な改正であったが、派遣法の性格を一変させた 2015 年までの改正を概観し、コメントしておきたい。[1]

1　1996 年改正（96 年 12 月施行）

　96 年法は対象業務を 26 に拡張した。それに伴い、対象業務以外の業務に従事させることは禁止されることを明確にし（4 条 3 項）、また、無許可・届出の業者からの派遣受入れ禁止も明示した（24 条の 2）。
　禁止された行為を行なった場合、96 年改正以前は、労働大臣は派遣元に対しては「雇用管理の方法の改善その他……必要な措置を講ずべき」改善命令をだすことができるとされていたが、派遣先に対しては特別な措置は予定されていなかった（49 条）。派遣先については、労働省職員の施設への立ち入り、関

係者への質問、帳簿などの検査を行わせることができるとされていたが、それも、立入権限は「犯罪捜査のため……と解釈してはならない」と釘をさされており（51条）、派遣先への指導・監督については極めて控えめな姿勢であった。

96年改正の際、派遣元事業主以外から「派遣の役務の提供を受け」ることを禁止するとともに、違反している派遣先に対して、労働大臣は指導・助言したが、なお改めない虞がある場合、必要な措置をとるべきことを「勧告」できること、その勧告に従わなかった場合は、「その旨を公表することができる」と定めた（49条の2）。

もっとも、労働省は同規定の運用には極めて慎重である。後のことではあるが、コラボレートに対して2006年10月3日、大阪労働局は派遣法49条2項にもとづく、初めての派遣事業停止（1か月間）の命令等を出したが、処分理由については「コラボレート姫路営業所が兵庫県加古川市内において実施している事業について、その実態は……26条に規定する契約の内容等……に違反」と表記し、偽装請負の発注者である企業については、その所在地を記すだけで、企業名は明示していない。07年8月3日のフルキャストに対する派遣事業停止命令でも同様に、「……神戸市の新港第2突堤にある荷捌き場において……」である。労働大臣の勧告を行なっていないので、49条の2の規定との整合性を図ったものと推測されるが、交付後の命令書の扱いは厚労省の関知しないことで、偽装請負の相手方を匿名にする必要はない。また、情報公開法にもとづく開示の際は、個人情報保護を理由として、全面黒塗りの「開示」である。いずれも、不必要な配慮であり、及び腰と評されてもやむを得ない。

2 1999年改正（99年12月施行）

日経連は1995年、従業員を三つに分類し、非正規労働者を積極的に活用することを公然と謳った『新時代における「日本的経営」』を公表した。

中央職業安定審議会（西川俊作会長）は、法制定当初の、派遣の対象業務は専門業務に限られているから、労働者にも交渉力があり、したがって労働条件も一定水準が維持される、といった理由付けを忘れたかのように、98年5月に出した『建議』において、派遣は「労働力需給調整機能の一つとして、一定の役割を果たしてきており、社会的にも定着している」と評価して、高止まり

の失業率を背景に、労働者を求めている企業と仕事を探している労働者を結びつける派遣のマッチング機能を肯定的に捉え、「派遣が適当でない業務以外は適用対象業務とする」ネガティブリスト方式への転換を提言した。

　1993年に第三次行政改革審議会の最終答申を受けていた政府は、それに符節を合わせ、1999年には「規制緩和3カ年計画」を定め、その一環として、99年改正が行なわれた。

　その背景には、ILOが従来の政策を変更し、181号条約（1997年採択、日本は99年批准）において、労働者派遣をも含む意味で「有料職業紹介」を認めたことがある。しかし、同条約は決して派遣を自由化することを認めるものではない。逆に、認める場合には、派遣労働者の労働組合結成や団体交渉の保障、均等待遇や労働時間制を初めとする労働諸条件、最低賃金などを包括する労働者保護の措置を求めており、あらゆる形態による「差別なしに労働者を取り扱うことを確保する」と明記していることからも窺えるように、むしろ労働者保護の措置を重視している。[(4)]

(1)　派遣対象業務のネガティブリスト化と派遣期間

　99年法は、禁止を明示する以外の業務を派遣対象業務とできる、とするネガティブリスト化に転換した（4条1項）。

　それ以前は、労働者派遣契約に派遣期間を定めることとし（26条1項4号）、行政指導によりその期間は「継続して1年」を上限としてきた。それを、ネガティブリスト化に伴い、いわゆる自由化業務に就く場合、上限を1年と定めるとともに、政令指定業務、事業の開始など「一定の期間内に完了」が予定される業務、産休代替として就く業務などの場合は例外とした（40条の2第1項）。それには二つの意味があった。一つは、例外と認められた政令指定業務等に就く場合には派遣可能期間の制限を設けないこと、もう一つは、85年制定以来、対象業務はいわゆる専門的業務に限定されてきたが、特に5号業務（事務用機器操作）、8号業務（ファイリング）は制定時の議論等は完全に無視され、到底、「専門的」とは言い難い業務にまで大幅に拡張して利用されていたものを、そのまま政令指定業務とし、労働省が黙認してきた実態を追認したことである。

　派遣は一時的臨時的な就労形態とされてきた原則を根本的に変更するもので

あった。

(2) 派遣期間にかかわる派遣契約締結の手続き

派遣期間に関連する、労働者派遣契約の締結手続きが詳細化された。

派遣期間は、個々の労働者に即して規制されるのではなく、派遣労働者によって遂行される「同一の業務」について規制される（40条の2第1項）。したがって、派遣受入れ予定の当該業務に、以前に派遣を受入れたことがあれば、その日数相当の期間は、次の派遣受入れの際、派遣可能期間から削減され、短くなる。そこで、労働者甲を派遣をする個別の労働者派遣契約を結ぶ際には、派遣先となるべき企業は、先ず、当該業務について他の派遣労働者乙などによってその直前まで遂行されたことの有無と、（それがあれば）その期間を確認し、それによって判る、残された派遣可能期間に到達する日をあらかじめ派遣元となるべき業者に通知しなければならない（26条5項）。派遣先において過去、派遣労働者が当該業務に就労していたか否かは、（それまで当該業務について当該派遣先に派遣していない限り）派遣元は知らないから、その通知がない限り、派遣元は派遣可能期間についての規制を遵守する術がない。それ故、まず派遣先の通知が不可欠なのである。当該通知がなければ派遣契約の締結は許されない（26条6項）。そのようにして、派遣が許容される期間を確認したうえで、その範囲内で、具体的に派遣期間について協議し、合意した内容を記載した労働者派遣契約書を作成しなければならない（26条1項4号、同法施行規則21条3項）。

そのような経過を辿るから、当該派遣について期間が満了する日は派遣先、派遣元双方が熟知している。したがって、後に03年改正法40条の4において、派遣可能期間を超えて使用し続けようとする派遣先に直用申込義務が課された際、その発生要件として派遣元からの期間満了による派遣終了の「通知」が規定され、後に見るように（3(3) 参照）、厚労省は、通知がなされていないから同義務は発生していないと解釈して、結局、40条の4を立ち枯れ状態にしてしまったが、本来、そのような通知は不必要なはずのものであった。

そのような解釈を導き得ると予見して、「通知」を直用申込義務の要件とすることを思いついたとすれば、有能だが、狡猾で、巧緻にたけた法律家であり、

それを悪しき解釈論に利用した厚労省およびその解釈を支持した研究者には、厳しい批判が寄せられる。

(3) 直用化努力義務

99年法は、1年以上派遣で受入れてきた業務を遂行させるため労働者を雇入れるときは、それまで同業務に従事してきた派遣労働者が希望すれば、同人を「遅滞なく、雇い入れるように努めなければならない」と定めた（40条の3）。直接雇用の原則（法理念）にもとづき、派遣労働者の直用化（正規化）を促す初めての規定であり、注目に値する。

ただ、同改正により直接雇用が促進されると考えるのは楽観的にすぎた。何故なら、派遣先企業は、もともと直接雇用により負うべき使用者としての責任を免れ、併せて人件費の節約等を企図して派遣を利用してきた。派遣というシステムを利用することの利害得失も充分に弁えている派遣先が、派遣労働者に委ねてきた業務について労働者を直接雇用する、というようなことは例外的にしかない、と考えられ、実際にもそうであった。つまり、派遣先は、派遣でまかなってきた以上、通常は、当該業務について新たに労働者を雇入れようとはしない。小嶌氏らが唱えた「temp to perm」は根拠のない希望的観測にすぎず、40条の3が直用化に効果を発揮する機会はほとんどなかった。

(4) 「特定」避止努力義務

労働者の特定行為を避止するよう努めることが義務化された（26条7項）。

派遣は、派遣先は必要とする技術、経験、資格等を示して派遣を要請し、派遣元は登録もしくは雇用の形で確保している中からそれに応じ得る労働者を選んで派遣する建前である。労働者派遣基本契約においては、労働者は人数で示されるだけで氏名は記載されない（26条1項）。労働者の氏名等は、実際に派遣する時に派遣先へ「通知」される（35条1号）。労働省1999年告示138号『派遣先が講ずべき措置に関する指針』は、性別や年齢の限定、履歴書の送付指示などを禁止している。

そのため、派遣先は、就労当日直前まで、どのような労働者が会社内で就労することになるのかわからない。男女雇用機会均等法の趣旨に照らし、合理的

理由がある場合を除き性別の指定は許されないから、男性、女性のいずれかさえも判らない。年齢も経歴・職歴もわからない。そのようなリスクを避け不安を払拭するために、派遣先は何らかの方法で就労に先立って、年齢、技術・経験などを具体的に把握すること、すなわち「特定」を図ろうとする。

　ただ、「特定」は、派遣元が派遣する労働者を決めてから、実際に派遣する際に「通知」するまでの間に、派遣先が当該労働者についての個人情報などを取得する程度のことである。派遣先が労働者を決定をする事前面接を行なうことは、「派遣」の枠組みを完全に逸脱するから、それを単なる避止努力に留め置くことはあり得ない。つまり、派遣法にいう「特定」は精々、派遣の概念と矛盾しない行為、すなわち上記『指針』が示すように、実際に就労するまでの間に、業者が決めた労働者の氏名や性、特性・技術力等を派遣先が把握することと解すべきである（第2章第2節2（1）参照）。

(5)　専ら派遣の禁止

　もともと、派遣労働者はいくつもの派遣先に次々と派遣されることが制度の前提のはずであった。だが現実には、ある企業が設立した派遣企業から派遣労働者を受け入れる、したがってもっぱら当該親会社へ派遣するという、"専ら派遣"が拡大している。それは機能としては派遣先の人事部門の仕事に該当し、派遣の概念を逸脱しているという批判が強かった。それに応えて、「専ら……特定の者」だけへの派遣を目的としている業者は、一般労働者派遣事業については許可しないこととした（7条1項1号）。

　ただ実際には、派遣法制定後、多くの企業が派遣事業を営む子会社を設立し、そこに自社の従業員を移籍させるなどして移し、その上で同派遣会社から派遣として受け入れる例が多く見られ、その禁止は手遅れ状態であった。また、新規の許可申請の際には「専ら」の目的を把握する方法も見出しにくいため、適用は難しく、現実には、3年後の許可の更新の際に、実績の把握をふまえた審査に委ねられる（10条）。

(6)　まとめ

　99年改正の後、菅野氏は、ネガティブリスト化に着目してのことと推察さ

れるが、派遣法の基本的性格を、派遣を「労働力需給調整システムと位置づけたうえで、労働者保護のための事業の規制を図る……行政的規制（取締）法規」と解し、派遣は「強行法規的な『労働者供給』禁止の世界から除外され、行政的取締法規……の世界に移された」と述べられた。しかし、その評価には無理がある。仮に、派遣法改正に伴い職安法44条が削除されたのであれば、二つの企業と労働者という三者関係が完全に「派遣法の世界」に移されたとも言い得よう。しかし、職安法44条はそのまま存続しているし、派遣法において派遣先による労働者の事前の特定が禁止され、派遣期間に制限があり、それを超えた場合に雇用申込が義務付けられるなど、全体の法体系上、直接雇用が原則であることは明らかであるから、同原則を定める職安法44条がわずか1か条ではあるが一般法であり、派遣法が特別法という関係は維持されているというべきである。

3　2003年改正（04年10月施行）

(1)　製造業務への派遣解禁

99年改正の際にも製造業務への派遣禁止は継続されたが、03年法は解禁した。

派遣対象業務について特に規制をしない国もあり、03年までの禁止が日本に特異な面もあったが、製造業務への派遣禁止の趣旨は、一般には製造業では危険・有害な化学物質、薬品等を使用することがあり、また機械設備に不慣れな労働者がそれらを使用する場合に災害を被る危険が大であるから、それを避けるためと解される。

もっとも、建設労働者雇用改善法等もあって、それらにおいて事業に即した労働者保護が図られていることを指摘して、事業規制の棲み分けと判断し、それに反しただけのものは法的非難に値しないとの指摘がある。しかし、特別な事業法は限られた分野についてだけ存在し、製造業を広く蓋うものではなく、単なる事業規制の棲み分けとは解し難い。

製造業務への派遣が解禁されて以降、厚労省の調査によれば、2007年の労災事故による全死傷者（休業4日以上）数は131,478人と、04年の132,248人から微減しているのに、内訳を見ると派遣労働者の死傷者数は04年の667人か

第3節　相次ぐ法改正—規制緩和と労働者保護の同時進行

ら2,703人と一挙にほぼ4倍に急増しており、労働者が労働災害に遭うという不幸な現実が前者の見解を裏付けている。

(2)　期間の上限延長

派遣期間の上限は原則1年であることは維持するが、派遣先が過半数労働者の代表から意見を聴取した場合は、3年まで延長し得ることとした（40条の2第3項、4項）。派遣は臨時的、一時的な労働需要への対応であるとする原則が政令指定業務について外された99年改正の内容を、自由化業務に拡大するものである。

(3)　直用化への誘導

派遣が終了する際、派遣元から派遣期限満了通知を受けながら、期間を超えて使用し続けようとする場合、派遣先は直用を希望する労働者に「雇用契約の申込みをしなければならない」（40条の4）。3年以上派遣で受入れてきた業務の遂行のため派遣先が労働者を雇入れるときは、従前の派遣労働者に「雇用契約の申込みをしなければならない」（40条の5）。

両条とも、派遣労働者の直用化を促すものであった。しかし、40条の5は前記40条の3と同様、その後、効果を発揮する機会はあまりなかった。

40条の4について、厚労省は派遣元から「通知」がない場合には要件を充たさないものとして適用を認めず、裁判においては、派遣先は「通知」がなかったので期間の超過を知らなかったと弁明し、裁判所はその弁明を受け入れ、直用申込義務の発生を認めない。それを支持する見解、さらには、仮に同条の要件を充たしたとしても、40条の4が課す契約申込みは公法上の義務で、派遣先に私法上の申込義務を課すものではないとの解釈論もあった。

派遣元は期間を超えた派遣は禁止され、「通知」を義務づけられていた（35条の2）。違反すれば行政指導すべきであるが、厚労省は上記のように期間制限を厳格には捉えてはいなかった。期間を厳格に考えれば、むしろ派遣先がイニシアチブをとって派遣終了することがあって当然だが、そのような動きがない場合、派遣元としては、放置して派遣を続ければ利益があるにもかかわらず、得意先である派遣先の機嫌を損ねるような「通知」を積極的にするはずもない。

そういった現実問題もあり、先の解釈論に従えば、期間を徒過しても派遣先の申込があったものとみなすこともできず、同条が現実に効果を発揮する機会はなかった。

　国会が制定した法律を、本来ならばそれを執行し効果を広めていくべき行政機関、司法機関が、逆に封じ込めた様相を呈したのである。

(4)　紹介予定派遣

　派遣法は、職安法による職業紹介の許可等を得ている派遣業者が、派遣の「開始前又は開始後に」、派遣先に対し「職業紹介を行い、又は行うことを予定して」派遣することを「紹介予定派遣」と定義した。それには、あらかじめ、当該派遣終了後に「当該派遣先に雇用される旨が……約されているもの」も含まれる（2条6号）。さらに、その場合は「特定」も容認されることとなった（26条7項）。

　それまでは行政解釈によって容認してきたものが、法律上も公然と認められることになった。十分な議論もなく、なし崩しで新たな概念を容認する方法も現状追随的であるし、さらに、紹介予定派遣は内容としても理論的にも問題を含んでいる（詳しくは第5節2参照）。

4　2012年改正（12年10月施行）

　2008年のリーマンショックは、年末の「年越し派遣村」を必要としたほどの派遣労働者の大量解雇を発生させ、それまで、雇用は安定していると見られてきた常用型派遣さえも不安定雇用の域を出るものではないことが誰の眼にも明らかになった。

　2010年の総選挙により民主党を中心とする政権が生まれ、12年2月17日の閣議決定で、方向性として「非正規労働者の雇用の安定・処遇の改善などを図る」ことを挙げ、ディーセントワークを提唱した。厚労省の設けた非正規雇用のビジョンに関する懇談会（樋口美雄座長）の報告書『望ましい働き方ビジョン』（12年3月27日）は、「やむをえず派遣労働者として働いている者が多い実態を踏まえ、一定の派遣労働者について、希望に応じ、派遣先での直接雇用の推進等、より積極的に無期直接雇用への転換を推進していくべきである」と述

べた。

　遅きに失した感は否めないが、そのような情勢変化を背景に、法律の名称を、それ以前の「労働者派遣事業の適正な運営の確保及び派遣労働者の就業条件の整備等に関する法律」から、後半を「……派遣労働者の保護等に関する……」と変更した12年改正法案が作成された。同法案は登録型派遣や製造業務についての派遣の原則禁止などを盛り込んでいたが、その後の自民・公明両党の反対により大幅に後退した。とはいえ、偽装請負等があった場合、ユーザーは労働契約を申込んだものとみなすとする40条の6等、法律の名称変更に照応する画期的な派遣法改正が行なわれた。[12]

(1)　違法派遣の場合の労働契約申込みみなし制
　（ア）　労働契約申込みみなし制の意義
　40条の6第1項は、以下、次の各号の行為を「行った場合には、その時点において」、派遣先は（それを知らず、知らなかったことに過失がない場合を除き）、「同一の労働条件を内容とする労働契約の申込みをしたものとみなす」と定めた。

　　1号－派遣対象業務以外の業務への派遣－4条3項違反
　　2号－無許可、無届の業者からの派遣受入－5条等違反
　　3号－派遣期間を超えた派遣の受入れ－40条の2違反
　　4号－法律の適用を「免れる目的で、請負その他……契約を締結し、派遣を
　　　　受けた－職安法44条違反

　40条の6は、偽装請負や違法派遣等、合法的な労働者派遣の枠組みを外れる場合には、派遣先による労働契約の締結申込を「みなす」としたから、労働者の承諾があれば労働契約が成立する。労働者派遣を一定の要件の下に容認しながら、当該要件を充たさなくなった場合、派遣関係の解消により労働者が失業を余儀なくされることのないよう、派遣先が直接、労働者を雇用すべしとする労働契約締結みなし制はドイツ、イタリア、フランス、韓国でも見られる。[13]
　ただ、施行は、3年後の15年10月1日とされ、そのことが、15年改正の際

の「事件」の一因となった（第4節参照）。

　また、労働者が承諾して契約が成立したとしても、派遣されていた時と「同一の労働条件を内容とする」契約となるので、派遣労働者には有期契約が多いから、労働契約法20条適用問題との関わりが議論されることが必至となる。[14]

　前回の在り方研もすでに2008年7月、従来の40条の4は実効性に欠けているから、労働者の失業防止と「違法派遣に関与した派遣先にも一定の責任があることを併せ考え」て、派遣先との雇用関係を成立させる「何らかの手法」が必要と判断していた。[15] 派遣法40条の6は、その「手法」の一つと想定されていた契約申込みみなし制を採用し、労働者の承諾を要件とする点でドイツなどの制度とは異なるものの、国際的な原則である直接雇用の原則を国の実定法化した点で重要な意義がある。偽装請負等があった場合、「その時点」での直用申込の「みなし」制であるから、現実的な効果が大きく、使用者の主観的な意思を問わない点で画期的であった。

（イ）　派遣法40条の6に対し分かれる評価

　同条は、契約は双方の合意にもとづいて成立するという近代法の原則を超え、使用者の採用の自由を制約している。従来から、派遣切り事案等に関して黙示の労働契約の成立を認めるなど、それと同様な効果をもつ法解釈論を展開し、あるいはそのような立法を展望する見解を述べてきた論者は、懸案の立法的解決と理解し、高く評価する。[16]

　逆に、それとは異なる解釈をとってきて、戸惑いや違和感を払拭できず、同条に批判的な研究者もいる。改正法案が縮減される中でも、自民・公明両党も同意して直接雇用の原則に沿う40条の6が成立を見たことは、違法派遣に対する厳しい世論を無視し得ないと認識されたことを示している。価値観の相違はやむを得ないとしても、国会の絶対的多数の賛成が示唆する社会的規範意識の進展を捉えず、単に個人の主観だけにもとづく批判は、法の発展に背を向けるものに陥りかねない。

　彼らが理論的に依拠したのは主に三菱樹脂事件・最高裁判決の採用の自由論であった。同判決は、憲法が保障する労働者の思想信条の自由、企業の契約の自由を対置しつつ、何らの説明もなく、財産権を保障する22条、29条は労働者の思想信条の自由等を保障する19条、21条に優先すると位置づけた。二つ

の性格の異なる権利が衝突した場合に、合理的な根拠もなく、一方の権利だけを優先することはあり得ない。まず、両者の権利の内容を確認し、両者を比較衡量し、どのように調整するのかが課題になる。それは法解釈という作業の初歩であって、欠かすことは許されない。同判決も後半で、私人間では「各人の有する自由と平等の権利自体が具体的場合に相互に矛盾、対立する可能性」があり、調整の必要があることを指摘している。最高裁は自らの判示にも反したものであったが、研究者からも厳しい批判を浴びた。

　しかし、最高裁の見解を支持し、「契約締結の自由、相手方選択の自由は最大限尊重されなければならない」との基本視点にもとづき、派遣法40条の6に対しては否定的な小嶌典明氏は、同条は「雇用契約が自動的に派遣元から派遣先に移転する……労働契約法もよもや想定していなかった世界が今、現実のものに」なることを危惧し、（法案段階であったから）慎重な議論を求められた。

　野田進氏は、使用者の人事計画への多大な影響等を持つ同条は、「労働法制の中では見られなかった、新機軸の民事的制裁の手法……日本で強固な理念として広く承認された『採用の自由』に反する」、三菱樹脂判決を「改めて確認」すると、契約締結を強制する「合意みなし」制は「違憲の疑い」があると指摘される。大内伸哉氏は、同条は、理論的にはあり得る立法ではあるが、「行為の反規範性が雇用強制という制裁内容と均衡がとれていない」と批判される。ただ、40条の6に対する否定的見解は学界では少数にとどまる。

　（ウ）　40条の6の効力

　2号は許可のない業者からの派遣であり、契約の締結の際に26条4項に定める手順を守りさえすれば、多くは法違反を犯さずに済むことである。

　3号は期間制限違反である。派遣は本来、一時的臨時的に必要な労働需要に応えるために容認されたのであり、期限を超えて延々と利用し続けることは制度の基本的な趣旨に反する。したがって、そのような場合に40条の4は直用化を意図していたから、それに違反した派遣先に40条の6を適用することは一貫している。

　4号は偽装請負を対象とする。2号、4号に共通する問題であるが、発注者としては、適法な業務処理請負であり、自己の事業場内ではあるが当該業者の指示に従った作業が行なわれていると理解し、派遣ではないと認識していたが、

それが派遣と解されたため、結果的に24条の2違反と判断されて、同時に、偽装請負として4号に抵触することがあり得る。その点を指して、本庄氏は、指揮命令の有無という「非常に曖昧な基準」により派遣と請負とが区分されるが、「実務上の峻別はそれほど容易ではな」く、「故意に請負を偽装した場合や重大な過失」ならばともかく、「単なる過失」に対しても適用されるから「相当な混乱が予想される」と指摘される(21)。

しかし、業務請負の発注者は、請負業者の従業員を直接指示をして作業させることは許されないことは弁えている（はずである）。もっとも、たとえば請負業者（の現場管理者）に対する注文の具体化・詳細化なのか、業者の従業員に対する発注者の作業指示なのかといった、現実の区分の作業は困難ではあるが、それは一般に法解釈にとっては避け難い宿命である。とはいえ、実際に労働事件の対象となっているのは、そのような性格の微妙な問題ではなく、より低い次元のレベルで、労働現場の状況や偽装請負の実情を把握していれば、出るはずのない疑問である。

発注者が、自ら雇用する従業員と請負業者の従業員を識別もしないで指揮命令して就労させる事態は想定し難い。事務、製造、通信、運搬等々、どのような業種であれ、多様な作業を組織的系統的に継続して円滑な遂行を図ろうとすれば、指示系統を整備し、作業遂行に関わる指示は体系的に緻密かつ明確に行なわれる必要があり、実際にも行なわれている。たとえば、偽装請負が問題となったGNPファイン事件において、光学機能フィルムのプリント基板を24時間操業体制で製造するために、GNPファインが作業工程の細かな配分をし、それぞれの工程の内容に照応させて、社員下請業者の従業員に作業を分担させ、シフトごとの従業員の配置を、数種類もの書類の掲示、配布等によっていかに周到に徹底させているのかを見れば(22)、自社、他社の従業員の区別もしないまま作業上の指示を行なうといった杜撰な労務管理は想定し難い。

そもそも、自社の従業員であれば、個々の労働者毎に、氏名、生年月日、履歴を把握して労働者名簿に記載し、「賃金計算の基礎となる事項及び賃金の額その他」を賃金台帳に記入して、保管しなければならない（労基法107条、108条）。割増賃金の支払い義務もあるから、そのためには毎日の始業、終業の時刻、時間外労働の有無とその時間数も把握しておかねばならない。派遣労働者

であれば、派遣先管理台帳を備え、それに準じた対応が求められる（派遣法42条）。しかし、請負業者の従業員については、業務を一括して請け負わせているという建前であるから、そのような労務管理は必要ないし、するわけがない。要するに、業務請負の発注者や派遣先企業が、企業として当然の労務管理や派遣労働者管理を行なっていれば、自ずから誰が自社の従業員かは明白であって、直接の指揮命令はできない筈の請負業者の従業員を識別し、区別できないわけがない。派遣労働者についても同様である。常識的な企業運営が行なわれてさえいれば、「相当な混乱」など起こる筈がない。本庄氏が何を根拠に「混乱」を予測されるのか、推測がつかない。

　むしろ、大多数の偽装請負事件で明らかなように、他社の従業員であることを充分知りながら、自社の従業員であるかのように指示して就労させている確信犯的な例が多いことが主たる問題なのである。[23]

(2) 日々または30日以内の有期派遣の禁止

　「日々または30日以内」の有期雇用による派遣、いわゆる日雇派遣が、あまりにも短期のため、必要な雇用管理を期待し難いという理由で禁止された（35条の3第1項）。

　しかし、「看板に偽りあり」で、施行令で定める専門的業務は例外とされ、ソフトウェア開発、機械設計、通訳、財務処理など18もの業務が例外扱いされている（施行令4条1項）。

(3) マージン率等の開示義務等

　派遣元は、派遣という営業行為で利益を上げる、その分だけは、直接雇用であれば労働者が得るべきものを中間搾取していることは否定し難い。派遣法はそれを公認したが、過大なマージンに対する規制が求められてきた。12年法はようやく、派遣労働者数、派遣先の数のほか、マージン率、派遣代金および派遣労働者の賃金の平均額などを開示することを義務づけ、間接的にそれを抑制することとした（23条5項）。

(4) その他

それ以外にも、欠格、許可取消の処理等と連動する事業者の資格（14、21条）、紹介予定派遣で紹介する業務内容を労働者派遣契約に定めるべきこと（26条1項9号）、有期契約の無期への転換措置努力義務（30条）、派遣先労働者と均衡処遇の配慮義務（30条の2）等もあるが、主要な改正は以下である。

(ア) 専ら派遣の割合＝上限8割

専ら、特定の関係企業に対してだけ派遣を行なうことは、当該派遣元はその派遣先の労務調整部門としてしか機能せず、広く社会的な労働力需給調整機能を果たすという役割をもって創設された派遣制度の趣旨に反する。したがって、99年改正以降、専ら派遣を目的としないことが一般労働者派遣事業の許可条件の一つとされ（7条1項1号）、それに反していれば、許可の更新は認められず（10条3項）、許可の有効期間内であれば行政指導を行なうこととされてきた（48条）。

だが現実には、派遣法制定当初から、企業が全額出資して派遣子会社を設立する例は跡を絶たず、むしろ増加の傾向もあったため、連結子会社や親子会社といった関係派遣先への派遣割合の報告を義務付けるとともに、派遣就業時間数で計算して、当該派遣元の雇用する労働者の総・派遣就業時間数の8割を超えてはならないとされた（23条の2）。

同改正に対応し、派遣労働者を直接雇用に切り替えた派遣先もあるが、全体としての効果は明らかではない。[24]

(イ) 派遣契約の中途解約における派遣先の休業手当等の負担

労働者派遣契約には、あらかじめ、派遣を解除する場合に派遣労働者の雇用の安定を図るために講ずべき措置に係る規定をすべきことが義務づけられてきたが（26条1項）、同項に8号を新設し、新たな就業機会の確保、労基法26条による休業手当等の支払いに要する費用の確保等を加えた。

従来は派遣事業関係業務取扱要領により「指針」とされてきた内容が法律に格上げされたものである。

(ウ) 無期契約労働者に対する労働契約申込義務の免除

従来は、政令指定業務に従事する派遣労働者を3年を超えて受入れている場合、「当該同一の業務に従事させるため」労働者を雇入れる場合には、40条の

5により、当該労働者に労働契約の申込をすることを義務づけられていた。それを、労働者が派遣元で無期雇用され、そのことが派遣先に通知されている場合には、同申込義務を課さないこととした（40条の5但書）。

　無期雇用で雇用が安定しているという理由によるが、派遣先による直接雇用を希望する労働者もいるし、無期雇用とはいえ派遣であることに変わりはなく、不安定性は否定し得ない。この改正は合理的根拠が乏しい。

5　小括 – 2015年改正まで

(1)　安倍政権による2015年改正へ

　振返ると、派遣法制定の際には、専門的であるとともに、一つの企業にとっては一時的臨時的に求められる業務のみを対象業務とするから、本来の従業員の職域を侵食することもなく、また、労働者としても自己の専門的能力を一つの企業だけに提供するのではなく、必要とされる企業に派遣され、次々と就労する機会を得られるという利点がある、専門職であるだけに相当な処遇が得られると説明され、ある程度の説得力をもった。

　ところが、専門職と位置づけられていたはずの事務用機器操作およびファイリング業務が濫用されて、一般事務職の業務にまで急速に拡大するとともに、派遣のマッチング機能が称揚され、法制定時の説明も放棄して、1999年にネガティブリスト化が断行され、03年には製造業務への派遣も解禁して、それを期に、派遣が一層拡大することになった。

　ところが、派遣の拡大は、間接雇用の不安定性、派遣を利用する企業のエゴ、派遣労働者が無権利状態にあること等、警告されながらも黙視ないし無視されてきた派遣の弊害を否定できないほどに明らかにし、社会問題化するに至った。「年越し派遣村」はある意味では必然の事象であった。それに対応すべく、幾つかの弥縫策が施され、それだけでは済まなくなって、40条の3～40条の5の派遣労働者の直用化への誘導策が取り上げれられ、そして、2012年の40条の6の導入に至る。

(2)　15年改正の導き役 – 今後の派遣制度の在り方研『報告書』

　3党合意による40条の6ではあったが、それに対する財界の反撥は厳しかっ

た。財界にとっては一般にも労働者の権利は「既得権益」、労働法は「岩盤規制」に写るようである。それを代弁し、安倍政権は誕生直後から労働規制改革に積極的で、日本経済再生本部（安倍晋三本部長）－産業競争力会議（企業経営者ら10人）、規制改革会議（住友商事相談役岡素之議長）、経済財政諮問会議、内閣府・地域活性化統合本部など、労働者代表はいない諸会議体を組織し、重層的に議論を始めた。その基本方針のキー・ワードは「雇用の流動化」であり、「成熟産業から成長産業へ『失業なき円滑な労働移動』を図る。このため、雇用支援施策に関して、行き過ぎた雇用維持型から労働移動支援型への政策シフトを具体化する」ことであった。安倍首相は13年1月、世界経済フォーラム年次総会（通称「ダボス会議」）で、2年間で「岩盤規制」を「ドリル」で破る、と公言した。その一環で2015年改正へと繋がる。

　労働者派遣制度について、規制改革会議（鶴光太郎氏を座長とする雇用WGには労働法専門委員として島田陽一氏、水町勇一郎氏が参加）は13年6月5日『規制改革に関する答申－経済再生への突破口』を、日本経団連は7月24日『今後の労働者派遣制度のあり方について』を発表した。いずれも、①40条の6の廃止ないし見直し、②日雇い派遣の原則禁止の廃止、③グループ企業派遣の8割制限の抜本的な見直しを提案し、経団連は加えて、④期間制限の業務単位から人単位への変更、⑤自由化業務の期間の上限3年の延長等も提起していた。

　それらをも検討素材としつつ、今後の労働者派遣制度の在り方に関する研究会（鎌田耕一座長）が2013年8月20日、『報告書』を公表した。労働者派遣を、「間接雇用であるため、派遣先は派遣労働者を、必要なときに、雇用主としての責任を負わずに容易に入手できる労働力として見る傾向が生じ得る。また、このような性質のため、他の非正規雇用より利用が拡大しやすいという特徴を有している」という。だが、「……傾向が生じ得る」「……利用が拡大しやすい」といった表現は、刺激を避け、婉曲に表現したというよりも、在り方研が労働者派遣の実相を冷厳・的確には把握していないことを示しており、15年法改正の問題点を予告するものであった。

　同『報告書』は、①労働者派に対する労働力需給調整制度としての積極的に評価、②労働者のキャリアアップの推進、③わかりやすい制度への改組の3点を基本的視点とし、政令26業務と自由化業務の区分の廃止、無期雇用労働者

については派遣可能期間を制限しない、有期雇用労働者については派遣先の同一の職場での就業期間は上限3年とする、派遣先での派遣期間3年制限については派遣先の「労使の会議等の判断により」チェックし、上限年数を超えた継続的受入れの可否を決定する、登録型、製造業務派遣は容認する、派遣先労働者との均衡処遇の配慮等々の提案を含んでいた。

それを叩き台として労働政策審議会職業安定分科会労働力需給調整部会（鎌田耕一部会長）は9月早々から審議を開始し、12月12日、同部会に「報告書骨子案」が提出された。後述のように（第4節2(3)）、それは手続き的にも内容的にも問題を含んでいたが、意外にも審議会では問題視されることはなく、翌14年1月29日労政審の『建議』となり、15年法改正へと繋がっていった。

（1）　名古道功・中村和雄「労働者派遣法の改正過程」和田ほか『法』11頁以下および沼田雅之「2012年改正労働者派遣法の概要とその検討」同27頁以下参照　。
（2）　http://osaka-rodo.go.jp/staff/press/2006.10/haken?shobun.htm、http://www.roudoukyoku.go.jp/news/20070803-kaizen/20070803-kaizen.html
　　　最近、別件ではあるが、千葉労働局は2015年5月19日、違法な長時間労働をさせていたブラック企業の企業名を公表した（プレス・リリース）。
（3）　京都労働局長10年4月9日（労発46号）。
（4）　前掲第1節注（20）脇田・季労183号61頁、中野麻美「2014年労働者派遣法見直しを検証する－ILO181号条約の要請を満たしているか」労旬1816号（2014年）19頁。
（5）　菅野〔5版〕（1999年）199～200頁。〔6版〕（2003年）では全体として大幅に修正されるとともに、当該部分は削除されている。菅野〔11版補正〕368頁以下参照。
（6）　本庄『役割』392～393頁。
（7）　厚生労働省「派遣労働者と労働災害」（http://www.mhlw.go.jp/new-info/kobetu/roudou/gyousei/anzen/dl/091130-1d.pdf）。06年8月22日付「朝日新聞」は、製造業における下請けでも労災が多発していると報じている。
（8）　厚労省2004年2月18日『労働者派遣事業関係業務取扱要領』第9-5-(1) 派遣受入期間の制限のある業務に係る雇用契約の申込み義務－へ派遣停止の通知がされなかった場合の取扱い。
（9）　たとえば、ムサシ鉄工事件被告の08年12月11日第1準備書面4頁。
（10）　たとえば、NTT西日本アセットプランニング（KDC）事件・大阪地判平22.12.27判タ1349号134～135頁。同判旨は同事件・大阪高判平23.10.6（判例集未掲載）でそのまま引き継がれている、判決原本8～9頁。
（11）　菅野〔11版補正〕394頁注49）、水町〔4版〕363頁等。
（12）　前掲注（1）沼田・和田ほか『法』48～50頁。
（13）　大橋範雄「ドイツの労働者派遣法－2011年改正の特徴と意義」和田ほか『法』281

頁、矢野昌浩「フランスの労働者派遣法」同書316頁、脇田滋「韓国の労働者派遣法」同書346頁等参照。その後の法改正について、金基善（訳：徐侖希）「韓国の労働者派遣法制と実態」労旬1887号（2017年）7頁。
(14)　和田肇氏は、派遣制度に係る重大な法違反に対し、「雇用の安定のために期間の定めのない雇用に転換すべきである」とする民事的サンクションとして評価されるが（和田『復権』121頁）、同条は「期間の定めのない契約」まで申込みをしたと看做すわけではない。
(15)　鎌田耕一「労働法における契約締結の強制－労働者派遣法における労働契約申込みみなし制度を中心に－」毛塚古稀537頁、539〜540頁。
(16)　西谷〔2版〕484頁、萬井論文⑳労旬1834号39頁以下。
(17)　三菱樹脂事件・最大判昭48.12.12労判189号16頁以下と、それに対する川添利幸「本採用拒否と思想・信条の自由」判時727号（1974年）119頁、樋口陽一『憲法〔改訂版〕』（創文社、2004年）189、197〜198頁等。萬井隆令「『判例』についての一試論－三菱樹脂事件最高裁判決は『判例』か」龍法40巻1号（2007年）72頁参照。
(18)　小嶌典明「労働者派遣と規制緩和の果たす役割」労研510号（2002年）15頁、前掲第1節注（11）小嶌・阪大法学59巻3・4号125頁以下。
(19)　野田進「有期・派遣労働契約の成立論的考察－労働契約の合意みなしと再性質決定との対比をめぐって」菅野古稀217頁。
(20)　前掲第1節注（16）大内・菅野古稀287頁。
(21)　本庄『役割』159頁。
(22)　DNPファイン事件・さいたま地判平27.3.25労旬1859号41頁、萬井評釈⑬労旬1859号22頁。
(23)　たとえば、日産自動車は『mannual』を作成し管理職に配布して、少なくともポーズとしては、偽装請負と看做されないように細心の留意をするよう徹底を図っている、日産自動車横浜工場（プレミアライン）事件・横浜地判平26.3.25労判1097号5頁、萬井評釈⑪労旬1825号26頁。
　　　日本電気硝子は下請け業者の従業員の作業も集中管理室で掌握し、館内放送を通じて公然と業務指導を行ない、指示を出していたが、役所の立入りや納品先の職場見学がある時には、直接の業務指示を行なっていることを悟られ、偽装請負と見られることのないように、電話による指示に切り換えて姑息とさえ評すべきほどの気配りもしている。その理由について、日本電気硝子は、館内放送は指示ではなく、下請け業者の現場管理者に対する連絡にすぎない、「緊急時には例外的に、名宛人を特定することなくマイク放送をもって注意喚起の連絡をすることもあった」と弁明している。しかし、業者の現場管理者に対する連絡ならば電話によればよく、「緊急時……注意喚起の連絡」だけを館内放送すればよい。「……することもあった」と、いかにも館内放送は例外的なようにいうが、外部から訪れた役所の人や職場見学者があった場合に止めたというから、通常は常時そうしていたのであろう。見え透いた虚偽の弁明に見える。滋賀県労委は「合理的な説明ができない」として一蹴している、日本電気硝子（ニューマン）事件・滋賀県労委命令平22.12.6別中労時1429号51頁、萬井論文⑮労旬1739号40頁参照。
　　　なお、同中労委命令平25.7.3を掲載した別中労時1457号は、〔初審：滋賀県労委決

定平22.12.6別中労時1450号368頁〕と記しているが、そこに掲載されているのは日本電気硝子（第2）事件に係る平23.12.8命令である。編集者の誤認であろう。
(24)　三井住友フィナンシャルグループ（FG）、三菱UFJ、みずほFGは、傘下の人材派遣会社からの派遣労働者を直用化する（した）と伝えられた、2012年12月25日「朝日新聞」。
(25)　在り方研『報告書』労旬1805号44頁以下。同『報告書』に対する批判的分析として、沼田雅之「『今後の労働者派遣制度の在り方に関する研究会』報告書の評価と課題」労旬1805号（2013年）6頁、新谷信幸「労働者派遣法改正に向けて」同14頁、棗一郎「再び労働者派遣法の規制緩和は許されない」同20頁以下。

第4節　2015年改正の意義と問題点

　労働者派遣法は1985年7月に派遣の対象を専門的業務だけに限定して制定され、当初は13業務を許可し、次いで対象を拡大しながら施行されてきたが、1999年に、原則と例外を逆転させ、政令で指定する業務以外は対象を自由とする、ネガティブリスト化された。その後、2003年に製造業務をも自由化したため、一挙に派遣が増加し、一時は派遣労働者は400万人を超えた。しかし、2008年のリーマンショックで派遣切りが横行し、多数の派遣労働者が失業する事態となり、派遣という就業形態が不安定雇用であることが誰の眼にも明らかになった。その後、景気の回復につれて徐々に労働者も増えた一方、派遣という間接雇用形態の問題点も認識され始め、それと共に、2012年に改正された派遣法（以下、旧法という。それ以前の改正法については改正年を記す）の改正作業は、①派遣契約更新についての労働組合からの意見聴取の際、異議を申し立てられた場合の対応、②労働者に対する雇用安定措置、③施行期日などについて、政府が修正案を提出せざるを得なくなるなど紛糾したが、2015年9月11日に成立し、異例なことだが周知期間を殆んどおかず、9月30日に施行された（以下、15年法ということがある）。
　その紛糾には、12年改正の際、偽装請負等の場合の派遣先による直接雇用の申込みみなし制を定めた40条の6の施行が10月1日とされていたことが深く関係している。
　国会で法案審議が行なわれていた15年春、厚労省官僚が作成したと見られる『労働者派遣法が改正されずに平成27年10月1日を迎えた場合の問題（い

わゆる10・1問題)』と題した責任者不詳のメモが、密かに自民・公明と維新の一部の議員だけに配布された。メモには、今のままでは「大量の派遣労働者が失業」「派遣業者に大打撃」「派遣先は迅速な必要な人材を確保できず経営上の支障が生じる」等と記され、審議を急ぎ、早急に法律を成立させることを促していた。改正法の制定が10月1日以降になれば、旧法40条の6により直用申込みがあったと看做されたとして、労働者が訴訟提起や団体交渉申込みという形を含めて、労働契約関係確認の動きを示すことが予測されたから、それを封じたい、という財界の思惑を代弁したものと見られる。それは、公的機関としての厚労省の公平性・中立性への疑いを招くとともに、立法府の審議に対する行政府の不当な介入として追及された。塩崎厚労相は、「適切でない、客観性に欠ける表現」「議員によって異なる資料を用いること」について謝罪し、撤回した[1]。しかし、文書は撤回されたが、秘めていた意図まで撤回したわけではなかった。

　15年改正法は、政府与党の賛成で可決されたが、そのような経緯に加え、後で見るように法案作成段階でも疑惑があり、例を見ない付帯決議の多さが示すように、必ずしも審議を尽くした後の成立ではなかった。

1　2015年改正の内容

(1)　派遣業の許可制

　特定労働者派遣事業について認められてきた届出制は廃止され、派遣事業を営むためには、すべての事業者に、事業所の概要、労働者数、派遣料金等必要な事項を記入した申請書を提出して、厚労省の許可を得ることが義務づけられた（5条）。

(2)　政令指定業務と自由化業務の区分の廃止

　業務を区分する規定を削除したため、改正後の現行法を見るだけでは知ることはできないが、それ以前の政令指定業務と自由化業務の区分を撤廃した。
　旧法40条の2第1項但書1号により、政令指定業務（いわゆる専門職）に就く労働者は、派遣可能期間に制限はなく、継続して派遣として就労することが認められていたが、業務区分の廃止に伴い、原則として全ての派遣労働者が派

遣可能期間は一律に3年を上限とされることになった（40条の2第1項但書1号、40条の3）。

(3) 派遣元での雇用形態と派遣可能期間

（ア）派遣元で無期雇用等の場合の派遣可能期間

派遣元で無期雇用の場合（40条の2第1項但書1号）、および高齢者で雇用の機会確保が特に困難と認められる者（同但書2号）のほか、旧法と同様、事業の開始等のための業務で一定期間内に完了する予定の業務、育児休業等の場合の代替業務等に就く者には、派遣可能期間に制限を設けられない（同但書3～5号）。

（イ）派遣元で有期雇用の場合の派遣可能期間

派遣元で有期雇用の場合、「派遣就業の場所における組織単位ごとの業務」につき派遣可能期間は3年と限定された（35条の3）。ただし、同条は、「施行日以後に締結される」派遣契約にもとづく派遣に適用されるから（附則7条）、施行当時の契約が満了するまでは適用されない[2]。

派遣先は、3年を超えて同一の派遣労働者に係る労働者派遣の役務の提供を受けてはならないから（40条の2第1項、第2項）、遂行する業務の内容に関わりなく、有期の労働者はすべて、3年という期限到来により必ず自動的に契約が消滅し、失業が不可避となる。

もっとも、派遣先で「組織単位」を変更すれば、新たな派遣として扱われるから、例えば、総務課から営業課へ、さらに人事課へと転々としながら、同じ企業で派遣就労を続けられる可能性はある。それでは、派遣労働者の就労前の特定避止努力義務を課す派遣法26条6項に抵触することは避け難いが、法律内の矛盾である。

もっとも現実には、従来、労働者派遣契約で6か月を超える期間を定めるものはわずか4％程度で、そのうえ、労働者の派遣労働契約は多くは2か月程度の短期を定めておき、いつでも期間満了を理由に契約関係を解消し得るようにしておきながら、経営状況などを勘案して、繰り返し契約更新を行なっていたから[3]、原則1年であった派遣期間（旧法40条の2第2項）が延長されても、労働者にとって実質的には意味はほとんどなく、派遣が有期で不安定な就労形態

であることには何ら変わりはない。
　（ウ）　派遣受入れ期間の延長措置と手続き
　企業にとっての当該業務への派遣受入れの上限3年については、派遣先が「過半数労働組合等（……労働者の過半数で組織する労働組合がない場合においては労働者の過半数を代表する者）の意見」を聴取すれば、期間延長可能とする、簡易な手続きで例外を認める、異例な道が開かれた（40条の2第3項、4項）。過半数代表との合意（協定締結）や労使委員会の決議は必要ではなく、意見を聴きさえすれば、その内容に関わりなく、A→B→Cと労働者を替えれば、同じ業務に派遣という形で受入れ可能となった。
　その意見は、書面にして交付する、PCに記録し、いつでも確認できる機器を設置する等の方法で、労働者に周知しなければならない（施行規則33条の3第4項）。
　その際、労働者代表が「異議を述べたとき」は、派遣先は派遣を延長する理由等の説明が義務付けられる（40条の2第5項）。

(4)　雇用安定措置
　派遣元で有期雇用の場合は、労働者派遣契約の期間満了により派遣が終了する。その後の雇用安定措置として、「継続して1年以上の期間……労働に従事する見込みがある」場合は、派遣元は「次の各号の措置を講ずる」努力義務を課された（30条1項）。「継続して3年間……従事する見込みがある」労働者に対しては、その措置を「講じなければならない」（同条2項）。

1号－「派遣先に対し……労働者に対して労働契約の申込みをすることを求める」
2号－派遣労働の「就業の機会を確保……提供する」
3号－派遣という雇用形態「以外の労働者として期間を定めないで雇用することができるように雇用の機会を確保……提供する」
4号－「雇用の安定に特に資すると認められる」教育訓練などを講じる

(5) 直接雇用に関わる規定の変更

旧法40条の3は削除され、15年法40条の3は、所定の手続をふんで延長された3年を超えて派遣を受けることを禁止するという、まったく別の趣旨の規定となった。

旧法40条の4は削除され、15年法40条の4は旧法40条の3と同様の規定に修正された。つまり、派遣を受けていた「同一の業務」に就かせるため労働者を雇い入れる場合は、それまで就労していた労働者を雇用すべく「努めなければならない」。

旧法40条の5は削除され、15年法40条の5第1項は、1年以上継続して同一労働者の派遣の提供を受けている場合、当該「派遣就業の場所において労働に従事する通常の労働者の募集を行うときは……業務の内容、賃金、労働時間その他の当該募集に係る事項を当該派遣労働者に周知しなければならない」という、まったく別の趣旨の規定に変更された。派遣可能期間が限定される派遣で、「継続して3年間当該……労働に従事する見込みがある」場合は、「労働者」の募集に係ると読み替えられる（同条2項）。

旧法40条の6はそのまま維持された。ただし、3号は労働者の過半数代表から意見を聴取せず、40条の2第1項に違反した場合に修正された。また4号が新設され、15年法40条の3に違反して派遣を受けることとされ、それに伴い旧法の4号は5号に移された。

ただ、派遣継続の手続きが簡便化され、期間制限違反を避けることが容易になったから、手続き違反は大幅に少なくなり、したがって3、4号の適用は少ないと予測される。

(6) 派遣元への計画的キャリアアップの義務付け等

派遣元は労働者が「段階的かつ体系的に……必要な技能及び知識を習得できる」よう教育訓練の実施および「職業生活の設計に関し、相談の機会の確保」などの援助を義務づけられ、派遣労働者は教育を受ける権利を保障されることになった（30条の2）。

それと関連して、派遣元が求めた場合には、派遣先は労働者の「業務の遂行の状況その他の情報」を伝えることなどに努めるよう義務付けられた（40条6

項)。また、派遣先は派遣元から要請を受けた場合、教育訓練を実施するよう「配慮」を義務付けられた（40条2項）。

2　2015年改正法の問題点

(1) 現状追随による業務区分撤廃

(ア) 業務区分の意義

派遣法制定当初は、旧法の政令指定業務に相当する内容の業務だけが容認され、それが99年法によるネガティブリスト化以降は、派遣可能期間を制限しない政令指定業務とされた（旧法40条の2第1項1号）。その意味で、政令指定業務の意義と特徴付けは労働者派遣を容認することと強く結びついてきた。

ところが、在り方研は、「制度の安定性という観点から」は明確な基準が必要であるが、「専門性は技術革新等により時代とともに変化する」から判断が困難である、付随的業務も判断が分かれ、時間数を基準とする複合業務論にも難点がある等を理由として、区分撤廃を提案し、その提案を受けて、基準が明確でなく、判り難いという理由で業務区分は撤廃された。

(イ) 業務区分の判断を難しくしたもの

一般論としては、専門的業務と評価されていたが、技術革新により遂行内容・方法が変わり、通常業務に変化していくことはあり得る。電話交換はその例である。しかし、労働者派遣に関して、区分を判り難くしたのは、はたして技術革新といった事情が大きな要因なのか、疑問がある。

迅速、的確な遂行のために「専門的な知識、技術又は経験を必要とする業務」（1985年法4条1項1号）に限って派遣を認めた派遣法制定の趣旨に照らせば、政令指定業務はそれほど無制限に広がる筈ではなかった。ところが1990年代半ばから急速に、事務用機器のハード、ソフトの劇的な発展が進み、それに便乗して、企業は「事務用機器操作」を都合の良いように拡張解釈して利用した。厚労省は、長くそれを放任し、後には、「付随的業務」とか「複合業務」という概念を持出してむしろ5号業務の拡大を図ったことが、区分が曖昧になった最大の原因とみられる。

PCを使用した単純な文書作成、データ入力、メール送受信等も言葉の意味としては「事務用機器操作」に違いないが、ここで問われるのは、国語の問題

ではなく、派遣法上、期間制限を付さない対象業務と認めることが適切なまでに「専門的」なのかという立法政策上の判断の当否であった。再論すれば、立法当時は、PCは現在ほど使い勝手が良く便利で安い機器ではなかったから、広く普及はしておらず、5号業務にはシステムエンジニア、プログラマー、オペレーター等の専門業務が念頭に置かれていた。しかし、勤労者世帯におけるPC普及率は2008年には遂に70％を超え(4)、今や、PC操作による通常の事務作業は「専門的」とは理解されない。派遣先は、5号では「操作というほかに限定が何も付されていない……およそこれらの事務用機器の操作の業務であれば、全て当該業務に該当する」「『専門的技術』を駆使しているか否か、といった事情は一切問われない」と公然と主張したことが示すように(5)、PCによる文書作成がすべてそれに含まれるかのような身勝手な解釈を以て運用を行なっていたが、それは明らかに立法の趣旨を逸脱していた。

　にもかかわらず、厚労省はむしろその動きを擁護し、意図的に「専門的業務」の範囲を拡張した。労働政策審議会（西川俊作会長）は2002年12月、「26業務の実施に伴い付随的に行」い、かつ「割合が低い場合（例えば一割）」には期間制限を外すことを内容とする建議『職業紹介制度、労働者派遣事業制度等の改正について』を行なったが、それを了とした06年3月閣議決定『規制改革・民間開放推進三ヵ年計画（再改定）』を受けて、厚労省はHPで『Q&Aいわゆる「複合業務」における派遣受入期間の制限等について』を発表した。そこでは、本来の「事務用機器操作」と「密接不可分な行為又は一体的に行われる業務」は「付随業務」として「事務用機器操作」の「一部」とみなして、5号業務に「含まれ」るとし、さらに、「政令26業務とそれ以外の業務を併せて行う場合の業務全体」を「複合業務」と呼び、「付随的な業務」の「割合が……就業時間数で1割以下」であれば、全体として期間制限の規制は及ばない、つまり、「付随業務」は制約なく認め、「付随的業務」は派遣業務全体の1割以下であれば、全体として期間制限の規制は及ばない、という解釈論（いわゆる複合業務論）をとり、積極的な緩和策をとった(6)。

　「付随業務」の例として、政令5号業務と「一体として行なう書類整理」だけでなく、正規職員と適切に分担して行なう「就業場所のごみ捨て」、「自ら使用するプリンタへの用紙の補給」、「機械操作を行う上で不明な情報について

……必要な問合せ」まで挙げた。「付随的な業務」としては「自他のいずれが使用するかにかかわりなく……書類整理」、専ら派遣労働者の仕事とされている「就業場所におけるごみ捨て、掃除、後片付け」や「プリンタへの用紙の補給、紙詰まりへの対応……電話応対」等を挙げている。

「付随業務」自体が果たして5号業務に含まれるべきか疑問であるが、さらに、「的」という言葉の曖昧さを利用して、業務区分の意義を蔑ろにした「付随的業務」をも例示し、複合業務論を取るという、典型的な現状追随的な行政解釈であった。

(ウ) 厚労省の方針転換

際限の見極めもつかないほどの無原則的な拡張解釈や、複合業務論に見られる規制緩和に対する厳しい批判に接し、前年末の総選挙の結果、民主党政権に政権が交代したこともあり、厚労省は、放置すれば派遣制度そのものを破綻に導きかねないと考えたのか、2010年2月8日、「実態的には専門26業務の解釈を歪曲したり、拡大」している事案があると指摘して、労働者保護や労働市場全体に与える「悪影響」を廃するため、『期間制限を免れるために専門26業務と称した違法派遣への厳正な対応(専門26業務派遣適正化プラン)』および添付文書『一般事務と混同されやすい事務用機器操作とファイリングについての留意事項』を公にした。遅きに失した観はあるが、適切な方針転換であった。

『適正化プラン』は、「事務用機器操作」は「オフィス用のコンピュータ等を用いて、ソフトウエア操作に関する専門的技術を活用して、入力・集計・グラフ化等の作業を一体として行うもの」と解し、例として、それぞれ用いるソフトを示しながら、「編集、加工等を行い、レイアウトなどを考えながら文書を作成する」、「入力した数値の演算処理やグラフ等に加工する」、「図表・文字等のレイアウトを考えながらプレゼンテーション等に用いる資料を作成する」といった業務を挙げている。そして、「迅速なだけや、単純に数値をキー入力するだけの業務」は政令5号業務に該当しない、と明確に述べた。

現在では、例示される業務を多くの労働者がPCを使いこなして遂行しているから、「専門的な知識、技術又は経験を必要とする業務」と見ることが妥当であったのか、疑問である。とはいえ、単純なキー入力業務は政令5号業務に該当しない、と明言したことは画期的であった。伊予銀行(いよぎんスタッフ

サービス）事件の高松高裁のように、「メール便処理業務の一部（取立手形や振込書類通知書の発送、文書為替や雑為替の送付など）、コピーやファックス操作、来客接待等」まで政令5号業務にあたるといった、無限定な解釈が成立する余地を完全に絶つものであった。[7]

さらに追って5月30日に出した『専門26業務に関する疑義応答集』で、お茶くみ、電話の応対、銀行等への入金作業、郵便物の振分け、会議室における会議の準備や後片付け、営業、勧誘、債権督促等を事細かに例示して、「付随的な業務」に含まれないとしたことも重大な影響を与えた。上記の06年『Q&A』では「付随的な業務」にあたるとしていた「就業場所におけるごみ捨て、掃除、後片付け」や「電話応対」等をさらに拡張解釈して、多くの企業は指摘された茶くみや「郵便物の振分け」等についても指示して就労させていたからである。それが、政令5号業務とは「全く無関係の業務」と指摘され、それを「少しでも行っている」場合は全体として政令5号業務ではない、と判断されることとなった。その結果、『適正化プラン』など一連の行政解釈は、厳密な意味での「付随業務」しか指示し得ない状況を創りだしたことになる。[8]

(エ) 区分の廃止による「問題解消」

同『適正化プラン』等が素直に受入れられ、その後順調に浸透し、遵守されたか否かは明確ではないが、[9]それに対する企業の反撥は激しかった。[10]在り方研（鎌田耕一座長）は13年8月、「法制定時の理念と現実との間に乖離が生じている可能性がある」と指摘しながら、そういった経緯を一切無視し、その「乖離」の原因や実情を綿密に分析することも、『適正化プラン』等によっても適正な業務区分はできないのかといった検証をすることもなく、業務区分の廃止を提案した。それを受けた労政審（樋口美雄会長）も、区分困難を理由として業務区分の廃止を建議した。派遣法制定自体がそうであったが、企業が意図的に創り出した「現実」への追随以外のなにものでもない。

(2) 派遣可能期間3年と雇用の不安定化

(ア) 派遣可能期間と不安定雇用

(a) 派遣可能期間の意義

旧法では政令指定業務については派遣可能期間が制限されなかったから、長

期の労働者派遣基本契約が結ばれていれば、あるいは期間は短くても更新が繰り返されれば、労働者は派遣元との契約は有期でも、更新を繰り返して、長期間、派遣就労を続けることができたし、その例は多かった。ところが、15年法により業務区分が廃止され、一律に3年を上限とされた。

　期間制限の目的は派遣先の労働者保護（雇用維持）で、派遣労働者の保護ではなかったと批判し、改正によって労働者個人単位の期間制限とされたことを、本庄淳志氏は肯定的に評価される。しかし、それは旧法の期間制限の意義や40条の4の趣旨を正しく理解せず、また15年法の意義を正確に把握していない評価である。旧法40条の2第1項は「同一の業務」を判定対象とした期間制限ではあるが、それは40条の4によって期間経過後は派遣先による直用の見通しにつながっていた。しかし、15年法によれば3年経過後には確実に契約解消（失業）が待つ以上、期間制限を個人単位としたからといって、旧法40条の4を廃止した改正法が労働者の保護として機能することはあり得ない。何を根拠に肯定的に評価されるのか、疑問である。

　無期の雇用か否かは派遣元と労働者との交渉に委ねられるが、従来、期間制限のない政令指定の専門業務に従事していた労働者は、旧法と比較すると、不安定な立場に置かれることとなったことは紛れもない。派遣先が大企業であれば、別の「組織単位」への配転も期待し得るとしても、担当する業務が専門的であるほど機会も限定されるし、小・零細企業であればその可能性も予見できない。すでに中高年に達していれば、さらにその可能性は少なくなる。

　もっとも、派遣元で無期雇用であれば雇用は安定しているとは限らない。15年改正を受けた派遣元指針では、無期雇用の労働者を「派遣の終了のみを理由として……」解雇してはならないとされたが（指針第2の2（4）イ、ロ）、あくまで、「派遣の終了のみ」をもってであって、他の理由による解雇が禁止されたわけではない。安倍政権下の雇用改革の柱の一つとして、傍らで議論されている限定正社員制度では、限定正社員は契約で定めた担当業務がなくなれば解雇の合理的理由となる、という主張が有力である。派遣先は特定されているから、派遣元では一種の限定社員であり、労働者派遣契約が解除された場合、そのような議論に包み込まれ、「派遣の終了」ではなく、派遣先を確保できないという理由で解雇は有効と判断される可能性が大であることは否定できない。

有期雇用の場合でも、同じ派遣先で「組織単位」を変更すれば、同一の派遣先においても新たな派遣と扱われるので、当該企業内を転々としながら派遣就労が続けられる可能性はある。ただ、大企業であっても当該労働者の知識や技術を活かせる「組織単位」が常に存在するとは限らない。そのうえ、「組織単位」を移るためには新たな契約が結ばれることが不可欠で、その都度、派遣元における採用試験が行なわれることになるわけで、雇用不安定化が不可避であることに変わりはない。

　そもそも、特定の派遣先との関係では何故、3年で派遣を終了させるのか。労働契約法18条の立法趣旨にも反する。常用代替防止ということだとすれば、派遣元で無期雇用される労働者は何故、派遣可能期間を制限しなくて良いのか。合理的な説明はない。

　(b)　労働者派遣契約締結の際の手続き

　旧法26条5項は、派遣先は「労働者派遣契約を締結するに当たり、あらかじめ」派遣就労が「開始される日以後当該業務について」、42条1項に「抵触することとなる最初の日を通知しなければならない」と定めていた。

　その趣旨は、旧法の下では、「同一の業務」についての派遣は上限3年以内でしか契約を結べない、それが、あと何か月となるかは派遣元には判らないから、「あらかじめ」それを派遣先から派遣元に通知せよ、ということであった（第3節2 (2) 参照）。

　ところが15年改正は期間制限は個々の労働者に即して最長3年と定めたが、派遣先は過半数労働者の代表からの意見聴取の手続きだけで何度でも期間更新ができることになった。したがって、従来の派遣法26条5項は意味がなくなったが、改正法26条4項は、ほぼ同文を引き継いでいる。その趣旨は、改正後40条の2では、派遣先は派遣就業の場所毎の業務について3年を超えて派遣を受けられないため、派遣契約締結に際し、当該事業所においてその期限に抵触する日をあらかじめ派遣元に通知することを義務づけたものである。

　ただ、派遣法をそこまで理解して、残りの派遣可能期間を通知するほどの派遣先であれば、過半数労働者の代表からの意見聴取という簡便な手続きをとれば、期間は更新できる手法を利用するであろうから、期間制限の意義はほとんどなくなっており、26条4項も意義は殆どない。

（イ）　雇用安定措置の実効性

　30条は雇用安定措置を定めているが、同条が「継続して1年以上」の就業の「見込みがある」等の場合に関する措置であることは見落とされがちである。派遣労働契約は短期であることが多く、更新されて、実際には「継続して1年以上」の就業となっている。しかし、たとえば2か月契約が3回更新された段階で派遣が終了するケースでは、同条は適用されない。派遣元が契約を更新しない場合に、その「見込み」がないと判断すれば、当該措置をとらなくても済まされる。もともと、雇用安定措置を具体的に求められるのは雇用が終了する段階で、その時点で「見込み」がないと言われればそれまでで、同項の具体的運用の見通しは予測し難い。

　30条2項は、1項が努力義務に止まるのと異なり、派遣就業期間が長くなる「見込がある」労働者について雇用安定措置を義務づけ、措置義務を強化している。

　ただ、1項にせよ2項にせよ、辛うじて派遣先に対して雇用安定措置を求めたとしても、どの程度の効果があるのか。挙げられる雇用安定の具体策の実効性こそが問題である。

　1号については、力関係で弱い立場にある派遣元が派遣先に対し、正面から直用を求めることが可能なのか、不明であるし、求められたからといって、効果があるのか、疑問である。派遣先としてぜひとも確保し続けたい派遣労働者がある場合に、間接雇用という形態に不安を持つようであれば、引き抜いて直接雇用に変えることはあり得ないわけではない。しかし、直用を避けたいから派遣という形態を選択した派遣先は、よほどのことがない限り、派遣元から求められたからといって直用化に踏み切ることはないと推測するのが自然である。

　2号は、派遣元の本来の営業行為に他ならない。営業を続けるためにも、業者が派遣先を確保する努力をするのは当然であって、とりたてて雇用安定措置の名に値するものではない。

　3号は、直接かつ無期雇用の就労先を派遣元が確保することが必要になる。しかし、日頃、派遣としての提供先を探すことに専念している派遣元が、そのような条件を充たす就労先を確保することが容易にできるのか、見通しがあるのか。条文に書き込みはしたものの、提案者も確信を持ってのこととは考え難

いほど、現実性に乏しいのではあるまいか。

4号は、どの程度充実した教育訓練などを派遣元が無償で行なうと期待できるのか。派遣労働者は就業機会を逃すことのないよう複数の派遣元に登録していることが多いが、そのような事情を心得ている派遣元が、自費で教育訓練を行なう意欲を持つのか、疑問である。他方、有償であれば、失業した労働者が経済的にそれに応じ難いことが推測される。

このように現実に即して見てくると、30条の挙げる雇用安定措置は机上の思い付きの域を出ないという印象を免れない。雇用安定措置をあれこれ挙げることは難しくはないとしても、問題はその実現可能性であるが、現実からはるかに遊離しているように見られる。

（ウ）　派遣先の派遣受入れ期間延長の手続
（a）　15年改正までの経緯

旧法40条の2第3項、4項によれば、自由化業務については「同一の業務」は派遣可能期間は原則1年であり、延長する場合、上限は3年で、派遣先は労働者の過半数代表者からの意見聴取を義務付けられていた。期間を超えて使用し続けようとすれば、旧法40条の4により直接雇用への転換が求められ、その後は、当該業務について派遣は利用できない（全体として派遣は増えない）という制度設計であった（第3節3（3）参照）。

ところが、在り方研は、「派遣先での常用代替のおそれの有無等について派遣先の労使が判断する枠組みを設定する」と述べた。ただ、労働者の交代で有期派遣を続けることによって「望ましくない派遣の利用」が起こることのないよう、「労使の会議等の判断」により「派遣先の労使がチェックするような仕組みを考える」ことを提言し、その仕組みとして「ドイツの事業所委員会による派遣受入れへの関与の仕組みに類似したもの」と述べていたから、一般にはそれは、少なくとも労使協定ないし労使会議の決議と理解されていた。

ちなみに、「13年10月14日脱稿」と記されているから、労政審における審議の最中だが、鎌田耕一氏は個人論文において、「派遣先の労使が常用代替防止のおそれがないと認めた場合に限って同一派遣先事業所への継続的受入れを認める仕組みを考えるべきである」と述べ、「労使が……認め」ることを条件と考えていた。[14]

規制改革会議2013年10月4日『意見』は、「チェックは、不透明な手続き等により派遣を望む労働者の就業の機会を奪ったり、事業者の効率的経営を阻害する過重なもの」を避けるようを述べていた。労政審で使用者代表は、「現行の派遣期間延長の際の過半数組合からの意見聴取は問題なく行なわれており、新しい制度を導入する必要はない」と主張していた。後者の主張は、派遣期間1年を3年に延長する際の手続き（旧法40条の2第3項）についてのことで、現実には6か月以下の期間とする派遣契約が95％を超えている状況の下で、しかも、延長されても、それ以降は労働者の直用化が求められていたから、その意見は特別の意味も持たないため議論にもならず、ほとんど無視されていたとみられる。

　ところが、12月12日の労働政策審議会職業安定分科会労働力需給制度部会（鎌田耕一部会長）に公益委員が示した『報告書骨子案』は、派遣先の過半数労働者の代表から「意見を聴取した場合には、さらに3年間派遣労働者を受入れることができる……さらに3年が経過したときも同様とする」としており、そのまま労政審の『建議』となり、改正法40条の2第3項、4項となった。その後、労働者代表が異議を述べた時は、派遣先は「延長の理由その他」の説明を義務づけることと修正されたが（40条の2第5項）、それは「手続き的には規制が強化された」というほどの評価には値しない。

　40条の2第3、4項の意味するところは明確で、労働者の過半数代表から意見さえ聴取すれば、その内容が反対であろうとも派遣期間の延長および更新が可能とされたのである。派遣法の性格を一変させるような重大な要件の変更であるにもかかわらず、理由は何ら説明されていない。やみ雲に「生涯派遣に道を開いた」、として鋭く批判されたことであった。

　（b）　疑惑

　この間の経緯には「疑惑」がある。

　在り方研（鎌田耕一座長）『報告書』の内容を実質的に否定する提案を、同一人格である労政審公益委員（鎌田耕一制度部会長）が行なったのであるが、自ら座長を務めて4か月前にまとめた『報告書』、そしてわずか2か月前には個人論文で明記したことと異なる内容を、公益委員として『骨子案』とするのは尋常なことではない。その尋常でないことを行なわせるほどの強く執拗な働き

掛けがあり、見識や矜持が問われることでもあるが、鎌田氏を含む労政審の委員が受入れざるを得なくなった、と見られる。

しかし、事はそれだけに止まらない。従来の様々な労働法制の制定・改正の経過を観察していると、在り方研の『報告書』には厚労省も同調していたものと推測される。そうすると、労政審の『建議』の直前に、派遣問題の主務官庁である厚労省の見解をも変更するほど強力な「命令」に近いものがあったと推測する以外にない。一つの省庁に対しそのようなことを成し得るのは、この間の規制改革の進め方から推量すれば、首相官邸以外にはあり得ない。

経過から推測する以外にないのだが、「中らずと雖も遠からず」だとすれば、それは、労働政策の立案・変更については三者構成の労働政策審議会に諮るという、戦後確立されてきた、厚生労働省設置法にも定める公的な原則（6条1項）を蹂躙した重大な事件であり、疑惑の眼を以て対せざるを得ない。[17]

(3)　40条の6をめぐる諸問題

経団連は13年7月24日、『今後の労働者派遣制度のあり方について』で、40条の6は「採用の自由、労働契約の合意原則の観点から根本的な問題を抱えている」と指摘し、「期間制限違反や偽装請負にも様々なケースがあるため、予見可能性が極めて低い」として、制度自体の廃止を要望した。だが、在り方研は、派遣可能期間の制限に関する規定見直しに伴う改正が必要となる、と指摘するだけ、労政審も、使用者代表の意見を紹介するにとどめて、40条の6の維持を建議し、政府与党が圧倒的多数を占める国会でも40条の6は維持された。それまで廃止した場合の世論の反発を懸念し、"総資本の理性" が働いたとみられる。

　（ア）　改正法早期施行の意図

15年法を周知期間を殆んどおかず、施行を急いだのは、先に見た怪文書、「いわゆる『10.1問題』」の顛末からも明らかなように、旧法により10月1日午前零時に施行され、みなし直用申込を労働者が承諾し、直ちに労働契約の存在確認を求める訴訟の提起あるいは団体交渉が必須となる事案が多発する可能性があり、それを避ける意図である。

(イ)　40条の6の適用対象

　40条の6第1項は違法派遣の類型を1号から5号まで列挙し、それを知らなかったことにつき無過失の場合を除き、それらを「行った場合には、その時点において」当該派遣先は「同一の労働条件」で「労働契約の申込みをしたものとみなす」としている。

　1号は法4条による派遣禁止業務の派遣、2号は派遣元事業主として許可を得ていない者からの派遣、3号は期間制限をする40条の2違反、4号は「同一の派遣労働者」を3年を超えて受入れてはならないとする40条の3違反、そして5号は偽装請負である。このうち、3号、4号は派遣可能期間に関わるが、40条の2は労働者代表からの意見聴取という簡便な手続きさえ守れば、また40条の3は「同一の労働者」を受入れなければ違反を犯さないで済む規定であるから、企業がそれらに違反し、同条の適用を受けることは、あっても極めて少なく、実際の適用が問題となるのは無許可の業者からの派遣（2号）と偽装請負（5号）のケースとなると予測される。

　適法な業務処理請負と考えていたものが労働局等から偽装請負と判定される事態を想定し、適法な請負と偽装請負の「実務上の峻別はそれほど容易ではない」として、混乱を危惧する見解がある(18)。しかし、偽装請負の実情を把握していれば、そのような危惧は生まれまい（第3節4(1)(エ)参照）。むしろ、確信犯的な偽装請負が多いことが問題である。

　なお、40条の6の適用対象は限定列挙であるので、1号から5号以外の違法派遣には適用されない(19)。

　(ウ)　40条の6第1項5号の「適用を免れる目的」

　第1項5号をめぐっては、偽装請負と認められるのはどのような場合か、また、派遣法の「適用を免れる目的」はどのような場合に認定されるかという問題がある。

　法改正後、厚労省職安局長通達（15年9月30日）職発第13号は、「個別具体的に判断される」と断り、「目的」を「要件として明記した立法趣旨」を強調しつつ、「指揮命令等を行い偽装請負等の状態になったことのみをもって『偽装請負等の目的』を推定するものではない」とした。

　しかし、その通達は、偽装請負をめぐる現実についての無理解というよりも

むしろ、40条の6を極力、適用しないための作為的な解釈と考えられる。発注者が請負業者の従業員に「指揮命令等を行い偽装請負等の状態になった」のはけっして自然現象ではない。そもそも企業は、一定の就労をさせ、成果を上げることを意図しており、多くの場合、正規従業員をも含め多数の労働者を有機的一体として組織立てて業務運営を行なっているが、賃金台帳の作成義務（労基法108条）に照らしてみるだけでも、派遣先が自ら雇用してはいない労働者を、それとして認識しないで指揮命令を継続的に行ない続けることは想定し難い。それだけに、偽装請負という事実が認定されたことは、請負契約の下で権限がないにもかかわらず、業務運営の一環として、業者の従業員を指揮命令した事実が認定されたことを意味するから、それ自体の内に、法規制を「免れる目的」を当然に含んでいると考えるのが社会常識である。[20] 日頃、労働者から様々な申告や相談を受け、あるいは職権で企業に立入検査等をして、厚労省は現場の事情を良く知っているにもかかわらず、社会常識に反する通達をだすのは施行されたばかりの法律の立ち枯れを意図的に図るものであり、重大な背任行為であるという他ない。

さらに、40条の6は派遣先の無過失の場合は適用されないとするから、重ねて「免れる目的」を主観的認識と解することは無用の重複である。[21]

なお高橋賢司氏は、ドイツ法の研究を踏まえて、改正法には「他国と異なり、違法派遣の場合の派遣労働契約無効の規定が設けられていない」と批判される。[22] しかし、法律はその国の実情に即して制定、運用されるのであって、日本もドイツ法と同じでなければならない理由はない。二重の労働契約関係を懸念してのこととも推測されるが、二重に労働契約の存在に特に不都合なことはない。労働者は派遣元に対して、賃金の支払いを始めとするあらゆる労働法上の使用者としての義務の履行を請求し得ることになるから、労働者保護にとっても、意味のある解釈というべきである。

(エ)　多重派遣のエンド・ユーザーと40条の6

(a)　多重派遣を生むもの

多重派遣においては、トップに立つユーザーが100％出資して設立した企業に当該業務を請負わせ、それを請負った業者が当該業務をそのまま、あるいはその一部をさらに下請けに出す、そういったことが繰り返され、間接雇用は多

層をなしているものもあるし、同じ作業を派遣あるいは下請企業同士が上下関係で、いわば直列して行なっている、あるいは現場で混在しつつ一つの作業を分担して行なっていることも多い。(23)

複数の企業が間接雇用を介在させ、多重派遣になるのはそれなりの理由がある。

建設業、造船業などでは、一つの仕事の完成に多様な機械、技術、作業等が必要だが、それを一社がすべて備えることが難しいため、発注者から仕事を請けた、建設業ではゼネコンのようなトップ企業が各種の企業を統合し、あるいは住宅建築の場合は請負った建設会社が大工、左官、電気工事などの業者を組織して、当該仕事を完成させていくことが多く、それは一応、合理的でもある。

しかし、多重派遣となっているのは、そのような理由にもとづくよりも、むしろ経営政策にもとづいていることが少なくない。すなわち、派遣や請負に係る契約は民事上の他の契約同様、容易に解除し得るから、多層構造にしておけば、作業量の変動に応じて人員削減を迫られた際に、下層の企業から順に切り捨てることによってきめ細かく微調整し得る、契約解除された企業が倒産しても発注者は法的には特に責任を負わなくても済むことに着目して、経営戦略として、景気変動の場合の雇用責任に関わる危険の分散を意図していることによるからに他ならない。

いずれにせよ、そのようにして、トップに立つ企業が自らの従業員だけで作業を完成させるのではなく、一部の作業を下請けに出し、派遣を受け入れ、それも数次に及んだ場合、必然的に複数の下請企業の従業員や派遣労働者が一つの現場に混在して作業することになり、固有の問題を生んでいる。

(b) 多重派遣の構造

多重派遣では、その構造のトップに立つエンド・ユーザーが労働者を指揮

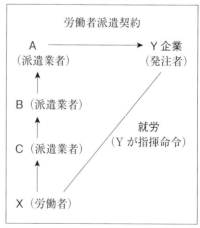

(出所）菅野和夫『労働法（第11版補正版)』（弘文堂、2017年）376頁。

命令して就労させるが、その間に複数の企業があり、最終的には派遣の構造を構成している。間接雇用の手法は多様であるが、その構造を正確に把握しておく必要がある。

菅野和夫氏は、本文では企業Ｙから派遣の要請を受けた業者Ａがそれに応じられず、別の業者Ｂ、さらにＣに要請して、結局は「Ｃが労働者ＸをＹ企業に派遣」した場合を多重派遣と説明される。だが、示された図表（前頁図）では、ＣがＢ、さらにＡにＹの要請を取り次いだだけのことで、派遣そのものはＡからＹに行なわれたともみられる。それはＹ・Ａ間の単純な労働者派遣であり、多重派遣には該当しない。ＣがＸを雇用し、ＢをてＡへ派遣し、「ＡがＹ企業に派遣」したのであれば、正に多重派遣だが。(24)

間接雇用利用の手法は多様である。間接雇用では、契約形式として企業間では派遣や請負、さらには出向が、労働者との間では出向、派遣が入り混じることも稀ではない。それらに対して派遣法40条の6がどのように適用されるべきか、が問われる。多重派遣の法律関係を全体としてどのように理解するか、そして、派遣法40条の6の適用については、どの企業が労働者に労働契約を申込んだとみなされるのかが問題となる。

介在する企業が一つという、もっとも単純な多重派遣（二重派遣）でみれば、最初に他の企業Ｅに労働者を提供する業者Ｄは労働者Ｘと労働契約を結んだとしても、介在するＥがＸを雇用しないまま、ユーザーＦに提供し、Ｆが指揮命令してＸを就労させたのあれば、Ｅ・Ｆ間の契約が何であれ、結局はいわゆる二重派遣となり、労働者供給事業と判断される（下記図）。

著者作成

Ｄ・Ｅ間が派遣の場合、①労働者を使用するエンド・ユーザーのＦと中間介在者Ｅとの契約が請負契約であれば、Ｅは労働契約を結ばず、事実上支配下に

おくXを提供し、そのXをFが使用するから、労働者供給事業と評価される。②E・F間の契約が出向の場合にも、EはXと労働契約を結んでいないならば、EはXを合法的に出向させることはできず、E・F間の出向契約は偽装と評価され、それは労働者供給契約と看做されることになる。③E・F間が派遣契約であれば、二重派遣となり、やはり労働者供給契約と看做される。

D・E間が出向形式の場合、④E・F間の契約が出向契約であれば、Xは次々、D、E、Fと労働契約を結び、三重の労働契約が成立しているものとなり、一見、全体が合法となるように見られる。しかし、出向先Eが受入れた労働者を、自らは使用しないでFに出向させるというのは不自然であり、D・E間の契約はXとEの間に労働契約が結ばれたと見せかけるための偽装と判断され、結局、E・F間の出向も偽装と判断されることになる。⑤E・F間が労働者派遣であっても、やはり、出向として受入れた労働者を、Eが自らは使用しないでFに派遣するというのは不自然で、④と同じ評価を受けることになる。⑥E・F間が業務請負契約であっても同様である。

要するに、労働者を雇用した企業DとEの契約が何であれ、Eは実際には労働者を指揮命令して就労させるわけではなく、いずれも労働者を指揮下に置き、Fに提供するための、契約書の上での便法でしかない。企業E・F間についてみれば、派遣、業務請負、出向があり得るが、Eは自らは雇用していない労働者をFの使用に委ねたことになるから、結局は、E・F間は違法派遣であると同時に労働者供給事業と判断される。

二重派遣が労働者供給事業に当たるとする結論自体は当然であるが、それは、「自己の雇用する労働者を……」とする法律の条文を根拠とする文理解釈によって職安法44条の適用を指摘するに止まっている。それは問題の一面しか語らないことになる。つまり、その指摘の先に、もう一つ、より重要な問題が潜んでいる。

労働者派遣事業を営むほどの業者は派遣法の概要は心得ているから、③や⑤のように企業Eは、派遣契約を結ぶ際に、Xを支配しているだけで雇用してはいないことを伝えれば、違法な労働者供給事業であることを自ら明かすことになるから、それを考慮し、必ずや何らかの形で労働者を雇用していることを示唆するに違いないし、企業Fはそれを暗黙の前提として労働者を受入れる。

わざわざ「火中の栗を拾う」ことになるから、FはEが労働者Xを雇用しているか否かを確認するようなことはしない。①、②や④、⑥も同様である。

派遣法2条1号による派遣の定義がそうであるように、派遣元は派遣する労働者を雇用していることが当然の前提とされているためか、派遣法上、派遣先がそのことを確認するための手立てはとられていない。むしろ26条6項により、派遣先は実際に派遣が実施される以前には労働者を「特定」すべきではないと義務付けられていて、派遣労働者については何も知らないことが前提とされるほどである。したがって、形式の上では必ずや、明示的にあるいは暗黙に、Eが雇用する労働者のFへの提供となると想定される。E・F間が業務請負の場合も事情は変わらない。

法律的には、実態に即して解釈することが重要ではあるが、それに劣らず、法的な建前も重視されねばならない。少なくとも当事者は、禁反言の法理に照らし、自らが建前とした言動と反することを、後になって主張することは許されないから、その限りにおいて、自らがとった建前に拘束される。それゆえ、多重派遣は、請負や出向の形式を取った場合も実態に即して労働者供給事業と認められると同時に、（違法な）労働者派遣とも認められ、少なくとも企業E、Fは派遣法の適用を受けることを否定はできない。多重請負を含めすべてを包括して、多重派遣と呼ぶ所以である。

派遣先、派遣元は労働者から派遣法上の責任を追及された場合、「労働者派遣ではない」と抗弁することはできないし、雇用主責任を追及された場合、派遣業者は建前上の労働契約の当事者としての使用者としての責任を免れ得ない。なお、企業Eが、仮に労働者派遣事業の許可を得ていたとしても、自らは労働者を雇用していない場合、当該派遣に関する限りは適正な派遣を行なっているとは認められず、派遣法24条の2に違反する。したがって、稀に、円滑な業務遂行を意図するあまり、契約書に偽装請負であることを自から暴露している例もあるが(25)、そうでなくても企業Fは派遣先としての責任を回避し得ない(26)。

(c) 多重派遣におけるエンド・ユーザーの位置と契約申込みみなし制

偽装請負等と判断された場合、次に、派遣法40条の6の適用の在り方やエンド・ユーザーであるFの責任問題を検討する必要がある。

企業Fが、派遣された労働者をEは単に事実上支配下においているだけで、

雇用していないことを知らず、その「知らなかった」ことに「過失がなかった」場合は40条の6は適用されない。とはいえ、派遣法の趣旨に照らし、派遣先は派遣元が労働者を雇用していること（少なくとも、雇用していると信じるに足る事情）を確認すべきであるから、それを怠った場合には無過失とは認めがたい。たとえば、派遣元は収集・保管している労働者の個人情報を個別派遣契約締結に際して派遣先から求められた場合には、労働者の「特定」を避けつつ提供することは許されるから（24条の3第1項）、派遣先は求めれば、派遣元との労働契約書、派遣元が提示した雇入れ通知書の写しなどを閲覧し、そこから「雇用」を確認し得るはずである。その確認を怠れば、派遣元が意図的にかつ巧妙に「雇用」を偽装したのでない限り、過失と認められ、多重派遣のエンド・ユーザーは、違法な派遣の「役務の提供を受ける者」であるから、40条の6の適用を受けることになる。

　多重派遣では「派遣先」が複数存在する。いずれの派遣先に対しても派遣法40条の6が適用され得るとしても、現実的に考えて、（みなされた）契約申込みを承諾し得る相手方は、現に労働者を指揮命令して就労させているのはエンド・ユーザーしかありえない。理論的かつ現実的に、どのようにFの労働契約が成立していくのかが問われる。

　同条による契約申込みの「みなし」は、法律の要件を充たせば自動的に認定されるが、労働契約成立のためには、労働者のそれに対する承諾が不可欠である。その承諾とエンド・ユーザーとの労働契約の成立は、具体的にはどのように認定されていくのか。先の例で言えば、順次、まずEの申込みがあったものとみなされ、労働者が承諾してEとの労働契約が成立し、次いでFのみなし申込みに対して承諾して、労働契約が成立することになるのか、という問題である。介在する中間業者の数が多い場合もあり得るから、この問題は軽視はできない。

　厚労省は、多重請負の場合、申込を行なったとみなされる者は「原則として、労働者を雇用する者（下請負人）と直接請負契約を締結している者（元請負人）」と解している。「注文主は下請負人とは直接請負契約を締結していないため、注文主が下請負人が雇用する労働者に対して指揮命令等を行った場合は、原則として、元請負人から労働者供給を受けているものと解され、本条の適用

はない」、それは労働者供給事業であって派遣ではないから派遣法は適用されないとして、先の例で言えばEの従業員とされる時点以前には、Fと労働者との間には40条の6は適用されない、と解している。そして、先ずEからの申込みがみなされ、それを労働者が承諾して労働契約が成立した後、次にユーザーFに対する契約申込みなし制の適用によりFからの申込みがみなされ、それに承諾があってようやく、Fとの労働契約締結が成立するとしている。⁽²⁷⁾

しかし、それは40条の6第1項5号の立法趣旨にも実態にも合わず、法理論としても筋が通らない。

多重派遣の場合、中間に介在する複数の企業間の契約の形式がどうであれ、結局、他企業の従業員を順次、自己の支配下に移し、最終的に自らが雇用する労働者という建前でエンド・ユーザーに提供している。雇用主が誰であれ、業者から労働者の提供を受け、指揮命令して就労させている点で、いずれの形式によるにせよエンド・ユーザーが「派遣の役務の提供を受ける者」であることに違いはない。

40条の6第1項5号は、偽装請負の場合、現実に「派遣の役務の提供」を受けている者が労働契約の申込をしたものとみなし、直用化により労働者に契約上も安定した地位を確保・保障することが最大の目的であり、立法の趣旨でもある。多重派遣の場合、中間に介在する業者はいずれにせよ、契約上、間接雇用の「使用者」となって多重派遣を媒介しているにすぎないから、Xと労働契約を結んでいるか否かといった些末な問題は問われない。現実に、「派遣の役務の提供」を受けている以上、それが違法であるとか法的根拠を欠くからといって、エンド・ユーザーに派遣法が適用されないことはあり得ない（第5節1参照）。

木本和伸厚労省職安局派遣・有期労働対策部需給調整事業課課長補佐は、ユーザーFは労働者供給事業を行なっており、職安法による罰則適用を受ける、と指摘はするものの、契約申込みみなしの主体に関しては言及しない。⁽²⁸⁾厚労省内部の見解不統一を窺わせるとともに、重要な論点を逸らすか、それにふれない点で不適切である。

違法な間接雇用が認定されれば、「その時点で」直接雇用すべきものとして契約の申込みみなし制を採用した以上、中間に介在する企業と順次、契約を締

結していって、最終的にエンド・ユーザーが契約申込みをしたとみなすといった迂遠な理解をする必要はない。

ところで、厚労省の、注文主は元請負人から労働者供給を受けているから派遣ではなく、派遣法は適用されないという論理は、松下PDP事件で最高裁が示した解釈、すなわち労働者供給であっても、職安法は適用されず、派遣法のみが適用されるという判示(29)とは逆である。私自身はその最高裁の判示には異論があるが(30)、個人の判例評釈は自由であるとしても、国家機関として、厚生労働省は最高裁判所の具体的な法解釈に真っ向から反する解釈をとることは許されないのであるまいか。

なお、塩見卓也氏は上記通達に対し、多重派遣は「契約上の根拠がないにもかかわらず違法に……労働者を指揮命令し従属させて」いて、「中間介在者がより多数とな」るため事業者の把握が困難になる、また労働者が順次承諾の手続きをしている間にエンド・ユーザーが契約を打切ってしまうと形式上「派遣」となる余地がなくなる等、通常より悪質性が高いから、エンド・ユーザーは「他の事業者から供給された労働者からの役務の提供を受ける」ものとして、40条の6の適用、「少なくとも、準用ないし類推適用」を受ける、と主張される(31)。通常の偽装請負よりも悪質であるなどの実質論に依拠する主張は手堅い。しかし、契約書の文言や形式に拘る行政解釈に対する配慮は無用で、違法な派遣の「役務の提供を受ける」者を名宛人とする40条の6の立法趣旨と実態にもとづく解釈をすべきである。

（d）多重派遣と労働安全衛生法の関係

複数の企業の従業員が同じ場で混在して作業することがあるが、その際、複数の使用者の指示が錯綜し、ある企業の従業員のある行動が別の企業の従業員にとって危険な状況も生じ得る。そこで労働安全衛生法は、重層ト請け構造における「最も先次の請負契約における注文者」を「元方事業者」と呼び、それに混在労働なるが故に生ずるおそれのある労災を防止する主要な責任を負わせている。建設業など「特定事業」ではより重い責任を課し、また製造業の「発注者」には特別の責任を課している。

安衛法において元方事業者が下請け業者の労働者に対して、安全衛生上の指示をすることは、職安法44条に違反しないか、という問題提起がある(32)。しか

し、立法者はいずれの法律をも有用と判断して制定したと考えると、より高い観点から立法者意思を推考し、複数の法律が矛盾するかに見える際、実現しようとしている法価値を比較衡量して合理的に優先順位を決めるべきである。ちなみに、2005年に製造業の元方事業者に労災防止に必要な措置をとる義務を課すことを定めた安衛法案30条の2を審議した際、尾辻厚労相は、元方事業者と下請け業者の労働者が「同一場所で混在する」ことによる労働災害の防止のために「連絡調整の義務付け」をしたのだから、偽装請負における場合も「全く同様」で、労働者の安全確保のため、「安全衛生法上の責任というものを元方事業者に負わせております」と説明している。職安法44条は労働者の人権、直接雇用の原則という労働法の基本に関わるものではあるが、安衛法は労働者の生命身体の保護という最優先の課題に関わるものであるから、少なくとも上記のような安衛法の諸規定は職安法、派遣法に優先して適用されると解すべきである。

　もともと、派遣法自体が45条において、安全衛生に関しては派遣先を「事業者」とみなし、安衛法の相当数の条文の名宛人としていることに照らしても、派遣という就業形態の下での安全衛生には派遣先が責任を負うべきだとする趣旨は明白である。

　安衛法は労働者の安全衛生の基本的責任は労働契約の当事者である使用者にあることを前提としたうえで、下請け業者間の連絡を密にし、安全衛生の教育や職場環境の整備に重点を置いている。他方、ユーザーの下請け業者の従業員に対する指示の大部分は、現実には、専ら作業の遂行そのものに関わることである。安全衛生と本来作業に関わる指示を単純には分離できないとはいえ、趣旨・目的が異なるから、2つの法律が現実に重複したり、矛盾、衝突する場面はそれほど頻繁ではない。実情をよく観察し、両者を分けて捉えて前者を優先させ、作業の遂行それ自体に関わる指揮命令があれば、それに職安法、派遣法を適用することにそれほど困難なことではなく、上記の解釈が現場に混乱を招くことはない。なお、具体的事案に係る詳細な説明は、第3章第2節3（3）（ウ）を参照されたい。

　　（オ）　申込んだとみなされる労働条件
　　40条の6は、申込んだとみなされる「時点における労働条件と同一の労働

条件を内容」とする契約を想定している。

　ところで労働契約法20条は、有期契約労働者の労働条件が無期契約労働者のそれと「相違する場合」、それが「業務の内容及び当該業務に伴う責任の程度、当該職務の内容……その他の事情を考慮して、不合理」であってはならないと規定する。派遣労働者の場合、有期契約であることが多いが、派遣から直用への身分の変更の際、労働条件についての交渉の結果、有期のままで、しかも派遣当時のような低賃金であった場合には、同20条抵触問題を惹起する。

　（カ）　附則7条および同9条「従前の例による」の意義

　附則7条は、派遣元を名宛人として、「同一の労働者」についての派遣期間の上限を3年とした35条の3は「施行日以後に締結される……派遣契約に基づき行なわれる」派遣に適用すると定めている。派遣は三者間の労務提供関係であるから、本来ならば、派遣元、派遣先の両者を名宛人とし、9条2項と一体的に規定すべきであろうが、ともかく、趣旨は明確である。

　附則9条1項は、15年法40条の2は「施行日前に締結された労働者派遣契約に基づき行われる派遣については、なお従前の例による」と定めた。「従前の例による」という意味は不明瞭であるため、派遣期間に関わる40条の6第1項3号および4号は具体的にどのような事態に適用されるのかが争われる余地がある。

　国会の審議では15年8月、議員から「施行前に結ばれた契約の場合、期間制限違反があれば対象になるか」と質問され、塩崎厚労相は「施行されていないので『従前の例』とはならない」と答弁したが、「従前の例」とはその時点の法による、という意味ではないか、と追及されて、厚労相は「みなし制度を前提に結ばれた契約の当事者の期待を裏切ってはいけないという点は理解している」としか答えられず、審議が中断した。後日、厚労省は、施行されていない規定は「そのまま施行されれば受益がある者の期待を保護する必要があるわけではない」という文書を提出した。[34]

　施行に伴う9.30通達は、「特段の移行措置を設けていない」ことを理由に、「施行された時点においてみなし制度が適用される違法行為を行っている場合……その時点で労働契約の申込みをしたものとみなされる」と記述したが、厚労省『平成27年労働者派遣法改正法の概要』は、「施行日時点で既に締結され

ている労働者派遣契約については、その契約に基づく労働者派遣がいつ開始されるかにかかわらず、改正前の法律の期間制限が適用されます」と説明し、契約を締結し、法律施行の日を超え、相当日数後に派遣就業が始まる場合、その日から期間制限が進行すると図示している。通達の趣旨は、「施行された時点において……違法行為を行っている」の理解にかかることになる。⁽³⁵⁾

派遣法40条の6は、違法派遣の場合、直接雇用の原則に立ち戻ることを定めた規定である。直接雇用を避けたいために派遣を利用した企業にとっては、意図に反して直用の契約申込みを看做されることになるから、移行期だけのこととはいえ、重要な問題となる。

「従前の例による」とは、法令を改正した場合、既存の法律関係に基づいて営まれてきた社会生活の安定性を保つため、既存の法律関係の存続をある程度認める経過措置であり、その趣旨を考慮しながら、当該「従前の例による」の意義を判断する必要がある。⁽³⁶⁾

40条の6の15年10月1日施行は急に決まったことではなく、施行が延期されていただけで、3年前から決まっていた。その適用を避けるためには、3年の間に、実施中の派遣を改正法に適合するように修正すれば済むことで、違法状態を除去することは容易なことであった。そうしておけば、法施行と同時に適用されたからといって、企業運営を「急に」不安定にすることも、「社会生活の安定性」を害することもない。

日本経団連が、労働契約の申込みみなし制は、施行前の「制度自体」の廃止を提言したように、財界は同条廃止に期待したのかもしれないが、法施行に備えた契約更改など検討もしないで、漫然とそれまでの契約を維持し続けた企業がある。それどころか、厚労省の『概要』が想定したように、その間に周到に用意して、駆け込み的に、派遣期間が食い込むような契約書を創り出した企業も存在する可能性がある。

仮に、みなし制の施行により人事計画に支障が出る事態が起きたとしても、それは、経営者として法施行への対応策・準備が不備であったからに他ならない。施行を3年延期したうえになお、「従前の例による」といった猶予をおく必要はまったくない。派遣法の性格を一変させるほどの改訂を行ない、周知のいとまもなく施行を強行して派遣労働者の地位を激変させながら、ここだけ

「社会生活の安定性」の確保を言い立てて、「従前の例」を持出す附則を定めることは甚だしく偏っている。

「施行日時点で既に締結されている労働者派遣契約」は、字義どおりならば偽装請負契約や禁止業務についての派遣契約も期間制限を超えた派遣契約も、違法派遣という点では同じである。問題は、附則9条が、偽装請負などに対しては直ちに適用しながら、期間制限に関してだけ「従前の例による」として猶予期間をおいたことの適否である。

奥田香子氏は、みなし制度は「新たな期間制限ルールに対する違反」が対象であり、既存の契約については「終了までは改正前の期間制限ルールが適用されるため、終了時点までは」制度の対象にならない、とされる。[37] 他方、塩見卓也氏は、40条の6は未施行ながら存在していたし、旧40条の4との重畳的適用は排除されないから、「旧法下で契約された労働者派遣契約における……派遣可能期間制限違反事例にも適用があるとの解釈も十分成り立ち得る」とされる。[38]

15年法以後、派遣元で期間の定めのない労働契約によって雇用されていれば、「従前」がどうであれ、派遣可能期間の制限はないから、40条の6第1項3、4号が適用されることはない。また、旧法の下の自由化業務については、派遣可能期間は派遣先の「同一の業務」につき原則として1年（例外的に3年）であったし、実際に多い短期契約については、厚労省のような理解によっても特に不都合な事態が現実に生じることはない。

附則9条は「施行日前に締結された労働者派遣契約に基づき行なわれる労働者派遣」と規定するが、その「労働者派遣契約」は基本契約なのか、それとも個別派遣契約なのかも明瞭ではない。前者だとすると、仮に、改正以前に、政令指定業務について10年間の労働者派遣基本契約を結び、派遣元は労働者とは3か月の契約を更新し続け、2年経過していたとして、単純に「従前の例による」ことになれば、旧法では期間制限はなかったから、その間は個別派遣契約を更新しながら基本契約の期間が満了する8年先まで派遣を継続し得ることにするのか。さらには、派遣契約にも派遣労働契約にも、期間満了時には一方からの破棄通告がない限り自動的に更新される旨の条項がある場合には、その「更新」は「締結」ではないと解して、永遠に更新し続け得ることになるのか。

それとも、それでは不都合だとして、最初の期間が満了する時で「終了」と解されるのか。沼田雅之氏は「駆け込みで……無期化」がでる可能性を危惧しながら、あっても「少数と考えられよう」と述べられる(39)。数の多少は性格が異なる問題であり、理論的には存在し得ることを容認されるようである。

だが、そのような理解は脱法的状況を容認することにならないか。直接雇用の原則の回避を当事者の契約に委ねることは、法律の客観性や現状を改めるために新たな規定を制定した意義にそぐわない。その意味でも附則9条は限定的に解釈すべきである。施行前に締結された契約にせよ、施行時点で改正法を適用すれば違法と判断される状態になっている以上、上に挙げた例は直接に40条の2、40条の3違反するものではないとしても、それに準じて類推適用される、また後者は、少なくとも40条の6との関係では「更新」は「締結」と解して適用すべきである。

　（キ）　予測される「効果」

本庄氏は、40条の6によれば労働条件は派遣元におけるものと同一であるから、派遣先はリスク回避のため、あらかじめ、派遣元では短期の有期契約で、水準の低い条件の労働者を好んで受入れるようになることを懸念し、同条が「悪質な」業者による「労働条件のダンピングを促すことにでもなれば……保護法としては本末転倒である」と指摘される(40)。

その指摘は的を射ている。だが顧みれば、派遣労働者の短期の有期契約（と反復更新）、低い労働条件という状態は、当初から「派遣に付きもの」であった。2012年法改正後、40条の6適用によるリスクを避けるために、急に、派遣先が短期で低労働条件の労働者を好むようになったわけではない。派遣が容認された当初から、短期で安く使えて雇用調整に便利であるからこそ企業は派遣形態を利用したし、業者は売り込みの際はそう宣伝してきた。市場競争があるから、派遣契約を獲るために低い労働条件にして派遣代金を割引することを厭わないのは特に「悪質な」業者に限られまい。それらはすべて、派遣を容認する派遣法全体の問題である。

本庄氏は、採用の自由を制約することになるから、みなし制により「派遣労働者の『既存の雇用関係』を犠牲にしてまで是正されるべき『違法状態』とは何か」から検討し直すべきだとも言われる(41)。直用を避けて業務請負なり派遣を

利用する企業が同条を嫌悪するのは自然であるし、また、理由はともあれ、直用化の申込を「承諾」しないで派遣として働き続ける労働者もあり得よう。だが、派遣先による直用化を承諾する労働者は、派遣元との雇用関係の解消をマイナスのニュアンスを持つ「犠牲」とは考えない。本庄氏は、立場により受け取り方に差がある状況を的確に把握されていないのではあるまいか。

(4) 職務能力や技術習得の評価を派遣元に伝えることの危険性

　求められた場合、派遣先は労働者の職務能力や技術習得の評価を伝える努力義務（40条6項）の趣旨は、派遣元における賃金の均衡考慮やキャリアアップの検討資料とするためだと説明される。だが、労働者の好評価が伝えられたからといって、派遣元が賃金を上げるとは考え難い。派遣代金が上がらない限り、派遣元が賃金を上げるには限界がある。また、労働能力が派遣先の望ましい水準にないと伝えられても、派遣元がそれに対処するよう、キャリアアップのための教育訓練を現実に行なうとは限らない。要するに、労働者の能力や評価の情報が労働者の条件改善やキャリアアップに役立つ保障はない。

　短期の有期契約の更新を繰り返しつつ派遣を続けている状況で、労働者Ａの評価が高いという情報は、引き続きＡを「特定」して派遣するよう求める効果をもつ。逆に、労働者Ｂの能力や評価が低いという情報は、Ｂの差替えを促す機能を果たしかねない。「エクセルを使いこなせないので困っている」という情報は、現実には「エクセルを使いこなせる者を寄越してくれ（Ｂは要らない）」と機能する可能性が高い。

　無期契約で雇用している労働者であれば、能力向上のための投資も、その向上した能力に見合う、派遣代金の値上げによって投資を回収できる可能性がある。しかし、それでも、キャリアアップ中は派遣できず、収益がなくなるから、派遣元は消極的になりがちである。ましてや、登録型の場合は、キャリアアップしても派遣がある間だけの雇用関係であり、また切れ目なく就労できることを期待して労働者は幾つもの派遣業者に登録していることも多いから、派遣元にはキャリアアップのインセンティブが働かない。15年改正法は「段階的かつ体系的な教育訓練等」を派遣元に義務づけたが（30条の2）、実際に教育訓練を実施しているか、確認する体制があるのか、許可基準の現実的な効果も疑問

である。⁽⁴²⁾

　それらを考慮すると、上記の情報提供を含め、15年改正法を「派遣労働者の雇用安定とキャリア形成・均衡待遇のための派遣元・派遣先事業主の責務を強化している」と肯定的に評価するのは楽観的過ぎるのではあるまいか。⁽⁴³⁾

(5)　引き抜き条項問題——労政審、もう一つの疑惑
　（ア）　引き抜き条項問題の経緯
　13年12月12日の労政審に、事務局が作成した資料２「これまでの議論の整理」によっても、それ以前は議論されたことはないにもかかわらず、公益委員から突然、「派遣先が派遣労働者の引き抜きをしようとするときの取扱い」を労働者派遣契約書に定める、という提案がなされた。提案の経緯は闇の中であるが、翌年１月の労政審『建議』は、Ⅱの第７項「(6) 派遣先による直接雇用への対応」で、「関係者間でのトラブルの発生を未然に防ぐ観点から、派遣先が派遣契約の終了直後に、受け入れていた派遣労働者を直接雇用しようとする際の取扱いについて、派遣契約に定めるものとすることが適当である」とした。
　『建議』Ⅱ第７項は、「派遣労働者のキャリアアップ措置について」という項目名が示すように「キャリアアップ措置」がテーマであって、提案された直接雇用の際の取扱いは性格が異なる、脈絡から外れる問題であり、場違いな感じは免れない。しかも、労政審の分科会で審議されていない内容をどのようにして公益委員案に盛り込んだのか。やはり、首相官邸からの無理押しの疑惑は否めない。
　（イ）　引き抜き条項の異質性
　派遣法26条１項は労働者派遣契約書に定めるべき項目を１号（業務内容）から９号（紹介予定派遣に関する事項）まで列挙し、10号は、それ以外に「厚生労働省令で定める事項」としている。
　それを受けて、厚労省は従来、施行規則22条で、
　①　派遣元責任者及び派遣先責任者に関する事項
　②　時間外、休日労働者の時間数
　③　派遣先の診療所、給食施設等の施設の利用、制服の貸与など
　を定めていた。

法改正後、施行規則22条の4号に、④「派遣の役務の提供を受ける者が、労働者派遣の終了後に当該労働者派遣に係る派遣労働者を雇用する場合に、労働者派遣をする事業主に対し、あらかじめその旨を通知すること、手数料を支払うことその他の労働者派遣の終了後に労働者派遣契約の当事者間の紛争を防止するために講ずる措置」と規定された。

　新設された④は、従来の施行規則22条①～③が派遣就業する際の事柄であるのとは性格がまったく異なり、派遣終了後に派遣先と労働契約を結ぶ手続き等である。従来の法26条1項の各号で紛争防止措置に相当するのは8号の派遣契約解除に伴う雇用安定措置だけであって、8号を改正して追加するのであればまだしも、④は施行規則22条の性格から逸脱している。規定の在り方として拙劣であるあるとともに、それは、無理やりに規定に盛り込まれたことの傷痕のように映る。

　なお菅野氏は、当該条文を「紹介予定派遣を積極的に行えるように……紹介手数料を支払うことを事前に定めておくこと等による紛争防止措置」と述べられる。[44] しかし、規定は派遣労働者の派遣先へのすべての移籍を対象としており、特に紹介予定派遣の場合を考慮したという趣旨は窺えない。誤み誤りではあるまいか。

　派遣労働者は派遣業者にとっては"金の卵"であり、派遣先による引き抜きは避けたい。そのため、労働者に派遣先への移籍はしない旨、誓約させることに惹かれるほどである。しかし、それは労働者の直用化を妨げ、雇用の安定に逆行するから、派遣法33条は派遣元は労働者、派遣先のいずれとも、派遣後に、派遣先が当該労働者を雇用することを妨げる契約を結ぶことを禁止している。にもかかわらず、施行規則の上記改正は、それを利用して、大手の派遣業者が引き抜き防止策として、手続き、トレード費用などを定めることを促し、トレード費用が高額であれば、直接雇用の壁になる可能性がある。「取扱い」の内容によっては、建前の、派遣先での直接雇用への転換の推進に逆行する虞があり、33条違反にはならないのか、法律の内容に反する施行規則を定め得るのか、問題となろう。

(6) 15年改正に肯定的な評価について

「生涯派遣」を導き、容認するものと一般には強く批判された15年改正を、肯定的に評価される独自の見解がある。

(a) 鎌田耕一氏の見解

在り方研の座長を務めた鎌田耕一氏は、当然、15年改正を肯定的に評価されるが、研究者として見た場合、在り方研『報告書』をそのまま容認することの当否が問われる。(45)

政令指定業務とされた「事務用機器操作」や「付随業務」の範囲の不明確さの是正を試みた2010年厚労省『専門26業務適正化プラン』により、「関係者間に大きな混乱を生じた」ことを業務区分廃止を合理化する根拠とされる。実態を基礎として政策立案を行なう、妥当な方法のように見える。しかし、実態を無批判に受容れるだけでは、現実には、運用に支配的影響力を持つ派遣先の意向に追随するだけになりかねない。実態が否定的なものであれば、原因を分析し、そういう現象を招かない法政策を模索する努力が求められる。だが鎌田氏には、派遣先が恣意的に政令指定業務の範囲を拡大してきたのではないか、『適正化プラン』を嫌悪し、従来の運用を続けようとしたために「混乱」したのではないかといった、批判的な分析はみられない。

また、派遣元に無期で雇用される労働者について派遣可能期間を制限しないことを、雇用が安定していることを理由に擁護される。しかし、無期雇用だからといって派遣労働者の雇用が正社員に比し不安定であることは、リーマンショックに伴う派遣切りで実証済みであるし、条件格差の是正やキャリアアップが現実なものとなっているのか、は疑わしい。

派遣可能期間を個人単位で3年にしたことはキャリアアップに有効だと評価されるが、個々の労働者は3年契約で雇用されることは稀で、実際には2、3カ月の期間を定める派遣が圧倒的に多数である。上限が3年とされ、必ず失業することを法律が強いることは確実であり、それに対応する雇用安定策の実効性は疑わしい。「転々をキャリアアップと言い換える」と川柳の素材を提供したに終わればまだしも、期間を3年上限として転職を強いることがキャリアアップに繋がるという論理には根拠がないし、保証はなにもない。(46)

(b)　菅野和夫氏の見解

　菅野氏は、すべての「派遣事業を許可制のもとに置いて、派遣業者に対する行政上の監督を強化」し、派遣労働者の「雇用安定措置とキャリアアップ措置を内容とする指導監督の強化と、派遣可能期間制限の仕組みの変更」は「正社員願望のある派遣社員」の要請に応えている等と指摘し、「派遣法の新しい展開」と評価される。もっとも、「業界全体がそのような方向で変化していくか」「許可制がそのように機能するかが、今後の中心課題」とも指摘される。[47]

　派遣法制定から30年余、顧みれば、労働行政が派遣法違反を犯した企業を強力に指導したことは稀でしかない。規定上、教育訓練や雇用安定措置をとらなかった派遣元を「行政指導を経て、許可の取消しや事業の停止」をさせる権限は与えられている。だが、旧法40条の4について派遣元からの「通知」がなければ派遣先は直用申込義務は負わないといった、条文の趣旨に反する解釈をして、派遣先に迎合し追随し続けた事実に照らせば、厚労省や企業が一挙に従来の姿勢を改めることを期待することには何の根拠もない。

　現実を把握し、批判的に分析して理論化を試みるのではなく、法律、行政解釈、判例を紹介、解説することに終始し、「新しい展開」を現実に望み得るという根拠もないまま、15年法を積極的に評価することは、研究者としての独自の責務を果たしていないとの謗りを免れまい。

　(c)　本庄淳志氏の見解

　派遣就労し得る期間を労働者個々人について算定し、3年まで延長しただけでなく、「組織単位」が変われば同一の派遣先で引続き就労し続けられることにしたことを、本庄氏は、「保護を志向して労働者個人の派遣期間を重視するものへと根底から変更」され、「労働法的な規制へと軸足を移」したとして支持される。[48]制度の変化は指摘のとおりであるが、労働者は3年ごとに確実に失業し、生活のためには次の就労先の確保を迫られることになる。そこに、労働者「保護」の名に値する契機を見出すことが可能だとは考え難い。

　また、簡易な手続きで、派遣期間の延長が可能となり、派遣の永続的利用が保障されることも「基本的に支持」されるが、[49]「生涯派遣」をもたらすと厳しく批判された問題で、論拠も示さないままの評価は研究者に相応しくない。

　労働者は「組織単位」が変われば同一の派遣先でも就労し続けられるから、

「再交渉を通して労働条件の改善が図られる可能性もある」とも指摘し、派遣先が変わることによって「様々な仕事を経験すること」が可能となり、「多能職化を促進し、結果として派遣労働者のemployabilityを高め、雇用の安定や処遇改善に繋がる可能性も否定できない」と積極評価される。しかし、同一企業内の組織間移動も法的には「転職」であり、従来の派遣先の「組織単位」での移動が叶うとか新たな就労先を得られる確実な保障はない。実現される「多能職化」とか「雇用の安定」は、「否定できない」程度の「可能性」にすぎない。「可能性」の実現については、職業能力の向上による交渉力の強化への期待しか語られないが、それは、労働者を外部市場に放置するだけのことである。今後を見守る必要があるが、現実離れの楽観論に終わることが危惧される。

　本庄氏は、もともと職安法の規制が時代のニーズに反するとして派遣法が制定されたと理解される。だが、偽装請負を続けてきた企業は、派遣法が制定されるや、ただちに、派遣事業会社を設立し、新たに労働者を募集するだけでなく、従来の従業員を移籍あるいは出向させたうえで、派遣という形態で戻した。当該労働者にとっては作業場所も作業内容も異ならないが、所属企業が変わり、多くの場合、労働条件が下げられたという事態が多発した。企業は今も、子会社、孫会社として派遣事業会社を系列下においている。そのような事象は、正社員のスリム化、雇用リスク低減策以外の何ものでもなく、「多彩で迅速な労働力のマッチングに対するニーズ」への対応には違いないが、端的に言えば、企業エゴによる派遣合法化への便乗的「活用」に他ならない。

　施行された40条の6は派遣理論の試金石であるが、本庄氏はかつては、それを「採用の自由を限定的に制約する他の類型と比べ突出し……正当化は困難」と批判し、根底にある「直用重視の考え方」の「根拠は希薄」と言うだけで、同条の法的意義の説明を回避していた。施行されてみれば、説明を回避したままでは済まされないが、自らの基本的理解と齟齬する40条の6の解説に苦慮されている。すなわち、採用の自由を視野に入れ、「労働者の『既存の雇用関係』を犠牲にしてまで是正されるべき『違法状態』とは何か」から検討し直すべきであり、2号、5号については、派遣と請負の「実務上の峻別はそれほど容易ではない」、「故意に請負を偽装した場合や重過失が認められる場合であればともかく……単なる過失」でも適用されるなら「相当な混乱が予想され

る」と懸念を示される(54)。しかし、先にも指摘したように、それは偽装請負の実情を把握していないことに起因する予想でしかない。

　労働法が例外としてしか認め得ないはずの、間接雇用である労働者派遣を基本的に肯定し、派遣から直用化への道も、規制は「安定的な雇用を選択するよう制度的なインセンティブを与える」方式に限り（肝心な、その「インセンティブ」の具体的な内容は説明されないから、具体的に何を提言されているのかは不明だが）、派遣先の欠員に伴う新規採用の情報提供さらには派遣労働者への雇用申込義務（筆者注－旧40条の4を念頭に置かれているのであろう）といった「直用化への政策的な誘導」が望ましく、労働者には職業能力の開発による交渉力の向上を期待される(55)。それならば、裏付けとして、公的機関による無償ないし低廉な能力開発・職業訓練の充実や派遣元、派遣先によるキャリアアップシステムの整備が不可欠になるはずだが、そのような指摘はみられない。

　本庄氏が真剣にダンピングを危惧しているのかは疑問である。それが本心ならば、派遣を肯定的に捉える自らの立論を根底から再検討される必要がある。しかし、構想される「派遣法の現代的役割」は、自由競争を基本として派遣を自由化し、さらに派遣法も廃止された状況の外部労働市場の拡大になるであろう。当然、ダンピングを必然的に伴う。そうなれば、労働者は自らの努力により職業能力を高めて「自衛」する以外にない。本庄氏は結局、労働法制の生成と発展の歴史を否定する見解に行き着くことにならないであろう。

(7)　小括

　労政審『建議』の最後に、「直接の利害関係を有する派遣元事業主が非常に多くの発言を行う等、委員以外の構成員と委員の発言機会のバランスに懸念があった……今後、派遣元事業主の参画の在り方について慎重に再検討すべきとの意見があった」と付記されている。異例な意見だが、15年改正の数々の問題点は、そのような事情と関連しているとみられる。先にも指摘したが、労働政策に関わる法制度の作成・変更は公労使三者構成による労政審における審議を尊重すべきとする原則が蔑ろにされ、規制改革会議、産業競争力会議など、財界の主導者が政策立案を行ない、その結論を具体化する作業が労政審に委ねられる、筋違いの手続きとなっている。そのうえ、労政審に派遣業者の代表が

オブザーバーとして出席するだけでなく、本来の委員の発言を妨げるほど頻繁に発言しているのは、公正な労働政策の立案にとって危機的である。政府は16年7月、「労働政策に関する企画・立案などのあり方」や「労働政策審議会の機能、構成、運営、事後評価などのあり方」などを検討する「働き方に関する政策決定プロセス有識者会議（小峰隆夫座長）」を発足させた。今回の派遣法改正はその検討の方向を先取りし、また暗示している。

15年改正については、特に派遣期間延長の手続き問題が象徴的だが、西谷敏氏は「そもそも労働者派遣制度はなぜ必要なのかという根本的な疑問が生じる」と言い、浜村彰氏は「テンポラリーワークとしての労働者派遣の性格を無きに等しいものにする」と、毛塚勝利氏は「間接雇用促進法」と批判される。[56]旧法まではまだしも、"派遣事業の適正な運用のために派遣元を規制する法律"といえたのかも知れないが、15年法は、業務区分を撤廃し、派遣先には派遣の継続的理由の決定を委ね、労働者の評価の派遣元への通知を公認して、好みの労働者の派遣を求め得るシステムとするなど、法律の名称に「労働者の保護」を規定したこととは裏腹に、"運用を派遣先の都合に合わせるための法律"に替えたと批判せざるを得ない。

（1）　15年5月13日「毎日新聞」、同メモは、和田肇「2015年労働者派遣法改正手続の異常さ」労旬1870号（2016年）35頁に紹介されている。その他、北健一「派遣法『改正』の経過と背景」労旬1845号（2015年）29頁。
（2）　棗一郎氏は、一律に「3年経過しないと……」と言われるが、誤解である、同「労働契約申込みみなし制度は使えるか」権利313号（2016年）34頁。
（3）　山川和義「労働者派遣の実態分析」和田ほか『法』396頁。
（4）　内閣府2009年度『消費動向調査』参照。
（5）　日産自動車本社（アデコ）事件第1審における、会社側第4準備書面12頁、第2準備書面6～7頁。
（6）　現在では厚労省HPからは削除されているが、小嶌典明「労働者派遣と複合業務問題」阪大法学60巻5号（2011年）118頁以下に全文紹介されている。
（7）　伊予銀行事件・高松高判平18.5.18労判921号52頁。
（8）　詳しくは、萬井論文⑯龍法44巻1号66頁以下参照。
（9）　3、4月の集中指導期間の実績として、指導891件（うち、文書指導227件、改善命令4事業主）が報告（5月26日プレスリリース）されている。
（10）　経団連・高橋弘行労働政策部長は、「一方的な行政解釈の変更によって、専門26業務に従事する人達が……相当数減少した」と5月28日の衆議院厚生労働委員会で

公述している。出井智将・日本生産労務協会理事は、『適正化プラン』等は藪蛇であったと皮肉な調子で、同『プラン』がなければ、業務区分の廃止という改正案もなかったかもしれない、と述べている、前掲注（1）労旬1845号32頁。
(11) 本庄『役割』393頁。
(12) 16年6月20日付毎日新聞は、機械設計の業務だが、派遣先が大企業でなく、50歳という年齢もあって派遣元における無期雇用化も期待できない労働者の事情を報道している。それは普遍的な事例の一つと見られる。
(13) 伍賀一道・脇田滋・森崎巌編著『劣化する雇用』（旬報社、2016年）126頁（脇田）。
(14) 鎌田「派遣労働の法政策」山川隆一・土田道夫編『労働法の争点』（有斐閣、2014年）161頁。
(15) 13年12月12日在り方研事務局（厚労省）提出『……これまでの議論の整理』）。
(16) 本庄『役割』72頁。
(17) 伊藤博義氏によれば、派遣法制定時の32条2項にも、類似の疑惑があったとされる、同『多様化』273頁。なお、和田肇氏は総体としての「官邸と経済界の主導」を指摘し、批判されるが、この問題に具体的には言及されていない、前掲注（1）労旬1870号33頁以下。
(18) 本庄『役割』157〜159頁。
(19) 棗一郎氏は、二重派遣、派遣先による労働者の特定、グループ派遣制度違反なども対象とすべきであったと主張する、前掲注（2）権利313号34頁。
(20) 同旨、塩見卓也「『直接雇用申込みみなし』規定の分析」労旬1845号（2015年）20頁。
(21) 同旨、前掲注（20）塩見・労旬1845号19〜20頁。
(22) 高橋賢司「雇用の安定性を確保する労働者派遣法制とは何か」法時87巻2号（2015年）30頁。
(23) DNPファイン事件では、大日本印刷が100％出資したDNPファインの工場でファインの社員と下請けのミクロ、再下請けのユニという三社の従業員が混在し、DNPファインの社員が統括して、光学機能フィルムのプリント基板製造業務という一つの業務を行なっていた、さいたま地判平27.3.25労旬1859号41頁。萬井評釈⑬労旬1825号26頁参照。
(24) 菅野〔11版補正〕375〜376頁。376頁の図表6は本文と照応していない。本文では「Cが労働者XをY企業に派遣」と述べているものの、図表ではA・Y間で労働者派遣契約が結ばれたことになっている。しかし労働者を確保できなかったCは派遣契約を結ぶことはできず、派遣することもできない。矢印の意味も不明である。かりにAとCが逆であったとしても同じことである。
(25) NTT多重派遣事件・乙5号証＝「作業請負・単価基本契約書」11条によれば、請負業者NTT・ATは「必要に応じ作業施行の管理を司る責任者（作業管理者）」を定め、「必要に応じ作業現場に常駐し……作業に関する一切の事項を処理する」ことになっているが、当該作業管理者は、NTT社員である「監督員の監督又は指示に従」うものとされている。作業管理者の指名も、事務の「処理」も、NTTおよびNTT・ATの「必要」との判断にかかっており、結局は、契約書の上でも、労働者はNTTが指揮命令する仕組みになっている。ちなみに、同事件に「作業管理者」は

(26)　結論は同旨、髙橋賢司「平成27年改正労働者派遣法の検討」季労251号（2015年）72〜73頁。

　　　なお髙橋氏は、「多重偽装出向の場合、エンド・ユーザーたる出向先（派遣先）において雇用させることを出向元で約してさえいれば、その契約をまず履行することが求められる」と、私が指摘したと記される（季労251号73頁注57）。言葉足らずで誤解されたのであろうが、私は、出向は基本的に出向元、出向先、出向労働者の三者が合意し、出向先との間で労働契約を結ぶと理解しており（萬井論文⑩龍法41巻4号64頁）、エンド・ユーザーによる雇用を「出向元で約してさえいれば」と、条件付きで言うわけがない。

(27)　厚労省15年5月18日労政審労働力需給制度部会資料1-1『労働契約申込みみなし制度について』4〜5頁および9.30通達第2-4-（4）。

(28)　労働政策研究・研修機構のビジネス・レーバー・トレンド研究会（2015.11.26）における同氏の講演録「『改正労働者派遣法』について」24頁。

(29)　松下PDP事件・最2小判平21.12.18労判993号11頁。

(30)　本書第3章第2節1参照。

(31)　前掲注（5）塩見・労旬1845号21〜22頁。同26頁注（17）では、「……適用がある」と言いきられるのだが。

(32)　濱口桂一郎「労働者派遣と請負の間－建設業務と製造業務」季労209号（2005年）177頁、同「請負・労働者供給・労働者派遣の再検討」学会誌114号（2009年）81頁ほか。この時点では、問題提起はされるが、収束の方向は示されない。それについてはDNPファイン事件についての判例評釈とその問題点を参照されたい。第3章第2節2（2）（ウ）。

(33)　2005年10月25日参議院厚生労働委員会議事録第6号28頁。

(34)　8月28日および8月29日付け「赤旗」。

(35)　同『概要』7頁。「あまりにも期間が空いている場合は脱法行為と認定される」と注記しているが。

(36)　参議院法制局HP－鈴木達也「立法と調査」NO.237。

(37)　奥田香子「2015年改正法による新たな期間制限ルール」法セ731号（2015年）15頁。同旨、沼田雅之「2015年労働者派遣法改正案の問題点」労旬1845号（2015年）16頁。

(38)　塩見卓也「派遣労働者の労働問題－法改正の動向を踏まえた検討」法セ731号（2015年）37頁注17）。

(39)　前掲注（37）沼田・労旬1845号18頁注（17）。

(40)　本庄『役割』160頁。

(41)　本庄『役割』155頁。

(42)　毛塚勝利・浜村彰ほか「座談会・改正労働者派遣法の問題点と課題」労旬1870号（2016年）16頁（中野麻美）。

(43)　菅野〔11版補正〕372頁等。

(44)　菅野〔11版補正〕380頁。

(45)　前掲注（14）鎌田『労働法の争点』160頁以下および萬井書評②労旬1843号49頁

以下。
(46)　中路修平 2016 年 4 月 24 日「毎日新聞」。
(47)　菅野〔11 版補正〕371 頁以下。
(48)　本庄『役割』162 頁。
(49)　本庄『役割』393 頁
(50)　本庄『役割』394 〜 395 頁。
(51)　本庄『役割』4 頁。
(52)　前掲注（14）本庄『労働法の争点』155 頁。
(53)　本庄『役割』155 頁、406 頁。
(54)　本庄『役割』159 頁。2012 年法当時の指摘だが、基本は変わってはいない。
(55)　本庄『役割』391 頁、418 〜 419 頁。
(56)　西谷敏『労働法の基礎構造』（法律文化社、2016 年）194 頁、浜村彰「これはもう労働者派遣法ではない」労旬 1847 号（2015 年）4 頁、前掲第 2 節注（4）毛塚・労旬 1816 号 10 頁。

第 5 節　2015 年改正に際し放置された問題

　2015 年の派遣法改正は、13 年 8 月の在り方研『報告書』を叩き台として着手されたが、派遣が拡大し積み重ねられる中で問題として認識されながら、同『報告書』では、日雇い派遣のように賛否両論が紹介されるだけでほとんど、あるいはまったく言及されず、したがって、労働政策審議会でも充分、議論されなかった問題がある。
　重要と考えられる問題は、①「派遣先」と「派遣の役務の提供を受ける者」の意義、②紹介予定派遣および③「業としない派遣」の 3 点である。「業としない派遣」は、実際の存在（と可能性）の有無や、出向との異同といった問題でもあり、出向概念等との関係で検討することが相応しいので、第 2 章に譲り、ここでは前の 2 点について検討したい。

1　「派遣先」と「派遣の役務の提供を受ける者」

(1)　「派遣先」と「派遣の役務の提供を受ける者」の意義
　（ア）　派遣を受ける者 – 法律上の二つの呼称と問題の所在
　労働者派遣法には労働者派遣の役務の提供を受ける者（企業）を指す呼称が二つある。

第5節　2015年改正に際し放置された問題

　一つは「派遣先」で、2条4号の「紹介予定派遣」の定義の中で、「5条1項の許可を受けた」者が「派遣元事業主」とされ、その「派遣元事業主」が「雇用する派遣労働者に係る労働者派遣の役務の提供を受ける者」と定義される。派遣法5条によれば、派遣事業を営む者はすべて厚労省の許可を受けなければならないから、それ以外の者が派遣をすることは違法であり、そのような業者から派遣を受けることも違法となる。したがって、違法派遣に対する規定は別として、適法な派遣元からを派遣を受ける「派遣先」さえ定義しておけば充分だとも考えられる。ところが、派遣法38条は、許可を得ない事業者が派遣を行なうこともあり得ることを定めているから、単純にそうすることもできない。そのような事情があるにせよ、派遣元も派遣先も、派遣法においては重要な概念の筈だが、定義規定において独自にではなく、間に合わせ的な規定の仕方であり、違和感がある。

　もう一つは、一般的に、「派遣の役務の提供を受ける者」であり、特に定義はない。その呼称が最初に用いられる24条の2では、派遣元は許可を得た者ではない。だが、無許可の派遣元からの派遣の場合に限定されないで、その呼称が使われていると解される条文も多数ある。一例を挙げれば、27条は「派遣の役務の提供を受ける者」に対し「労働者の国籍、信条、性別……等を理由」とした派遣契約の解除を禁止しているが、その趣旨から考えて、同条は適法な派遣元から派遣を受けている「派遣先」に対しては適用されないと解されるべきでないことは当然である。つまり、「派遣の役務の提供を受ける者」の意義は確定的ではなく、条文の内容、趣旨についての解釈によって意味を確認していく必要がある。そのようなことが派遣法上の基本的概念の理解を複雑にする背景となっている。[1]

　派遣された労働者を指揮命令して就労させるという点では同じ立場のはずの者が、条項によって呼称が異なることは、いかなる意味を持つのか。また、通常は、法文上の呼称が異なれば意味内容も異なる（意味内容が異なるからこそ、同じ呼称は使わない）ものと理解されるが、派遣法の場合はどうなのか。「派遣法上、この二つの概念は明確に区別されており、混同」は許されない、とする指摘もあるが[2]、その概念の内容をつぶさに検討もしないまま、条文だけ並べてみて、「明確」だと説くだけで実際に「明確」になるわけでもなく、何の意味

もない。従来、それは厳密には検討されてこなかったため、「区別」の趣旨は少しも「明確」ではないからである。

　問題となるのは、「派遣先」を名宛人とする条項は合法的な派遣元から派遣を受ける場合にだけ適用されると解することが合理的なのか、「派遣の役務の提供を受ける者」はどのような場合に適用される条項なのかである。二つの呼称の意味と役割に留意しながら派遣法の各条文を見ていくと、必ずしも整理され、統一されているわけではない。むしろ、場当たり的に不規則に混用されている。このような規定の在り方には、現実の問題に適用する場合の合理性の面からも立法技術としても、疑問がある。

　派遣法は「労働者派遣事業の適正な運営の確保」と「派遣労働者の保護等を図」り、もって「雇用の安定その他福祉の増進に資すること」を目的としている（1条）。だが、規定の多くは派遣事業を営む業者への指示・取締り的規定が多く、「業法」と位置づけられた。だが、必ずしも業法として純化されているわけではない。

　それに加えて、38条は「派遣元事業主以外の労働者派遣をする事業主」の存在を想定しており、それは、5条による許可を受けない企業が労働者派遣を行なうことが許容されることを意味する。その場合、当該派遣先は、「派遣の役務の提供を受ける者」と読み替えられて33条、34条1項（3、4号を除く）を準用され、派遣労働者の雇用制限の禁止および就業条件の明示を義務付けられている。高梨『詳解』は、38条は「業として行うか否かを問わ」ないとし、「業としない派遣」のあり得ることを指摘した。そこで、「業としない派遣」の「役務の提供を受ける者」には33条、34条以外の派遣法上の規定は適用されないのかという問題も加わり、一層複雑になっている。

（イ）　「派遣先」、「派遣の役務の提供を受ける者」の意義

（a）　二つの呼称の混用

　まず、二つの呼称が不規則に混用されている実情を確認したい。

　派遣法においては、先に見たように、①適法な派遣業者が派遣元となっている場合を「派遣先」と定義する。「派遣先」と規定している条文を便宜上、以下、①型と呼ぶが、30条1項、2項、31条、35条、39条以下などがある。次に、②派遣元が営業許可を受けているか否かには言及せず、「派遣の役務の提

供を受ける者」とだけの表現も多く、以下、②型というが、24条の2、26条1項3号、27条、40条の6等がある。他に、③「関係派遣先」とする23条の2があるが、それは専ら派遣を制約する際の対象で、内容的には①型であるし、④派遣の役務の提供を「受けた者」とする23条5項や「受けようとする者」という26条5項〜7項などは、時期（過去または将来）という要素を除けば、②型と変わらない。

　(b)　呼称に対する二つの理解

　この二つの表現の意義および両者の関係について論じたものは多くはない。

　1985年の派遣法制定に深く関わった高梨昌氏は、一般的にいう派遣先には、適法な派遣元から派遣を受ける者（以下、派遣先Aと呼ぶ）と派遣事業者ではない者（以下、非派遣元と呼ぶ）から派遣を受ける場合の派遣先（以下、派遣先Bと呼ぶ）があり、法律上、「派遣の役務の提供を受ける者」とする規定は派遣先Aも派遣先Bも含むものとして用いられる、と説く。そのため、「労働者派遣の役務の提供を受ける者」は、A、B両者を含む場合があり得ることになる（その場合は以下、派遣先Cと呼ぶ）。ただ、38条においては派遣先Aと派遣先Bを区別し、38条の「……役務の提供を受ける者」は33条にいう派遣先（条文上、派遣先Aである）を読み替えたものであるから、派遣先Bだけを指すことになり、高梨『詳解』の指摘は厳密にいえば正確ではない。

　ただ、明らかにされるべき問題は、高梨氏は言及しないが、派遣法は何を意図して派遣先A、BそしてCと区分したのか、また、そのいずれであるかによって、適用規定がどのように異なるのかである。

　安西愈氏は、2条4号の法文に忠実に従い、「派遣先」を「適法に業とするものから労働者派遣を受ける者」（派遣先A）に限定し、業としない派遣は「事業を前提とする同法の規制の適用は受けない」から、派遣先Bに適用されるのは27条、28条、33条、34条、39条、48〜51条に限定される。しかし、法文上、派遣先Aとされる条項の中で読み替えて適用されるのは、なぜそれらだけで、他の条項は読み替えられないのか、といった実質的な合理的性については論証されていない。しかも安西氏は、次いで、一般的に「派遣の役務の提供を受ける」場合には、許可を得ないで派遣事業を行なう者（非派遣元）からの派遣の受入れに対して派遣法の「適用がある」ともされ、論旨が分裂してい

る。また、偽装請負の発注者や派遣禁止対象業務について派遣の役務の提供を受ける者（ユーザー）に対する適用の有無という、派遣法の適用範囲に関わる重要な問題については言及されない。

　注目されるのは、中央労働委員会第二部会（菅野和夫部会長）が国土交通省広島事務所等（日本総合サービス）事件において示した見解である。国交省は日本総合サービス（N）と車両運行・管理委託契約を結んでいたが、Nの従業員を直接指揮命令して、契約対象業務の車両管理だけでなく、イベントの手伝いなど多様な業務にも就労させていた。明白な偽装請負であり、労働局の是正勧告を受けたが、その勧告を履行する前に期間満了により同契約が終了した。その事態に対して、Nの従業員が加盟する労働組合（スクラムユニオン・ひろしま）が国交省に直接雇用ないし雇用安定策等を議題とする団体交渉を申込んだが、国交省は労組法上の「使用者」ではないとして拒否したため、組合がそれを不当労働行為として救済を求めた。広島県労委は直用化以外の交渉項目についての国交省の「使用者」性を認めたが、中労委は、旧法40条の4が課す労働契約申込義務は、03年の法改正に際し規制を緩和したこととの関連で「要件を特定して創設された義務」であるから「規定どおりに解釈すべきことが要請される」、派遣法は31条では「派遣先」といい、24条2等では「派遣の役務の提供を受ける者」のように、規定によって「あえて区別して」呼び分けており、（当時の）40条の4は名宛人を「派遣先」としているから、「派遣の役務の提供を受けている場合」には適用がない、と判断した[7]。つまり、国交省は偽装請負の発注者で、業者Nから「派遣の役務の提供を受ける者」ではあるが、Nは適法な派遣元ではないから国交省は「派遣先」ではない、したがって、同条の適用を受けない、というのである。

　法律が国民に何らかの義務を課す場合に「要件を特定」することは不可欠であり、一般的なことであって、旧法40条の4にのみ妥当することではない。しかし中労委は、規制緩和との関連で特段に「要件を特定して創設された」意義と同条を殊更にそう解すべきことについての根拠を何も説明しないでおきながら、同条にいう「派遣先」には「派遣の役務の提供を受ける者」は含まれない、とした。

　実は、15年改正の叩き台を作る作業で活躍された鎌田耕一氏も二つの呼称

の存在を指摘されたことがある。しかし、40条の6の名宛人を「派遣の役務の提供を受けた者（以下では派遣先という）」とし、注を付けて、「厳密に言うと」派遣法は上記両者を区別していると指摘して、「派遣先」は正確に紹介しつつ、「偽装請負のように、請負会社から労働者の派遣を受けた者は派遣先とはいわない」と述べながら、それに止まり、では、偽装請負の場合には何と呼ぶのか、また、派遣法にいう「派遣の役務の提供を受ける者」は何を指し、「派遣先」とはどう異なるのかの検討は回避している。「厳密に言うと」異なるものを一つに扱って問題はないのか、検討された形跡は見えない。[(8)]

ちなみに、派遣法は2015年9月改正により性格を一変させたが（第4節参照）、鎌田氏が座長を務めた在り方研は、この呼称の問題を俎上に載せなかった。

濱口桂一郎氏は、二つの概念の混同は許されない、としつつ、「『派遣先』を対象とする規定は労働者派遣事業のみにかかわる」が、「『派遣の役務の提供を受ける者』を対象とする規定は業として行うのではない労働者派遣にも適用される」とされる。つまり、「派遣先」は「業として」の派遣についてだけ適用されると述べられる。[(9)]しかし「業として」というからには適法なもののみを指すのであろうから、その「区別」は、「派遣先」は適法な派遣元から派遣を受ける場合についてのみ用い、「派遣の役務を……」は業としない派遣にも適用されると機械的に分けただけのことで、やはり、派遣法の個別の条文内容と比較対照しながら具体的かつ明確に検証したものではない。

さらに、山川隆一氏も、法律上の呼称は二つあるが、「便宜上『派遣先』という用語で統一する」として論述を進められる。[(10)]だが、「便宜上」そうすることは不適切ではないのか、ということこそが問題なのである。

要するに、「派遣の役務の提供を受ける者」は派遣先A、Bを包括する広い概念（派遣先C）だとする高梨氏の見解が妥当なのか、それとも、法文の文理に拘る安西氏や中労委の解釈のいずれが合理的なのか、あるいは第三の見解があり得るのか、が問われねばならない。

(2) 労働者派遣の受け手の定義

中労委が言及した派遣法31条は、「派遣先」が派遣労働者の就業を適正に行なうよう、派遣元に対して配慮を求める規定である。そのような配慮を、何故、

労働者の就業を実際に指揮命令する派遣先に求めないで、派遣元に求めるのか、不可解な条文であるが、高梨『詳解』も、中労委と同様の文理解釈により、「本条は、直接には、派遣元事業主が労働者派遣……を行う場合について規定した」とする。だが、同条は、派遣法を含む一般的な法令順守の義務を定めるが、派遣先Ａ以外の、「派遣の役務の提供を受ける者」は法令を順守しなくても良いわけがないから、当然それらにも適用されると解される。他方、冒頭に触れたように、派遣法27条は労基法３条、雇用機会均等法、労組法に抵触するような派遣契約の解除を禁止するが、同条の名宛人は「派遣の役務の提供を受ける者」である。しかし、その規定内容は31条を具体化した関係にあり、平等取扱い原則に照らしても、それが許可を得ない派遣事業者から派遣された労働者に関してだけ適用されるということはあり得ないから、「派遣先」への適用が排除されるわけがない。要するに、法令を遵守すべしとする類似の規定の名宛人が、一方（31条）は「派遣先」、他方（27条）は「派遣の役務の提供を受ける者」であることに合理性があるとは考え難い。そのような例に照らすと、中労委や高梨『詳解』のように、名宛人の表現が分かれているからといって、条文の適用を分けることが派遣法の趣旨に沿うとは、直ちには言えない。違法派遣の場合も考えれば、条文の名宛人の相違だけを根拠として何らかの解釈をすることが現実離れしていることは一層鮮明になる。それが法律実証主義であるとすれば、そのような方法論は到底とり得ない。少なくとも、派遣法上の規定内容と派遣労働者の受け手の表現は、一度、切り離して考察することが不可欠である。

　（ア）　規定内容と派遣受け入れ先の表現

　条文上「派遣先」と明示する①型は、適正な派遣事業者による派遣が想定されているから、定義の内容は明確である。だが、法文上「派遣先」が名宛人となっている場合、当該条項は厳密に派遣先Ａだけを指しているのか、派遣先Ｂには適用され得ないのか、また、それで現実に労働者保護に支障はないのか、逆に、「派遣の役務の提供を受ける者」とする②型の条文は派遣先Ａには適用されないのか、適用されると解された結果、結局、いずれも派遣先Ｃということにはならないのかといった疑問がある。それに答えるためには、煩瑣ではあるが、すべての条項毎に、規定内容に即して具体的に吟味し、名宛人の表現

の差異によって適用の有無を定めていると解すべきか、かりに定めているとすれば、それに合理性は認められるか、を検証し、それとの関連において、派遣労働者の提供を受ける者が派遣先Ａ、Ｂ、Ｃのいずれとすることが適切であるかを判断していく作業を行なわなければならない。

なお38条は、単純な反対解釈をとると、33条、34条1項（3号、4号を除く）以外の規定は派遣先Ｂには準用されないことになる。43条は、派遣先Ｂ対しても、26条などが定める労働者派遣契約の契約内容に対する規制（39条）が準用されると定めるが、同様である。だが、何故、そのように解すべきなのかも問われる。

（イ）　違法派遣の労働者の受け入れ先の存在

検討に入る前に、確認しておくべき重要な問題がある。

（a）　違法派遣の受け入れ先

業務請負ないし委託契約を結びながら、その履行のために発注者の事業場内に出むいている従業員を、実際には当該発注者が指示して就労させている場合、偽装請負（労働者供給事業）と判断され、職安法44条に違反するが、三者間の労務提供の法的構造は派遣と同じであるから、同時に派遣法違反でもある。また、許可を受けていない業者による派遣、禁止業務についての派遣等が違法であることも明白である。

松下ＰＤＰ事件最高裁判決は、偽装請負は違法ではあるが労働者派遣であり、職安法44条にいう労働者供給には該当しない、と判示した。同判決によれば、偽装請負に対しては、当然、派遣法が適用される。そう解さない限り、偽装請負の発注者に対しては職安法も派遣法も適用されないという、法的には宙に浮いた存在とならざるを得ないからである。

ところで、法律の抜け道を捜す企業は後を絶たず、偽装請負など違法派遣が完全に解消することはなく、存在し続けることを想定しておく必要がある。そして、派遣は労働者の送り元と受入れ先があって初めて成り立つから、必ず、当該違法派遣にも労働者の受入れ先が存在する。違法派遣の場合は、その受入れ先を以下、派遣先Ｄと呼ぶ。したがって、違法派遣においては、受入れ先は違法に「派遣の役務の提供を受ける」者だが、派遣先Ｄに対してどのように派遣法が適用されるべきか、が問題になる。先に見たように、それは「派遣

先」ではないから旧法40条の4は適用されない、とした中労委のような理解は、偽装請負、違法派遣をむしろ奨励し助長する効果をもつもので、妥当な解釈だとは考え難い。

　高梨『詳解』は派遣法制定当時、「派遣の役務の提供を受ける者」は、派遣事業者から派遣を受ける派遣先Aだけでなく、業としない派遣の相手方＝派遣先Bも広く含むと指摘したことは先に紹介した。そうだとしても、具体的には、派遣先Dは派遣法のどの条項の適用を受け、どの条項の適用は受けないのか、理論上も実践的にも、それこそ派遣先Dの問題の焦点であるが、高梨『詳解』はそれには言及しない。

　菅野氏は、偽装請負の発注者は24条の2に違反するから、48条以下の行政指導の対象となる、と指摘される(12)。偽装請負は違法ではあるが、なお労働者派遣の範疇に含まれ、発注者（派遣先D）に対して派遣法が適用されるとする当然の結論であるが、何故か、他の派遣法の条文の適用問題については何ら言及されない。

　実は、派遣法には、規定内容からみると、派遣先Dだけが適用対象となる条項も存在する。24条の2は正にそれであって、同条は派遣事業主以外の者からの派遣の受入れを禁止するから、派遣先Bとなることは禁止されているし、他方で、派遣先Aは合法的な派遣事業主から派遣を受ける者に限られているから、同条の名宛人にはなり得ない。結局、24条の2の適用対象は違法派遣の受け入れ先、すなわち派遣先Dだけということになる。規定の主旨からすれば、本来は、「何人も……」と定めることが適切であったろうが。

（b）「派遣先」に対する全体的規制の必要性

　典型的な偽装請負であった松下PDP事件について、職安法44条違反は「相当強度な違法性のある場合を前提としている……たまたま事実上の労務指揮・労使関係があった場合も、それによって労働者供給が成立するというのは少し危険」との論評がある(13)。同条が「相当強度な違法性のある場合」を前提とするかは疑問だが、ユーザーが予期もしない同条違反の罪に問われる「危険」を指している。しかし、業務請負契約を結んだ発注者が、法律に疎かったため、後に偽装請負として責任を追及されるといった例はほとんどない。当時、製造業務については派遣は禁止されていたから、合法的に派遣を行なうことは不可能

である状況の下で、松下PDPとパスコは製造業務について、業務委託の実体の無いことを承知しつつ、職安法44条、派遣法ともに潜脱するために、生産設備の有償貸与の形式を整える等して請負の形式をとったのであって、認定された事実からは「たまたま……」といった認識が導かれる余地はまったくない。他の偽装請負事件も大同小異である。

　偽装請負の発注者は、派遣可能期間の制限、派遣法が規定する労働者派遣契約締結の手続き、（専ら派遣の禁止に抵触する）業者との関係、契約解消の際の労働者に対する配慮義務等々を免れたいために、意識的に請負ないし業務委託の形式をとる。請負形式の契約を書面にし、事業場内に（机、椅子と電話だけといった形だけのものも含め）業者の現場事務所を設け、責任者を指名し、当該責任者が発注者からの注文を受けて、それを処理すべく日々の就労を指示し監督する、労働者の採用は業者が決定し、賃金を支払うという体裁をとっていることもある。(14)

　15年法改正以前は、政令指定業務とそれ以外の自由化業務の区分があり、その区分の判断を誤ることはあり得たが、法改正により業務区分は廃止されたから、今後はそのような判断ミスによる違法派遣は存在しないことになる。もっとも、派遣法4条による派遣禁止業務は今後も存在するし、期間制限違反の派遣も存在する可能性は残っている。

　ただ、客観的には偽装請負と判断される場合であっても、当事者が当該業務請負を合法だと確信（誤認）している場合もないとは言えない。しかし、法の適用は当事者の認識によって決定することではない。当該就業関係に対する客観的に公正な判断による。違法ではあるが労働者派遣の法構造を備えている場合は、労働者派遣法も例外なく適用される。

　偽装請負や対象業務以外の業務への派遣等の場合のユーザー（派遣先D）に対する法規制をいかに行なうのか。通常の例では、合法的な派遣において派遣先が課される手続きや負うべき義務を、違法な場合にも免れ得ないものとして処理すれば済む。しかし、三者間労務提供関係がもたらす複雑な問題が在り得る。したがって、例えば、違法派遣に行政指導や罰則で以て対処するだけでなく、実態を直視し、派遣法は40条の6以外にも、違法状態の是正を迫る多様な規定を配置すべきであった。

(3) 派遣先に対する派遣法の適用

　派遣法の各条項の規定内容およびその趣旨に照らして、派遣先ＡからＤまでの４種類（現実には、Ｂは確定しているので３種類）を想定しつつ、派遣先の意義を確認しよう。

　（ア）　規定の検討

　派遣法の各規定を検討した結果は、次のとおりである。(15)

　まず、「派遣先」と定める①型の規定は、有期等「雇用の安定を図る必要性が高い」労働者の雇用安定措置を定める30条、均衡を考慮した処遇の配慮、福祉の増進の努力を求める30条の３、適正な就業に配慮を求める31条、労働者が直接雇用されようとすることを妨げる契約を結ぶことを禁ずる33条、派遣元の就業条件明示義務を定める34条２項、派遣に際し、労働者の氏名、契約期間等の通知すべき項目を定める35条、派遣可能期間を超えた派遣の禁止を定める35条の２第１項、苦情の申出に対し「遅滞なく……適切かつ迅速な処理」を求める40条、派遣可能期間を超えて派遣を受けてはならないとする40条の２等、「通常の労働者の募集」に係る事項の派遣労働者への周知義務を定める40条の５、離職した派遣労働者の１年経過する以前の再受け入れを禁じる40条の９、管理責任者の任命や管理台帳の作成を定める41、42条、さらに、労基法３条、５条や労働時間制、労働安全衛生法等に関しては労基法上の「使用者」とみなして適用するとする44～46条と、数多い。派遣可能期間経過後に当該業務について労働者を雇入れようとする時は、当該業務に従事してきた労働者の雇入れ努力義務を課していた旧法の40条の４も①型であった。

　その内容をみれば、どれをとっても、適用を派遣先Ａに限定する合理性はなく、他企業から従業員を提供され、使用する以上は派遣先Ｂに対しても適用されるべきである。中には、期間を超えて派遣を行なうことを禁止する35条の２のように、条文の直接の名宛人は「派遣元事業主」である規定もあるが、それとても、労働者の受け手から派遣先Ｂを除外する理由はない。むしろ、適用を認めることによって初めて、違反した場合に労働契約締結の申込みみなしを定める40条の６との整合性も図られることになる。すなわち、「派遣先」と明記されている条文は、すべて例外なく、「派遣の役務の提供を受ける者」に対しても適用されるべきである。

次に、「派遣の役務の提供を受ける者」と定める②型の規定も多い。就業する労働者を直接指揮する者に関する26条1項3号、労働者の特定行為をしない努力義務を課す26条6項、差別待遇や不当労働行為を構成する派遣契約の解除を禁止する27条、派遣法等に違反した場合、派遣元は派遣契約を解除し得るとする28条、派遣契約解除の場合、労働者の新たな就業の機会の確保などに必要な措置を講ずべきことを定める29条の2等である。だが、規定内容から見て、これらもやはり、派遣先Aには適用されないとする理由はまったくない。

違法派遣だからといって、派遣法の適用を除外される理由はない場合も多い。偽装請負の発注者だから、労働組合活動を理由として当該請負契約を解除してもよいといったことがある筈もない。派遣先Bが負う派遣法27条の差別的な契約解除の禁止は派遣先Dも負うのは当然のことである。比較する性格の問題ではないが、むしろ派遣先Dこそ、それらの法律上の義務を厳正に遵守することが求められる。

(イ) 規定検証の意味すること
(a) 「派遣先」と「派遣の役務の提供を受ける者」の両用の不適切さ

雇用と使用が分離する労働者派遣では、使用者責任が曖昧になりがちなだけに、労働者保護のために就業の適正さを厳正に保つ必要がある。派遣法が業としない派遣を許容し、32条2項によって一般企業の正規の従業員もいつでも派遣されることになる可能性がある以上、派遣事業者ではない企業に雇用される労働者も、派遣される場合には、派遣業者が雇用する労働者と同程度の保護を受けるべきことは当然である。[16]

派遣法の規定をつぶさに検討した結果、各条項の趣旨はそれぞれ明白だとしても、派遣の受け手についての規定をなぜ、表現を分けて定義したのか、分けた利点はどこにあるのか、合理的理由を見出すことは不可能であった。そもそも「派遣の役務の提供を受ける者」についての定義は存在しないし、「派遣先」は、紹介予定派遣の定義規定2条4号中で、便宜的に定義される。派遣法において「派遣先」と「派遣の役務の提供を受ける者」で何が異なるのか、いかなる意図で異なる表現を用いたのか、その意図を疑わざるを得ない。

いずれにせよ、派遣法は①型＝「派遣先」と②型＝「派遣の役務の提供を受

ける者」という二つの表現を用いるが、その区分に特別な意味はなく、結局は、派遣の受入れ先の表現にかかわりなく、どの条文も適用されることになり、24条の2を除き、すべて派遣先Cに収斂していた。その表現の差異を根拠に、ある条項の適用の可否を判断する文理解釈に合理性は認められない。また、違法派遣の場合、手遅れとなる規定もあるが、それらも本来なら、違法派遣の派遣先であるD（現実には、大半が意図的に適用を免れているために「違法」なのだが）に対しても適用されるべきであった。

（b）　中労委の理解の不合理さ

中労委の前記解釈によれば、派遣法の手続きをふまないで「派遣の役務の提供を受ける者」は、派遣可能期間を超えて就労させ続けても旧法40条の4の適用を受けず、直用申込義務を負わないことになるから、企業は派遣法を遵守しないほうが負担が軽くて済む。

元々、派遣法の課す合法的な派遣であるためのいくつかの条件や手続きさえ厭い、派遣法の適用を免れようとして偽装請負という手法を選んだ企業に対し、その状態を利用して営業し利益を得てきた請負業者（派遣元）が、旧法40条の4に限って、期間満了以後は派遣を行なわない旨をわざわざ「通知」するわけがない。中労委の、旧法40条の4は「派遣先」が名宛人であるから、偽装請負を利用して「派遣の役務の提供を受け」てきた国交省はそれに該当しないという判断は、当該部分だけ見れば文理解釈としてはもっともらしいが、実は、法律の構造全体を見ず、自ら選んだ結論に辻褄を合わせるために、たまたま見つけた条文を参照しただけのことで、法律解釈に習熟しない者が犯しがちな、文理解釈の悪しき見本であった。そして、労働者に対する直用申込義務はないとする当該解釈は、労働者保護に欠けると同時に、他方では、企業に対して偽装請負や違法派遣を助長・奨励することになる、極めて不公正な解釈である（もっとも、申込義務の有無は国交省の団交応諾義務の有無の判断の根拠となるものではないから、無用な判断であったのだが、第4章参照）。

中労委は、その論理は旧法40条の4についてのみ妥当すると解するのか、それとも、「派遣先」とあるすべての条文に妥当すると解するのか。前者であれば、そう解すべき特別な説明を要することになろうが、それは存在しない。後者であれば、名宛人を「派遣先」とする条文の適用を受けないから、国交省

は適正な派遣就業の確保に努める努力も要請されないし（40条）、派遣可能期間について制限を受けないし（40条の2、40条の3）、労働者の管理台帳を作成する義務もない（42条）。中労委も、まさかそのようなことまで吟味しながら結論を肯定し、先のような解釈をとったとは考え難い。そうだとすれば、国交省事件でとった解釈は、あまりにも場当たり的で粗雑だと評さざるを得ない。

取消訴訟において、中労委（諏訪康雄会長）は再考することなく、執拗に同旨の主張をしたが、東京地裁はその主張を一顧だにせず、旧法40条の4の適用可能性を肯定した。もっとも、40条の4が適用されるとしても、当該「通知」がないから、国交省には直用申込義務はないとして、結論は同じであったが。[17]

(c) 31条の趣旨

中労委が自らの見解の引き合いにした31条は、派遣先の指示の下で「派遣就業が適正に行われるように」、派遣元に対し「必要な措置を講ずる等適切な配慮」をすべきことを求めるが、その趣旨は判然としない。派遣元が「配慮」すべきことは具体的には何か、「配慮」に何か効果が期待できるのか等もはっきりしない。

高梨『詳解』は、31条は、派遣する際、派遣元が「派遣先の事業場を巡回」して法違反がないことを事前にチェックするとか、派遣先で問題が発生した際に「派遣先との密接な連携により……迅速かつ的確に解決を図る」ことを意味すると解し、実質的担保のために、派遣先に法違反があった場合、28条により損害賠償責任を負うことなく派遣の停止または派遣契約の解除が保障されている、と述べる。[18]

しかし、本来、派遣法なり労働者派遣契約に沿った適正な就業の実施は、誰よりも派遣先自身が留意すべき事柄である。また、力関係において弱い立場にある派遣元が派遣先の事業所に立入検査することが現実に可能なのか、派遣先が立入を受入れたとしても、危険を伴う現場ほど企業秘密が絡むことも予測されるが、必要な検査機器や技術・知識等を派遣元が備えていて、その現場で、機器・設備や使用する薬品等について事前に安全性をチェックすることが可能なのか、さらに、それが行なわれたとしても、労働者保護のため必要と判断した派遣元の要請する「配慮」を派遣先が素直に受入れるのか等々、実効性は甚

だ疑問である。

　しかも、高梨『詳解』は、また後に厚労省も、31条は派遣先Ａを念頭においているというが、そういった配慮が必要であり、有効であるとすれば、派遣先Ｃ（およびＤ）に対しては何故、適用されないのか、折角、派遣先Ｃがあり得ると指摘しながら、その指摘を自ら無意味にする解釈ではないか、という疑問もある。

　違法派遣の派遣先Ｄとなると、いささか現実味に欠けるが、筋から言えばＤも排除されるべきではない。結局、31条の「派遣先」はすべての派遣先と解されるべきであろう。

　（ウ）　小括

　派遣先をＡ、Ｂに分けて表記し、解釈によって派遣先Ｃを想定する現行法の在り方は、迂遠なだけでなく、規定が複雑になって容易には理解し難い状況を創り出している。

　派遣労働者の保護を視野に入れれば、派遣を受ける側に関する限り、派遣元が許可を得た業者であるか否かに関わりなく、同じ規制が行われるべきである。

　改めて派遣先Ｃ、Ｄが受けるべき規制を再検討して定義を改め、派遣法２条に規定の一つとして明記し、それに適合するよう各規定を修正・整理すれば、派遣法の条文も格段に簡潔になり、規定の理解も容易になる。中労委命令のような、筋の通らない解釈論も予防し得る。

　（a）　現実味のある労働者の救済と法運用の改善

　難問は、派遣法の適用を如何にして現実的な労働者の救済に結実させるかである。

　派遣法は各規定の遵守を図らせる行政指導に関して、47条の３以下の雑則を設けている。例えば労働者派遣契約に26条１項所定の事項を定めていないとか、42条に定める派遣先管理台帳に不備があると判明した場合、厚労省は「必要な指導及び助言」をする権限を与えられている。だが従来、厚労省はそのような権限の行使には消極的であった。ましてや改善命令を出すとか厚生労働大臣が勧告することは稀であった。それを実行した際にも、命令書や勧告書にユーザーの名称は明記しないといった「配慮」をしてきた。大臣の勧告に「従わなかったときは、その旨を公表することができる」と定める派遣法49条

の 2 第 2 項の反対解釈による、やむを得ない対応とも考えられる。しかし、政府および厚労省は偽装請負や違法派遣に対する規制に腰が引けている印象は拭い難い。

　派遣法運用の重要な課題は、今なお存在する偽装請負（労働者供給事業）をはじめ違法派遣を具体的にどのようにして解消させるのか、である。厚労省はこの問題に積極的に向き合う姿勢を示さない。労働者から申告があり、調査して偽装請負を認定しても、従来は、「労働者の雇用の安定を前提に……」とは言いつつ、当該偽装請負を廃止することに力点を置き、請負契約を解消させて違法な事実の存在を抹消するという、その場限りで表面を糊塗する「臭いものには蓋」式の、偽装請負を闇に葬るような指導に終始してきた。ユーザーは請負契約の解除によって三者間の労務提供関係を白紙にし、契約を解除された業者は派遣先（仕事）を失い、結局、労働者を解雇するという経過を辿ることが多かった。そのため、いわゆる派遣切りが頻発したが、厚労省は是正勧告を出しても契約解除による違法状態の解消の報告を受けると、それを受理した。事業停止命令などが出されたこともあるが、積極的指導をした例はごく少数である[21]。それは客観的には、偽装請負を行なってきたユーザーが職安法 44 条により負うべき責任を回避することを次々と見逃すものであったし、労働者の雇用の安定とは逆の事態を招くものでしかなかった。いわゆる派遣切りが拡大した責任の一端は厚労省にある。厚労省は従来の態度を省み、派遣法を遵守させる指導を抜本的に強化する必要がある。

　偽装請負（労働者供給事業）は違法派遣であるが、それは労働者の供給者と受入れ先企業の問題であって、労働者の保護は別に考えねばならない。派遣法は、職安法と「相まって……派遣労働者の雇用の安定その他福祉の増進に資することを目的」とするから、その立法趣旨に忠実に、常に労働者保護を視野に入れて、偽装請負に対しても派遣法を原則として全面的に適用する必要がある。

　今後、原則として派遣先 D に対しても派遣法の全面的適用を認めるとともに、雑則を改訂し、業者に営業許可申請をさせ、労働者派遣契約の締結、発注者の指揮命令に従って働くことについての労働者の同意の確認などを指導し、従わない場合には、当該指導の内容を強制する措置を設ける必要がある。最低限、それが実施されて初めて、派遣法が適用される状態を実現することになり、偽

装請負に対しては職安法44条は適用されないとした松下PDP事件最高裁判決はそれなりの通用性を認められることになる。

　(b)　残された課題

　当面は派遣法の運用の改善によって対処するとしても、派遣法改正を展望せざるを得ない課題が残る。それは無許可の派遣元による派遣にいかに対応するか、である。

　派遣を行なうことは許可を得た場合に限る5条によれば、それ以外の派遣は容認され得ない筈であるが、38条はそのような派遣を容認した。高梨『詳解』は規定内容を説明するだけで、立法趣旨には触れない。

　そもそも、38条の立法趣旨が明確ではないから、仮に派遣法違反として摘発された場合、当該事案に対しては、国交省事件で中労委が創り上げた、「使用者」ではないという弁明が通用し、その上、32条2項により一般の正規従業員もいつでも派遣され得るという状況が重なることになれば、その種の派遣は野放しになり、一挙に派遣法の規制を掘り崩すことになりかねない。

　派遣法が「業としない派遣」をも容認したのだとすれば、それに対する規制は欠かせない。「業としない」から利益を追及はしない、回数も頻繁ではない筈で、業としての派遣の場合ほど労働者保護に反する危険は少ないと推測されるにせよ、労働者にとってみれば、労働契約の相手方とは異なる企業に提供され、その指示の下で就労させられることには変わりないから、派遣する企業、受入れる側の企業の双方に対して最低限の規制は不可欠である。

　もっとも、特別な規制が必要となるわけではない。派遣事業を営む場合の許可手続き、売上に対するマージン、派遣可能期間、派遣終了後の労働者の派遣先への就職制限等に対する規制といった、業としての派遣に対する規制を「業としない派遣」に対しても適用ないし準用すれば済むことである。

　残された課題は、現場では今なお有効な通達とされている『施行通達』(1986.6.6通達333号)を抜本的に見直し、派遣、出向、労働者供給の意義とそれぞれの区分の基準を明確にすることである。同通達の下では、労働者供給事業と出向を理論的には区別できず、それに、「業としない派遣」まで加われば、間接雇用の諸形態はどのような整理されるのか、まったく放置されているといっても過言ではない状況にある。法の安定性にも関わることであり、等閑には

できない。派遣法施行後、通達が出てから30年を経過しているが、その間の事案を総括し、問題点は素直に認め、理論的に明快な基準を立てて修正すべきではあるまいか。この問題については、第2章で詳述する。

2 紹介予定派遣

紹介予定派遣は、そもそも導入の経緯に胡乱な点があるうえに、内容そのものの分析が充分には行なわれておらず、問題点が多い。にもかかわらず、在り方研は問題の指摘もせず、何を根拠とするのか判らないが、単純に肯定的評価をして「さらなる利用の促進」と言い、労政審は、職業紹介事業の許可申請につき「手続きの簡素化等を進める」と述べている。紹介予定派遣が含む下記の問題について、何ら指摘も提言もないから、検討という名に値するほどの検討は行なわれていないと推測せざるを得ない。

(1) 紹介予定派遣の意義

(ア) 紹介予定派遣の公認の経緯

紹介予定派遣は、労働者派遣事業、有料職業紹介事業の双方の許可を得ている派遣元が、派遣労働者および派遣先に対し「職業紹介を行い、又は行うことを予定して」派遣を行なうものである（2条4号）。三者の合意の下に、派遣先が派遣就業の終了後に労働契約の当事者となることを想定しつつ、とりあえずは派遣労働者として派遣先の指揮命令下で就労させる点で、派遣先による雇用を想定しない、一般の派遣と決定的に異なる。

1999年12月の職安法改正において、就職促進のための多様な手法を認めることになり、翌年12月、行政改革推進本部（本部長：首相）規制改革委員会（オリックス会長：宮内義彦委員長）の『規制改革についての論点公開』の問題提起を受けて、労働省は、法令上の規定に基づくことなく、内部文書にすぎない『労働者派遣事業と民営職業紹介事業を兼業する場合の許可基準』において、「紹介予定派遣」を「派遣就業終了後に派遣先に職業紹介することを予定してする派遣」として解禁した。

当初は、三者で協議して、派遣前ないし派遣期間中に紹介する予定について合意することは差し支えないが、紹介そのものは「派遣就業終了時に、派遣先

及び派遣労働者の求人・求職意思及び求人・求職条件の確認を行い、その上で職業紹介が行われる」、したがって、派遣の終了以前に面接試験を行なうこと等はできない、とした。[22]

　その後、総合規制改革会議は事前面接を認めるよう執拗に働きかけたが、労働省は当初の建前を維持し続けた。2001年2月には、一歩後退して、人材派遣協会からの「照会」に対する厚労省職安局民間需給調整課長の名によって公表した「回答」において、労働者が求職活動の一環として、自ら進んで履歴書の送付、雇用された場合における労働条件の確認等を行なうことは、派遣先が「派遣労働者を特定する余地を生じさせるようなことがない限り」差し支えないとした。履歴書をみれば「特定」は必然だから、およそ実現は無理な条件である。その中で、「派遣就業終了前の段階において、派遣先が雇用することを予定した形で労働者派遣を行い続けるとすれば……雇用関係が不明確になることから……労働者供給事業に該当するおそれがあ」る、もっとも、「派遣就業終了予定日のおおむね1週間程度前の日以降……求人・求職の意思等の確認を行」うことは差し支えないが、その段階で「採用内定を行うことは、派遣先に当該労働者を雇用させるものとして、労働者供給事業に該当する」として、「内定はあくまで派遣就業終了後に行う」よう求めた。派遣法2条1号の「労働者派遣」の定義の「当該他人に雇用させることを約してするものを含まない」とする後半、および『施行通達』において、労働者の提供を受けている企業が雇用を約することは労働者供給事業に当たるとしたこととの整合性を強く意識せざるを得なかったものと解される。

　その後、03年法改正により、紹介予定派遣が法律の上で公然と認められるに至った。その際、紹介予定派遣は「派遣の役務の提供の開始前又は開始後に……職業紹介を行い、又は行うことを予定してするもの」と定義し、それ以前の解釈をなし崩し的に変更し、「当該職業紹介により……当該派遣先に雇用される旨が、当該労働者派遣の役務の提供の終了前に当該労働者と当該派遣先との間で約されるもの」も含まれるとされ（旧法2条6号）、行なうのであれば労働者派遣契約に記載しておかねばならないが（26条1項9号、施行規則21条3項）、特定を禁止する同法26条7項には「労働者派遣（紹介予定派遣を除く）」と括弧書きをして、派遣開始前や派遣期間中に履歴書の送付や面接などを行な

うことを認めた。

その結果、派遣前でも派遣終了後の採用の合意成立があり得ることになった。[23]したがって現在、紹介予定派遣には、甲型＝派遣前あるいは派遣中に、終了後の採用についての合意（採用内定）が成立している場合と、乙型＝派遣終了後に改めて派遣先に紹介され、面接、採用試験を受けて、そこで労働契約が締結される場合という、様相の全く異なる2つの型がある。

派遣業者は、労働者にとってのメリットとして、①働いてから、自分の希望に合っている仕事かどうか判断できる、②職場の雰囲気や社内のしくみなどが分かる、③自分の実力をアピールできる等を挙げて、まずは派遣というスタイルで実際に働き、自分にマッチした仕事内容・職場かどうかを見極めてから、正社員や契約社員への道を開くことができるしくみ等として広報しており、派遣終了後に改めて紹介－採用となる、乙型を主として想定している。[24]

乙型は一見、派遣終了後のことであるから、通常の職業紹介と同視されかねない。だが、紹介予定派遣という形式を取ることによって、26条6項により、派遣先は派遣前の「特定」を許容され、現実には、それに便乗し「特定」を超えて、事前面接等を行ない得るというメリットがあるから利用され続けることになる。

なお、厚労省は紹介予定派遣の濫用を防ぐために、期間の上限を6ヶ月としている（平成27年9月30日告示394号18－(1)）。

（イ）紹介予定派遣と労働契約の成立：2態

（a）派遣就業終了以前に採用の合意が成立している場合（甲型）

派遣開始前あるいは派遣中に、派遣先との間で派遣終了後の採用の合意がなされた場合、採用内定となり、派遣終了後に就労を始める旨の就労始期付き労働契約が成立する。派遣期間中は、すでに派遣先との労働契約は成立しているが、合意した就労の始期が到来していないから、当面は派遣先の指揮命令に従って就労する。つまり、すでに労働契約を結んでいるにもかかわらず、その間は当該契約に従ってではなく、派遣契約の履行として派遣先の指示に従って就労する、という奇妙な形態になり、派遣終了と同時に、先に結ばれた労働契約にもとづく就労が始まる。派遣終了後に労働者の就労を拒否することは、すでに発効している労働契約の一方的解除、すなわち解雇であり、合理的な理由が

ない限り、当該解雇は無効である。

　しかし、採用内定は本来、ただちには就労できる状況にはないが、企業としては労働者を確保する、労働者としては就職先を確定するという、双方にとって利益があるから、就労の時期を先に想定しつつ労働契約を成立させるものである。紹介予定派遣によれば、極端な場合は、派遣としての就労が始まる前に採用内定していることさえあり得るが、少なくとも、現に派遣労働者として指揮命令して就労させているからには、「内定によって労働者を確保する」必要もない。いつでも直用の職員として就労し得る状況であるから、ただちに当該労働契約に従った指揮命令の下の就労に移行することに何も支障はないし、そうすべきである。換言すれば、そのような状況は採用内定の概念にはそぐわないし、同時に、「労働者を雇用させることを約している」その状態は、『施行通達』において述べ、そして、当初は、規制改革会議からの要望を拒否する理由として述べたように、労働省の理解によれば「労働者供給に該当する」。『別添』では「労働者派遣に該当せず」と明言しており、少なくとも、派遣法2条1号が定める、「……当該他人に雇用させることを約してするものを含まない」と明記する派遣本来の概念から逸脱していることは間違いない。派遣法2条4号では、「当該派遣先に雇用される旨が……役務の提供の終了前に……約されているものを含む」とするが、ただちに就労し得る状態の下のものまで、なお「派遣」に含めるのか、合理的説明は見出し難く、甲型の紹介予定派遣は、派遣先には使い勝手は良いとしても、法的にはまったく筋が通らない。[25]

　野田進氏は、派遣就業中に「労働契約が成立すると、労働者派遣は終了することになる」と述べられる[26]。本来ならそうあるべきだとしても、現行法上、そう言い得るのか、何故そうなるのか、論拠は明らかではない。また、「合意が成立すればその段階において派遣就業中であっても、採用内定（始期付き労働契約）が成立する」とされるが[27]、当該指摘が先の指摘と整合するのか、また、内定が成立しても「始期付労働契約」ということだと、派遣は「終了」するが「始期」までは労働契約にもとづく就労は始まらないが、その間は、どういう状態なるのか、説明はない。

　(b)　派遣終了後に採用が合意される場合（乙型）

　派遣終了後に採用が合意される乙型の紹介予定派遣でも、本来ならば、面接

（採用試験）は派遣終了後に行なわれるべきであるが、規定が曖昧であるため、派遣終了後に紹介があり得るというだけで、派遣開始前に行なわれる労働者の事前面接や履歴書の提出などが容認されている。

そこで派遣先は、事前面接によって労働者を特定するだけでなく、実際には選抜まで行ないながら、あくまで派遣として派遣就業を受け、派遣終了後に改めて採用試験を行い得ることになる。その場合は、甲型と異なり、採用に至らないという、紹介予定派遣の形式だけが濫用される危険性がある。つまり、紹介予定派遣という形式をとるだけで、派遣が始まる前に事前面接が行なわれ、現実には、派遣先が取りあえずは派遣労働者として受け入れるか否かの採用試験として機能する可能性も否定できない。26条6項は、本来は、紹介予定派遣の場合には「特定」を許容するだけであって、事前面接や採用選抜試験まで容認するものではない。にもかかわらず、安西愈氏は、「派遣先が……サーチを派遣元に依頼し、その該当者に対し紹介予定派遣を前提に面接し、選考を行い採用条件にかなう人を紹介予定派遣すること」を、「雇用のミスマッチを避け、適正な採用につながる」として肯定し、法違反を煽ることになっている。

(2)　紹介拒否、採用拒否に対する法的規制とその意義

派遣終了後に派遣先に採用され、直用の労働者に移行すればともかく、実際には紹介されないとか、紹介はされたが採用されない場合があり得る。

2003年法施行規則は、派遣先が期間終了後に「職業紹介を受けることを希望しない場合又は職業紹介を受けた者を雇用しない場合」には、派遣元の求めに応じ、「その理由を、書面の交付」等により派遣元に明示する旨を労働者派遣契約に「記載しなければならない」と定めた（同22条の2第1号）。03年改正労働省告示138号『派遣先……指針』18（3）（4）は、年齢、性別等による差別は禁止されることを警告している。また、告示137号『派遣元……指針』13（2）は、派遣先から得た、職業紹介がなされなかった理由ないし雇用されなかった理由を、労働者に対し「書面、ファクシミリ又は電子メールにより明示する」ことを求めている。

同規則では、紹介さえ受けないことを暗黙の内に容認しているが、先に見た紹介予定派遣の形をとるだけで認められる、派遣前に「特定」を許される（実

際には事前面接が行なわれることを阻止できない）というメリットを享受しながら、紹介もしないことは許されるべきではない。紹介しなかった場合、少なくとも紹介予定派遣システムを濫用したことに対する、何らかのペナルティは検討されるべきであろう。

　労働者が「職業紹介を受けることを希望しない場合」は特に問題はない。労働者が希望し、派遣元は職業紹介したにもかかわらず、採用されなかった場合が問題である。おそらく、派遣元は労働者から要請を受けて、派遣先に不採用の理由を明らかにするよう求める、というプロセスを辿ることになろう。しかし、力関係において弱い立場にある派遣元が、実際に得意先である派遣先に対して不採用の理由開示を求めるであろうか。また、求められたとしても、派遣先は「採用の自由」を楯に、不採用の理由を正確には告げないのではあるまいか。

　労働者派遣契約に先のような記載をしなかった場合には、厚労相による指導・助言・勧告がなされ、勧告に従わなかった時には企業名が公表されることになっているが（派遣法48条、49条）、より深刻な派遣法違反の事案でも、企業名公表が実施された例は極めて少ない。また、派遣契約に記載したとしても、派遣元が理由開示を求めたが派遣先がそれに応じなかった場合のペナルティは施行規則には定められてはいない。派遣元が理由開示を求めなかったり、労働者に対して不採用の理由を説明しなかった場合について、上記『指針』は何ら言及していない。

　要するに、先の施行規則22条の2第1号は実効性を担保されていない。それは、労働者派遣契約は派遣先、派遣元間の民事契約に過ぎない、また派遣先は「採用の自由」を有している、という発想から脱却し得ていないことを示している。

　形式的には、派遣先は派遣元から「紹介」されただけのことである。だが、一般の職業紹介では求人側と求職側が初めて出会うが、それとはまったく事情が異なり、派遣先は、派遣就労をさせながら、派遣終了後に採用することが適当か否かという視点から、当該労働者をつぶさに観察してきた筈である。派遣終了までに採用内定されていれば当然であるが、そうでなくても、事前面接で労働者の評価をしながら、なお派遣という就業形態に入るという紹介予定派遣

の実態に照らせば、採用拒否は実質的には解雇に準ずるから、労働者として不適格であるとした判断が合理的な場合に限り採用拒否をなし得るものとすべきである。当該採用拒否には労基法22条を準用し、労働者は直接、派遣先に対して理由開示を求め得る、派遣先は文書で理由を説明する義務を負うと解すべきである。

　ちなみに、施行規則や上記『派遣先……指針』が派遣先に求めることは、一般の場合には労働者を解雇する際の規制に匹敵するが、それはそのような理解に照応するものである。

　紹介予定派遣を繰り返すことは同制度の濫用にあたる。派遣先が紹介を受けても採用しなかったにもかかわらず、引き続き当該労働者を派遣労働者として受入れることを希望した場合、厚労省は、「当該派遣先に対し、当該派遣労働者の雇入れについて必要な指導を行う」ものとしている（平成15年12月25日『労働者派遣事業関係業務取扱要領』第9派遣先の講ずべき措置等13（7）②）。

　しかし、そのような「希望」をすること自体が、紹介予定派遣の趣旨に反している。直接雇用を目標とした筈の紹介予定派遣において、期間を超えてさらに就労を望むようであれば、直接に雇用すべきである。厚労省がその趣旨の「指導」を行なうことは当然のことであるが、その指導に従わなかった場合の、それに対する行政的措置を講じ得るよう、規定を整備するべきである。

(3)　紹介予定派遣の実情と効果

　紹介予定派遣は、派遣終了後、正規従業員として「紹介」するものでありながら、派遣期間中は、すでに一定の労働能力を備えた労働者として派遣先の指揮命令にしたがって就労する。その間、派遣先が労働者の労働能力を向上させるために特別の教育などを行なうと限らないし、同派遣を経て派遣先に正規社員として採用されることが多くなるとの確証はない。2003年で、紹介予定派遣先に雇用された労働者は全体の20％未満であったが、2013年度には、派遣先企業が要請した156,767人に対し、実際に派遣されたのは53,191人、紹介されたのは42,714人で、採用されたのは28,815人と比率は増加している。それが、制度が定着し、採用を促進する効果を発揮したものなのか、制度がなくても、通常の採用試験でも採用されたのではないかは実証する方法はないが、紹介予

定派遣制度が、派遣前の面接も利用しながら、一定期間、好ましい労働者を派遣で安上がりで使用しつつ、試用期間の機能を持つ制度であることだけは否定できない。

(4) 採用への経路・トライアル雇用

　紹介予定派遣は、若者が正規社員として採用され、雇用が安定することを当面の目的として制度設計されたが、正規社員としての採用への道は、採用内定から試用期間を経て正規社員となる、本来の在り方があり、それに加えてトライアル雇用という手法もある。

　（ア）　トライアル雇用の意義

　トライアル雇用とは、正規雇用を見越しながら、とりあえず就労させてみて、適性や業務遂行能力の有無・程度を判定するために期間を定めて雇用することをいう。同制度は、政府が若者の職業意識が希薄であることを問題視し、02年7月の雇用政策研究会（小野旭座長）『雇用政策の課題と当面の展開－「多様選択可能型社会」の実現に向け個人の新たな挑戦を支援する政策展開』の中で、学校教育における職業教育の充実を期待し、紹介予定派遣とともに推奨した手法である。

　公共職業安定所が、求職者の中からトライアル雇用を経ることが適当と思われる35歳未満の若年者などを企業（過去6か月間に労働者の解雇を行なった企業等は対象外）に紹介し、企業は雇入れから2週間以内に当該労働者と話し合って、正規採用への移行のための要件などに関する「トライアル雇用計画書」について合意を得たうえで、それを公共職安に提出した場合、政府は当該企業に対し、1人につき最大3か月間、月額5万円の奨励金を支給する「トライアル雇用制度」を、2003年4月から発足させた。

　（イ）　トライアル雇用の実情

　公共職安は企業が提出した「トライアル雇用計画書」の書面審査しか行なわないし、就労体験の内容についても、報告書の提出が義務付けられてはいるものの、職安が実態調査をするわけでもないから、実際に有意義な取り組みが行なわれているかどうかは不明である。また、トライアル雇用を行なったとしても、企業は本採用を義務付けられるわけではなく、契約期間満了の際に改めて当該

労働者の採否を判断することができる。

その意味で、トライアル雇用中の労働者は、一般の有期雇用契約によって就労する労働者との違いはなく、その地位は同じ程度に不安定である。それだけに、トライアル終了後の本採用を期待する労働者にとっては、企業に好感を持たれることが決定的に重要となる。そのことを感得している労働者は、トライアル雇用期間中に優れた業務遂行能力の持ち主であり協調性も充分にある等、「適性」を備えていると認められることをめざして、ひたすら努力することになる。それは、労働者本来の権利行使を控え、長時間労働等の無理をも引き受けること等につながりかねない。

職安職員に対する聴取り調査によれば、奨励金の獲得に関心が強い企業が同制度を濫用しているとの感触を否定できないケースもあると言われ[30]、同制度を直ちに肯定的な評価することには躊躇を感じる。

紹介予定派遣と組み合わされると、紹介予定派遣を経た後、派遣先にトライアルという形で雇用され、その後、正規社員として採用されたが、数ヶ月間、試用される、といったケースも想定され得る。

となると、種類の異なる非正規雇用としてかなり長期間、不安定な身分に置かれることを誘発するという問題がある。またかりに両制度によって正規社員としての採用にある程度効果があったとしても、現在の若者の雇用問題の解決なり改善にどの程度積極的な意義を持っているか疑問である。

(5) まとめ

厚労省は、①若年者の「円滑かつ的確な労働力需給の結合に資する」、②「労働者の希望を踏まえた派遣への直接雇用を促進する」ことを制度の必要性、メリットとして説明し、アメリカにおける普及を例に挙げる[31]。しかし、労働力需給調整制度がまったく異なるアメリカの状況は何の参考にもならないし、①、②が制度の存在意義の説明になっているとは言い難い。

就労状況を見てきた派遣先が雇用したいというのであれば、当該労働者に直接、雇用を申しこみ、合意に達すれば採用すれば済むことである。直接雇用の「促進」をいうのであれば、派遣先への就業終了後の紹介を約束するといった迂遠なことをしないで、直接、募集し、試験をして採用すれば良い。就業終了

後の紹介を約束しながら、派遣就業を行なう紹介予定派遣は、企業にとっては労働者選抜の機会が増し、採用決定までに低い労働条件で使用できるというメリットがあるとしても、労働者は不安定雇用の状態に置かれる機会が増え、その期間を長くされるだけのことである。法理論的にも、派遣先に雇用を「約す」ことになれば、派遣先による労働者の選抜を解放し、派遣する労働者は派遣元が決定するという「派遣」の構造を歪めるうえに、採用が決まれば、厚労省がいうところの「労働者供給」にも該当することになり、労働者派遣制度の趣旨に真っ向から背くことになる。制度の廃止を検討すべきである。

（1）「派遣先」の定義は、同じ内容であるが、法制定時は31条で定めていた。2012年改正の際、30条の2の新設に伴い、繰り上げて同条に移し、同条は第三章であったから「第四節を除き、以下同じ」とされた。その時、紹介予定派遣を定義する2条4号では同じ定義ながら、「この号において」と限定されていた。15年改正の際、2条4号に移され、「第三章第四節を除き、以下同じ」とされ、法律全体をカバーする定義に変容した。
　　しかし、その定義規定は、以前から、現行2条4号に規定しておくことでも特に支障はなかったはずである。
（2）前掲第1節注（10）濱口・NBL885号19頁。
（3）脇田『公正雇用』128頁等は批判的、菅野〔11版補正〕368頁等は解説的である。
（4）高梨『詳解』306頁、厚労省コンメ9（2013年）425頁以下。なお、高梨『詳解〔第3版〕』（エイデル研究所、2007年）でも当該部分に変更はない、476頁。
（5）高梨『詳解』288頁。
（6）安西『労働者派遣と請負・業務委託・出向の実務』（労働調査会、2005年）29～30頁。布施直春氏（元・長野労働基準局長）は安西氏の見解をそのまま紹介し、引用している、同『詳解平成27年改正労働者派遣法』（中央経済社、2015年）179～180頁。
（7）国交省事件・中労委平24.11.21別中労時1437号42頁。同旨、東海市事件・中労委平25.11.25別中労時1440号40頁。
　　同命令には他にも問題が多く、第4章で詳述する。萬井論文⑮労旬1739号40頁以下および萬井評釈⑩権利298号71～72頁参照。
（8）前掲第3節注（15）鎌田・毛塚古稀536頁。
（9）前掲第1節注（10）濱口・NBL885号19頁。
（10）山川隆一「労働者派遣関係の法的構造－私法上の権利義務の観点から」野川忍・荒木尚志ほか編『変貌する雇用・就労モデルと労働法の課題』（商事法務、2015年）374頁。
（11）高梨『詳解』288頁。
（12）菅野〔11版補正〕381頁。

(13) 島田陽一・土田道夫「ディアローグ・労働判例この1年の争点」労研580号（2008年）32頁（島田）。島田氏は「本人たちの意識としてはこれは請負だと思ってやっていた」、それを労働者供給事業だと判断するのは酷だと述べ、土田氏も「同感です」と応じられる。ジョークならばともかく、何を根拠に、松下PDPのような充分に法律知識を備えているはずの大企業が「請負だと思っていた」と判断されたのか。
(14) 日産自動車横浜工場事件・横浜地判平26.3.25労判1097号5頁、DNPファイン事件・東京地判平27.3.25労旬1859号41頁等、多数。
(15) 各条文に即した分析の詳細は、萬井論文㉒龍法48巻4号171～177頁参照。
(16) 坂本修弁護士、宮里邦雄弁護士は、国会における参考人としての陳述で、その32条2項の危険性を強調された、高梨『詳解』168～169頁。
(17) 国交省事件・東京地判平27.9.10判時2295号35頁。同事件・東京高判平28.2.25別中労時1496号43頁。
(18) 高梨『詳解』288～289頁。同旨、厚労省コンメ9（2013年）369頁。
(19) 高梨『詳解』288頁、厚労省コンメ9（2013年）368頁。
(20) 偽装請負を行なってきたコラボレートに対する事業停止、事業改善命令の例について、第3節1参照。
(21) 前掲注（20）のコラボレートのほか、09年3月のグッドウィルの事業撤退に繋がった課長逮捕（08年6月3日「朝日新聞」）、10年3月のスタッフサービス、ヒューマンソリシアなど3社への事業改善命令（3月4日付「赤旗」）など。
(22) 厚生労働省HP2000年12月1日および8月21日『紹介予定派遣に関するQ&A』。
(23) 経緯については、小嶌典明「紹介予定派遣と規制緩和」阪大法学51巻5号（2002年）22頁以下に詳しい。
(24) 派遣企業・パナソニックエクセルスタッフのHPによれば、「パナソニックの人材パートナー会社」だから「パナソニックをはじめ大手企業のお仕事」が多いと、もっぱら派遣の規制に抵触しかねないことも示しつつ、入社しなければ情報を得にくい、「パナソニック健康保険組合、スポーツクラブや各種育児サービスメニューの優待利用など」も可能と伝えている。
(25) 濱口氏は、紹介予定派遣は労働者供給にあたるという「法的仮構をなおも維持したまま……派遣であるという極めてアクロバティックな論理」と評される、前掲第1節注（21）時の法令1813号48～49頁。
(26) 野田進「特定行為の禁止と紹介予定派遣」和田ほか『法』96頁。
(27) 前掲注（26）野田・和田ほか『法』100頁。
(28) 安西愈編著『紹介予定派遣の法律実務と活用事例』（労働調査会、2010年）25頁。
(29) 2003年については朝日新聞2003年11月8日付け、13年度については厚労省への事業報告書からの集計の表10（15年3月27日、プレスリリース）。
(30) 第114回労働法学会シンポジュウムにおいて、中内哲氏、山田耕造氏はその可能性を認めている、学会誌111号（2008年）113～114頁。
(31) 厚労省コンメ9の138～139頁。

第 2 章　間接雇用に関わる諸概念と相互の関係

　1985年7月に制定された労働者派遣法は、営業手続き、対象業務、労働者派遣契約の締結、派遣可能期間などに関わる諸規定の遵守など、適法となる要件を充たすことを条件に労働者派遣事業を容認した。しかし、労働法では直接雇用が原則であるから、間接雇用である労働者派遣に対しては抑制的であることを基本姿勢としている。

　間接雇用の法的形態としては、派遣のほか、偽装請負（労働者供給事業）や出向のように、他の企業が雇用する労働者を、請負契約、出向契約などを媒介とし、あたかも自らが使用者であるかのように指揮命令するものが大半である。それ以外にも、独立自営業者という建前の個々の労務提供者と業務委託契約などを媒介とする形態も、一種の間接雇用とみられる。

　ただ、労働者供給事業は職安法44条に違反し、それに対しては罰則が付されている違法行為であるのに対し、出向は派遣法制定以前から、違法とは考えられていなかった。派遣法は定義規定において、出向を派遣概念から外している（2条1号後段）。また、当事者が独立自営業者であるという建前の業務委託契約は、基本的にはまず民法による対応が予定され、そもそも労働法の分野で扱うべきか否かということから問題となる。したがって、間接雇用をめぐる紛争の公正な解決のためには、まず、理論的にそれぞれの概念を明確にすることが求められる。そのうえで、当該事案の実態に照らし、どの概念で把握し、どの法律を適用すべきかが決められる。

　ところが、偽装請負にしても出向にしても、その実体は古くから存在しながら、不審なことだが、紛争が生じても、旧来の常識的な理解を基礎に、それを事案に即して修正しつつ、問題処理を図ることで対応してきた。そして派遣法制定が論議の対象となる以前は、偽装請負の概念、出向の概念を独自にそれとして論じ、それらの相互の関連を検討することはほとんどなかった。派遣法制定が話題となり、日程に上るようになって、同じ間接雇用の中で、労働者供給

の一部を「派遣」として正面から合法化する事態になると、それと労働者供給、出向を概念としても明確に区別する実践的必要に迫られ、その前後から、一挙に概念論が活発化した。

そこで、派遣法制定が呼び起した論議の意義を確認するためにも、まず、派遣法制定以前における諸概念についての、それぞれの理論状況を確認しておきたい。

第1節　派遣法制定以前における間接雇用の概念

派遣法は、長く禁止されてきた労働者供給事業の一部を合法化したが、職安法44条は第二次世界大戦後の日本民主化策の一環と位置付けられる重要な意義を持った規定であったから、その一部とはいえ合法化することの正統性、適正さが求められた。翻って、禁止されてきた労働者供給事業をどのような意味で把握する（してきた）のか、それと関連して、類似の労務提供の形態でありながら、戦後一貫して社会的には合法と考えられ、多面的に利用されてきた出向の意義は何かが鋭く問われるに至った。そこで初めて、肝心なその定義について見解が分かれていることが意識されることになった。当然、その見解の相違は労働者派遣の概念の把握と密接に絡むから、労働者派遣を理解するうえでも重要な意義を持つ。

1　職安法44条と労働者供給事業

請負業者が雇用する労働者を自ら直接指揮命令し、独立して、受注した仕事を完成させ、あるいは受託した業務を遂行するのであれば、民法632条にいう請負あるいは民法656条の準委任として合法である。建設業、製造業をはじめ、その形態は随所で見られる。だが法形式上、業務処理請負あるいは業務委託（以下、一括して業務請負と呼ぶ）という形を取っていても、実際には請負業者は労働契約などを結んで支配下に置いた労働者を発注者に提供しているだけで、発注者が直接、労働者の就労に関わる指揮命令をし雇用管理をしている場合、様々な弊害を伴い、日本の民主化政策に逆行するものとみなされ、法的には偽装請負（労働者供給事業）であるとして、職安法44条により禁止される。職安

法は、法を潜脱する偽装請負が行われ得ることを当初から想定し、四つの要件を定め、それをすべて充たした場合にのみ合法的な請負契約であるとし、さらにその要件を充足しても「故意に偽装されたもので……真の目的が労働力の供給にあるときは」労働者供給事業である、との認定を免れない、と定めた（施行規則4条）。規定の周到さからも窺われるように、職安法44条は労働者供給事業を日本社会から徹底的に排除することを意図した（第1章第1節参照）。

2　労働者供給概念の本来の意義

　現実には、業務請負の形式を隠れ蓑にして労働者供給事業は蔓延していったが、監督官庁である労働省はその蔓延を事実上放置していた。派遣法を審議する国会において、政府委員・加藤孝労働省職安局長は、人材派遣業的なものの中には「労使双方の需給ニーズに合致するというような面も一面あるわけでございまして……職安法の規定に形式的に疑いがあるからということですべて反社会性のあるものとして取り締まることが妥当かどうか、こういう問題が現実にいろいろ進んでおりまして……」と答えて、取締りを手控えていたことを暗に認めている[1]。

　労働者派遣法は1985年に制定されたが、直接雇用の原則が労働法上の基本原則である以上、あくまで法体系上は、それを定める職安法44条が、わずか一か条ではあるが一般法であり、派遣法はその特別法である、という位置付けである。したがって、偽装請負はもとより、許可ないし届出の義務を遵守しない業者が営む「派遣」や、合法とされる派遣対象業務以外の業務についてする「派遣」は、違法派遣であると同時に職安法44条に抵触する場合は労働者供給事業でもあり、厳しい取締りの対象とされるべきものであった[2]。

　派遣法制定後も職安法44条はそのまま存続したが、労働省は派遣法施行を機に、次に詳しく見るように、労働者供給概念についての従来の学説、判例そして自らがとってきた行政解釈をも変更して、特異な労働者供給概念を創り出し、実務上、労働者供給事業の取締りはほとんどなされないに近い状態を招いた。派遣法制定は皮肉にも間接雇用の存在とその旨味を広報する効果を果したことに加え、変更後の行政解釈が理論的後ろ楯となって、偽装請負をほとんど野放しにし、偽装請負の今日の蔓延状態を招いたと考えられる。

では、以前には、労働省は労働者供給という概念をどのように把握していたのか、派遣法の制定を機にどのように従来の解釈を改めたのか。

(1) 行政解釈における労働者供給概念
(ア) 労働省の通達などにおいて

職安法44条は、当初の労働者供給だけの禁止から、施行直後に、供給を受けた当該労働者の受入れ、使用をも禁止の対象に加える改正を行なった以降は、一度も改正されないまま現在に至っている[3]。労働省は、派遣法制定に伴う職安法における定義規定の修正を機に、労働者供給の概念について以前とは異なる解釈をとったのだが、その理由について明快な説明はない。労働者派遣を合法なものとすると、必然的に解釈を変更せざるを得なかったことなのか、慎重な検討が必要である。

労働者供給事業を行なう業者は、通常、労働者とは労働契約を結び、相手方とは請負契約を結んで、業務請負という形式を利用している。先に述べたように、法の潜脱を防止するために職安法施行規則4条1項は、「作業に従事する労働者を指揮監督する」ことを合法的な請負と認めるための要件の一つとしているが、業者が労働者を雇用している以上は当然のことで、逆に言えば、労働契約を結んで業者が労働者を雇用している場合も、現実に発注者が指揮命令して就労させていれば、その実態に即して労働者供給と認められることを確認しておく必要がある。

1952年2月に職安法施行規則4条1項4号が「専門的な企画、技術」と限定していたものを、「企画若しくは専門的な技術若しくは専門的な経験」と拡張する方向で改正され、緩和された。同改正の趣旨の理解が困難であるとして寄せられた質問に対する回答（1952年7月23日、職発502号の2）や、「一応合法的な請負契約であっても明らかに偽装されているもの等についての排除について所期の成果をあげていないうらみがある」との認識のもとにだされた『労働者供給事業の排除の促進について』（1954年1月21日、職発21号）において、労働省は、施行規則改正の趣旨を再確認している。

同職発21号は、独立している企業が特殊な事情の下で行なう特定の作業が、それ自体としては施行規則の定める要件を欠くように映ったとしても、それを

ただちに労働者供給事業と見なして禁止することは適切ではない、と述べ、そのような例として、「金庫販売業者又は製造業者等がたまたま大型の移動困難な金庫の簡単な修理を請負って常用の修理工を派遣するが如き場合」を上げている。その例示は、金庫販売業者などの常用工が発注者の工場内に来て「金庫の簡単な修理」を行なっている場合は、作業対象が「移動困難な金庫」という事情があるので、労働の場所だけを見てただちに労働者供給事業と判断するのではなく、当該労務の指揮監督などにも留意して法的性格を決すべきことを示唆している。

だが、そこでも、労働者供給の概念と関わる、請負業者と労働者との法的な関係については、「常用工」と言うだけで、それが、労働契約を締結している労働者であることを当然視し、特に注意を促してはいない。

（イ）　労働省責任編集の出版物において

通達では明確ではなかったが、労働省は自らが編集した出版物において、請負業者が労働者と労働契約を締結している場合も、労働者供給事業と判定されて、供給先が職安法44条違反の責任を問われることがある、と明瞭に述べている。

労働省職安局編『〔改訂版〕雇用対策法・職業安定法・緊急失業対策法』コンメ4（1970年）は、労働者供給事業を「他人の求めに応じて自己の支配下にある労働者を提供してその使用に供させる事業」と定義し、「他人の求めに応じて随時労働者を供給するためには、常に労働者を自己の支配下に置く必要があり、両者の間には支配従属関係が存在する。この支配従属関係は、明確な雇用契約に基づいている場合もあるが、多くは実力的な支配関係なかんずく封建的な親分子分という身分関係に基づいている」と解説している（同430頁）。戦後改革からすでに20年余を経て、高度経済成長を遂げつつあった1970年当時、なお親分子分といった封建的な支配従属関係によって多数の労働者を供給していた（し得た）のか、その事実認識には疑問がある。労働省は戦後の職安法制定当時の記述をそのまま引写しただけではないのか、むしろ労働者とは労働契約を結びつつ業務請負を偽装したものが多かったのではないのか。

ちなみに、派遣法を審議した委員会において、多賀谷眞稔議員は、1952年の施行規則改正後、製造業における下請けの利用が増え、下請け業者の従業員

が労働災害の被害者になることが多い、「昔は炭鉱なんかに組夫というのはいなかったですよ、昭和35、6年頃までは。ところが、今日、災害が起こると必ず組夫が出るでしょう」と指摘している。「組夫」とは、親企業が下請け企業を「組」という形で編成しており、その下請け企業に雇われ、親企業に派遣されて作業に従事する労働者を指す。日本炭鉱労組福岡地本の専従などを務めた経歴を持つ多賀谷氏の指摘だけに、信憑性は高い。だがここでは、労働省も、供給元と労働者とが「明確な雇用契約」を締結している場合もある、と明言していることを指摘しておきたい。

中間搾取に関しても、労働省労基局編『〔改訂版〕労働基準法・上』コンメ3（1979年）で、労基法6条と「相互表裏の関係にある」職安法44条に言及し、「形式的には請負」がほとんどだが、労働者供給事業においては「指揮監督関係その他からみて明らかに労働関係は供給される労働者と供給先との間に成立しているので（供給事業を行なう者と供給される労働者との間に労働関係が成立しているかどうかは別論として）、（筆者注－供給元は）本条の『他人の就業』に介入することになる」と説明している（同67頁）。

職安局編コンメ4は供給元と労働者とが「明確な雇用契約」を締結している場合もあると述べたにもかかわらず、労基局編コンメ3は「……労働関係が成立しているかどうかは別論として……」と曖昧な表現をしている。しかし、その表現でも、「労働関係が成立して」いない場合に限定してはいないという意味において、労働関係が成立している場合を排除してはいない。

むしろ、改めて明確に確認しておく必要があるのは、そこでいう「労働関係」の意味である。労働法学上、「労働契約」「労働関係」「労働契約関係」という三つの近接した概念があり、しかも内容的に重複する部分を含みつつ、それらは必ずしも同一ではない。「労働契約」は労務の提供に関し使用・従属の関係にたつ当事者間の契約を指し、「労働契約関係」は一般には合法的に締結された労働契約を中心として、契約に付随する、労使双方の諸々の権利・義務を広く含む労使関係という意味を持つ。これに対し、「労働関係」は多義的であり、その意義は慎重に分析し、把握する必要がある。多くの場合、「労働関係」は実態としての使用（指揮命令）と被使用（従属的労働）の関係を指す。それに「事実的」という修飾語を付して「事実的労働関係」といえば、それは

"労働契約は存在しないにもかかわらず"という意味を含み、何らかの経緯なり原因によって、一方が指揮命令し、他方がそれに従って就労しているという関係が社会的な事実として成立している状態を指す。それ故に、修飾語を付さないで単に「労働関係」という場合には、事実上の労働関係を指す場合もあれば、前後の脈絡から、「労働契約関係」と同じ意味で用いられていると理解すべき場合もある。[5]

先の労基局編コンメ3では、脈絡から判断して、供給先と労働者との間の「労働関係」という場合は事実的労働関係を指し、続けて言う、「供給事業を行なう者と供給される労働者との間に労働関係が成立しているかどうかは別論……」という場合の「労働関係」は、労働契約（もしくは労働契約関係）を指すと解される。

ちなみに、かつて職安局長、労基局長の連名による『職業安定法及び労働基準法施行に関して職業安定機関と労働基準監督機関との連携に関する件』(1948年8月28日職発1024号)で、労働者供給事業はややもすれば中間搾取や強制労働の弊害を伴い易いとして、職安法、労基法という「相互表裏の関係にある両法の適切な適用により、労働者供給事業の根絶を図らなければならない」との姿勢を示したが、そのような連名の通達を出す関係にある職安局と労基局が、「労働者供給事業」の定義に関わって「労働関係」について異なる解釈をするとは考えられないから、職安局が明確に述べているとすれば、労基局も供給元と労働者との間に労働契約が存在する場合にも、労働者供給事業が存立し得ることを認めていた、と理解して差し支えあるまい。

（ウ）　行政実務における労働者供給概念の理解と運用

労働省の解釈は、行政実務上、何を労働者供給事業として実際に摘発したのか、を確認することによって、より厳密に検証される。労働省は職安法44条の趣旨についてしばしば通達を出して法の施行内容についての統一を図ってきたが、さらに、1952年2月19日、労働省職安局長通達『職業安定法施行規則の一部改正について』発職27号は、検察庁への告発に際しては「事前に労働省と打合せられたい」と、各地の職業安定所に対して本省との打合せを指示しており、職安法44条違反の告発（送検）は労働省本省の承認の下に行われていた。

事例としては、ある事業を労働者供給事業に該当するとして行なった、職安当局の指導の正当性が争われた東販事件もあるが、多くは、いわゆる「派遣切り」の事案である。それまで労働者の供給を受けてきた企業について労働者が申告し、それを受けて職安なり労働局が調査し、事実関係は労働者供給事業であったと判断し、是正を指導する、それが契約解除－供給元からの解雇へと推移していくのであるが、その中に、労働者供給概念についての労働省の解釈を確認することができる。

青森放送（東洋建物管理）事件はその１例である。東洋建物管理はビルの清掃管理などを主たる業とし、当時、青森放送本社社屋の清掃、警備などを請負っていたが、派遣された従業員４名を青森放送が指揮命令して、請負業務とは異なる、素材部の業務であるテレビ用のコマーシャルフィルムの編集業務を行なわせていた。青森放送と東洋建物管理はそれを「請負」と称したが、契約書は作成されず、口頭で作業員１名あたりの賃金額に作業員数を乗じた額に東洋建物管理の取り分を「管理費」の名目で加えた額を請負代金としていた。原告は東洋建物管理の募集広告を見て応募し、採用されたその日から、青森放送素材部でフィルム編集業務に従事した。青森公共職安は東洋建物管理と青森放送の担当者からの事情聴取などを行なった結果、その従業員提供を職安法44条違反と判断し、是正勧告を行なった。

同様の事例が、近畿放送（大阪東通）事件、全日空（NDB）事件など、多数存在する。これらの事例で職安は、業務請負などの契約形式をとっていても、実態が労働者供給であると判断すれば、供給元が労働者と労働契約を結んでいる場合も、職安法44条違反として指導し、あるいは送検していた。

(2) 判例上の労働者供給概念

BAB（花王社）事件では、BABと花王社は整備請負契約を結んでおり、花王社員はBABの航空機の整備および機体内部の清掃などに従事したが、作業の指揮監督や労務管理はすべてBAB技術部が行なっていた。花王社は職安法44条違反で刑事訴追を受け、有罪判決を受けたため、BABが請負契約を解除し、労働者の就労を拒否した。そこで、労働者は真の使用者はBABである、として従業員としての地位の確認を求める訴えを提起したが、裁判所は訴えを

第1節　派遣法制定以前における間接雇用の概念　　137

棄却した。しかし、刑事、民事いずれの事件においても、労働者が花王社と労働契約を締結していたことは特に論議の対象にはなっていない。他の派遣切り事件も同様である。⁽⁹⁾

東販事件は、東販が雇用した労働者をして、デパートなどで客に特定企業Zの商品の性能などについて宣伝を行ない、販売を行なう業務（通称、マネキン）を行わせたことが、東販によるZへの労働者供給に該当する、として池袋職安が指導したため、同業務から撤退せざるを得なくなった東販が、池袋職安による当該指導の正当性を争ったものである。裁判所は、職安の判断および行政指導に違法な点はない、と判示したが、東販と労働者との労働契約の存在は「労働力を自己の支配下に置く典型的な一形態」と説明し、東販とマネキンらとの間に労働契約が存在する場合、労働者供給とは認められないのではないか、といったことは議論の対象にさえされてはいない。⁽¹⁰⁾

このように、裁判所においても、労働者供給に該当するか否かの判断に当たって、供給元と労働者との労働契約が存在したことは何ら影響は与えてはいない。

(3)　学説上の労働者供給概念

派遣法制定以前に、労働者供給の概念について触れた論稿を見ても、供給元・労働者間の労働契約の存在は当然のことであると理解されていたためと推測されるが、それと労働者供給の概念との関連に詳しく言及したものは多くはない。

正田彬氏は、社外工が「如何なる形で、具体的な労働に組み込まれているかについては……一様でない」が、「実質的には親企業のために労務を提供しながら法形式的には下請企業に雇用されているというかたちをとる」点で一般の労働者と異なり、下請業者が「社外工を親企業者に提供して、その労務の報酬を受け」れば、職安法44条に違反する、と解説している。⁽¹¹⁾その「法形式」とは「雇用されているというかたち」であり、下請業者と労働者との労働契約に他ならない。

松林和夫氏は、「供給元と労働者との間には、随時他人の求めに応じてその労働者を供給するために支配関係が存在するが、これには労働契約関係も含ま

れる」、禁止対象である労働者供給事業は「供給元と労働者との間に……近代的な労働契約関係が存在する場合をも含んでいる。すなわち、労働者が供給元へ……その使用者責任を追及し得る場合も含めて、供給元が他人の就業に介入することを弊害のある行為として禁止している」と明確に述べている。(12)

(4) まとめ

労働法の分野では行政解釈、判例と学説が真っ向から対立することがあるし、学説の内部でも理論的な対立があるのは、むしろ常態である。しかし、派遣法が制定される以前においては、くどく述べたように、労働者を提供する企業が労働契約を締結して労働者を雇用している場合であっても、当該労働者を他の企業に提供し、その指揮命令下で就労させる状態を創出した場合は、職安法44条のいう労働者供給事業に該当する、そのことによって経済的利益を得ている場合には労基法6条のいう中間搾取に該当する、ということについては行政解釈、判例、学説が異論なく一致していた。

3　出向の意義

出向とは、企業が従前の労働契約関係を維持しつつ、従業員をして他の企業のためにその指揮命令下で就労させることをいう。

出向の事例は以前から数多く存在した。実態は多様であり、目的に着目して類型化すると、①関係企業の経営支援・指導を行なう経営出向、②一般従業員をして他企業の労働力需要に応える応援出向、③新設する企業の労働力の調達と調整を援助するための出向、④他企業において就労しつつ技術・経験を修得するための研修出向、⑤他企業の従業員を技術指導する指導出向、⑥余剰労働力を他の企業に移すための雇用調整出向などがある。さらに、⑦移籍の色彩が濃厚であるから、労使交渉の結果、半年間の試験的出向－不安解消確認後に移籍－移籍後3年をチェック・ポイントとし、希望者は原職復帰（再移籍）、といった複雑な形態まで生み出されている。また、⑧グループを代表する企業が一括して労働者を採用し、傘下の企業に配置し就労させる場合に出向という形式をとる例もある。グループ代表との間に労働契約関係が継続するため、労働者が身分上の不安を感じないで出向がスムーズに進む利点があるといわれる。

最近は、⑨企業外に放逐したい労働者が自ら退職を言い出すように仕向ける手段として出向させ、出向先は当該労働者に、退職後の再就職先を探すことを仕事として与える、「辞めさせ出向」もあると指摘されている[15]。

　職安法44条の下でも、社外工といった名で呼ばれる請負業者の従業員がユーザーの構内で、その指揮命令下で就労する形態が連綿と続いていたが、職安法施行規則4条4項が1952年に緩和されて以降、それも増加した。それを法的には出向と捉える見解もあった。ただ、先に述べたように、出向と称されると、世間的には合法と受け取られる傾向があり、行政の取締りの対象となることもなく、出向の法概念論は実践的にはあまり関心を払われなかった。そのため、理論的な関心から、むしろ学説が先行した。

(1)　学説上の出向概念

　派遣店員や駐在出張の場合、就労の場所が別企業の構内などになるとしても指揮命令は従来からの使用者（労働契約の相手方）が行なうが、出向においては労働者は本来の使用者とは別の使用者の指揮命令に従って就労する[16]。民法625条は、使用者は労働者の承諾なしに指揮命令権を他に譲渡できない旨、労働者の一身専属性を定めている。現代労働法の原則によれば、労働者は労働契約という形で本人が同意した場合にのみ使用者の指揮命令に従って労務を提供すべき義務を負うから、出向には労働者の同意が必要であるということは自明のことである[17]。もっとも判例は、常套句のように「当該労働者の承諾」だけに限定せず、「その他これを法律上正当づける特段の根拠」として、厳密には労働者の明示の同意が不可欠であるとは明言してはいない[18]。

　学説も、社外工などを法的に出向と捉えることで一致していたわけではない。労働者供給と捉える見解も有力であった。松岡三郎氏、島田信義氏らは1950年代後半には早くも、社外工の実態を労働者供給事業と捉え、職安法違反を指摘された[19]。中には、ユーザー・業者間の労働者供給契約および業者・社外工間の労働契約はいずれも無効であり、法的根拠なく行なわれている社外工の労務提供の事実をもってユーザー・社外工間の労働契約の存在を認定するという、後の事実的労働契約関係論の原型の提唱もあった[20]。

　山本吉人氏は、社外工を出向の一形態と認識し、出向先に対する労働基準法

等の適用可能性を探る視点から、専ら出向先の「使用者」性や責任の分担や権限配分を論じられた。だが、そのような問題関心であったから、その就労形態は職安法44条に違反するのではないか、という視点からの分析を行なってはいない。[21]

川口実氏は70年代前半までに提唱されていた諸説を検討して、転貸借説、事実関係説、中間搾取排除説、労務供給排除説に分類し、後の3説はユーザーと労働者との間に労働契約の存在を認定すると指摘しつつ、自らは、それはユーザーの「意思とかけ離れすぎている嫌いがあ」るとして、条文の趣旨に照らし、適切な場合には、事実上の労働関係にある労働者に労基法などを適用することによって保護を図ることで止まることが妥当だ、と述べられた。[22] しかし川口氏はそれを統一的に出向概念で捉えるわけではなく、もっぱら労基法の適用の可否との関連の検討で終始している。

石松亮二氏は、ユーザーが「労働者を直用する形式」をとり、「二重帳簿の備付、賃金の支払方法、採用・解雇の実権の所在、手数料的性格の経費の負担等の傍証」により、「使用者としての義務を履行せず、直用の事実が認められない場合」は労働者供給事業と認定されることを免れるための故意の偽装（職安法施行規則4条2項）にあたる、と指摘されたが、[23] その「直用」の形式と出向との異同についてはやはり何ら言及されていない。

このような理論状況の中にあって、外尾健一氏は、出向先と労働者との出向期間中の法律関係に焦点をあて、「使用従属関係は、近代社会においては契約を媒介とすることなしには生じえない」という基本的発想の下に、出向先とも労働契約が締結され、「二重の労働契約が複合的に成立」することになる、とされた。[24] 高木紘一氏によって二重の労働契約説と名付けられたこの見解によれば、出向先は労働契約の当事者となり、労働法上の使用者としての全責任を負うことになるから、使用者責任を潜脱しつつ他人の提供する労働者を使用する違法な労働者供給とは根本的に異なるものと解されることになる。[25]

萩沢清彦氏は、出向の実態によって区別し、出張型、実習型等は労働者の労働義務の特別な一内容として、また人事交流型、業務提携型等では出向元と労働者との間の特約（何を基準としてその特約が成立したとみるかは別に問われる）にもとづき、いずれも、出向元の指示に従って出向先の指揮命令の下で出向先

のために就労する、と解し、人員整理型、定年準備型といった移籍に近いものでは二重の労働契約説が妥当すると指摘された。⁽²⁶⁾

　要するに、そのような就労形態を出向と捉えつつ、社外工や（偽装）請負業者の従業員とユーザーとの法的関係について、両者間の労働契約の成立が論議され始めてはいたが、それを労働者供給事業と比較したり、労働者供給と出向との概念を比較する論議は、1970年台半ばになってもまだ見られなかった。

(2)　行政解釈

　労働省職安局は、立場上、主に職安法44条の解釈・運用に関心があったから、ユーザーと労働者との間に「雇用関係が成立している場合」も含め、両者間に「事実上の使用関係」がある場合には労働者供給にあたる、との見解をとるものの、出向論には関心を払わなかった。⁽²⁷⁾そこでいう「雇用関係」は、前後の脈絡から、ユーザーと労働者との間の労働契約を指しており、後に第2節でみるように、出向と労働者供給との区分に関わる混迷を招く大きな要因となった。

4　小括

(1)　交錯しない、労働者供給事業論と出向論

　当時は、問題の所在はまだ明確に認識されない状況であった。社外工の提供が労働者供給に該当すると指摘する論者はそれと出向との関連に触れていないし、出向論における当時の二重の労働契約説は、出向と労働者供給との区別や出向先が労働者を指揮命令する法的根拠を視野に入れて検討を尽くしたわけではない。そのため、出向と労働者供給の概念についての議論は互いに交錯することはなく、就労形態の類似性があるにもかかわらず、その二つの概念の異同や関連については言及されないままであった。

　労働者供給事業に対する厳格な取締りがないまま偽装請負が蔓延し、行政管理庁『勧告』を機に、現状追随的な規制緩和の指向が表面化し、派遣法制定に向かった。一方、出向もまた労働力需給システムとして従来から活用されてきたはずだが、当時は、他の企業が雇用する労働者の労務提供を受けようとする場合、出向形式ではどの点で有効性を持ち得ないのか、何故、派遣という新た

な形式で対応しなければならないのか、といった実務的視点からの分析もなく、派遣と出向との区分・関連についての法理論的分析も見られない。

　職安法44条に関わる研究者の論稿においてさえ、労働者供給と出向との概念上の関連については全く言及されていない[28]。1983年10月の日本労働法学会のテーマは「企業間人事移動をめぐる法律問題」であったが、労働者派遣法の制定論議が始まっていた時期であったにもにもかかわらず、出向と労働者供給との関連については報告もなく、誰も言及していない[29]。本来ならば、出向と労働者供給、そして派遣との関連の分析は行なわれていて然るべきだが、その頃に至ってもなお問題分析の必要性さえ充分には認識されていない状況であった。

(2)　冤罪を作る労働者供給論

　後に見るように、派遣法施行の時点で、労働者の提供先と労働者が雇用関係にある場合、労働省はそれを労働者供給とも出向とも理論的には区別し得ない状況であった。偽装請負を隠蔽するための出向という形式の利用に対しては、厚労省は、派遣法制定後20年近く経ってもなお、一律の判断ではなく、出向の目的と実態に即して、「形式的に繰り返し行われたとしても」直ちに「業として」とは判断しないが、「業として」行われる出向は労働者供給事業とみて、職安法44条違反として是正を指導してきた[30]。だが、その場合も、「業として」の判断は「社会通念」による、というだけで、基準も判然としない。そして、理論的整理を行わないまま個々の事案に対応しているため、現場で混乱が生じていた。

　理論的混迷状態は、異なる様相を呈する二つの解釈を生む。一つは、労働者供給事業と解すべき労務提供形態をそうではないとする解釈である。違法と看做されないため、放任されることになる。あるいは、それは労働省が労働者供給事業を取り締まらない単なる口実であって、解釈論と呼ぶに値しないものかもしれない。だが、労働者供給事業論が明確であれば、取締りを促す力にはなったであろうから、口実であろうとも、やはり一つの解釈論として、犯罪を放任する点で社会的な弊害は甚大である。

　他の一つは逆に、本来は合法的な労務提供形態を労働者供給事業と解すことになる、次に見る冤罪の解釈論である。犯罪には該当しないものを犯罪視する

点で許されないことは言うまでもない。ところが皮肉にも、労働省が労働者供給事業の取締りに消極的であったために、その冤罪的解釈論は実務上は大々的には適用されないため、必ずしも大きな社会的な弊害を招かなかった。だが、理論的混迷であることは間違いなく、それは現在に及んでいるから、見過ごして済まされる問題ではない。

(ア) 混迷の淵源

理論的混迷を促す契機は、職安局編コンメ4（1970年）の論述にある。

もともと、労働省自身が出向＝労働者供給といった認識を持っていたかどうかは定かではないが、その改訂版を出す際、担当者が"単純な誤記"を犯し、労務の提供先と労働契約関係にある場合は労働者供給であると記述したことに淵源があるのではないか、と私は推論している。その後、労働省がその"誤記"をそのまま国会答弁、通達等において継承し、研究者も特に批判をすることもないまま紹介等してきたため、同見解がいわば多数説となって定着した。ところが、やがて、出向についての二重の労働契約説が有力になるにつれて、労働者供給と出向を判断する基準が競合することになって労働行政の不統一を招き、現場で破綻ないし混乱が生じるようになったのではないか。にもかかわらず、その記述を一から再吟味して修正するのではなく、「業として」といった第二の基準を持ち出して、法解釈論と実態との乖離を過大にしないための運用上の工夫を凝らすことで事態を糊塗しようとしているのではあるまいか。

以下、具体的に見ていくことにしよう。

労働省設置10周年記念『労働法コンメンタール』刊行の一環として、1960年5月、職安局編『コンメンタール4 職業安定法、職業訓練法、緊急失業対策法』が労務行政研究所から上梓された。

同書中、職安法44条に関して、労働者供給事業者を甲、供給先を乙、供給される労働者を丙と略記し、甲－乙間には供給契約（不要式契約）、甲－丙間には支配従属関係（「多くは実力的な支配関係なかんずく封建的な親分子分という身分関係に基づいている」が、「明確な雇用契約に基づいている場合もある」）、乙－丙間には使用関係がある、と説明した（207頁）。乙－丙間にあるという「使用関係」は事実上の指揮命令関係を指している。

10年後、その間に法改正もあり、上記コンメ4（1970年）が刊行された。改

訂は法改正に関わる部分が大半であるが、労働者供給事業に関する解説も基本を受け継ぎながら、若干の改訂が行なわれた。その際、「乙と丙との間には使用関係が存在する……使用関係とは、広く事実上の使用関係を意味するものであって、乙と丙との間に雇用関係が成立している場合はもちろん、たとえば労働基準法上の使用者としての責任を甲が持っている場合であっても、作業の施設、工程等の実態から見て、作業上、直接、間接に乙の指揮、監督の下にあると認められる場合も含む」との記述を付け加えた（432〜433頁、右図参照）。

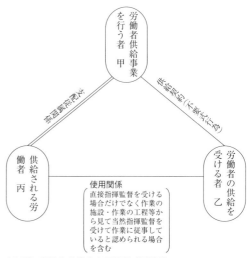

（出所）労働省職業安定局編著『労働法コンメンタール4〔改訂版〕雇用対策法・職業安定法・緊急失業対策法』（労務行政研究所、1970年）432頁。
（注）同図は、1960年刊行の図（207頁）と同一である。

（イ）"単純な誤記"との推論について

乙‐丙間は「事実上の使用関係」で「雇用関係」は存在しないという前提で説き起こしながら、「乙と丙との間に雇用関係が成立している場合」ということはあり得ないはずである。前後の脈絡および上記の引用部分の全体の論旨との関係からして、「甲と丙との間に……」と書くべきところを「乙と丙との……」と書き間違えたのではあるまいか。執筆者は「甲と丙との間に……」と記述したと思い込んでいた、"単純な誤記"だったのではあるまいか、と推論される。

推論の根拠は以下のようなことである。

同書は、合法的な業務請負と偽装請負とを識別する指標を定めた職安法施行規則4条を念頭に置きつつ、「実態から見て、作業上、直接、間接に乙の指揮、監督の下にある」場合は、乙‐丙間に「事実上の使用関係」が存在すると認定され、労働者供給事業として職安法44条違反となることを解説する。問題の

記述はその文章の中間にあり、かつ、甲（供給元）－丙（労働者）間に支配従属関係があるならば、その法的関係が「明確な雇用契約」あるいは「実力的な支配関係、なかんずく封建的な身分関係」にもとづいている場合のいずれであるかは問わない、と述べた部分の次に位置する。

　先に指摘した部分の後に、甲が「労働基準法上の使用者としての責任を持っている」という文があるが、趣旨は鮮明ではない。一般的には、丙と労働契約を結んでいなければ甲が「労働基準法上の使用者としての責任」を持つことはない。同書では、前もって、甲－丙の使用従属関係については、①甲－丙間に雇用契約がある場合と②封建的な身分関係による場合の二つを指摘している。甲－丙間に雇用契約があれば、甲が「労働基準法上の使用者としての責任」を負うのは当然のことであるから、結局それは②、つまり「甲と丙の間に」労働契約が締結されてはいないが、「封建的な身分関係に基づいて」甲が「使用者」としての責任を持つことになる場合であっても、乙が実質的に指揮命令していれば労働者供給事業と判断され、乙が供給先として責任を追及される立場にたつ、という趣旨と解される。

　そもそも、指揮命令関係を導く法的根拠がないにもかかわらず、現実にはその「事実上の使用関係」が存在するからこそ、問題視される。乙－丙間で労働契約が締結されているのであれば、「事実上」ではなく、両者は乙の指揮命令に従って丙が就労すべき法的関係にあるから、当然、「事実上の使用関係」も生じるとはいえ、そのような場合に、重ねてその間に「事実上の使用関係」があると説明する必要はないし、余りにも当然過ぎることをあえて指摘するとは考え難い。文中の「もちろん」は、甲が労働契約を結んでいないにもかかわらず、封建的身分関係により「労働基準法上の使用者としての責任を持」つ場合を導き、それに対置されるものとして、甲が丙と労働契約関係にある場合を想定しているからこそ、「もちろん」と強調する。

　上記のような文脈の中で、冒頭に、「乙と丙との間に雇用関係が成立している場合」といった説明が出てくるのは論旨が一貫しないし、あまりにも場違いである。

　要するに、「乙と丙との間に雇用関係が……」ではなく、「甲と丙との間に……」と記述されるべきであった。つまり、「乙と丙との間に……」は"単純

な誤記"と推論する以外にない。

　背景の事情として、問題の記述がなされた1970年に至っても未だ、上記のように、出向の場合の出向先との法的関係についての論議が公然と行なわれたことはなく、労働者供給と出向との区別の必要性なども充分には自覚されていない状況にあったことも考慮される必要があるかも知れない。つまり、労働者＝丙と労働契約を締結する者が供給先＝乙なのか供給元＝甲なのかについて、執筆者は細心の注意を払わなかった可能性が高い。また、書物の性格上、集団で議論し、執筆されたに違いないが、いわゆる集団無責任体制に陥り、結局、誰も注意深くは推敲をせず、気が付かなかったことが誤記の一因であるまいか。

　留意すべきは、派遣や労働者供給、出向といった錯綜する三者関係について叙述する場合、不注意で、「先」と「元」とを取り違えることは充分にあり得るし、遺憾ながら、現に例は幾つも存在する。[31]ましてや、甲、乙などの略号を用いる場合、本来の用語と略号との照応関係について注意が少しでも疎かになると、その危険が増す。同書では、甲、乙、丙の略号を用い、問題の部分はその略号によって記述されているが、それも一因となって、誤記に至ったのではあるまいか。

(3)　問題の真の焦点

　概念論としてはきわめて重要な問題であるにもかかわらず、70年改訂当時にはまだ、出向、労働者供給の概念が明確ではないなかで、"単なる誤記"の可能性は否定できない。

　しかし実は、誤記という推測が当たっているか否かは問題の真の焦点ではない。誤記であれ、1970年版執筆者（集団）の検討の結果であれ、より重大な問題は、それが導いた結論である。その結論は、偽装請負の場合、発注者（供給先）が業者の従業員と労働契約を結び、法的に雇用していると認められる場合も、職安法44条が禁止する労働者供給事業に当る、ということ（「供給先との労働契約説」と呼ぶ）であった。それは、間接雇用問題の原点、労働者供給事業や派遣法制定をめぐる法律論の出発点を完全に見失うか、忘れ去っており、問題の焦点から全くの埒外に出てしまっている。

　そもそも、労働者供給事業が罰則を以て禁止された理由ないし根拠はどこに

あったのか、問題の原点を冷静に振り返る必要がある。それは、偽装請負の発注者（供給先）が業者の従業員を直接指揮命令して就労させながら、労働契約を結ばないでいて、法的な「使用者」としての責任をとらないこと、業者は労働者を集めて発注者に引き渡すだけで経済的利益を得る（中間搾取する）ことが、「労働は商品ではない」とするILOフィラデルフィア宣言が示す国際的規範に反し、労働法の基本原則の一つである直接雇用の原則に反するからではなかったのか。とすれば、労働省コンメ４（1970年）や後の『別添』がいうように、供給先と業者の従業員との間に「雇用関係が成立」、つまり、明示的には労働契約を結ばないままではあるが、法的な「使用者」としての責任を取るべき立場にあると確認されたのであれば、その供給先が法的に非難されるべきことは何もないことになりはしないか。ユーザーと労働契約関係があるというのだから、精々、厚労省が相談に応じたり、指導して、ユーザーに是正させれば済むことではないか。派遣切りにあった労働者が改めて労働契約存在確認請求訴訟を提起する必要も、団体交渉で直用化を申込む必要もないし、派遣法40条の６によって直用の申込みみなし制を設ける必要もないではないか。それらはすべて、労働者を実際には指揮命令して使用しながら、ユーザーが労働契約の当事者たる「使用者」としての責任を取ろうとしないことに根本的な問題があり、それを修正し、紛争を公正に解決するための対応であったのではないのか。

　したがって、後に当該コンメ４（1970年）を読んだ労働省の職員は、それが誤記であれば元に戻し、誤記ではなく執筆者（集団）の理解にもとづく記述であったとすれば、訂正すべきであった。高梨『詳解』のように「使（雇）用関係」と書くなど（本書155頁）同版をそのまま継承するのは、誤記ないし誤った記述を犯した執筆者の行為を追認し、誤った労働者供給事業の概念を拡散するという二重の間違いを犯したことになる。

　ところが、厚生労働省や一部の研究者は、そのような派遣問題の原点を忘れて今なお、労働者供給の図を示し、供給先と労働者を「雇用関係、指揮命令関係」と説明するなど、派遣法２条１号の解釈として、『別添』４ロと同様の文章を繰り返している。[32]

　研究者は、問題の基礎、原点、意義などを踏まえながら、行政解釈、判例や

先輩の業績を無批判に受け容れるのではなく、何事をも批判的に捉え、実態に即しつつ理論的に分析し、法理論化することを社会的な使命とする。したがって、現在の厚労省の理論的混迷に時宜に適した的確な批判を加えなかった研究者は、その使命についての無自覚を責められても甘受せざるを得ない。ましてや、派遣法制定時に混迷の拡散に参与した研究者は、真剣な反省を迫られている。

（1） 1985年5月14日衆議院社会労働委員会会議録20号3頁。
（2） 同旨、竹下英男・清水洋二・脇田滋「討論・労働者派遣法の基本的性格と重要問題」労旬1132号（1985年）17〜21頁。
（3） 同改正に対する馬渡淳一郎氏の批判と、それが的外れであることについて、第1章第1節2（2）参照。
（4） 前掲注（1）会議録20号2〜3頁。
（5） 常に、そのような意味の相違を明確に意識しながら、それらの言葉が使われているとは限らない。また、一般的な理解とは異なる独自の意味で用いていないとは限らない。端的な例として労働関係調整法という法律の名称におけるそれは、法律の目的・性格や規定内容から考えて、明らかに「労使紛争」という意味であり、まったく別の問題である。しかし、重要な意義を持つ概念であるだけに、言葉（概念、用語）は細心の注意をもって、厳密な定義をもって使われねばならない。詳しくは、萬井隆令「概念の明確化」労旬1711・12号（2011年）19頁参照。
　　菅野氏は、中間搾取の説明の際、「労働契約関係が派遣元との間に存在し、派遣先との間には存在しない以上は、派遣元が第三者として労働関係に介入したとはいえず……」と言い、直ぐ後で、「労働関係の存続への関与として禁止される典型は、手配師・労務係などによる……」と言われるが（菅野〔11版補正〕238頁）、脈絡からすると、同じく「労働関係」といいながら、前者は「労働契約関係」であり、後者は「事実上の労働関係」を指すと解される。
　　ドイツ派遣法上、違法派遣の場合には派遣先と派遣労働者との間に、直訳すれば、「労働関係が擬制される」という10条が存在する。同条項を紹介する場合には、日本には本文で指摘した事情なり問題があるだけに、その「労働関係」とは何を意味するのかは、特に吟味し、たとえば直訳ではなく別の用語を充てるといった工夫も求められる。高橋氏は「擬制的労働関係」と呼ぶ「契約」とし（『研究』72頁）、本庄氏は「労働契約関係」とするが（『役割』313頁）、「労働関係」と直訳のまま使っている例もある（大橋・和田ほか『法』282頁、マンフレート・レービッシュ（西谷ほか訳）『現代ドイツ労働法』（法律文化社、1995年489頁（村中孝史）等）。大橋氏は、その三つの言葉を、時には「労働関係」と「労働契約関係」を＝で結んで同義である、としつつ、別の箇所では「労働契約」という言葉を充てていて、用語が未整理なままである（同『弾力化』3頁等）。
（6） 東販事件・東京地判昭56.2.27労判375号90頁。

（7）　青森放送事件・青森地判昭53.2.14労判292号24頁。
（8）　近畿放送事件・京都地決昭51.5.10労判252号16頁、全日空事件・大阪地決昭51.6.17労判256号47頁、BAB事件・東京地判昭54.11.29労判332号28頁、サガテレビ事件・佐賀地判昭55.9.5労判352号62頁。
（9）　前掲注（8）の諸事件。
（10）　東販事件・東京地判昭56.2.27労判375号102頁。
（11）　正田「社外工」季労60号（1954年）150～152頁。
（12）　松林「労働者派遣事業制度化問題の検討」学会誌59号（1982年）35～36頁。同旨、石松亮二「職業安定法」林迪広ほか『雇用保障法研究序説』（法律文化社、1975年）127頁、前掲第1章第1節注（4）清正・『社会法の現代的課題』275頁以下、前掲第1章第2節注（4）鎌田・労旬1108号63頁など。
（13）　日本板硝子（株）と合化労連日本板硝子労組間の合意である。「板労ニュース」1976年12月10日号。
（14）　前田達男「グループ経営と出向・配転」季労160号（1991年）36頁。
（15）　田辺三菱製薬は日本雇用創出機構（パソナ・グループの転職支援会社）に「辞めさせ出向」をさせた。厚労省は職安局長通知（2016.3.14付）をもって、「自由な意思決定を妨げる退職強要は違法行為であり許されない」と指導したと伝えられていたが、4月1日に予定されていた出向は中止された、4月3日「赤旗」。
（16）　有泉亨氏はかつて、デパートで営業する小売商の店員のいわゆる派遣店員をも出向の一種と解されていた、同『労働基準法』（有斐閣、1963年）125～126頁参照。その当時まで出向概念が未分離であったことを示唆する。現在では、店舗所有企業が派遣店員に就労について指示することは職安法違反とされている。ヤマダ電気、ヨドバシカメラなどが指導を受けた、朝日新聞07年5月11日、同5年22日など参照。
（17）　日立電子事件・東京地判昭41.3.31労民集17巻2号368頁以降、確立した判例である、萬井「出向」本多淳亮・久保敬治・片岡曻ほか編『判例コンメンタール20労働法Ⅱ』（三省堂、1983年）79頁以下参照。

　　学説としては、前掲注（16）有泉『労働基準法』125頁、山本吉人「合理化に伴う雇用形態の変化と労働者の地位」学会誌22号（1963年）76頁以下、後藤清「出向」季労59号（1966年）135頁、岸井貞男『ゼミナール労働法』（日本評論社、1971年）25頁、石井照久『新版労働法』（弘文堂、1973年）160頁ほか。
（18）　前掲注（17）日立電子事件判決参照。

　　出向に関わる判例の動向と特徴については、菅野和夫・諏訪康雄『判例で学ぶ雇用関係の法理』（総合労働研究所、1994年）165頁以下、矢野昌浩「出向－新日本製鉄（日鉄運輸）事件」菅野・西谷・荒木編『労働判例百選［第7版］』（2002年）78頁等参照。
（19）　松岡三郎「社外工の法律上の地位」月刊労働問題2号（1958年）31頁以下、島田信義「社外工をめぐる法律問題」労働経済旬報421号（1959年）10頁、前掲注（11）正田・季労60号150頁、浅井清信「社外工」季労62号（1966年）128頁および新甲南鋼材工業事件・神戸地判昭47.8.29判時687号96頁等参照。
（20）　前掲注（19）松岡・月刊労働問題2号33頁。
（21）　前掲注（17）山本・学会誌22号76頁および84頁以下参照。

(22) 川口実『労働法実務大系15 特殊雇用関係』（総合労働研究所、1974年）143頁以下。
(23) 前掲注 (12) 石松『雇用保障法研究序説』128～129頁。
(24) 外尾健一『労働法実務大系9 採用・配転・出向・解雇』（総合労働研究所、1971年）186頁以下。
　　外尾氏は二重の労働契約説を徹底して貫かれ、後に、労働者派遣を公認するのであれば、「派遣先と派遣労働者との間にも派遣契約を条件とする労働契約が成立することを明記し……ておくことが必要」だ、と主張された、同「労働者派遣事業法制化の問題点」ジュリ831号（1985年）23頁。
(25) 高木紘一「親子会社に特殊的な労働者の地位」学会誌42号（1973年）83～84頁。同旨、今野順夫「出向命令の効力と出向中の労働契約関係」季労129号（1983年）50頁以下、来栖三郎『契約法』（有斐閣、1984年）428頁以下。
(26) 萩沢清彦「労働協約または労働契約に根拠をもたない出向命令の効力」判タ285号（1972年）89頁以下。
(27) 労働省コンメ4（1970年）432～433頁。なお、労働省コンメ3（1970年）は行政的取締を想定した書であるためか、労働条件明示義務の内容として配転に言及するが、出向にはまったく言及していない（179～180頁）。
(28) 前掲第1章第1節注 (4) 清正『社会法の現代的課題』275頁以下、前掲第1章第2節注 (4) 鎌田・労旬1108号62頁以下参照。
(29) 学会シンポジウム記録・学会誌63号（1984年）162頁以下参照。
(30) 前掲第1章第2節注 (12) 参照。
(31) 高梨『詳解』は、「派遣元」と書くべきところを「派遣先」と書いている（184頁図2参照）。土田氏は、「労働者は出向先に対して具体的労働義務を負うと同時に、それを通して出向先に対する基本的労働義務を履行する」と書いている（同『労務指揮権の現代的展開』〈信山社、1999年〉523頁）が、脈絡から考えて、後者の「出向先」は「出向元」の誤記であろう。山川氏は、「派遣先の指揮命令権は、派遣労働者が派遣先に対して負っている労働義務の内容（派遣就業の場面におけるもの）を具体化する……」と書くが（同「労働者派遣法の法的構造－私法上の権利義務の観点から」野川忍・山川隆一・荒木尚志・渡邊絹子編『変貌する雇用・就労モデルと労働法の構造』（商事法務、2015年）385頁）、氏の見解に照らすと、「……派遣労働者が派遣元に対して……」ではあるまいか。そのような例は、引用の際に評者が（ママ）と注記する判例評釈が示唆するように、判決文にも散見される。他人事ではない、私も「派遣先」と書くべきを「派遣元」と書き間違えたことがある、萬井『締結』107頁。
(32) 厚労省コンメ9（2013年）116頁図6。荒木〔3版〕は「労働契約 or 指揮命令関係」と（526頁図表18-11）、鎌田耕一氏も「指揮命令関係又は雇用関係」と（同「委託労働者・請負労働者の法的地位と保護」労研526号（2003年）62頁図3）、諏訪康雄氏は「労働契約関係、指揮命令関係」と記している（東大労働法研究会編『注釈労働基準法上巻』（有斐閣、2002年）126頁図）。

第2節　派遣法制定と間接雇用論の混迷

1　派遣法検討過程における、間接雇用に関わる概念の歪曲

　労働力需給システム研の80年4月『提言』を受け、中職審の『立法化の構想』を経て85年7月、労働者派遣法が成立した。派遣法の制定に向けて政府が設置した委員会、研究会などが労働者供給、出向などの概念についても見解を示したが、その中に、間接雇用に関わる概念論の混迷を惹起することになった、従来の概念を説明もないまま変更（歪曲）したものがある。二つの例を見ておきたい。

(1)　労働基準法研究会『報告』

　労働基準法研究会第一部会（萩澤清彦座長）の84年10月、『派遣・出向等複雑な労働関係に対する労働基準法等の適用について』はまず、「一人の労働者に係る労働関係が複数の事業主にまたがって成立している場合を労働契約関係の成立の状況から分類」して派遣型と出向型に分け、整理を試みている。

　(ア)　労基研の派遣論

　派遣法制定前であるため、いわゆる派遣は違法な労働者供給事業と見なされる、という法環境の下で、労基研は派遣法の制定を見越して、派遣について苦肉の策的な説明を行なわざるを得なかった。そのため、研究者の集団が行なった研究であるにもかかわらず、矛盾や曖昧な表現が目立つ。

　労基研『報告』2(1)イは、「いわゆる労働者派遣」の場合、派遣元は「派遣先における業務の遂行上必要な限度において派遣労働者に対して有する指揮命令権の行使を派遣先事業主に委ね」るから、派遣先は「契約に定める範囲内で、派遣労働者を指揮命令する権限を有している」が、労働者は派遣先に対して「直接就労義務を負うものではな」く、派遣先の「指揮命令を受けて就労する義務を、派遣元事業主との労働契約に基づき、派遣元事業主に対して負っている」と説明している。派遣法成立以前であるから、派遣先が労働者を指揮命令することは職安法44条違反ではないのか、という問題については解説を避

労基研『報告』は、派遣型に対する労基法の適用問題を詳述した後、「5　形式的な法律関係にかかわらず実質的には労働契約関係は派遣先等との間に成立していると認められる場合等」という項目をたて、「(1)　黙示の労働契約関係の成立を認める裁判例」で判例の動向を紹介する。どのような事実が判断基準となって「黙示の労働契約関係」の存在が認められるかについて説明するイでは、(イ) 事実上の使用従属関係の存在と (ロ) 両当事者の合意を推認するに足る事情の存在を指摘する。

　続くロは、「事実上の使用従属関係」の存在認定について追加解説するが、「なお」としてテーマから外れ、取って付けたように、派遣元と派遣先との関係が職安法44条、労基法6条に「違反すること自体から直ちに派遣先との間に使用従属関係があるということにはならない」と述べる。しかし、それは筋が通らない。何故なら、労働契約がないにもかかわらず、派遣先と労働者との間に「使用従属関係がある」と認定されたからこそ、派遣（その時点での労働者供給）が職安法44条、労基法6条に違反することになると判断されたはずであって、そのような関係がないにもかかわらず、職安法44条等違反と認定されるわけがないからである。

　次いで、ハで、両当事者の合意の存在を特に問題とせず、事実上の使用従属関係が存在すれば「派遣労働者を派遣先の労働者と解する」学説があると紹介しているが、「裁判例」を論じる筈の (1) において、わざわざそのような学説を紹介した意図は不明である。あるいは、それは、青森放送事件、近畿放送事件などにおいて、裁判所が相次いで、請負業者の従業員がユーザーの組織に組み入れられて働き「事実上の労働関係」が生じている場合、ユーザーとの間に黙示の労働契約が成立した、と判断したことを、そのような学説に依拠する⁽¹⁾ものと理解し、それに異議を唱え、「両当事者の合意を推認する」事情がない限り、黙示の労働契約の存在は認められないと指摘する意図に基づく紹介であったとも推測される。つまり、ロの後半の場違いな指摘とも併せて考えると、労基研は見出しとは逆に、事実上の使用従属関係の存在を根拠に、その間に労働契約関係の成立を認めようとする当時の判例法理を排斥し、先走って、その後の裁判を労働契約成立否認の方向へ強引に誘導しようと意図したとも解される。

なお、同『報告』は「……違反するとしても、そのこと自体から直ちに……」というが、それらの事件の原告は、実態を法理論的に分析した結果、法的に黙示の労働契約が成立していると主張したのであって、決して、職安法44条や労基法6条に「違反すること自体から直ちに」ユーザーとの間に黙示の労働契約が成立するといった、短絡的な主張をしたわけではなかったし、裁判所もそのように判示してはいない。労基研は、あたかもそのような単純で粗削りな主張や判示であるかのように描写し、それを否定することによって、従来の判例の黙示の労働契約論を否定する。それは、正しく把握した対象を論評するのではなく、歪めて捉えた対象を批判するもので、論評の在り方として適切ではない。

同『報告』は労基法の各条項の適用については一応、労基法の賃金（24条以下）、労働時間制（32条以下）、災害補償（75条以下）や労働安全衛生法についても言及するが、形式的検討だけで終わっている。例えば、現実には労働者を指揮命令しない派遣元が労働時間制などを含む就業規則を実際に制定し得るのか、多くの派遣先に労働者が散在している派遣元で、どのような36協定を締結し得るのか、派遣先における労災について、就労を指示する派遣先は補償しなくて済むとすれば、労災防止に対する真剣味が縮減しないか等々の疑問が直ちに浮かぶが、そういった切実な疑問は思い付かなかったようで、検討も解答も存在しない。

　（イ）　労基研の出向論

労基研は、出向を「濃淡の差はあれ出向元事業主と何らかの関係を保ちながら、出向先において新たな労働契約関係に基づき相当期間継続的に勤務する形態」と説明をしながら、続けて、労働者は出向元、出向先「双方との間に労働契約関係がある」と述べ、結局、「出向元事業主と何らかの関係」は「労働契約関係」であることを明らかにし、二重の労働契約関係説をとった。そして、労基法、安衛法などの適用についての解説が続く。

　（ウ）　まとめ

労基研は、「労働基準法等の適用」関係を明確にすることを主とし、出向と派遣、労働者供給（偽装請負）との区分・識別、相互の関係等についてはそれ以上の検討は行なっていない。期待されたのかも知れないが、派遣法制定への

地均しの役割は充分には果たしていない。

(2)　中央職業安定審議会労働者派遣事業等小委員会『立法化の構想』

　システム研は、一時的な就労を望む主婦などのニーズに応える方策を課題として指摘しつつ、常用雇用型のみを肯定していたが、中職審は登録型派遣も容認したうえで、派遣を、「派遣契約に基づき、自己の雇用する労働者を派遣し、他人に使用させることを業として行うもの」と定義した。

　中職審『立法化の構想』は、派遣とそれに近似するものとを区別するために不可欠な「概念の明確化」を標榜しつつ、「請負契約と称していても、派遣先が派遣労働者を使用する関係にある場合は労働者派遣事業とな」る、「現行法の労働者供給事業のうち、供給元と労働者との間に雇用関係があるものは労働者派遣事業（図1）となり、供給元と労働者との間に雇用関係がないものが労働者供給事業（図2）となる」とし、次頁の図を示している。

　かつては、請負業者が労働契約を結び、労働者を雇用している場合でも、労働者供給事業と解されることがあることには異論を見なかった（第1節1）。ところが、派遣法の制定に伴って職安法の一部が改正された機会に、労働省は労働者供給の概念についてそれまでとは異なる解釈、つまり、供給元が労働者と労働契約を結んでいる場合には労働者供給事業には該当しないとし、従来の概念を歪曲する新解釈をとったが、それは、実は中職審が準備していたのである。

　ただ、派遣先が「使用する関係にある場合は労働者派遣事業とな」ると言いながら、何故、派遣元と雇用関係があるものは「派遣」となり、「雇用関係がないもの」だけが労働者供給事業となるのか。肝心な理論的説明は一切ない。[3]

　職安行政の担当部局であり、行政実務を熟知している労働省職安局の職員が事務局として同『構想』の取りまとめに関与していたが、上記のような派遣と労働者供給との区分が導きだす後述のような事態を予測できなかったとは考えられない。そのことが不公正な状態を生み出すことを認識しつつ、理論的に明快な説明はできない、あえて説明を試みると当該認識の問題点が誰の目にも明らかなまでに浮かび上がることを予見し、そのような事態を回避するために結論だけを述べたのではないか、と疑わざるを得ない。

　そもそも、なりふり構わない業者は別として、業者が自ら職安法に違反する

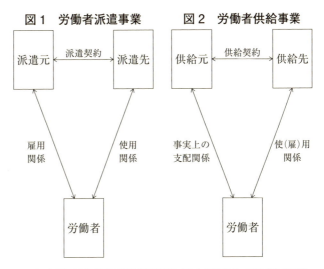

（出所）高梨昌編著『詳解労働者派遣法』（日本労働協会、1985年）126頁。

労働者供給事業を行っていると宣言するとかそれに等しい愚かな表白をするわけがない。逆に、労働者供給事業であることを隠蔽するために極力、独立した業務請負であるかのように偽装を凝らすのが一般である。労働者とは労働契約を結び、発注企業で就労する際には現場監督者の体裁をとる者を指名・配置し、自らは就業規則を定め、就労時間の管理を行い、賃金台帳も作成し賃金を支払い、社会保険にも加入する等々である。発注先で使用する機器については賃貸借契約を結ぶ。

　派遣法制定後も、派遣法による僅かな規制さえも免れるために、業務請負、委託などの法形式を利用した、実質的な労働者供給事業が横行している。だが、中職審の解釈に従えば、労働者と労働契約を結んだ形式を整えておきさえすれば、労働者供給事業と判断されることはなく、請負の発注者に対しては職安法44条による取締りはないことになる。そして実際にも、派遣法施行後は、労働者を雇用する形をとっている場合は、行政機関による職安法44条にもとづく取締りは極めて少ない。

　不法就労の外国人労働者が派遣された場合や、供給業者が暴力団関係者であ

る場合には、職安法44条として摘発する例もある。一般の企業による日本人労働者の供給事業は見逃し、意図的にそのような場合に限って派遣法44条、労基法6条の適用が行われているとすれば、それらの法律（条項）は不法滞在外国人や暴力団等の取締りに利用され、機能的な出入国管理法、暴力団取締法に変質していることになるという別の問題を生んでいる(4)。以前から原子力発電所では正社員に被曝労働をなるべくさせないために、下請け、派遣が活用されてきたが、2011年3月東北大震災に伴う東京電力福島第一原子力発電所の事故以降、原子炉周辺のガレキ処理、破損した建屋の撤去、汚染水処理などに多数の労働者が投入された際、急遽、多数の労働者を集めるため、雇用管理がおろそかにされ、偽装請負、違法派遣も多数あると伝えられた。その場合も、暴力団等が労働者を提供した場合には職安法44条違反として摘発される例が多い(5)。

　もっとも、強まる批判に押されてと推測されるが、近年は、一般の場合にも業務請負事業や出向が労働者供給事業と判断され、是正指導を受ける例も出てきた。是正指導書は、指導を受けた企業に対して出されるだけで、公表はされないから、直接、見る機会は、訴訟において証拠として提出されたような場合に限られるため、全体像を正確に把握することはできないが、新聞記事や入手できた是正指導書をみても、従来どおり派遣法24条の2違反等とされるものもあるが、労働局が職安法44条を適用するのも少ない数ではない(6)。今や、中職審が示した派遣と労働者供給との区分基準が、すでに厚労省の内部でも破綻していることを示しているし、現場での混乱も示唆している。

(3)　法案審議の過程で

　派遣などの間接雇用は、労働者を指揮命令して就労させながら、自らは使用者としての責任を免れる（免れようとする）から問題となる。だが出向は、厚労省もとる二重の労働契約説によれば、出向先が労働者と労働契約を結び使用者責任を負うので、労働法理論上、特に問題はない。派遣法2条1号後段は、出向は規制の対象外となるという趣旨で、出向は派遣の概念に含まれないと確認した。それ故、出向については「業として」か否かを問題とする必要もない筈であった(7)。ただ、理解が曖昧なまま引き継がれてきたために、法案審議の過

程で、労働者供給や派遣と出向との区別が、否応なく論議の対象とならざるを得なかった。

ところが、(政府委員)加藤孝職安局長は、労働者供給には「供給を受ける側が雇用関係である者、ない者、いろいろあります」と説明し、議員が、出向については、新日鉄が「社外勤務」という名で出向や派遣があり得るとする労働協約を締結し、実際に多数の労働者をトヨタ、日産などに繰り返し出向させている例を紹介し、それは「業として」と解されるか、と質問したのに対し、「業」とは「一定の目的と計画とに基づいて経営する経済的活動」のことで、それに該るか否かの判断にとっては営利目的、事業としての独立性の有無が重要な要素となるが、「営利活動」性だけで判断はしない、社会通念によると、一般論を以て回答した。[8]

そもそも法案の審議は、質疑応答を繰り返す中で、法案に関わる疑問点を質し、明確にし、必要とあれば修正を加え、法律となった際にスムーズに施行されることをめざして行なわれる(はずである)。その答弁のように、焦点をはぐらかす、問われていることに正面から応えない、問題点を明快に説明しない等の政府側の対応は、国会審議を蔑ろにするもので、不適切である。前者についていえば、労働者供給を受ける者と「雇用関係がある」労働者とは一体何なのか。「供給を受ける」企業は労働者との間には必ず事実上の使用従属関係が存在する以上、有無の二者があるというからには、その「雇用関係」は「労働契約関係」を意味する。つまり、同答弁は、供給先と労働者が労働契約関係にある場合も労働者供給に該当する、と説明したことになるが、そう明快に述べると問題点を追及されることになりかねないから、その事態を避けようとしたのか。後者について言えば、例を挙げた具体的な質問に対し、「社会通念」といった曖昧な基準では、法律の施行に当たる所轄官庁の長として適切な答弁とはいえない。そのような対応がさらに後の行政解釈にも引き継がれる。

2 『施行通達』などにおける間接雇用に関わる概念の新解釈

派遣法は制定後、1年の周知期間を置いて1986年7月から施行されたが、それに備えて行政解釈が多数出された。そのうち、間接雇用に関わる概念について重要なものを検討する。

(1) 1986年4月告示37号

　労働省は、86年4月17日、告示37号『労働者派遣事業と請負により行われる事業との区分に関する基準』を発表した。適正な請負と認められる要件として、①業務の遂行に関する指示や労働時間管理、企業秩序の維持などを自ら行なって、労働力を自ら直接利用する、②必要な資金の調達・支弁、法律上の事業主としての責任を遂行し、「単に肉体的な労働力を提供するものでな」く、当該業務を自己の業務として相手方から独立して処理する、という2点を挙げる。その要件を充たさない場合、「労働者派遣事業を行う者に該当する」という。

　労働者供給事業の一部を「労働者派遣」として合法化したから、労働者供給と派遣の区別に関する基準は新たに作成する必要があったかもしれない。しかし、合法と認められる請負を識別する基準は既に職安法施行規則4条が存在したから、内容が異なるわけではないにもかかわらず、それとは別に、派遣との関連でわざわざ、請負が合法と認められる要件を告示で示す必要はなかった。また、自由な契約に委ねられる請負と、一定の手続きをふみ要件を充たせば容認される派遣は、概念が異なるとはいえ、双方とも合法であるから、派遣法の適用と関わって「派遣」の概念さえ明確であれば、両者を識別する実践的な必要性はなかったのではあるまいか。

　しかも、請負と称しながら実体がない偽装請負であると判断された場合、それに対して派遣法違反であると同時に労働者供給事業として職安法44条違反の責任を追及し得るか（追及すべきか）という問題が存在するから、上記の2要件を充たさなかったとすれば、職安法施行規則4条に違反し労働者供給事業と判断される場合も多いと考えられる。にもかかわらず、その場合は派遣とだけ言い切ってしまうことには問題が残る。

　発注者が請負業者の雇用する労働者を指揮命令して就労させているとすれば、理論的経緯に照らしても、それは労働者供給事業でもある、と解し、そのことを明記すべきではなかったのか。告示37号は、「請負契約の形式に」もとづいていても基準を充たしていないものは「労働者派遣」である、と説明抜きで断言して、その肝心な疑問を封じこめている。客観的には、そのために出された告示という他ない。同告示は疑問の余地のないものとするのではなく、内容お

よび意義は厳密に検討されねばならない。⁽⁹⁾

(2) 『施行通達』等

（ア）『施行通達』等の内容

労働省は法施行の直前、86年6月6日に出した『施行通達』および『別添』において、労働者供給の概念および中間搾取について新しい解釈を公表した。

『施行通達』は、労働者派遣を「①派遣元と派遣労働者との間に労働契約関係」があり、②労働者派遣契約に基づき派遣され、「③派遣先は、派遣元から委ねられた指揮命令権により派遣労働者を指揮命令する」ものと定義した。

そして、派遣の合法性を強調する意図からでたものと推測されるが、派遣と中間搾取の関連に言及し、「派遣元と労働者との間の労働契約関係及び派遣先と労働者との間の指揮命令関係を合わせたものが全体として当該労働者の労働関係となる……派遣は、労働関係の外にある第三者が他人の労働関係に介入するものではなく、労働基準法第6条の中間搾取に該当しない」という、従来、提唱されたことのない奇異な解釈を披瀝して、派遣は性格上、本来的に中間搾取とならないとした。

さらに労働者供給と中間搾取の関連にも言及し、「供給先と労働者との間に実質的な労働関係があるので、供給元による労働者の供給は、供給先と労働者との労働関係の外にある第三者である供給元が『他人の労働関係に介入する』こととなる」と言いながら、一転して、「供給元と労働者との間に労働契約関係がある場合については、労働者派遣と同様、供給元は『他人の労働関係に介入する』ものではない」から中間搾取に該当しないと、合法的な派遣と違法な労働者供給を不条理にも同列に扱った上で、先の奇異な解釈を繰り返した。『施行通達』はこれ以外の概念上の問題はすべて『別添』に譲っている。

『別添』は「1　請負との関係」で請負につき告示37号を紹介し、「2　出向との関係」で出向は労働者と出向先との間に労働契約関係があり、派遣には該当しないと述べた後、その労働契約関係の有無は、出向先が「指揮命令権を有していること」に加え、①出向先が賃金の全部又は一部の支払いをする、②出向先の就業規則の適用がある、③出向先が独自に出向労働者の労働条件を変更することがある、④出向先において社会・労働保険に加入している等を「総合

的に勘案して判断する」としている。

3で派遣店員を説明した後、「4　労働者供給との関係」において、イで、派遣法に規定する労働者派遣に該当するものは労働者供給には含まれない、と定める職安法4条（現行。当時は5条）6項を紹介し、「したがって、供給元と労働者との間に労働契約関係がない場合には供給先と労働者との労働契約関係の有無を問わず供給契約に基づいて労働者を供給先の指揮命令を受けて労働に従事させるものが労働者供給に該当する」とした。

4ロは、労働省コンメ4（1970年）を引継ぎ、中職審『立法化の構想』のまま、「供給元と労働者との間に労働契約関係がある場合であっても、供給先に労働者を雇用させることを約しているものは労働者派遣に該当せず、労働者供給に該当する」と述べている。そして、雇用を約しているか否かの判断は、元・先の間の契約書などにおいて「雇用させる旨の意思の合致が客観的に認められる場合」はそれに従うが、それ以外は、①派遣法の「枠組みに従って行われる場合は、原則として、派遣先（供給先）に労働者を雇用させることを約して行われるものとは判断しない」（筆者注－労働者供給事業とは判断しない）、②派遣元が企業としての実体をもたない個人などで、派遣元自体が派遣先の組織に組み込まれていて「その一部と化している」場合、および派遣元は企業としての実体を持つが、「派遣先の労働者募集、賃金支払の代行となっている」場合、その他これに準ずる場合は、「例外的に、派遣先（供給先）に労働者を雇用させることを約して行われるものと判断することがある」、と説明する。「判断することがある」というのは、当事者は請負と考えているとしても、労働省としては②の場合は労働者供給事業と「判断する」という意味なのか、それとも、労働者供給事業と「判断する」こともあるし、しないこともある、という意味なのか、明快ではない。そのような曖昧な表現を使っているが、それは実際の判断作業の困難さを出先機関に転嫁していることになるのではあるまいか。

（イ）『施行通達』等の問題点

『施行通達』等は、焦点を逸らせ、また、読む者を誤解に導く（あるいは、理解し辛い）表現を敢えて用いており、それだけでも、明快さを求められる定義として不適切である。ただ、もとより、より大きな問題はその内容である。

改めて確認しておく必要があるのは、第一に、派遣法2条1号は、労働者派

遣を、積極的には、「自己の雇用する労働者を、当該雇用関係の下に、かつ、他人の指揮命令を受けて当該他人のために労働に従事させること」と定義し、消極的には、「当該他人に対し、当該労働者を当該他人に雇用させることを約してするものを含まない」と述べたこと、第二に、労働者供給を定義する職安法4条6号に、派遣法に規定する「労働者派遣に該当するものを含まない」という一文を付加しただけである、という事実である。つまり、派遣の合法化に伴って、派遣法に規定する労働者派遣は職安法44条にいう労働者供給には含まれないことになったが、職安法上、労働者供給事業それ自体については定義には何も変更はない。そして先の2点以外に、派遣と労働者供給に関する法律上の条文は存在せず、あとはすべて解釈論に委ねられている。

定義は明確であっても、具体的な事例についての判断が難しく、判断する者によって結論が異なる、ということはあり得る。しかし、そのことと、定義そのものは明快であり、厳密でなければならないということとはまったく別の問題である。法概念についての定義は曖昧であってはならない。ましてや、派遣法、職安法の施行に責任を持つべき労働省の、合法的な派遣と違法な労働者供給のそれぞれの概念の定義が曖昧であるとすれば、両者の区別は必須であるにもかかわらず、それに関する、法の施行の厳密な基準が現実には存在しないのと同様になり、その限りで、法律は施行の際に混乱状態が生じるのは必至である。

以下、『施行通達』『別添』だけに限らず、間接雇用に関わる定義ないし概念論についても検討することとしたい。

(3) 間接雇用の概念と相互の関係

（ア） 派遣の定義

派遣は、派遣先は必要な技術、経験等を示して、それに応えられる労働者の派遣を要請する、派遣元は日頃から有能な労働者を登録もしくは雇用の形で確保しておき、派遣先の当該要請に応じ得る労働者を選んで派遣する、という仕組みであり建前である。ところが『施行通達』は「派遣」の定義については、先に紹介した①派遣元と労働者の契約関係、②派遣契約に基づく派遣、③派遣先の指揮命令中3点を指摘しただけで、派遣の仕組みや建前については特に詳

しくは説明しなかった。

　後に、派遣先による事前面接の意義が争点の一つとなってくる。それとも関わるが、派遣以前における派遣先による労働者の「特定」については1999年改正の際にようやく、26条7項（現行法では6項）に避止努力義務として規定された。松下PDP事件最高裁判決は、派遣元が労働者を採用する際の、派遣先の「関与」の内容如何によっては派遣先との間に当初から黙示の労働契約の成立が認められることを示唆した。本来であれば、派遣法の円滑な運用に資するための『施行通達』という、脱法的な行為をあらかじめ牽制し警告する使命からすれば、派遣の定義だけでなく、それに関連して、労働者派遣の基本的な法的構造をより明快に述べておくべきであった。

　法律の施行に伴って生じる事態に直面し、それへの対処という形がやむを得ないこともあり得る。だが、派遣法制定以前、業務請負の形式を利用していた頃から、その建前によれば、本来、請負業者が自ら労働者を選抜すべきであるにもかかわらず、発注者が介入していた事案は多数存在し、それをめぐるユーザーに対する黙示の労働契約存在確認請求事件もあったから、労働省は後追いにまわるのではなく、法制定から施行までの期間に調査し、『施行通達』に明記して留意を促すべきであった。特に、「事前面接」については、理解は分れており、避止努力が義務付けられているにすぎない「特定」に事前面接を含むと解する見解もあり、しかも、事前面接が実態として派遣元における採用を左右する程の立ち入った採用試験となっていることもあり、そう受け取られることを警戒して「面接」という言葉を避けて「面談」と呼ぶ企業もあるほどで、派遣の構造の説明と併せて、「特定」や「事前面接」についての定義や解説は必須であった。法規定に沿った派遣の定義だけで済ませたのは、怠慢の誇りを免れない。

　なお、『施行通達』は、派遣元は労働者と「労働契約関係」にあることが必要であると記し、派遣元が雇用していない労働者を派遣する二重派遣は「労働者派遣」に該当しないことを示唆している。しかし、その先に存在する、次に指摘する問題については言及しない。

　（イ）　請負と派遣

　職安法は偽装請負を禁止する。施行規則4条1項は、その取締りのために合

法的な請負と認められる要件を挙げ、労働者供給と区分する判定基準を示した。派遣法制定に伴って職安法を改正した際、同条は何一つ変更されてはいない。

労働省は先に見た1986年4月告示37号を出し、さらに『別添』の「1　請負との関係」は、改めて、民法632条の定義に従い、請負は「仕事の完成を目的とする契約」で、請負業者が「自らの責任において」自己の雇用する労働者を指揮命令するが、「請負という形式で行われている場合であっても、実質的には注文主が請負人の雇用する労働者を指揮命令している場合には、労働者派遣に該当する場合もあ」る、と説く。そこまではよいとしても、請負の形式をとっていても「派遣に該当する場合もある」とだけ述べて、同時に労働者供給にも該当することには触れない。また、「場合もある」といって「該当する」と言い切らないということは、発注者が労働者を指揮命令していてもなお請負に該当する場合があるというのであろうか。発注者が労働者を指揮命令しており偽装請負と判断された場合、それを労働者供給に該当すると判断しないのか、が問われる筈であるが、先に、国会審議の際の政府委員説明について指摘したのと同様、『別添』「4　労働者供給との関係」でも肝心なその問題について沈黙している。

労働省はそのような論点・疑問に気がつかないのか、それとも疑問は感じつつ曖昧なままにしているのか。現場で申告を受ければ、個々の労働省職員は実際に何らかの対応を迫られることになるが、その際の依るべき基準がない。沈黙したままである労働省本省は無責任という以外にない。

（ウ）　派遣と出向

派遣法が、労働者派遣の消極的な定義とする「……当該他人に雇用させることを約してするもの」は、一般に、出向を指すと解されている。[13]

出向元と出向先が賃金支払や労働時間制、職場規律と懲戒等々の労働条件について合意し、それに労働者が同意し、出向先と労働契約を締結して初めて、出向関係が成立し、労働者は労働契約を締結した相手方とのみ指揮命令に従って就労するという、出向本来の関係に入る。[14]二重の労働契約説は、出向先は労働者と労働契約を締結し、合法的に労務指揮権を得るとともに、使用者としての責任を負うことを指摘した点に意義がある。

『別添』「2　出向との関係」は、出向を「出向元と何らかの労働関係を保ち

ながら、出向先との間において新たな労働契約関係に基づき相当期間継続的に勤務する形態」と説明し、派遣と出向は労務提供先との「労働関係の実態により」区別されるとして、出向の場合は「出向元及び出向先の双方とそれぞれ労働契約関係があるので……契約関係が存する限度で労働基準法等の適用がある」という。そして、労働契約関係の存否は、指揮命令権のほか、賃金の（少なくとも一部の）支払い、出向先の就業規則の適用、出向先による独自の労働条件の変更、社会・労働保険への加入等を「総合的に勘案して判断する」という。

　出向について、それらの指標を示しながら、実態を総合的にみて出向先との労働契約関係の存否を判断するという説明は、派遣法制定が問題となる以前の議論では見かけることはなかった（第１節２参照）。その説明は菅野和夫氏が1985年９月に上梓した『労働法』の初版で説いた見解と酷似している。菅野氏によれば、労働者保護法上の諸規定・事項について「実質的権限を有しているもの」が使用者責任を負うから、出向先が「取得する権限の実態に即して」労働契約の当事者たる使用者に該当するか否かを判断するが、労働契約の「基本的要素」は賃金支払や人事権の掌握であり、出向元が「賃金の決定・支払」をしている場合や、出向先が労務管理や賃金支払いをしていても、出向元がなお「人事考課、懲戒、解雇、復帰等の人事権」をすべて掌握している場合には、出向先は作業上の指揮命令や出退勤の管理をしているだけで、労働契約の基本的要素が欠けるから、出向先との間に労働契約が締結されているとはいえない、それは「労基法の（部分的）適用がある独特の契約関係」である、つまり、①出向先が賃金を決定し支払い、人事権を掌握している場合には二重の労働契約が成立するが、②それ以外では、「出向労働を内容とし、労基法の（部分的）適用がある独特の契約関係（「出向労働関係」ないし「部分的労働契約関係」）」が成立する、と説かれた。

　この見解によれば、社会的には出向と認識されてきたが、ユーザーが包括的な労働契約上の全体的な権利義務の当事者となる出向ではない、さればと言って派遣でも労働者供給でもない、しかし、間違いなく間接雇用である就業形態が存在することになる。通常の出向においては、出向元との労働契約、出向先との出向労働契約が存在することになるわけで、当初の二重の労働契約説が充

第 2 節　派遣法制定と間接雇用論の混迷

分には説明していなかったことについての新たな問題指摘である。
　ところで、同指摘は妥当であろうか。"これが欠けては労働契約とはいえない"という意味での労働契約の核心は、一方の指揮命令に従って他方が就労するということである。菅野氏は、その、指揮命令に従った労働という核心を軽視しているように思われる。菅野氏がいう「部分的」とは、賃金の支払い方や人事権等について、労働者も合意の下に、出向元、出向先間で責任や負担の配分が行なわれていることを指すにすぎない。だが、出向元における会議への出席などで、出向先を一時的に離れることはあるとしても、基本的に出向労働者は日常的に出向先の指揮命令を受けて、その指示どおりに就労する。その限りにおいて、労働者は出向先の完全な支配下に入る。労働者の体は一つだから、就労に関する限りは、関係は決して「部分的」ではない。それと比較すれば、賃金支払いや人事権の問題は二次的である。出向元、出向先に使用者としての権限や義務が分割され、全体として一個の労働契約になっており、ノーマルでないことは確かだとしても、出向は、使用者と目されるものが複数ある出向という特別な労働関係だが、その関係を創出する合意は、それなりに独立した一個の労働契約というべきである。
　一個の労働契約上の権利義務をどのように分割するかは当事者に委ねられているが、どの割合からは「部分的」労働契約（菅野氏のいう出向労働契約）という性格になるのかという問題もある。労基法等の条項の適用対象となる「使用者」と労働契約上の「使用者」とは完全に一致する必要がある、と解すべき必然性はない。三者が合意して作成する出向契約において、出向先が賃金支払義務を負い、実際にも支払っており、就労に関わる非違行為については現実に指揮命令して就労させている出向先が（出向元における契約上の地位や身分に関わることは別として）「人事考課、懲戒」の権限を有すことにする出向は、企業の一部門を独立させ、同部門で就労していた労働者の雇用調整を目的として当該別会社に出向させた場合には、むしろ普通に見られる事態である。(16)菅野氏は、出向は派遣法2条1号にいう「他人に雇用を約してするもの」に当たる点で「派遣とは区別される」と述べるとともに、労働省のいう出向＝二重の労働契約説にいう労働契約関係は「全面的なもののみならず、部分的なもの（出向労働関係）も含むということとなろう」とされるから、「部分的」労働契約も労

働契約の一形態と認められるのであろうか。雇用調整型の場合、出向元は賃金の支払いなどの「労働契約の基本的要素」[17]が欠けることが多いが、そのような、賃金支払いなどをしていない出向元は当該労働者と労働契約を結んでいないことになり、労働者供給事業とみなされることになるのか。ある三者間労務提供関係が労働者供給事業に当たるのか否かの判断基準になるだけに、明確にされる必要がある。

　土田道夫氏は当時、菅野氏の見解を全面的に支持されたが、出向には「出向先との間に労働契約関係が成立する場合としない場合」があり、後者は労働者派遣と同一の法律関係であると明言して、菅野氏が言及していなかった部分について、独自の見解を述べられた。だが、労働省の冤罪を創る労働者供給論（第1節参照）をそのまま支持されたり、出向先が賃金の決定・支払いを行ない、「指揮命令・人事考課・懲戒等の権限を行使する一方、出向元が復帰命令権を保有」しない場合には二重の労働契約関係が肯定されると述べられたが[18]、後者については、出向先が使用者としてのほとんどの権限を行使し、賃金も支払っていて、出向元が復帰命令権を持たない（復帰を予定しない）とすれば、もはやそれは出向ではなく、実質的には移籍とみるべきだと考えられる[19]。

　さらに、土田氏の出向についての当時の理論状況の把握にも疑問がある。例えば、学説の多くは、派遣と出向の区別に「批判的」だとされる例とされる[20]、外尾健一氏、伊藤博義氏は、労働者を指揮して就労させながら派遣先が使用者責任を負わないとする派遣法に対して批判的なのであって、両概念の区別に批判的なわけではない。また、二重の労働契約説では出向元・先間の契約の内容によっては、譲渡される「当事者の権利義務の内容」を「不明確なものとするおそれがある」と批判されたが[22]、出向契約に特別の規制はなく、当事者間で内容を定め得るから、それはどの程度まで周到緻密な契約を結ぶのかに帰する実務上の問題であって、理論としての難点ではない。しかも、それは出向労働契約説も同様に孕む危険性である。さらに、「出向先があらかじめ労働者との間に労働契約を締結する意思がない旨を明示的に表明した場合にまで労働契約の成立を認めることは不可能」との指摘は[23]、仮に妥当だとしても、それは出向にはあたらないというだけで、労働者供給にあたるのではないかについての検討はみられない。

後に、土田氏は、出向では「1個の労働契約を構成する権利義務が……分かれて存在」し、明確な合意があれば出向先が懲戒処分をすることもあり得る、と認められたが、先に指摘した、冤罪を創る労働者供給論、出向と移籍、労働者供給との区分が不分明など、重要な問題についての疑問点は残る。

ところで、二重の労働契約説は、一人の労働者について通常の労働契約が二重に成立していると主張したわけではなく、提唱者の外尾氏は、出向先・元間で「出向先での就業条件、労働契約上の使用者としての権利義務の分配等の合意が成立し、それを基礎として出向が行われている」と説明された。下井隆史氏は、労働条件等については出向先、出向元の契約によって配分される、それぞれの権利義務をあわせて一つの労働契約に対応する関係になる、籍だけ出向元に残るものもあり得るが、「労働時間、休憩、休日、休暇等の管理は出向先が行うのが普通」で、「賃金や休業手当の支払、就業規則の作成も出向先が行う例」が多く、「出向先と労働者との間にも労働契約が存在すると考えることよって、より無理のない説明が可能になる」と、緻密な理論構成をされた。

出向については他にも、労働契約において労働者は使用者の指示に従い、他の企業に提供された、その指揮命令に従って就労することがあるという特約を結んでおり、出向はその特約を履行するものであるという、渡辺裕、山川隆一氏らの見解（特約履行説）がある。渡辺氏は、派遣と出向は基本的に同一で、区別は恒常的か臨時的か、業務が限定的か無限定か等をみて行なう以外にないと述べられるし、山川氏は、通常の出向では特約がなくても、出向元の権利義務の一部は出向先に譲渡される、出向先との間には「出向労働関係」が生じる、派遣ではユーザーは「指揮命令を行うのみ」だが、出向では出向先は「労働義務の履行請求権を持つ」と述べられる。両氏とも、法的性格が異なると解される派遣と出向を区別しないままであり、渡辺氏は区別できないことを自認し、山川氏は自認されるわけではないが、実際には区別できまい。この特約履行説の致命的な難点である。

脇田滋氏は、「従来の学説に従えば、労働者派遣は、労務指揮権の主体が派遣先に帰属する点から在籍出向の一部に含まれる」と見ており、労基研が捉えた出向の概念は「派遣を独自の概念として区別するために無理に出向概念から切り離」して「出向先との労働契約の成立を前提としている点であまりにも狭

すぎる」と述べ、「実際の人事管理でも、派遣と出向は、ほぼ同意義に理解されており、ただ対象となる労働者の賃金などの負担を主に先がするのか、元がするのかで区別されることが多いという程度の違い」でしかないとされる[29]。脇田氏は、社会的に受け入れられている出向という労務提供形態をそのまま認めれば、別に、労働者派遣という概念を設けて派遣法を制定する必要はなかったと指摘されているようにも見える。しかし、職安法44条が労働者供給事業を禁止し、脱法行為を防ぐ趣旨で定めた職安法施行規則の、合法的と認められるための4要件に照らせば、否応なく、出向先が労働者を継続的に指揮命令し、自己のために就労させ続けることを法的に合法と説明する論理が求められる。二重の労働契約論はそれに応えている。特約履行説のように労働契約上の特約に基づくものとして捉える出向と労働者供給とは区別ができないから[30]、その両者を区別するために、労働者派遣を正面から認める派遣法を制定して立法的解決を図る以外になかったのではあるまいか。それは他方で、出向であれば合法な二重の労働契約関係が存在し、出向先は使用者責任を回避はしないから、社会的にも法的にも容認される、と説明され得た。それは、「業としない派遣」といったものを派遣法に規定することへの疑問にも繋がる（第3節参照）。

　水町勇一郎氏は、派遣は派遣元の指揮命令権だけが派遣先に譲渡されると解しつつ、指揮命令権だけが出向先に移転する出向もあり得るから、派遣と出向を区別することはできない、とされた[31]。ただ、それは指揮命令権の保持者とその譲受者の関係についての説明だけであって、労働者は何故にユーザーの指示に従って就労しなければならないのか、それは労働者供給ではないのかという疑問に答え得ていない。

　派遣と出向は構造的に共通する面があるが、目的によって区分されるとする見解もある。西谷敏氏は、「典型的な形態において、その目的や派遣先（出向先）での労働契約の存否という点で相違がある」と言いつつも、「業としない派遣」や「出向が業として行われることがありうる」こと等に照らし、「派遣関係においても、派遣先との黙示の合意によって労働契約が成立したと解すべき場合がないとはいえない」から、労務提供先との労働契約の成否だけを基準として派遣と出向の区別はできない、「一般には、出向と派遣は目的において区別される……本来的業務のために雇用した労働者を、なんらかの経済外的な

目的（業務提携、人事交流、雇用調整など）のために第三者の下で就労させる」ことが出向であり、したがって、「通常は事業ではな」い、とされる。[32]

しかし、前半の、派遣先との間で「成立したと解すべき場合」がある、とされる黙示の労働契約とは、具体的には何を指すのか。西谷氏自身も、図では、労働者と派遣先は「事実上の指揮命令」と説明されるが、使用者責任を免れたいがために派遣という形態を選んだ派遣先が、派遣就業が続いている間に黙示の労働契約の存在を進んで肯定することは予想し難い。となると、それは、違法派遣の派遣先（ユーザー）に対し労働契約の存在確認を求めて訴訟で争うことを余儀なくされた労働者が、主張立証を尽くし、ようやく裁判所が認定をして辿り付いた結論であって、当初から異論なくその存在が認められたものではあるまい。派遣先と労働者が任意で存在を認めるという労働契約――現実に存在するとは考え難いのだが――と、裁判の結果、認定された労働契約とを同列に論じることはできない。したがって労働者を現に使用している者（出向先）との間に労働契約が存在することを前提とする出向と、それは存在しないことを前提とする派遣は、基本的に同列には扱い得ない。

なお西谷氏は、「業務提携……雇用調整など」は「経済外的」だとされるが、それ自体から直接的に収益を得る「営利」的活動ではないとはいえ、業務提携、経営指導なども、他企業との連携を深めるなど有形無形の「経済的な」目的を持っている。また、雇用調整は自らが従業員として処遇するならば負担すべき賃金などの一部を他に委ね、自己の負担軽減を図るもので、正に「経済的な」目的である。狭い意味での「営利活動」にあたるどうかはともかく、基本的に、利潤追求を究極目的とする企業が「経済外的」行動をすることは一般には考え難い。法人である企業には「人」の心や感情はないから、慈善活動に対する参加指示でさえ、それによって社会的な評価・評判を高めることが企業活動をすることに貢献するといった、広い視野から行なわれる、打算にもとづく「経済的」行動とみるべきであろう。

その意味で、出向は何らかの「経済的」目的によるから、単発的ではなく、長期にわたって継続し、繰り返し行なわれることが多くなり、従来の判断基準とされた「業として」は、いわば必然的に充たされることになるという関係にあると理解すべきではあるまいか。もっとも、労働者が震災や津波の被災地に

行き、そこで自治体などの指示に従って救援活動を行なうこと等が出向に該当するように見られなくもない。しかし、労働者の労働義務には、そういった救援活動の類は含まれないから、使用者は法的には業務命令によって指示することはできない。したがって、出向には当たらない。労働法的には、労働者の自発的なボランティア活動の申出に対し、企業が特に「休業」を許可する、さらには支援する関係と理論構成することが妥当であろう。

　（エ）　派遣と労働者供給

　派遣と労働者供給との区別は実践的に極めて重要である。『別添』は、まず、4イで、他の企業に使用させるため労働者を提供する者が当該労働者を雇用していない場合は労働者供給事業に当たるとし、4ロで、雇用している場合は労働者派遣にあたるが、例外的に、「供給先に労働者を雇用させることを約しているものは労働者派遣に該当せず、労働者供給に該当する」とした。厚労省は今も、それを公式見解としている。[33]

　高梨『詳解』は、4ロのように解する理由を、提供先に雇用させることを約している場合は、①派遣元との雇用関係が「形骸化する蓋然性が高」く、②「雇用主としての責任を負うのがいずれになるか不明確となって、労働者保護の観点から問題が生ずるおそれが強」いから、労働者供給事業として禁止し続ける、と解説した。[34]それは二重の労働契約関係状態を回避する理由でもあるが、説得力に欠ける。二重の労働契約が存在したからといって、それにより、派遣元との労働契約が形骸化したり、雇用主の責任が不明確になるわけではない。契約の形骸化を避け、雇用主の責任の範囲や内容を明確にすることが重要であるが、それは、契約内容についてどれだけ綿密に協議し、合意内容をそれぞれの契約に的確・厳密に記載するかにかかっている。

　次に、意味内容は明快であるイはともかく、ロは他に波及する問題も含む。

　4ロの、労働者を提供先に雇用させることを「約し」ているか否か、客観的な文書などによって判断できる場合はそれによる、ということに問題はない。それでは判断できない場合、ロ①は、提供が派遣法の「定める枠組みに従って行われる場合は、原則として、派遣先（供給先）に労働者を雇用させることを約しているもの」、つまり労働者供給とは判断しない、というが、そこでいう、派遣法の「定める枠組み」とは何を指すのか。[35]『別添』に説明はないから、推

測する以外にない。

　15年法5条は、労働者派遣を行なう業者は労働大臣の許可を要するとし、業者が実際に派遣を行なう場合には、派遣元と派遣先とは、労働者派遣契約を締結し、所定の事項を記載しなければならない（26条）、派遣元、派遣先はそれぞれ管理台帳を作成し、所定の事項を記載し、それを3年間は保存しなければならない（37条、42条）といったことまで定めている。『別添』はそのような数々の手続きをふむことを派遣法の「定める枠組み」と解しているのであろうか。そう解しているのであれば、業者の許可は労働大臣が掌握しており、管理台帳等については、厚労省は立入調査によって、それらの手続きの履行状況を容易に把握することができるし、容疑があれば、職安法44条違反の摘発は可能なはずである。そして職安法44条違反なり派遣法違反として取締りが適正に行なわれていたならば、数多くの派遣切り事件のような事態が起こる前に是正されていたに違いない。つまり、労働省がその存在を知りながら放任していたのでない限り、偽装請負が氾濫しているという事態から、法定の諸手続きをふむこと等を派遣法の「定める枠組み」と解しているとは考え難い。

　とすると、『別添』にいう派遣法の「定める枠組み」とは、中職審『立法化の構想』が定式化したように、単純に、提供先に就労させる労働者と労働契約を結んでいることと捉えている、とみる以外にない。しかし、それは第1節で見たように、派遣法制定以前の労働省の解釈ではそうであったし、現在でも常識的な理解によれば、労働者供給そのものと変わりはない。それでは、派遣と労働者供給とを識別する基準が存在しないことになる。

　それを指摘したうえでさらに先に進むが、「雇用させることを約している」ことは何を基準に判定するのか。

　『別添』4ロ②は、派遣元が「企業としての人的物的な実体（独立性）を有しない……派遣先の組織に組み込まれてその一部と化している場合」と、実態が「派遣先の労働者募集、賃金支払の代行となっている場合」、その他これに準ずる場合は、そう判断することになり、例外的に労働者供給に該当すると判断される場合があるという。その三つは、実際にはほぼ重複し、法人格否認の法理を適用し得るような場合であろう。結局、供給元が労働者と労働契約を結んでいる場合は原則として派遣とされるが、労働者を提供する企業に実体がない場

合には、例外的に労働者供給と判断されることになる。いわゆる折衷説の説く内容である。労働省は、派遣は「労働者供給のなかから抜き出された」と述べながら、(37) いつの間にかその関係を逆転させ、法人格否認の法理が適用されるケースは稀であろうから、提供者が労働者と労働契約を結んでいる限り、労働者供給は派遣としてのみ扱う、と宣言しているに等しい。

　ここで、労働省コンメ４（1970年）について指摘した問題（第１節３（２）（ウ））に再び、しかし、派遣法が制定されたことに応じて、奇妙な形で遭遇することになる。すなわち、ある業務請負契約の下で発注者の工場内で就労していることが偽装請負（労働者供給事業）に当たるか否かについて、供給元との間に労働契約がある場合は、「派遣法の枠組みに従って行われる」ので、「原則として……派遣先（供給先）に雇用させることを約して」いるとは判断しない、ただ、「例外的に」、供給元が企業としての独立性が認められない等の場合、供給先に「雇用させることを約して」いるとして労働者供給事業と判断されることがある、という。供給元との間に労働契約があることが「派遣法の枠組み」であることは、中職審『立法化の構想』で断定的に述べられたものの、何ら論証されたことはないという重大な問題があるが、それはさておくとしても、結局は、供給先に雇用させているとして労働者供給事業と認定されたとすれば、厚労省は、職安法違反の是正を指導する場合には当然、供給先に対し、労働契約があることに合致する処遇、つまり直用に変更するよう行政指導を行なうことになる。また、私法的には、派遣法40条の６により、当該供給先はその「時点において」労働者に労働契約を申込んだものと看做される。行政指導が奏功しなくても、40条の６により労働者が承諾すれば、労働契約の締結が認められる。ところが、その労働者はもともと、供給先に雇用されていると認められたが故に労働者供給事業の対象と看做されたのであって、労働契約を結んでいる供給先と、再度、行政指導および40条の６の効力により、労働契約を結ぶ道を歩むことになる。一旦、雇用関係にあると判断された供給先と労働者が、重ねて労働契約を結ぶというのは、あまりにも奇妙な事態ではあるまいか。みなされた申込を承諾しない労働者はどういう状況になるのであろうか。そのような事態をもたらすことになるのは、労働者の提供先と労働契約がある場合は労働者供給である、という『別添』やそれを了とする解釈論が歪んでいること

に原因がある、という以外にあるまい。

　(オ)　労働者供給と出向

『別添』2で出向を定義した際、出向元に雇用されている労働者は出向先（労務提供先）とも労働契約関係があるとしたことを忘れたかのように、4ロは、労働者供給で供給元が労働者を雇用している場合、「供給先に労働者を雇用させることを約しているものは……労働者供給に該当する」、という。労働省はその状態を法的にはどのように把握するのであろうか。まさか、「約して」いる段階までは労働者供給だが、雇用され、就労が始まる時点から出向に転換する、といった奇妙な解釈論を取るわけではあるまい。とすると、その労働者供給と、「出向元及び出向先の双方とそれぞれ労働契約関係がある」という出向と異なるところはなく、法概念として両者を区別することは不可能である。

高梨『詳解』も出向＝労働者供給テーゼを鸚鵡返ししている。労働者供給事業の図解において、供給先と労働者の間を「使用関係」とし、それには「雇用関係」と「事実上の指揮命令関係」が含まれると説明していることに照らしても、また、派遣についての説明では、派遣元と「労働者との間には雇用関係があるものに限られ」るとして、「雇用関係」を「雇用契約」の意味で用いる点からも、前者における「雇用関係」も同じ意味と解される。[38]

労働者供給事業は職安法44条違反の明白な違法行為であり、出向は一般に合法的な労働者の提供形態と考えられていて、両者は法的評価がまったく異なる。本来ならば、出向と労働者供給の両概念について同時に論じる機会となった『別添』において、労働省は両概念を明確に区分する指標を示すべきであった。しかし逆に、出向先との労働契約の存否の判断は「労働関係の実態によ」ると言い、指揮命令権の有無、賃金の支払、就業規則の適用など四つの要件を「総合的に勘案して判断する」、と述べて、出向と労働者供給を概念上、明快には区分できない状況を創り上げてしまい、議論を混乱させる一因となった。

菅野和夫氏は〔初版〕では、出向について部分的労働契約説を提唱する一方、労働者供給については、「供給先と供給労働者間には雇傭契約が締結されないことが多いために、実際に労働者を使用する者が労働保護法上の使用者責任を回避することになりかねない」と述べ、多い少ないという数量の問題として扱っている。それは、理論的には労働者が労務の提供先と労働契約を結んでいる

場合も労働者供給と解されることがあり得ることを示唆する。『別添』と同様、労働者供給と出向との区分を不可能にする理論であった。[39]

　土田道夫氏は、労働者供給は「極めて広範な概念」で、供給先と労働者との間に「労働契約関係が存する場合」もあると述べ、他方で、実質的には移籍と看做されるものについてのみ出向先と労働者との間に労働契約の存在が認められ、一般の出向では、出向先は「日常的な指示や配置権限から成る具体的指揮権」を行使して労働者を就労させ、その成果を享受するだけで、従業員としての地位を取得するという意味での包括的契約関係は生じないと述べられるのだが、先に見たように、それでも「労使間の権利義務が出向元・先間で分割され、部分的に出向先に移転する」部分的な契約関係の存在は肯定される。だが、「部分的」といっても差（幅）があるから、内容によっては包括的な労働契約と大差がなくなることも予測される。[40]労働者供給と出向との区別、関連を明確にすることが重要な理論課題であるから、それへの積極的な提言を期待したい。

　川口美貴氏も、出向は「営利目的で『事業』として」ではなく、「関連企業やグループ企業内での『配転』として行われている」のであれば、職安法違反とはならない、とされる。しかし他方で、請負という形式を取りながら「労働者を指揮命令し労働者の労務を受領している者が注文者であれば請負人は……『労働者供給事業を行う者』として、職安法44条違反である」と述べられる。図示によれば、出向では労働契約の一部が出向先と結ばれている。川口氏は、出向は形式的に労働者供給に該当すると述べられるのだが、[41]それらの記述は整合性が保たれているだろうか。労働者供給事業においても、供給先と、一部ではあれ労働契約が締結されると解されるのであろうか。それとも、「営利目的」でないことが理由であろうか。重要な概念の分岐点であり、不明確なままでは済まされまい。

　出向と労働者供給との区別が実務的にも問われた具体的な事件がある。

　松下PDPは、パスコと業務請負契約を結び、その履行として茨木工場においてパスコ社員がプラズマディスプレー（PDP）を製造する業務を行なっていたが、それが偽装請負にあたるとして大阪労働局から是正指導を受け、2005年7月、別会社からの派遣に切り換えた。しかし、翌06年5月に再度、業務請負契約に切り換え、それと同時に、約200人の社員をパスコに「業務研修」

第2節　派遣法制定と間接雇用論の混迷　175

の名目で出向させた。大阪労働局は10月27日、業務研修（技術指導）の名目ではあるが、「技術指導は多少するものの、PDPの製造業務に従事していたことが労働者供給事業にあたる」との見解により、その出向は職安法44条に違反するとして、(PDPを生産していた松下PDPではなく、その松下PDPに社員500人余を出向させていた)松下電器とパスコに、是正指導を行なった。[(42)]

　名目を偽ったことは問題で、出向偽装だとされる余地はある。だが、出向先の生産を「応援」する応援出向もあると理解されているから、従来から松下PDPに出向している松下電器社員がさらに出向した先のパスコで製造業務に従事したからといって、それだけで松下電器が職安法44条違反を犯したことになるのか、大阪労働局の説明は明快とは言い難い。

　むしろ問題は別のところにあるのではないか。パスコに出向したといっても、それは書類上のことで、実態としては従来と同じように、松下PDP茨木工場で、松下PDPの設備、機器を使いながら、彼らがパスコの従業員を指示してPDP生産を行なっている。問題は、それを統括する指示は誰が行なっているのかである。松下PDPなのか、パスコなのかということこそが問われねばなるまい。出向という形式をとって、PDP社員がパスコと労働契約を結んだことにするとしても、その200人の松下PDP社員をパスコが指揮命令するわけがない（できるようであれば、松下PDPから出向を受けて、パスコ従業員を指揮命令させる必要はない）。要するに、松下PDPが、出向した彼らを通してパスコ従業員を指揮命令してPDP生産業務を行なっている。松下PDPが直接指示していたものを、出向させたPDP社員がパスコ社員の肩書になり、「技術指導」と書かれた、パスコの従業員であることを示す黄色のバッジを付けて指示する形に変えただけのことであって、松下PDPが指示してパスコ従業員を就労させているという、1年前に偽装請負と認定された当時と全体構造の実態には何の変化もない。そのことを指摘して、それ故に、労働者供給事業であると認定すべきだったのではあるまいか。大阪労働局の是正指導は結果的には妥当であったとしても、出向した労働者が製造業務に関わる技術を指導しながら、混在して自らも製造業務に携わることは充分あり得るから、「技術指導」か「製造業務」かといった些末なことを問題とするだけでは、当該出向を偽装と判断するには、理論的根拠に疑問が残る。それは、厚労省が出向なり労働者供給事業

の概念と相互の関連について明快に理解していないことに起因すると考えられる。

　労働者をどのような契約を用いて支配下に置き、指揮命令して就労させるかということは、本来は、一つの経済的行為として、企業の自由な判断に委ねられる性格の事柄であった。しかし、完全な自由に委ねることが生む弊害を除去し、労働者の諸権利を保護するために、現在では労働法による様々な規制が加えられている。経済的取引行為のうち、何が社会的に許容され、何は許容されないか、許容されないとして、それをどのような論理で禁止するか、禁止に違反した場合に刑罰を科すのか、刑罰の類型はどのようなものか、といった事柄は、取引行為が本来的には自由な行為とされるべきものであるだけに、慎重に決定されるべきである。当然、それは国会による法律制定によるべきものであり、法律で禁止されている労働者供給事業を、政府（厚労省）が、解釈だけで実質的には許容し、解放してしまうことも、それとは逆のことも許されない。また、「原則として」という曖昧な表現で、違法＝加罰、合法＝不加罰の境界を曖昧にすることは犯罪構成要件を曖昧にすることであり、罪刑法定主義の趣旨にも反する、許されないことである。

　（カ）　派遣、労働者供給と「中間搾取」

　『施行通達』1（2）イは、派遣と中間搾取との関連について、労基法6条が禁止する「他人の就業に介入する」とは、「使用者と労働者の中間に、第三者が介在して、その労働関係の開始存続において、媒介又は周旋をなす等その労働関係について、何等かの因果関係を有する関与をなしていること」とする、1948年（昭和23年）3月2日基発381号を引用した上で、派遣は「派遣元と労働者との間の労働契約関係及び派遣先と労働者との間の指揮命令関係を合わせたものが全体として当該労働者の労働関係となる……労働関係の外にある第三者が他人の労働関係に介入するものではな」いから、労基法6条違反にはならない、と述べる。次いで（2）ロでは、労働者供給の場合は「供給先と労働者との労働関係の外にある第三者である供給元が『他人の労働関係に介入する』こととなる」と言いながら、「供給元と労働者との間に労働契約関係がある場合については、労働者派遣と同様、供給元は『他人の労働関係に介入する』ものではない」と言って、偽装請負などでは業者と労働者は労働契約を結んでい

ることが通例であるから、実質的には、大半の労働者供給事業は中間搾取を行なっているとは理解しない、というのである。

　労働省は、1948年基発381号を引用して、その延長上の解釈であるかのように見せかけているが、同基発381号は、当時の職安法施行規則4条1項にもとづいて偽装請負は労働者供給事業にあたる、と解することを前提としている。偽装請負では、請負業者は労働者を雇用し、（偽装とはいえ）請負契約にもとづいて、その労働者を発注者のもとで働くよう指示して発注者に提供するという形で、当該労働者の「就業に介入」している。同通達は、その三者間労務提供関係のなかで、請負業者が利益を得ることを労基法は中間搾取として禁止している、と述べていた。

　ところが、『施行通達』は、労基法6条は、「外」にいる「第三者」が労働関係の開始、存続に介入することを禁止するが、派遣にせよ労働者供給にせよ、労働者の提供者は労働者と労働契約を結んでいる関係にあるから、「第三者」ではなく、「労働関係の外に」あって、外から介入するわけではない、という論理をとる。

　研究者の中にも、「雇用関係を伴う労働者供給や労働者派遣は概念上これ（筆者注－中間搾取）には当たらない」という同旨の結論だけ述べるもの、自己の見解を積極的には披瀝せず、『施行通達』を無批判になぞるだけで、労働省の上記見解を黙認する論稿もある。(43)(44)

　時期的には『施行通達』の直前に、菅野氏は、派遣では労働契約が派遣元との間にあり「派遣先との間には存在しない以上は、派遣元が第三者として労働関係に介入したとはいえず」中間搾取には該当しない、と述べていた。それは、中間搾取とは労働契約を成立させる等、何らかの形で労働契約を媒介するものに限られることを前提としているともとれるし、労働契約がある派遣元は「第三者」ではないという理由ともとれる、不明確な理由付けであるが、いずれをとっても内容は妥当ではない。労働者を集めて作業現場まで連れていくことも、労働契約を結んでいる労働者を労務提供先に引き渡すことも、それによって労働契約を媒介することにはならなくても、「就業への介入」であることには変わりない。派遣元は労働者と労働契約を結んだからといって、労働者と「他人」でなくなるわけではなく、労働者と派遣先との関係でも、人格としてあく(45)

まで「第三者」だからである。しかも、労基法6条は、「第三者」が介入することを禁止しているのではなく、「何人も……」他人の就業に介入し、利益を得ることを禁止している。派遣元や供給元が「第三者」に当たるか否かといったことは、行政解釈や菅野氏らが条文を無視して述べているにすぎない。

諏訪康雄氏は、労基法6条にいう「他人」を労働者とは解しない、さもなければ、三者関係になく、「自己の雇用する労働者の自己に対する就業への対処でさえも『介入』になりかねず、妥当でない」からだ、とされる。しかし、それは論理的ではない。労基法6条のいう「他人の就業」とは、熟した日本語になっていないが、労働者が「他人」（他の企業）の下で就業することを意味している。

労働者派遣は他企業に提供する労働者を雇用している法的枠組みをとるが、労働者はある企業にとって「他人」か否か。労働契約によって結合されたとしても、労働者は独立の人格であり、企業との関係では永遠に「他人」である。派遣法制定前は「他人」であった労働者が、派遣が合法化されたからといって、派遣元や派遣先、ましてや供給元や供給先との関係で、「他人」でなくなるわけがない。派遣も労働者供給も、元が先との労働者派遣契約ないし供給契約によって先と労働者との間に指揮命令とそれに従うべき事実上の労働関係を設定するだけのことであって、その場合も労働者は元、先にとって「他人」であり続ける。そして派遣元は、労働者と派遣先との間に生まれる労働関係に関しては「第三者」である。ただ、偽装請負は労働者供給事業に該当するとして職安法によって禁止され違法評価を受けるのに対し、派遣法制定後の派遣は政策的な立法である同法によって合法とされる点が異なるだけである。

三者間の労務提供関係と言っても要するに、提供先が労働者を指揮命令して自己の利益のために就労させているということ以上のものではない。それは労働者供給の場合も労働者派遣の場合も何ら異なることはない。

なお、『施行通達』は労基法6条を1（2）イの冒頭では正確に紹介しながら、その後は、禁止の対象とする行為を「他人の労働関係に介入する」としている。だが、条文は正確には、「労働関係」ではなく、「他人の就業」への「介入」である。労働者が就業すれば労働関係が生じるであろうが、それは「就業」と同義ではない。先の「第三者」と「何人」も同様だが、条文の文言を勝手に読み

替え、犯罪構成要件を恣意的に変更することは許されない。供給元、派遣元が、「他人」である労働者を提供して供給先や派遣先の指揮の下に入り「就業」する過程に「介入」していることは否定し難いのではあるまいか。

『施行通達』は派遣には本来的に労基法6条は適用されないとし、労働者供給に対しても労基法6条は適用されない、と述べている。そうではなく、本来は、派遣元は「他人」である労働者の派遣先における「就業に介入し」ていることは紛れもないが、派遣法によって容認され、労基法6条にいう「法律に基づいて許される場合」に該当するため、同条の適用を免れるということである。

(4) 小括

『施行通達』および『別添』は、本来の役割として、派遣、労働者供給、出向、請負等の概念のそれぞれの内容と他との相違点、関係を積極的かつ明快に説明すべきであった。にもかかわらず、派遣と労働者供給の区別という最も重要な論点についてさえ、「原則として」労働者供給には該当しない、という表現を用いて「例外」として労働者供給に該当する場合があることを示唆しながら、その例外を認める基準を明確には説明しないため、結局、派遣も労働者供給も、概念そのものが曖昧なままである。その点だけでも、それらには重大な欠陥がある。

『別添』4イとロは、否定形や回りくどい言い回しを積み重ね、ただちには理解し難い表現を用いながら、結局は、業者間の契約が業務請負の形式をとっていて、労働者を発注企業に提供し、同企業が労働者を指揮命令していても、請負業者が労働契約を締結して雇用している場合は原則として派遣に該当する、と解釈した。4ロは、提供を受けた企業が労働者を指揮命令して就労させている場合であっても、当該労働者を提供先に「雇用させることを約して」さえいなければ、労働者供給に該当しない、と解釈した。その二つの解釈が組み合わされて、労働者の提供先が当該労働者を雇用しさえしなければ、たとえ偽装請負であったとしても労働者供給とは判断しない、という。

そのような判断の根拠は、要するに、労働省としては、労働者の提供者が労働者と労働契約を結んでいる場合を「派遣の枠組み」と理解したということ以外にはない。しかし、第1節1で詳述したように、派遣法制定以前は、労働者

の提供を受けた発注企業が当該労働者を指揮命令して自己のために就労させている実態が存在すれば、供給元と労働者との労働契約関係の存否とは関わりなしに、端的に、労働者供給事業と判断していた。そのような判断を、派遣法制定を経て、何故、変更しなければならないのか（あるいは、変更することが許されるのか）についての説明は、告示38号、『施行通達』、『別添』の類のどこにも、一切なされていない。看取されるのは、労働省がそのような労働者の提供を労働者供給事業としては取締らない政策を選択したという態度表明だけである。

さればといって、今の厚労省には、求人と求職の需給のミスマッチ解消のためには有益な施策である、といった論理で公然と労働者供給事業を解禁し、公認するほどの自信は、政策的にも理論的にもないようである。法制定当時の労働省は、どのような検討をしたのか窺いようがないが、公然と解釈の変更を打ち出すのではなく、ある文章の反対解釈によって"意を汲み取る"ことを求める迂回的表現手法により無理を重ねつつ、原則と例外の基準を示さないことによって結局は、労働者供給事業という概念も歪曲し、基準を曖昧にし、純然たる労働者供給事業も中間搾取には当たらないとまで言って、最後にはとにかく、その取締りを行なわない方向に方針転換した。

本庄氏は、派遣法は労働者保護をも立法目的に含んでおり、「この立法目的にあわせてそれ以前の行政解釈が変更されるのは当然……『労働者供給概念の歪曲』というのは筋違い」だと主張される[49]。派遣法制定に際し、「労働者供給事業」から一部を「労働者派遣」として合法化したから規制範囲は縮減された。しかし、労働者保護につき、派遣法がその「枠内で対処」するにしても、それは専ら私法的な保護である。職安法44条による労働者供給事業の禁止の目的は何も変わってはいないし、派遣法には違法派遣を行なった派遣先を処罰する規定がない以上、側面から、職安法44条の適用によって刑事法的にその禁止を実効あらしめようとすることが無意味になったわけでもない。にもかかわらず、労働者と労働契約を結んでいるというだけで、偽装請負をも「労働者供給事業」の概念から除くと変更することは、解釈の名による概念の「歪曲」に違いあるまい。見解の相違はやむを得ないが、説明なしに「筋違い」と断定できるほど、安直な問題ではない。

派遣法制定に伴う改正職安法4条6号は、派遣法上の派遣に該当するものは労働者供給ではない、としたが、厚労省は、今に至るも、「派遣法上の派遣に該当するもの」とは、派遣法に則った合法的な派遣に限られるのか（学説としては派遣法、職安法重畳適用説）、それとも、派遣という形式さえとっていれば、派遣元が許可あるいは届出の手続きをとっていないとか派遣法上の派遣対象業務以外の業務への派遣等に対しても、職安法44条は適用されない（派遣法単独適用説）のか、という対立する解釈論について明快な判断を示してはいない。

その問題を検討する際に重視すべきは、職安法は、派遣法制定の前後を通じて一貫して、労働者供給を禁止し、違反に対しては供給元、供給先の双方に対し罰則をもって臨んでいるという、単純だが無視し得ない事実である。労働者供給事業も、派遣法によって、その一部は合法化され、ネガティブリスト化以降はその範囲が大幅に拡大した。しかし法体系上は、労働者供給事業禁止の原則を堅持している。直接雇用の原則に従えば、派遣はあくまで例外としての位置づけを免れない。間接雇用は、派遣法に則り、その要件を充たす派遣に限って合法化されただけのことである。しかもそのように解することは、労働者の提供を受ける企業に特別の負担を課すわけではない。何故なら、違法派遣か否かは、事業者の許可を確認し、対象業務の内容を検討すること等で、少し慎重な派遣先には容易に識別できるからである。

労働者を指揮命令して自己のために就労させるものは使用者としての責任をとるべきである、という直接雇用の原則を蔑ろにしてはならない。

3 労働省の概念論がもたらした実務上の問題

(1) 暁明館病院事件の顛末

『施行通達』と『別添』が出された後に、ある職業安定所が労働者供給事業に対して指導を行なった、注目すべき事例が存在する。暁明館病院事件である。

暁明館病院が外来受付、庶務、人事、営繕、給食、清掃などの業務処理をメディコスに委託したが、暁明館病院労働組合がそれを違法な労働者供給にあたるとして告発した。大阪・梅田公共職業安定所は、調査した結果、1993年11月、受付、給食、営繕など五つの業務は職安法施行規則4条の要件を具備せず、職安法44条に違反すると判断し、「労働者供給事業認定通告書」を出した。同

通告は備考欄に、「メディコスからの労働者の供給を受けることを中止するに当たり、当該労働者を貴法人の職員として直接雇用するよう努めること」と記載していたが、病院が、経営陣を刷新するとともに、当該指導を受け入れて労働者を直接雇用することとし、紛争は解決した。日本第二の大都市にある梅田職安が関わっただけに、「認定」、指導内容およびその成行きは注目に値する。

暁明館病院事件は典型的な偽装請負の例である。業務を受託したメディコスの企業としての実体の有無が問題視されたのだが、『施行通達』等のいう、派遣法の「定める枠組み」によっている場合は「原則として」労働者供給とは判断しないことの例外はどの範囲までなのか。事例判断を積み重ねなければ基準を示せないということであってはなるまい。厚労省は、可能な限り具体的な想定事例を作成し、判断の拠り所を示すべきであろう。

『施行通達』等は、理論的には派遣、業務請負などと労働者供給とを明確には区分をできない基準を示したが、派遣や業務請負の形式をとりさえすれば労働者供給と認定されることは一切ない、とまで断言したわけではなかった。したがって、ある具体的な事案をある職安が労働者供給事業に該当すると判断したからといって、労働省本省が当該認定を積極的に否定する根拠にも乏しい。

梅田職安はいうまでもなく労働省という組織の一部である。梅田職安は「この認定に異議がある場合は、然るべき具体的な反証事項をあげて申し出られたい」と付記しているが、仮に暁明館病院が、『施行通達』などを援用しつつ異議を申し出たとすれば、労働省はいかなる対応をしたであろうか。予測はできないが、行政組織の統一性とか行政の一体性を考えると、たとえ一事例に過ぎないとはいえ、労働省の解釈は内容の曖昧さのゆえに、そのような行政の不安定さを孕んでいることを露呈させたことだけは間違いない。

(2) 労働省の解釈が招いた事態

(ア) 労働省の解釈と出先機関の相克

派遣法には、法律に違反して行なわれた派遣によって提供された労働者を使用した派遣先を処罰する規定は存在しない。派遣法は派遣元に対しては比較的厳格な規制を及ぼしているが、派遣先に対し刑罰をもって臨むのは、わずかに派遣先責任者を置かなかった（41条違反）、派遣先管理台帳を整備しなかった

(42条違反)、立入り検査妨害（51条違反）等だけであり、罰則も30万円以下の罰金で、軽い。実質的な違法派遣について派遣先を処罰する規定は存在しない。

　違法に労働者を使用した派遣先が職安法によって規制を受け、処罰の対象となるか否かは、違法派遣規制の実効性の観点からも重要な問題である。そのような性格の問題に、労働省は派遣の枠組みをとるものは「原則として」労働者供給とは「判断しない」、職安法による規制を「原則として」行なわないと宣言し、規制を避ける姿勢をとっている。しかも、明快な基準を示さないため、出先機関である公共職業安定所が具体的な事案に直面した場合、適切に対応できないことになる。

　たとえば、ある労務提供の形態を偽装請負と判断して、指導あるいは刑事告発した場合、事業者から、「仮に請負の要件を充たさないとしても、労働者供給ではない、これは出向である」と弁明され、根拠として『別添』を示しつつ可罰的違法性論を展開されると、それ以上の責任追及はできないことになりはしまいか。仮にそうなれば、責任はあげて労働省の『施行通達』等の理論的不透明さに帰せられる。

　労働省の解釈による限りは、労働者の提供を受け、その労働力を利用しようとする企業は、業者が労働者を雇用していることさえ確認すれば、職安法44条の適用を受けることはなく、それ以外に特に注意する必要はないことになれば、業務請負を利潤追求の手段に利用する企業が輩出するのは自然の勢いである。暁明館病院事件における梅田職安の指導や、警察が職安法44条を適用して業務請負の発注者を摘発する例が散見されるが、それはあくまで「例外」でしかない。

　労働者供給事業を行なった場合、「共犯」という法律構成によって供給先も処罰の対象となる可能性があるが[51]、罪刑法定主義の原則から適用は抑制的であろうし、適用するにしても例外的である[52]。供給元は派遣法違反の刑事責任を追及される危険はないわけではないが、実際に責任を追及された場合には企業を閉鎖し、また別の企業を設立すれば実質的には支障はない。ワンルームと電話、パソコンを含む若干の事務機器と資金さえあれば開業は容易である。そうなれば、労働省としても派遣法違反の責任を追及することに消極的にならざるを得ない。それがさらに偽装の業務請負（労働者供給事業）の蔓延を促す。そのよ

うにして広まってしまった偽装請負の存在そのものが労働省の違反摘発意欲を殺ぐ。その悪循環が次に（イ）の、求人広告紙で見るような事態を招いていると解される。

　1999年派遣法改正により派遣はネガティブリスト化され、さらに2002年12月26日、労政審は、「働き方としての派遣労働は、労働者自身のライフスタイルに合わせた働き方を可能にするものとして一定の評価も定着しつつある」とか、「日々変動する業務量に応じ、労働力需給に迅速かつ的確に対応することへのニーズは製造業を中心により一層高まっている」といった理由で製造業務への派遣の容認などを盛り込んだ建議を行ない、さらに規制が緩和された。

　かつて首相の下に置かれた総合規制改革会議（オリックス会長・宮内義彦議長）の専門家会議委員の唯一の労働法研究者である小嶌典明氏は、業務請負では「発注者は労働者を直接指揮命令することができず、災害防止という点からも問題」であるとか、「職業選択の自由」は派遣労働者にもあるから、「製造業務の派遣についても、全面解禁を図るのが本来の姿である」などと述べて、それを理論的にフォローされる[53]。

　間接雇用に関する労働政策は一貫して緩和基調であり、15年改正はそれを明確に示したが、それらの理論や政策が依って立つ認識は現実から遊離しており、それが労働者に対して齎す悪影響は無視し得ない[54]。

　（イ）　偽装請負の蔓延を曝す求人情報紙

　業務請負や業務委託に名を借りた労働者供給事業が蔓延している。その事態を白日の下に曝すのが、新聞の折込み広告で入る求人情報紙である。新聞の本紙上の求人広告欄は新聞社による規制があるためか例は少ないが、求人情報紙には、偽装請負と推測される求人記事が満載されているといっても過言ではない。

　試みに、製造業の派遣が禁止されていた当時の、手元にある週刊求人情報紙で、［（滋賀県 – 筆者注）湖西・湖南版］と銘打ち、発行部数14万部と自称する2002年12月15日発行の『タイムス』によれば、業務請負業・A社が請負っている業務は、①工場内組立作業、②電子部品の組立検査、③家電製品の組立である。いずれも製造業だが、それが一連の作業であれば、ある家電メーカーの一つのまとまった組立業務を請負っているとも解され得る。しかし、①、②、

③は滋賀県湖南地区のそれぞれ別の場所である。A社事務所の所在地およびビルの名称から推測すると、いわゆるワン・ルーム・マンションに「本社」がある。そこから離れた地にそれぞれ工場を有し、そのような業務を連結して製品を完成させているとは考え難い。常識的には、A社は滋賀県南部に多く散在する大手家電メーカー各社に労働者を提供し、労働者はいわゆる社外工として就労しているとみられる。

『タイムス』には同様の例が幾つも掲載されている。滋賀県南部には各種製造業の工場が多く、『タイムス』はそこを営業基盤とするごくありふれた求人情報紙だが、そのような事情は、それから15年前も、また15年後の現在もほとんど変わらない。小規模の偽装請負業者の実情は把握できないが、それらが提供する労働者を便利と見て利用する受け手の大・中企業が存在するから、連綿として存在し続けている。

法的に請負と判断される基準として、業者が「労働力を自ら直接利用すること」および「当該業務を自己の業務として相手方から独立して処理すること」が二つの柱となっている（1986年労働省告示第37号）。しかし、広告を出しているA社らが、内容の異なる複数の業務について独自の知識や経験を持って、自らが直接、労働者を指揮命令し、監督して業務を遂行しているとは考え難い。しかも、処理を請負っている業務はいずれも製造業務であり、1999年の派遣法改正によってネガティブリスト化した後も、2003年までは派遣法付則によって派遣対象業務外とされていて、派遣としては扱い得ない業務であった。すなわち、当時、それらの企業が行なっていたことは、実質的にも形式的にも、業務請負と見なされる余地はなく、労働者供給事業そのものである確率が高い。

上記『タイムス』には、TS社のように、「現地面接致します」と明記しているケースもある。「現地面接」は、面接して採用が決まれば直ちに就労を始めることを示唆するが、それは、就労にあたって事前の研修も必要としない程度の単純な業務であることを意味する。しかも、「現地」である以上、労働者を提供する先の企業が面接に加わる公算が大である。その場合は、当該企業が採否の最終判断を行なうことも十分に考えられるが、それではTS社は労働者供給事業の名に値する業務すら行なわない、単なる人集めと労働者の名目上の使用者としての名義貸しだけを行なう業者ということになる。

同『タイムス』には28社が求人広告を出しているが、同様の視点からみると、計9社が労働者供給事業を行なう企業である。しかも、それら供給元と見られる会社は零細企業と推測されるが、それでも多くは0120局番のフリー・ダイヤルを利用し、中にはNS社のように、本社を東京都大田区に置き、全国に事業所を100か所も擁しているというかなりの規模の供給元も存在している。

偽装請負と想定される業者による求人広告に応募した労働者は多数に上るであろうが、本来受けられる筈の労働法上の保護を受けられない状態になっていることが推測される。それらの事態を招いている厚生労働省の責任は重大である。

4　今後の課題

(1)　間接雇用に関わる概念論の整理

一般的にも法概念は厳密・的確であることが求められるが、罰則適用と関連する規定については、罪刑法定主義との関わりもあり、特にそれが求められる。間接雇用は労働法上は例外的に認められる雇用形態であり、その点からも、労働者供給、派遣、出向などについても概念は厳密・的確でなければならない。

間接雇用に関わる概念論で重要なものは、第一に職安法の労働者供給の定義から外される、「派遣法に規定する労働者派遣に該当するもの」は適法な派遣に限られるのか、第二に、派遣、出向、労働者供給という三つの概念のそれぞれの意義と相互の関連、そして第三に、労務提供先と労働契約を結ぶことを「約して」いるものも労働者供給に該当することがあるのかの3点であろう。第二、第三について大要はすでに述べたので、ここでは残る点についてだけ、述べる。

　（ア）　単独適用説に欠けるもの

実践的に最も重要なのは、職安法の労働者供給事業の定義において、派遣法に規定される労働者派遣を除くとした部分の、その除かれるのは適法な労働者派遣だけと解するのか（派遣法、職安法重畳適用説）、それとも労働者を提供する業者が当該労働者を雇用していることを「派遣」と解し、偽装請負でも業者が雇用している場合も含まれると解するのか（派遣法単独適用説）、である。それは直接的には職安法4条6号の解釈論であるが、理論上の問題であると同時

に、違法派遣に対する抑圧の効果を考えれば、実践的な重要性については異論はあるまい。

ところが、法の解釈・運用にあたる厚労省はその問い掛けに正面から応えようとはしない。単独適用説を基本としながら、例外的に職安法の適用もあるとする折衷説を取っている。

単独適用説を最初に述べた中職審『立法化の構想』は、理由や根拠は何も示さないまま、供給元と労働者との間の雇用関係の有無で両者を区別し、雇用関係があるものは派遣、ないものが労働者供給となるとした。そうすることによって、供給元が労働者と労働契約を結んでいる場合を「派遣の枠組み」として一般化し、職安法4条6号の定義との関わりで、当該派遣が適法になされていると解されるべきか否かを問わないことにして、本来の問題を隠蔽してしまった。労働者供給事業の図2（本書155頁）では、供給先と労働者を結ぶ線に「使（雇）用関係」と記して、供給先と労働契約がある場合もあり得るものとし、従来の労働省の理解を受けつつ、『施行通達』への引き継ぎを行なっている。

菅野氏は、〔初版〕発行当時はまだ、学説も多くは提唱されていなかったから、可能性のある見解として想定されなければ、重畳適用説への言及がないことも頷けないこともない。ただ現在も、派遣は「職安法の禁止する『労働者供給』からは定義上明文で除外される」とされるが、重畳適用説の紹介すらされない。その間、重畳適用説も提唱されており、客観的に、一つの有力な見解となって、学界では論争になっていることを考慮すると、それに言及されないのは知的誠実さに欠けると言わざるを得ない。

なお、先に述べたように、二重派遣には職安法、派遣法のいずれが適用されるのかという問題がある（第1章第4節2（3））。それが労働者供給事業に当たるとしても、重畳適用説では解答済みであるが、派遣法単独適用説の論者は偽装請負には派遣法だけが適用されるとは主張されるが、多重派遣への法適用問題には言及されない。労働者供給事業だから職安法だけが適用され、派遣法は適用されないと理解する（したがって、偽装請負に関わる派遣法40条の6第1項5号の適用もないことになる）のか、それとも、同条の適用はすべきであることになるのか、後者だとすれば、それは単独適用説から離れることになるのではないか等、説明が求められよう。

単独適用説をとる研究者も多いが、概観して看取されるのは、行政解釈の内容を整理し、それをもって自らの見解とする、いわば行政解釈実証主義である。しかも、議論自体を避ける傾向があり、厚労省の見解や重畳適用説を批判的に検討することもなく、そのため、「論議」の形にさえならなくなっている。荒木尚志氏が例外的に説明を試みられたが、先に見たように（第1章第2節1（6）（ア））は、議論が本末転倒であり、また、肝心な、派遣法には派遣先に対する刑罰規定が基本的に存在しないことについての説明が欠けていた。ある見解の提唱－批判－反論－再批判－再反論を積み重ねていくなか」で、理論は発展し、充実するものだが、その後、機会はあったが、荒木氏らの反論はない。(56)
　若手の研究者は先行研究を無視はされないが、荒木氏の見解を支持し、それに倣いながら、高橋賢司氏は荒木見解の理解が正確でない。(57)本庄淳志氏は、重畳適用説の把握が的確ではない。(58)繰り返しなるが、重畳適用説は、職安法が労働者供給の定義から除くこととした、その「労働者派遣」は「適法なものに限定」されると理解し、許可を得ていない業者からの派遣等は違法派遣であるが、同時に、労働者供給事業の定義に該当するならば職安法も重畳的に適用されると主張している。だからこそ、「重畳適用」と名付けられるのである。批判は、対象を正確に把握することが前提条件であり、それが的確でなければ、批判は焦点を逸れることになる。

　（イ）　出向、労働者供給など相互の関連について
　労働者供給、出向など間接雇用に関わる概念は、それ独自の定義も重要であるが、同時に、相互がどのように関連するのか、概念の説明内容が重複する場合、どのように調整ないし優劣を付けるのか、具体的な事案についてどう解釈するのかも、それに劣らず重要である。たとえば、派遣と出向についてはそれぞれ明快な定義づけや説明がなされているように見えても、両概念の関連や射程が明確でない場合には、具体的な事案を派遣とみるのか出向とみるのか判断できないことになり、結局、当初は明確に見えた派遣と出向の概念そのものが曖昧であったことに帰する。
　『別添』では、出向と労働者供給の概念が重複している面があり、したがって、一つの三者間労務提供形態を出向とも労働者供給とも解し得ることになる。その定義を以て事案に対処するから、各地の労働局、職安で異なった対応がな

されている事態にありながら、概念の重複が厚労省内で問題視されることもなく、放置されているのは不可解という他ない。

(2) 小括 – 直接雇用の原則と立法

　自己の利益のために労働者を指揮命令して就労させるものは、法的に使用者としての責任を負うべきである、ということは、労働法の基本原則の一つである。労働者供給業者から労働者の供給を受ける企業は、その使用者責任を潜脱するものであるが、訴訟においてそのような基本原則が確認される例は必ずしも多くはなかった。

　労働者供給事業の厳正な取締りだけでは解決され得ない問題がある。直接雇用の原則を一層徹底するために、供給先や違法派遣の派遣先を使用者と認め、将来に向けて当該労働者を雇用する義務があることを法律上も明確化する必要がある。その方向性にそった法改正も重ねられた。旧法40条の3から40条の6がそれである。40条の6は契約申込みみなし制であるから効果は大だが、第1章第3節でみたように、新たな問題を孕んでいる。本来はドイツ法等に倣い、違法派遣の場合には派遣（労働者供給）先と労働者との間に労働契約関係の存在が擬制されるとする、立法による解決が必要である。15年改正はその期待に応えるものではなかった。課題はまだ残されている。

---

(1) 新甲南鋼材事件・神戸地判昭47.8.29判時687号96頁、近畿放送事件・京都地決昭51.5.10労判252号16頁、青森放送事件・青森地判昭53.2.14労判292号24頁等参照。
(2) 西谷・脇田『法律』135頁以下（萬井隆令）および161頁以下（中島正雄）参照。
(3) 国武輝久氏も供給元と労働契約がないものが労働者供給である、というが、やはり、理論的説明は一切ない、同「労働者派遣法と使用者概念」季労137号（1985年）37頁。
(4) かつては双愛会谷戸一家岩野組事件（1989年9月19日「赤旗」）、山口県系細川組事件（90年6月27日「朝日新聞」）、ボーグナン・ヒューマン・ディベロップメント・インスティテュート社事件（92年12月28日「朝日新聞」）、富士工業ほか事件（94年8月25日「朝日新聞」）等もあった。グッドウィル事件は二重派遣、港湾運送業務への派遣が職安法44条違反幇助の容疑で逮捕者もでたが、摘発したのは厚労省ではなく、風俗、賭博、不法就労等を担当する警視庁保安課である。当時、同社への登録者は実に290万人、顧客は7万社であったが、事業停止命令、事業改善命令を受け、100％出資していたしたグッドウィルグループ〈現社名・テクノプロ・ホール〉は製造業部門を子会社6社に売却して、製造業からは撤退した、07年12月22日、

08年2月1日、7月11日、09年3月3日「朝日新聞」参照。
　なお、手塚和彰「外国人労働者をめぐる諸問題」ジュリ909号（1988年）26頁以下、古川利通「憲法の人権保障制度と入管法制」労働運動326号（1992年）81頁以下、脇田『公正雇用』250頁以下など参照。
（5）　2012年7月25日「朝日新聞」、12年12月9日「朝日新聞」、16年11月7日「毎日新聞」等。
（6）　ヤンマー事件（滋賀労働局-08年7月3日是正指導書）、日本化薬事件（兵庫労働局-09年4月16日是正指導書）、日本郵便輸送事件（東京労働局-09年5月14日是正指導書）等は派遣法違反、日野自動車事件（東京労働局-06年10月6日「朝日新聞」）、京都法務局事件（大阪労働局-07年8月9日「朝日新聞」）、日本トムソン事件（兵庫労働局-09年3月23日是正指導書）、日本原子力研究開発機構事件（京都労働局-09年4月24日是正指導書）等は職安法違反である。
（7）　職安法44条が罰則を伴うことを考慮すると、本来は労働者供給事業および出向について職安法で明解に定義し、意義を明確にすべきである。2007年制定の労働契約法は、出向命令の権利濫用を無効と定めながら、肝心の「出向」の定義をしていない。
（8）　1985年4月16日衆議院社会労働委員会議録15号8頁、26～27頁、4月23日同委員会議録18号34～36頁。
（9）　同旨、脇田『公正雇用』204頁以下参照。
　竹下英男氏は、「理論的に言えば請負と供給との間の区別は、請負と派遣との区別にも妥当しなければならない」と述べながら、何故か、同『告示』を偽装請負の判断基準を明確化した、と積極的に評価される、清水洋二氏との「対談・労働者派遣法の施行にむけて」労旬1143号（1986年）4頁以下。
（10）　青森放送事件・青森地判昭53.2.14労判292号25頁等、詳しくは第3章第2節1参照。派遣法施行後も多い。パーソンズ事件・東京地判平14.7.17労経速1834号17頁ほか多数。
（11）　沼田雅之「派遣労働者の特定行為の禁止」中野麻美・浜村彰編『最新労働者派遣法Q&A』（旬報社、2004年）60頁、川口『労働法』626頁など。
（12）　日産自動車本社（アデコ）事件で、日産は『派遣staff管理manual』において「面接」と呼ばない理由を正にそう述べている、第3章第2節3（1）（イ）（a）⑥参照。
（13）　前掲第1章第2節注（12）『業務取扱要領』9頁、菅野〔11版補正〕375～376、691頁、荒木〔3版〕524頁。
（14）　萬井『締結』311頁以下。
（15）　菅野〔初版〕75～76頁、323～324頁。前半は社外労働者と受入企業との間における労働契約成否の判断に関わる叙述であるが、出向についても同じ論理であり、現在まで一貫して維持されている、菅野〔11版補正〕694～696頁参照。
（16）　新日鉄（日鉄運輸）事件・最2小判平15.4.18労判847号14頁。
（17）　前半は菅野〔11版補正〕691頁、後半は菅野〔3版〕363頁、〔11版補正〕696頁。
（18）　土田道夫「労働者派遣法と労働契約関係」労協330号（1986年）39頁以下。同旨、第1節注（33）鎌田・労研526号62頁参照。
（19）　和田肇「人事異動と労働者の働き方」西谷敏・中島正雄・奥田香子編『転換期労働法の課題』（旬報社、2003年）199頁。

(20) 前掲注（18）土田・労協330号40頁。
(21) 前掲第1節注（24）外尾・ジュリ831号（1985年）23頁、伊藤「ME化による雇用形態の変化とその法理」学会誌66号（1985年）95頁参照。
(22) 前掲注（18）土田・労協330号42頁。
(23) 前掲注（18）土田・労協330号42頁。
(24) 土田〔契約2版〕442頁。なお、同「『出向労働関係』法理の確立に向けて」菅野古稀465頁以下参照。
(25) 外尾健一『新版労働法入門』（有斐閣、1983年）244頁。同旨、秋田成就「企業間人事移動に伴う法的問題」学会誌63号（1984年）21頁、片岡曻『労働法（2）〔第4版〕』（有斐閣、1999年）146頁以下、大内伸哉『労働法実務講義〔第2版〕』（日本法令、2005年）650頁以下。
(26) 下井隆史『雇用関係法』（有斐閣、1988年）123〜124頁。だが、後に、行政解釈に倣ったのか（特に根拠を示されないが）、「出向が『労働者供給』にあたることは否定できない」と変更された、同『労働基準法〔第4版〕』（有斐閣、2007年）133頁、142頁。
(27) 渡辺裕「労働者派遣事業と事業主の法的責任」信州大学経済論集23号（1985年）13頁。
(28) 山川隆一『雇用関係法』（新世社、2008年）106頁。山川氏はその後、前掲第1節注（31）『変貌する雇用・就労モデルと労働法の課題』373頁以下では、副題に関わる判例学説を手際よく整理されたものの、出向との関係等を詳論されてはいない。
(29) 脇田『公正雇用』158〜159頁。
(30) 前掲注（27）渡辺・信州大学経済論集23号13頁。出向は「不真性第三者のためにする契約」の履行であり、「業として」のものは派遣だが、「業として」ではないものは出向である、とする馬渡氏の見解も、特約履行説といえよう、馬渡『研究』83頁以下。
(31) 水町〔6版〕150頁。
(32) 西谷・和田ほか『法』71〜73頁、西谷〔2版〕467頁の図および469〜470頁。
(33) 厚労省コンメ9（2013年）116頁。
(34) 高梨『詳解』185〜186頁以下。
(35) 安西『実務』14頁、諏訪康雄「第6条」東京大学労働法研究会編『注釈労働基準法上巻』（有斐閣、2003年）131頁以下などは、この行政解釈をそのまま肯定している。
(36) 安西氏は、「すべて」派遣と扱う、と述べて、労働者供給事業と看做されることはないと示唆し、大胆に行政解釈を乗り超えている、安西『実務』14頁。
(37) 労働省『新訂・解説』32頁。
(38) 高梨『詳解』183〜184頁。なお、供給元と労働者の「支配従属関係」には「雇用契約関係」と「実力的な支配関係」が含まれるとし、同一の法的関係に「雇用関係」と「雇用契約関係」という異なった表現を用いる。なお、労働省『実務』104頁以下参照。
(39) 菅野〔初版〕43頁。それは〔5版〕（1999年）47頁までで、〔6版〕（2003年）からその記述は消えている。

(40)　前掲第1節注（31）土田『労務指揮権の現代的展開』394頁。
(41)　川口『労働法』156頁と447頁の図16.3。
(42)　06年11月2日付朝日新聞および、大阪労働局にヒヤリングを行なった、おおさか派遣請負センター（所長・村田浩治）からの聴き取り。なお、朝日新聞特別報道チーム『偽装請負－格差社会の労働現場』（朝日新聞社、2007年）106頁以下に経緯が詳述されている。
(43)　前掲第1章第1節注（10）濱口・NBL885号21頁。
(44)　本庄『役割』107頁。
(45)　菅野〔初版〕134頁。〔11版補正〕238頁でも同文である。同旨、馬渡『研究』104頁。馬渡氏は、派遣元にとって雇用している労働者は既に「他人」ではなく、派遣元は労働者にとっては「第三者」ではないから、当該労働者を他の企業に提供して利益を得たとしても中間搾取には該当しないとされる。
(46)　前掲注（35）『注釈労働基準法上巻』130頁。
(47)　本庄氏も同じ誤りを犯している、本庄『役割』107頁。萬井書評④労旬1870号53頁。
(48)　同旨、西谷〔2版〕471頁、川口『労働法』154頁ほか。
(49)　『役割』103頁。そこでは、萬井論文④労旬1557号15頁を対象としている。
(50)　民主法律協会・派遣労働研究会編『がんばってよかった』（かもがわ出版、1995年）66頁以下。
(51)　六車明「労働者派遣法における刑事罰則の基本問題－適用対象業務外派遣事業について－」三田法曹会編『慶応義塾大学法学部法律学科開設百年記念論文集』（慶應義塾大学、1992年）431頁以下参照。
(52)　違法派遣の場合に、派遣先をも処罰する規定を追加すべきである、という立法論も提唱されている、安西愈「労働者派遣見直しの課題」季労169号（1993年）23頁参照。
(53)　小嶌典明「派遣法の規制改革急げ」日本経済新聞2002年11月22日。
(54)　西谷敏「労働法規制緩和論に見る『法と経済』」経済1999年5月号48頁以下、萬井ほか『規制緩和』98頁以下（伍賀一道）、218頁以下（脇田滋）参照。
(55)　菅野〔初版〕152頁、〔11版補正〕375頁。
(56)　荒木〔初版〕433頁－萬井評釈⑧労旬1714号12頁－荒木〔3版〕524頁。
(57)　萬井書評③労旬1852号38頁。
(58)　萬井書評④労旬1870号46～48頁。

第3節　「業としない派遣」

　「業としない派遣」に関わる問題については、派遣法改正を展望せざるを得ない。
　そもそも、「業としない派遣」が容認された根拠も意義も明確ではない。定

義規定もないから、ある労働者の他企業への提供が職安法44条違反、派遣法違反として摘発された場合、『施行通達』では、労働者供給事業と出向を理論的には区別できないから、「出向である」とか、以下のように、「業としない派遣」であるから派遣法の某条項の適用はないと弁明する道がある。そのような弁明が頻繁になされるようになれば、派遣法の存在は一部掘り崩されることになりかねない。少なくとも、行政解釈によって、「業としない派遣」に対しても派遣法のどの条項が適用されるかを明確にする必要がある。

　この問題は法の安定性にも関わることであり、等閑にはできない。派遣法が施行されてから既に30年を経過しているが、その間の事案を総括し、問題点は素直に認め、理論的に明快な基準を立てて、法改正すべきではあるまいか。

1　厚生労働省が粗略に扱う「業としない派遣」

　2013年に『労働者派遣法』（労務行政研究所）が発刊された。労働法コンメンタールシリーズ第9号とする書名および、同書は労働省職業安定局民間需給調整事業室編『労働者派遣法』（1999年）を「底本」とする、と記す序から、実質的には厚労省の刊行と見られる。各条毎に解説があり、38条は派遣を「業として行わない形態も想定」した規定と位置付け、「業として行われない形態も含めた規定」として26条1項、27〜29条、44〜47条が「ある」、派遣元に対しては33条、34条1項（3号を除く）だけが「準用」される、とする（425〜426頁）。

　しかし、全体的に内容は粗雑であり、慎重に検討を尽くしたとは考えられない。

　まず、「業としない」派遣の定義に関わっては、38条が「……事業主について……」としていることに照らし、派遣元は何らかの「事業」を行っていることが要件であると指摘するだけで、許可の取得をはじめ、業としての派遣を合法化するための派遣法の諸規定を遵守する必要はないとの前提で記述されている。許可を得ない事業主がいかなる理由で派遣を容認されるのかという根本的な問題について説明はない。

　労基法6条は「業として他人の就業に介入」して利益を得ることを禁止するが、その場合の「業」は一般に、①営利目的と②反復継続という二つの要素か

ら説明される。派遣法制定当時、高梨『詳解』は、「業として」は「一定の目的と計画とに基づいて経営する経済的活動として行われるか否か」で判断される「営利を目的とするか否かは要件とはならず、また、他の事業と兼業する場合も含まれる」、と述べていた。派遣についての説明では「営利」を除外しているが、通常は営利目的を持つから、その利益を得続けようとして反復継続されるという関係にあり、常識的には、①、②の要素は切り離せない。派遣する労働者を継続的に雇用ないし支配下におくために派遣元が負担する費用とその財源を考えれば、そもそも、営業としない派遣が成り立ち得るのかが疑問である（第1章第1節3（エ））。また、「業」が「一定の目的と計画とに基づいて経営する経済的活動」であるとすれば、人件費の節約とか系列企業の支援の目的による派遣もそれに含まれるから、それ以外に、「事業主」が行ないながら、「業」ではない「経済的活動」とは何を意味するのか（そのようなものが現実に存在するのか）。さらに、「業としない」でも派遣可能期間や対象業務など、遵守すべき規定があるのではないか（第1章第5節1参照）。ないとすれば、それは出向ではないのか、労働者供給とどこが異なるのか等々が問われようが、一切言及されない。

同書は、38条が準用する条項について、労働者の職業選択の自由を保障する趣旨の33条、就業条件の明示を求める34条1項は「業として行われるものであるか否かにより、左右される性格」ではない、と根拠を述べている。それを根拠とすること自体は妥当だとしても、それ以外に、他の条項が派遣元に対して準用されない条項についての理由は何なのか。31条は適正な就業の確保を、32条は派遣であることの明示を求めるが、「反復継続して、しかも不特定の企業」における就業にはならないから準用されないといい、たとえば36条、37条については、就業に伴う「問題の迅速な解決を図り、適正な就業を確保するために特に規定した」派遣元責任者の選任、管理台帳の作成を求めるといった条文の趣旨を紹介し、それは「準用することまで要しない」という結論のみ示される。30条、35条〜37条については理由の説明はなく、準用されない、と結論だけ述べる。

しかし、「業としない派遣」は「反復継続して」ではないというが、どの程度の期間、回数の派遣を想定しているのか明らかではない。また、仮に短期間

であるとしても、派遣元で「迅速に解決を図」る必要がある問題が起きないという保障はない。実際に別企業に派遣される労働者の保護を考慮すると、その理由付けは適切とは考え難い。

同書では、派遣先、派遣元のいずれについても、ある条項を何を根拠に適用すると判断するのか、逆に、適用されるのはそれだけで、他の規定は適用されないのか説明はない。先に見たように、各条文の内容に照らせば、派遣先に対してはほとんどの条文が適用されると解すべきであり（第1章第5節1参照）、それとの関係で、派遣元にはどの条文が適用されるべきかを検討する必要があるが、その検討をした形跡はない。次に述べるように、「業としない派遣」の派遣元にも適用されるべき条文は少なくない筈であるのだが。

2 「業としない派遣」と出向、労働者供給

厚労省コンメ9（2013年）は肝心の「業としない派遣」を定義しないから当然、出向や労働者供給、本来の「業として」の派遣との異同にも言及しない。しかし、「業としない派遣」も派遣法上の派遣であるとすれば、2条1号の定義には該当しなければならず、出向や労働者供給とも同義ではあり得ない筈だが、その「出向」や「労働者供給」の概念も不明確なため（本章第1節、第2節参照）、それらと「業としない派遣」の区別はつけ難い。

(1) 従来の見解

伊藤博義氏は、「業としない派遣」を法律上容認したと解される派遣法38条は、法制定までのどの段階の審議過程でも取り上げられず、「全く突如として法案化された」と指摘される。派遣法制定に向けて諸概念の検討を行なった労働基準法研究会は、「業としない派遣」について言及していない。システム研報告は、派遣を「……他人に使用させることを業として……」と定義したのは、「類似の契約形態である『在籍出向契約』と区別するためにとった表現」だと述べて、その時点では、派遣法に「業としない派遣」を規定する意図はなかったことを示唆し、伊藤氏の指摘を裏付けている。

さすがに国会審議に入ってからは、派遣労働者として雇用したのではない労働者を派遣の対象とすることを想定する32条2項と相俟って、正規常用労働

者の派遣労働者化を導く可能性を開く規定であり、危険性が大であると危惧され、「業としない派遣」は原則として禁止することも含め、意見が表明された。[5]

脇田滋氏も「業としての派遣」の概念は突如持ち込まれたものと見ており、続けて、「法制定の際には、就業規則などで包括的な合意によって派遣を命ずることができる旨の規定があったが、これが出向と区別する主たる意図であった……削除された」と経過を振り返り、その「業としない派遣」の導入が「従来の出向に関する学説、判例の流れに不要な混乱をもたらすことになった」と指摘すると同時に、派遣は本来、出向の一部に含まれると見て、出向という労務提供形態が認められるならば、労働者派遣という概念を設けて派遣法を制定する必要はなかったと指摘される。[6]

もっとも、脱法行為を防ぐ趣旨の職安法施行規則の4要件に照らせば、出向とする場合は、出向先が労働者を継続的に指揮命令し、自己のために就労させ続けることを合法と説明する論理が求められる。脇田氏とは逆の理解になるが、二重の労働契約論はそれに応えていた（第2章第1節2参照）。

(2) 行政解釈

労働省職安局は、派遣法は「業としての派遣」を肯定したと述べる一方、「出向が行為として形式的に繰り返して行われたとしても、社会通念上業として行われていると判断されるものは少ない」と述べた。[7]

しかし、その説明には難点がある。しばしば指摘したように、労働省は「業として」は「反復継続して」行なうことと理解していたのではないか。「形式的」であれ、「繰り返して行われた」とすれば、それは「業として」の出向であろうし、労働省としては、二重の労働契約説をとり、しかもユーザーに労働者を雇用させることを「約し」ているものは労働者供給事業にあたると解するのであるから、それは労働者供給事業に当たるのではないか。論旨が一貫しない。

3 まとめ

二重の労働契約論が当て嵌まらない出向が業として行なわれていれば、労働省の理解（供給先＝使用者説）とは異なり、法概念上、労働者供給事業と区別

第3節 「業としない派遣」

ができないから、両者を区別し、従来の出向を含む労務供給形態を「業とする派遣」として正面から認める派遣法を制定する以外になかった。それは他方で、「業としない出向」であれば、「出向」とされる以上は、出向先は労働者と労働契約を結び、使用者責任を回避はしないから、社会的にも容認される。それらのことは、脇田氏も指摘されるように、「業としない派遣」といったものを派遣法に規定する必要はなかったことを意味するのではあるまいか。

そもそも、「業としない派遣」が存在し得るものなのか、再度、厳密に吟味し直す必要がある。前に述べたように（第1章第1節3（エ））、派遣をする労働者を雇用するか事実上の支配下において確保するために、派遣元は少なからぬ経済的負担を負うことを免れない。「業としない派遣」では、それに対する営業収入はないとすれば、その経済的負担はすべて派遣元が負わねばならない。営利企業として、仮に短期間であるにせよ、そのようなことが可能であろうか。「派遣」と「業」を切り離して把握することには基本的に無理があるのではないか。出向についても同じ論理は妥当し、「業としない出向」もあり得ないと解すべきではあるまいか。

本来、派遣と「業」を分けて考えることはできないのだが、視野を転じると、実は、「業としない派遣」が現実に当てはまる、稀な例がある。たとえば、国会議員とか知事等の選挙の際に企業ぐるみ選挙が行なわれ、実際の働き手（運動員）として、企業が保守系候補者の選挙事務所に従業員を派遣する例がそれである。公職選挙法上、原則として選挙運動をする人はボランティアでなければならないから、運動員に対し報酬を支払うことは違法な「買収」とみなされ、禁止されており、候補者側が給与を支給すれば、違法な選挙運動報酬約束罪の可能性があるという事情もあり、派遣する企業の側が賃金をそのまま支払い続けているようである。(8)

この場合、企業は給与は全額保障して、当該従業員に休業を認めるか特別休暇を与えるが、特に派遣代金を期待してはいないし、受け取らない。当選すれば、議員や知事が図ってくれるであろう、将来の様々な便宜や利益供与（合法か否かはともかく）を期待して、無償で労働者を運動員として提供する。選挙の時だけであるから、繰り返すことはないし営利も伴わないから、正に「業としない」であり、当該選挙事務所に選挙活動（労働）についての指示を委ねる

から「派遣」である。理論的には、そのような選挙活動は労働契約上の労働義務には含まれないが、「後々、何かと便宜を図っていただける、会社のためでもあるから……」といった類の説得をされれば、実際には業務上の指示に他ならず、労働者としても拒否しにくいであろう。

　問題は、それは、まさか企業としての経済的活動だとは言えないから、本来は企業として、従業員に対し業務として指示し得ないにもかかわらず、現実には強いていることである。従来、それが争われなかったのは、企業が苦情を言わないような労働者を選んで派遣してきたからなのであろう。しかし、それは公職選挙法に違反するか否かはともかく、広義では賄賂、買収に該当するのではあるまいか。該当しないにしても、労働法的には労働者に不当に義務無きことを行なわせているし、社会的に不公正であることは疑いない。派遣法上、それを「業としない派遣」として黙認しておいては済まされないのではあるまいか。

　厚労省は、派遣法施行後、「業としない」派遣や出向として把握している具体的な例があれば、それを整理して、「業としない」派遣や出向の定義を明確にするとともに、それが「業としない派遣」として合法とみなされ、派遣法に規定されることの妥当性について、慎重な論議をすべきである。

（1）　1948年3月2日発基381号、前掲第2節注（35）『注釈労働基準法上巻』130頁（諏訪康雄）、川口『労働法』154頁等。
（2）　高梨『詳解』192頁
（3）　同書427〜428頁。同書では「準用される規定は……」「……準用されている理由は……」とあるが、続く説明は「……準用することを要しない」であり、前後が整合性に欠ける。脈絡からすると、「準用されない規定は」「準用されていない理由は……」と書くべきで、誤記ではあるまいか。
（4）　伊藤『多様化』273頁。
（5）　労働省『実務』78頁以下。網岡雄議員、和田静夫議員や坂本修氏、宮里邦雄氏、幸重義孝氏ら（参考人）が、いずれもその指摘をしている（1985年4月19日衆議院社会労働委員会議録26頁、5月29日参議院社会労働委員会議録13頁等。なお、国会審議の概要について、高梨『詳解』168頁以下参照。
（6）　脇田『公正雇用』158〜159頁。
（7）　労働省『改訂・実務』157〜158頁。
（8）　社長が立候補した選挙につき、本来の業務を免除して、電話かけ等の選挙運動に協力させ、従来どおりの賃金を支払っていた事案で、東京地裁は、同社長（候補者）

を公職選挙法221条3項1号（買収および利益誘導罪）に違反し、有罪と判断した、東京地判平23.1.7（判例集未掲載）。同判決は控訴棄却、25年1月28日に上告棄却となり（判例集未掲載）、確定した。

第4節　間接雇用の概念－総括

1　派遣法制定前

　職安法44条が労働者供給事業を禁止したものの、現実には、間接雇用は一貫して存在した。それには、労働者供給事業と出向という二つの態様があった。

　労働者供給は、供給元が労働者を他の企業に営業活動として提供するもので、何がしかの利益を得ようとし、本来、労働者が受け取るべき賃金の一部を中間搾取することは必至である。戦後も民主化が進んだ以降は、事実上の支配従属関係の利用は減り、労働契約を結び、労働者の確保は合法的なことが多いが、そうであっても、営業を続けるために時には労働者を強制的に、あるいは騙して確保することもあり勝ちであるし、中間搾取は不可避である。したがって職安法44条は、違反に対しては罰則を科し、強く禁止してきた。

　出向は解釈論上、出向元、出向先と労働者という三者の間で、当該出向に関わる合意が成立し、元と先の間では出向契約が、出向先と労働者の間では労働契約が存在し、出向先も使用者としての責任を負うと解された。その責任は出向先、元に分割されて、双方を合わせれば通常の労働契約上の使用者責任が全うされることになるため、三者間の労務提供関係ではあるが、間接雇用としての問題はなく、合法と理解されてきた。

2　派遣法制定を機に始まった概念論の変化

　1985年7月、労働者派遣法が制定され、労働者供給事業の一部が「労働者派遣」という概念で括られ、合法化された。労働者派遣は、派遣元が雇用している労働者を派遣先に提供し、派遣先は当該労働者と労働契約を結ばないまま使用するもので、構造上は労働者供給と同じであり、区別はできない。派遣法が定めた要件を充たす限りにおいて合法と認められたのであり、職安法は、合

法化された労働者派遣を「労働者供給」概念から外したが、それ以外の労働者供給事業は禁止し続けている。

ところが、派遣法制定前後から、間接雇用に関わる概念論に変容が現れた。

最も注目すべきは、労働者と労働契約を結んでいる企業が他の企業にその労働者を提供することを「派遣」と理解し、それは労働者供給事業には当たらないとする見解である。中基審の『立法化の構想』の提起を受けて労働省の『施行通達』が提唱し、それに同調する研究者もある。中基審も労働省も、理由を示すことなく結論を述べるだけである。私は批判的に検討したことがあるが、重要な問題であるにもかかわらず、先の見解が妥当であると詳しく解説されたとは、寡聞にして聞かない。

そもそも労働者供給事業が問題視されるのは、直接に労働者に指揮命令して自らのために就労させながら、法律上の使用者責任をとらない、そのため、地位が不安定となり、労働者としてのあらゆる権利が蔑ろにされる危険が存在するからである。労働者の提供者が労働契約も結ばず、当該労働者を事実上の支配の下においていたとすれば、それ自体も由々しい問題であるが、労働者を雇用していたとしても、労働者供給事業の反社会性は少しも減るわけではない。労働契約の有無は、青森放送事件において青森地裁が賃金支払いの有無について述べたのと同様、「事柄の性質上いかようにも操作し偽装し得ることであるから……さまで重視することはできない」。ILOがフィラデルフィア宣言で謳い、直接雇用の原則が指摘したのは、正にその問題であった。

次に問題となるのは、菅野和夫氏が提唱した出向労働契約説であり、それによって間接雇用に関する概念論が複雑に交錯することになった。先に見たように（第2節2（3）（ウ））、その見解によれば、社会的には出向と考えられている間接雇用の中に、出向先が使用者としての責任を部分的にしか採らない場合があり得るのではないか、という疑問が生じたが、提唱の内容が曖昧であったため、その疑問は解明されないまま継続している。2008年に制定された労働契約法は、14条で「使用者が労働者に出向を命ずることができる場合……」と言いながら、法案提出の時点では二重の労働契約説に沿う定義規定があったが、審議過程で削除され、結局、労働契約法には「出向」の定義規定が存在しない。

第三に、「業としない派遣」の存在可能性が派遣法において示されたが、そ

れに対しては、派遣である以上は、派遣法が適用される。出向先と労働契約が結ばれないこともあるとする出向労働契約説によれば、部分的な労働契約しか結ばれていない場合には、出向労働契約では、出向先は労働契約上の使用者とは認められないとされるようであり、社会的には、それと「業としない派遣」とは区別できないから派遣法が適用されるが、出向に対しては派遣法は適用されないという、変則的な状態が存在することになる（のではあるまいか）。

　さらに、供給先＝使用者説の出現とその継承がある。労働省は1970年、突然、労働者を提供された供給先が当該労働者と労働契約を結ぶ場合も労働者供給にあたる、とした。その供給先＝使用者説が、そのまま、『施行通達』等に継承され、厚労省では今も引き継がれている。

　このようにして、労働者供給、出向、業としない派遣という、間接雇用に関わる概念が相互に容易には区分けできないような、理論的混乱状態が続いている。

3　間接雇用概念についての議論の原点と混乱収束の方向

(1)　原点の確認

　問題の出発点は、繰り返しになるが、直接に労働者を使用する企業が法律上の使用者責任をとらないことは許容し得ない、ということである。ユーザーが提供された労働者と労働契約を結び、契約上の使用者責任を取ることが明らかであれば、その危険性は存在しないから、それをなお労働者供給と見る見解（供給先＝使用者説）が成立するとは考え難い。

　特に、2012年改正により、40条の6が制定されて、供給先＝使用者説の不適切さは覆い難くなっている。40条の6第1項5号は、請負契約など派遣以外の契約によって「派遣の役務の提供を受ける」ユーザーは労働者に対し労働契約の申込をしたものと看做すこととした。しかし『別添』によれば、請負業者が派遣先の組織に組み込まれ、その「一部と化している」等の場合は「派遣先（供給先）に労働者を雇用させることを約して」いると判断されるから、その時点でユーザーと労働契約が成立していることになる。ところが、それは偽装請負（労働者供給事業）に当たるから、40条の6第5号により当該労働者に労働契約の申込をしたと看做され、既に労働契約を結んでいる労働者に重ねて労

働契約を申込んだものと看做すという奇妙な事態が出現する。

　労働契約の成立が認められるのであれば、そのまま、その契約の存在を認定すればよいことであって、それを偽装請負と判断し、改めて40条の6により重ねて労働契約の申込みを看做すことは煩瑣であるし、滑稽でしかない。それは『別添』の解釈（供給先＝使用者説）が誤りであることも示している。

　それとともに、その事態は、派遣法という法律の行政刑法的側面と私法的側面が整理されないまま解釈され、運用されていることを示唆している。ある事例を偽装請負と認定したのであれば、厚労省は職安法44条により送検するなり、是正指導するべきである。他方、ユーザーとの間には労働契約が成立しているから、労働者はその確認を求め得ることになるが、厚労省は是正指導の際に、労働者の労働契約関係存在確認の動きを支えるべく、今まで以上に強く直用化を実施するよう求めるべきである。

　供給先＝使用者説は提唱されてから45年、派遣法制定後30年を経た今も、議論の原点を忘れてしまったのか、そのまま放置されている。厚労省が労働法理論を基礎から考えるという能力に欠ける、あるいは、先行する行政解釈を念のため検証を試みる気力に欠けることを示し、しかもそのことが労働者の権利保障の重要な一端を委ねられている官庁のことであるだけに、暗澹たる心情にならざるを得ない。

　次に、社会的には出向と考えられ、労働契約の成否を判定する際の最大の指標であるはずの指揮命令に従った就労関係が、出向先と労働者との間に厳然と存在しているにもかかわらず、出向労働契約説では、賃金を出向元が全額負担しているとか懲戒権を出向元が譲っていないからといって、出向先は法的な「使用者」と認められないことになるのか。仮に、出向先が賃金を支払っており、就労に関わる非違行為については出向先が懲戒権を有しているとすれば、それでも出向元は労働契約の当事者たる使用者と認められるのか。その境界を画するのは何か。出向先が「使用者」と認められないにもかかわらず、労働者供給とは判断されないとすれば、それは「業としない出向」と理解されているからなのか。厚労省は議論を紛糾させる行政解釈をしたまま、後は沈黙で終始するのではなく、そこまで論じる社会的責任がある。

(2) 求められる、簡明な議論の整理

　間接雇用の概念についての議論の原点を想起し、素直に、次のように整理する。

　労働者派遣は、自己の雇用する労働者を他人に提供し使用に委ねる限りでは、法的構造が同一であるから、労働者供給と区別はできないが、派遣法に沿っている限りにおいて合法とされる。

　出向は使用者責任を出向先、出向元が共同で担い、合わせて通常の一個の労働契約となる契約を結ぶから、半ば間接雇用、半ば直接雇用であり、辛うじて直接雇用の原則に照らしても容認される範囲内に留まり得る。

　労働者供給事業は供給元が中間搾取を意図して、確保した労働者を他の企業に提供するものであり、違法評価を免れない。労働者は派遣法40条の6により、看做された労働契約の締結申込みを承諾し、違法派遣先と労働契約関係に立つことができる。ただ、それを待つまでもなく、厚労省は供給先への直用化を含む行政指導を強力に行なうべきであり、他方、罰則適用を求められる。

　「業としない」派遣は、負担は避けられないにもかかわらず、経済的利益に結びつかないから、営利企業が行なう「経済的活動」としては、本来、現実には存在しないと考えられる。無意味な派遣法上の関連規定は削除すべきである。

　極めて単純な結論ではあるが、概念についての議論の整理としては、それが相当ではなかろうか。

（１）　菅野〔初版〕152頁（〔11版補正〕も同じである、375頁）。同旨、荒木〔3版〕524頁、本庄『役割』47頁等。
（２）　萬井論文④労旬1557号6頁。
（３）　青森放送事件・青森地判昭53.2.14労判292号28頁。
（４）　菅野〔初版〕324頁。菅野〔11版補正〕696頁もほぼ同文である。

第3章　労働者派遣と労働契約論

　労働者派遣は、派遣元が「雇用する労働者を、当該雇用関係の下」で一定期間継続して、派遣先へ派遣する間接雇用の形態であるが、その派遣をめぐって、労働契約論に関し、様相の異なる二つの問題がある。一つは、労働者が雇用主である派遣元に対して労務を提供するのではなく、雇用主の指示を受けて他の企業に労務を提供し、それに対して派遣元が賃金を支払う、そのような関係の基礎となる契約は"労働契約"の範疇に入るのか、入るとしてもどのような内容を持った契約であるのか、という労働契約概念にかかわる理論問題である。もう一つは、業務請負では、本来は発注者が業者の従業員と労働契約を結ぶことはないが、それが偽装請負と認められ、いわゆる派遣切り事件が起きたような場合、実態として、それを結んでいると解すべきではないか、と主張されることがあり、当該主張（黙示の労働契約の存在）の当否が争われる、理論的であると同時に極めて実践的な問題である。

第1節　派遣労働者と派遣元との契約の性格

1　問題の所在

(1)　問題の性格

　派遣という労務提供の形態は、社会的には派遣法成立以前から存在した。ユーザーと業者の間では業務請負の形式をとることが多かったが、業者は形式を整えた「労働契約」を締結して労働者を雇用していた。しかし労働者派遣法成立以前には、それが労働契約の範疇に入るのかという問題は、殆ど検討の対象とされなかった。次のような事情が存在したからである。

　そのような業務請負は職安法44条が禁止する労働者供給事業であり、摘発されれば業務の停止（企業としては解散）を余儀なくされ、労働者は整理解雇

が必至となる。その場合、事実上、ユーザーの指揮命令を受けて就労していたという実態に基づいて、ユーザーと黙示の労働契約関係にあるとして、労働者はその確認の訴えを提起する(1)。その問題こそ実践的にも理論的にも重要であった。結論的には、「使用」と「雇用」の分離は認められない、実態として使用従属関係を創り出したユーザーは労働法上の使用者としての責任を負うべきである、との判例学説が多数であった(2)。

　業務請負業者らは、合法的な業務請負としての体裁を整えるためにも、労働者とは一般の労働契約を締結している。それは実質的には〝違法行為を目的とした契約〟であるが、そのことは当該業者らの使用者としての法的責任を些かも軽減ないし免除するものではない。仮装であるにせよ、自ら労働契約の当事者であるかのような外形を整えた以上、使用者としての義務の履行を請求された場合に、自らの法令違反ないし契約の形骸性を理由として、労働契約の無効を主張し、使用者責任を免れようとすることは、法的正義（禁反言の法理）に反し許されないからである。しかし先に進んで、当該業者と労働者との契約の性格を分析する作業は実践的には意味がなく、研究者も理論的問題解明の意欲はそそられなかった。

　従来の労働契約概念は、使用者は労働者を指揮命令して、自己の利益のために実際に就労させることを前提としていたから、労働者が当初から契約の相手方（雇主）への労務の提供を予定せず、雇主も労務受領の意思や条件を備えていないような契約は、労働契約とは言えないのではないか、という当然の疑問があり得る(3)。

　しかし、派遣法が成立したからには、労働者の客観的な立場を明らかにし、その権利義務の内容を確認するために、派遣元と派遣労働者の契約が労働契約の範疇に入るのか、従来の典型的な労働契約と何が共通し、何が異なるのか、その範疇に入らないとすれば、如何なる内容・性格の契約なのか、という問いに答えることは避けられない課題である(4)。

　何の説明もなしに労働契約と看做すことも妥当とは言えない(5)が、他方で、単に、派遣のための労働契約とか派遣労働契約と呼ぶだけで済まされる問題でもない(6)。後者の場合、その内実が問われる。中山和久氏は、派遣法のいくつかの条項は派遣先に労基法上の使用者としての義務を課していることを一つの根拠

に、「労働者が現実に指揮命令を受けて労働しているという事実そのもの」を指標として、通常の労働契約とみられた。[(7)]

(2) 分析の方法と対象の限定

　派遣関係の下では、従来の「使用者の指揮命令に従った就労」という関係が変化し、「派遣元による雇用」と「派遣先による指揮命令下での就労（使用）」とに分離する。従来の労働契約概念では、一方の指揮命令の下での就労とこれに対する賃金の支払いの二つ、その交換が重要な要素と考えられてきた。その意味で、派遣関係の下で、労働者とは契約関係にない派遣先が労務指揮を行なって就労させることは、従来の労働契約論が予測しなかった事態である。それだけに、派遣先がいかなる法理によって労働者に対する合法的な労務指揮権を取得するのか、という問題の分析が契約の内実を解明する一つの鍵になる。一方、派遣元と労働者の契約をどのような契約として性格づけるかについては、第三者のためにする契約と解する見解と派遣法上の独自の契約とする見解がある。諸氏の見解は、その両者の組合せによって分類される。

　ところで、派遣といっても一様ではない。大別して、登録型と常用型がある。登録型においては、派遣元と労働者は日常的には登録関係にあり、派遣元は派遣先を確保すると（派遣先との交渉成立後に、時にはそれと併行して）、登録労働者の中から派遣先の求める条件に適合する者を選抜し、当該労働者に派遣先とその諸条件を伝え、合意が成立した段階で労働契約を締結して派遣する、という経過を辿る。登録型では、派遣元が労働者から労務の提供を受けることは予定されておらず、したがって、派遣元と労働者との契約は全て派遣を想定している。

　常用型派遣の場合には、派遣元と労働者が常時、契約関係にあるが、①労働者は常に派遣されていることが想定されていて（派遣先が確保できないための休業中を含む）、派遣元での就労は一切予定していないもの、②通常は派遣されているが、時には派遣元の指揮に従い就労することもあるもの、③通常は派遣元の指揮の下で就労するが、時に派遣されることがあるものの三態に分かれる。

　派遣元と労働者との契約に着目すると、登録型と常用雇用型の①の形態では派遣のみを目的とする契約であり、②、③は派遣目的の契約と一般の労働契約

との混合契約になる。しかし、実際の派遣の大半、そして理論的にも実践的にも重要な意義を有するのは、前者の契約の性格であり、以下では主にそのような契約を分析の対象とする。

2　諸理論の検討

(1)　派遣元と労働者との契約の性格

　新たな事象が現れたとき、既存の法理をもって対処しようとする一般的傾向があるが、派遣法成立前後から、派遣元と労働者の法的関係を、第三者のためにする雇用契約あるいは労働契約として構成する試論が現れた。

　労働者が派遣先（第三者）の利益のために、その指揮命令に従い就労するという派遣元と労働者間の雇用契約は、民法上は存在し得た（得る）。しかし、それはとりもなおさず労働者供給事業の一環を成すから、その雇用契約は労働法上は合法的には存在し得なかった。ところが、派遣法制定によって派遣が容認されたため、提唱されるに至ったとみられる。

　いずれの見解も、派遣が公認されて以降、存立する可能性があるが、それは合法的な派遣に限られる。派遣法対象業務以外の業務について行なわれるとか、同法の手続きを踏まないで行なわれる違法派遣の場合には、契約についての発想法は変わらないにしても、その契約自体が存在を容認され得ない（ただし、使用者側は、禁反言の法理により、労働者に対して使用者責任を否認することはできない）ことは確認しておく必要がある。

　（ア）　第三者のためにする契約説

　（a）　第三者のためにする雇用契約説

　横井芳弘氏は、民法623条の雇用契約で重要なのは労務の提供と報酬との対価関係が維持されることだが、同条の「相手方に対して」は、「労働に従事」ではなく「約し」にかかる、当該労働が派遣労働者の「派遣元への労務の提供を意味し……派遣元の支払う賃金は、それに対する対価としての意味を主観的にも客観的にももつ」から、同契約は「当初から、派遣労働者が派遣先での指揮命令を受けて派遣先のために労働に従事することが予定され」ている、第三者のためにする雇用契約であると説かれる(8)。

　ただ、内容が空虚なことを「約し」ても意味がなく、「労働に従事」と結び

つけないで、「相手方に対して」は「約し」にかかるという理解は技巧的にすぎる。

(b) 不真正第三者のためにする雇用契約説

馬渡淳一郎氏は、横井氏らの見解を「伝統的な二者間契約法理と使用従属関係説の、硬直した枠組みを乗り越え」てはいるが「技術的な解釈論」と評し、製造業型労務をモデルにした理論はサービス労働に対して単純には当てはめ得ないとして、不真正第三者のためにする雇用契約説を提唱される[9]。やや長くなるが要約すると次のとおりである。

サービス業型労務では、製造業型とは対照的に、派遣元の事業場ではない場所で、派遣先が提供した原料、素材等を対象とし、派遣先の（「指揮命令」とは別の意味の）「指図」のもとに労働が行われ、労務の成果は直接派遣先に帰属する。無数の中間的態様が存在するが、サービス業型労務は、与える債務ではなく、（労務それ自体を目的とする）為す債務であるから、「使用者の事前の包括的な指揮命令にしたがって労務が提供されさえすれば……法律的には、労務は使用者に提供されたとみな」される[10]。二者間契約という「古典的な契約観念の先入見に束縛され、第三者への労務給付関係を無理矢理にその鋳型にはめこもうとする」から、使用者概念の拡大とか出向に関する二重の労働契約論に見られる理論の混乱を招いている[11]。現代社会では、労働者は「企業内部の複雑な人的組織に編入され……契約当事者間の人格的結合というような人的色彩は希薄になる」から、民法625条の第三者への債権譲渡禁止も柔軟に解釈され得る。例えば、使用者の指揮命令権の一部の権利だけの第三者への譲渡あるいは権利行使の一時的な委任が「許されるとすれば」、労働者の承諾が無くても、第三者が労務者を指揮命令し、その労務の成果を自らに帰属させる「第三者への労務給付関係」が生じ、そこでは「『使用従属関係（人的従属性）』は三者間の契約構造を媒介としてなんらかの程度で……質的に『二者間契約による二者間の労務給付』の場合の使用従属関係とは異なっている」[12]。「労働者派遣契約は、所定の労働者の派遣という仕事の完成と、これに対する報酬を定める労務請負契約（商法502条5号）の一種」であり、戦後、職安法44条によって死文化していたが、派遣法制定により「ふたたびその存在意義が認められてよい」[13]。派遣先は限定的な指揮命令権を委任されるが、使用者ではない。二者間契約の一

種である第三者のためにする契約である派遣元と労働者の間の契約は、派遣先が事実上の利益を受け、それが派遣元からの債務の弁済になるから、厳密には「不真正第三者のためにする契約」である[14]。なお、「無形のサービス（労務）を目的とする請負や、弁護士、医師など以外のものへの各種の準委任においては、『指図』と『指揮命令』とは区別困難な場合が少なくない」が、理論的には、「その請負あるいは委任契約に基づいて、労働者に指図はできるとしても指揮命令権は有しない[15]」。

このように、馬渡氏が指摘されたのは、①派遣元は労働者に対する基本債権として、労務給付請求、派遣先決定、懲戒などの権利を持つが、派遣先に与えるのは（支分権としての）労務給付請求権だけであるから、派遣先は労働契約上の「使用者」ではない、②派遣先はその支分権を利用して事実上の利益を受けるだけであるから、第三者のためにする契約は不真正の契約である、という二点である。

疑問点も多い。最も問題なのは、労働者と使用者の立場の根本的相違を無視されていることである。馬渡氏は、法人組織の性格と現代社会における使用者の一身専属性の後退を指摘されるが、それは労働者に対する指揮命令権の譲渡が自由であることの論拠にはならない。企業の側で人的色彩が希薄になっても、労働者はあくまで生身の人間で、人的色彩は少しも希薄にはならない。契約における一身専属性が重視されねばならないのは、使用者（企業）についてではなく、労働者に関してのことである。第三者への指揮命令権譲渡禁止の法理は、正にその労働者の人格の尊重と権利の保護を図るための法理である。その行為によって労働者の人格・権利を蹂躙することがあり勝ちな、企業側の事情の変化を理由として、同法理を「若干」ではあっても「柔軟に解釈」することは筋違いである。

次に、労働法上も第三者のためにする雇用契約があり得るとする主張の根拠は不明確である。伝統的な民法学において、雇用契約に基づく労務の提供は雇用主に対して為されるべきものと理解されていた[16]。かつては馬渡氏自身が、「第三者に対してサービスを行うのであっても、契約当事者たる使用者の『ためにする契約』と考えられるならば、これを労働契約と理解することは可能である。これを『第三者のためにする契約』と構成する必要はないし、それはか

えって実状に即さない」と述べていた。にもかかわらず、「雇用契約について第三者のためにする契約を否定する理由はあるまい」、という結論を告げられるが、かつての見解を変更あるいは修正される理由についての解説はない。

　製造業型と区別したサービス業型労務では、第三者は、何らかの法的立場を利用して他人が雇用する労働者を単に「指図」するにすぎず、使用者として指揮命令するのではないと指摘された。しかし、一般的に「第三者のためにする雇用契約」の存在を容認されるのであれば、それはサービス業型に限られまい。また、使用者が持つ権利のうち、労務指揮権という「一部の権利」を切り離して第三者に譲渡、委任などすることが許されるのであれば、第三者が行うのは「指図」であって「指揮命令」ではない、というのは矛盾であろうし、そのような「指図」と「指揮命令」を区別する必要もない筈である。「使用者・第三者間の請負あるいは委任契約の履行補助者として、労働者が種々のサービスを第三者に提供する、『サービス業型労務』ないしこれに近い労務の場合」は労務指揮権の「委譲を伴わない」出張であると主張されることも、理解に苦しむ。「履行補助者」論を持出すことが許されるのであれば、偽装請負として職安法44条に抵触することもなくなり、そもそも、派遣法制定の必要もなかったことになるのではるまいか。

　労働者供給事業のように、第三者が本来は使用者のみが行使し得る指揮命令権を何らかの立場をもって行使することは社会的事実として存在する。だが、それは法的には肯定され得ない。「指揮命令」と「指図」を区別された趣旨は、法律的には第三者が使用者に代わって指揮命令権を行使することは許されない、という規範的認識に立ってのことの筈である。「提供されるべきサービスそのものに対する指図は、それ自体としては内容的に指揮命令と区別することは不可能」と言うのは、矛盾ではあるまいか。

　馬渡氏が不真正第三者のためにする（二者間の）雇用契約を認められることは、第1章第1節3（イ）で見たように、根底にある、労働者の雇用と一般の商品の取引の同一視と結びついており、現代では解釈論としては容認され得ない。そこで、立法論として、サービス業型労務における労働契約論の分析の必要性を指摘し、真正の第三者のためにする雇用契約を承認すべきだと主張されたものと見られる。解釈論と截然と区別して叙述されないため難解となったの

ではあるまいか。だが、立法論として活かす展望も見いだせないままになっているように見られる。

(c)　第三者のためにする労働契約説

小室豊充氏は、取引関係が複雑化している現代において「敢えて典型契約の類推を厳密に解する必要はな」い、労働者は派遣の趣旨と「就労条件を明示された時点において、（筆者注－民法625条1項の）『承諾』の意思を表示した」ことになるが、派遣法はその「『承諾』の法律関係を立法的に定立した」、法律が「派遣労働関係を承認し……『雇用関係』と『使用関係』の分離を認めたことにより、『承諾の意思』の表示を媒介とせず、客観的に法関係が成立」し、派遣元は自らの労務指揮権を派遣先に「委任する」と述べられた。[20]

甲斐祥郎氏は、民法と労働法との差異を無視して法技術的にのみ理論構成することを批判し、次のように述べられる。すなわち、民法上、当事者の合意によって効力の一部を第三者に帰せしめる契約によれば、「指揮命令権を第三者に取得せしめるとの合意が当初からなされて」おり、派遣元が労務指揮権を派遣先に譲渡するとか、命令権の行使を委任するといった理論構成をする必要はない。しかし、それは労働法上は許されない。だが、派遣法は一転して、「第三者のために第三者の指揮命令を受けて労務の提供を行う場合をも」合法状態に引き戻す、その限りにおいて同法の「基底における退行性は否めない」。ただ、派遣法を前提とする労働者と派遣元との労働契約は、他の一般の労働契約とは異なる特質を有する。すなわち、使用者が一般の労働契約締結によって得る「労働力の使用価値に対する支配権限」は、一般には「所定時間を限ってではあるが、労働力を自己の支配内に囲い込む権限」と「囲いこんでいる労働力を自己意思実現のために現実に使用する権限」という二つの側面を併せ持つが、派遣の場合にはそれが分裂し、派遣元は「労働力の使用価値に対する抽象的、観念的な支配の権限のみ」を持ち、「労働力に対する具体的、現実的な支配の権限」は労働者派遣契約を媒介として派遣先が取得する、と。[21]

しかし、第三者のためにする労働契約説にも問題がある。

小室氏は、労働契約に関する峻別説の観点から、「労働者保護法的に構成」すべきであると強調されたが、民法的な構成のどこに問題があると批判されるのか判然としないうえに、肝心の、「労働者保護法的に構成」した派遣労働契

約の性格を解説されていない。

　甲斐氏の主張は率直かつ簡明で、民法－労働法－労働者派遣法による一部修正という関連についての説明も分かりやすい。ただ、派遣では、従業員としての地位の設定から懲戒などにかかわる権限まで含む全体的な指揮命令権と、その一部である具体的な就労を指示する労務指揮権から成立つという「労働契約に基づく権利義務の基本構造に変化は生じていない」との指摘は、説得的ではない。一般の労働契約では後者の労務指揮権が契約の目的であって、前者はそれを手中にし、保持し続けるための条件に他ならない。ところが、派遣においてはその「雇用」と「使用」が分離し、労働者派遣契約によって派遣先が具体的な労務指揮権を原始的に取得するとすれば、それは正に労働契約の「基本構造」の変化ではあるまいか。

　（イ）　第三者のためにする契約説と派遣との齟齬

　根本的な問題は、3で詳述するように、第三者のためにする契約は労働者派遣契約および派遣労働契約と接合し得ないことである。

(2)　派遣先が労務指揮権を取得する根拠

　派遣先の労働者に対する労務指揮権取得の法的根拠については、派遣元が一旦、自己のものとした同権限の譲渡とする譲渡説、その権限行使の委任とする委任説、当初から原始的に派遣先による権限の取得とする原始取得説がある。

　（ア）　譲渡説

　派遣元は雇用契約によって取得した労務指揮権を労働者派遣契約によって派遣先に譲渡する、と解する見解がある。

　横井氏によれば、派遣労働者の契約は「当初から……派遣先での指揮命令を受けて派遣先のために労働に従事することが予定されていることに特色」があり、その契約に「派遣元の有する指揮命令権を労働者派遣契約を介して派遣先に譲渡する旨の黙示の合意がある[22]」。

　土田氏は、労務指揮権は使用者の「基本的債権」であって、それを派遣先に全面的に譲渡すれば派遣元は「労働者との労働契約関係から離脱する」ことになり、それは派遣の概念に反する、と同見解を批判される[23]。

　しかし、労務指揮権は「基本的債権」であるとはいえ、派遣で想定されるの

は、派遣先は労働者派遣契約によって定められた範囲内で、特定の業務について労務の提供を受けることだけである。派遣先に移転するのは、労働者に対する全体的な指揮命令権のうちの一部（筆者注－指揮命令権と区別して、以下、労務指揮権と呼ぶことにする）であって、指揮命令権の全てが移転するものではない。労務指揮権の譲渡は派遣元の労働者との契約関係からの離脱までも意味する、と看做すのは適切ではない。

その理解からすれば、労務指揮権が譲渡されると「派遣先は労務指揮権をさらに別の第三者に譲渡し得ることにな」って、二重派遣禁止にも抵触する事態を招く、という甲斐氏による批判も的外れである[24]。全体的な指揮命令権は譲渡されないから、派遣先は当該労働者をさらに別の企業へ派遣することはできないからである。

譲渡説に対しては、派遣元は具体的な労働に関する労務指揮を予定していないから、その権利を譲渡するといっても、論理的な前提を欠く（労務指揮権を持っていないから、譲渡できないではないか）、との批判がある[25]。

派遣のうち、常用雇用型で、「業として」ではない派遣および「業として」ではあっても実際に派遣することが稀である場合には、派遣元は日常的に具体的な労務指揮権を行使して自己のために就労させている常用労働者を、他の企業に対して派遣するのであるから、派遣元が保有している具体的な労務指揮権を派遣先に一時的に譲渡することは論理的にも現実的にも可能であり、譲渡説が妥当する余地もある。しかし、通常の派遣では、派遣元は自己への具体的な労務の提供を全く予定していないから、譲渡説は論理的前提を欠くとの批判が概ね妥当すると言わざるを得ない。

（イ）　委任説

土田道夫氏は、「労務指揮権は、労働契約当事者の基本的権利義務たる労務給付請求権および労働義務の具体的内容を継続的に特定（具体化）するうえで不可欠の権利であり……使用者の基本的債権」である、譲渡説によれば、それが「全面的に派遣先事業主に移転され」、その限りで派遣元は労働契約関係から離脱することになる、派遣元は「労働者が履行すべき労働の種類・場所の決定という労務指揮権の基本的部分を保有している……そのすべてが派遣先に移転するわけはない」から、譲渡ではなく、派遣元は「労務指揮権の行使を派遣

先に委任しているにとどまる」と解される。

その委任説に対してもやはり、①派遣元は労働者に対する指揮命令を予定していないから論理的な前提を欠く（持ってない権限は委任し得ない）、②第三者のためにする契約は直接派遣先に労務指揮権を付与する契約であり、委任説と矛盾するという批判が妥当する。

より根本的なのは、委任においては、受任者は委任者の利益のために委任された権利を行使し（だからこそ、有償委任の場合には、委任者が受任者に対して報酬を支払う）、受任者の行為の結果はすべて委任者に帰属する。だが、委任説によれば、派遣の場合、委任者＝労務指揮権の本来の権利者である派遣元、受任者＝派遣先という関係になり、派遣先は派遣料を支払って委任された労務指揮権を自己の利益のために行使した筈であるにもかかわらず、労働者の労働の成果は派遣元が取得することになるから、派遣の構造と委任説は到底、相容れない。

土田氏は、委任関係であるから、労働者が正当な理由なく派遣先の指揮命令を拒否した場合、派遣先ではなく、派遣元が懲戒あるいは解雇をなし得ること、派遣先が労働者と派遣元の労働契約の範囲を超えて就労させた場合、労働者は派遣先に対してではなく、派遣元に対して契約上の責任を追及し得る、と説明される。しかし、それは委任説の枝葉に関わる議論に止まる。「労務指揮権の行使に伴って発生する」最大の権利は労働者の就労による成果に対する所有権であり、その成果が自己に帰属しないとすれば、派遣先は一体、何のために派遣料を支払ってまで労働者に対する労務指揮権を得ようとするのか、説明に窮する。委任説は派遣関係の構造に反する、空虚な見解である。

不真正第三者のためにする雇用契約・委任説に対しても、同じ批判が妥当する。

（ウ）　原始取得説

甲斐氏によれば、労働者は派遣先のために労務の提供を行なうことが「当初から」予定されており、派遣契約によって「派遣元の抽象的な支配のもとにおかれた労働力に関して、具体的な支配権限を派遣先のために設定」し、派遣先は具体的な労務指揮権を直接的、原始的に取得する、その労務指揮権は「派遣先が特定され（労働者派遣契約が締結された時点で特定する）、派遣先が受益の意

思を表示した時に発生する」もので、派遣元からの譲渡や委任によって取得するものではない。(28)

このように解すれば、相手方（派遣元）が当初から労務を受領する意思も条件も欠く合意は労働契約とは言えないのではないか、という類の疑問や、本来、派遣元は具体的な労務指揮を予定していないから、指揮権を「譲渡」などする論理的前提を欠くのではないか、といった類の疑問も、初めから問題となる余地はない。合理的な主張と評価し得る。

(3) 小括

第三者（派遣先）のためにする契約説は、雇用契約説か労働契約説かに関わりなく、それ自体に、多くの重要な点で以下のように、派遣の構造と齟齬をきたす致命的な欠陥を抱えている。

一般の契約では、契約から生じる権利義務は当該契約を締結した当事者間にのみ発生・帰属する。ところが、①民法537条は、公序良俗に反しない限り、一般の契約に第三者のためにする第三者約款を付すことによって、第三者に一定の行為・物品などの給付を請求する権利を付与することを認めている。②第三者のためにする契約上の利益を得ようとする第三者は受益の意思表示をする必要があるが、第三者は単なる受益者で、契約当事者ではないから、受益の意思表示後も、諾約者に対して給付を請求する権利を取得するだけであって、反対に、同契約によって何らかの義務を負うわけではない。③当該第三者は、同人に対して債務を負担することになる諾約者およびその相手方たる要約者と何らかの契約関係にあることを必ずしも必要とするものではない、そして④諾約者が当該第三者のためにする契約に定めた給付義務を履行しない場合には、第三者は諾約者に対し履行を請求し得る。⑤民法538条により、第三者が受益の意思を表示した後は、諾約者、要約者とも第三者の権利を変更・消滅させることはできない。(29)

これに対し労働者派遣においては、派遣元が諾約者、労働者は要約者、派遣先が第三者であるが、①そもそも企業（派遣元）が第三者約款を利用することによって自己の雇用する労働者を他の企業に派遣すること自体が原則として違法であり、例外的に派遣法所定の要件を充たす場合にのみ限定的に許可される。

だが、②労働者に対して労務指揮権を取得しようとする場合には、派遣先は必ず諾約者（派遣元）と労働者派遣契約を締結しなければならない。派遣法は労働者派遣契約の契約内容・記載事項だけでなく、契約締結にあたり派遣元は派遣に関する行政官庁の許可を受けている旨を明示しなければならず（26条）、労働者派遣契約の締結は厳格な要式行為であり、口頭によって、しかも一方的にすることができる民法537条にいう「受益の意思表示」と同視することはできない。③第三者（派遣先）として要約者（派遣労働者）の受け入れに際して講ずべき措置が法定されている（39条以下）だけでなく、派遣先は派遣労働者とは何ら契約関係にはない建前であるにもかかわらず、労働基準法および労働安全衛生法上の幾つかの条項については、派遣先自身がそれらの法条上の「使用者」と見なされ、当該法条の適用を受けることになっている（44、45条）。④労働者の労働義務不履行があった場合、労働の性質上、派遣先は履行を直接強制することはできないし、労働者に対しては建前上は契約関係にはないから、事実上の注意などをすることはできても、直接に懲戒処分を加えることはできない。可能なことは、当該労働者について労働者派遣契約を解除し、派遣元へ返して使用関係を断つことだけである。⑤派遣元と労働者の契約には期間の定めのない契約もあり得るが、労働法上は、労働者の退職の自由を保障するのが原則であり、したがって労働者派遣契約の有効期間中であっても、労働者は退職は自由である。

　このような、民法上の第三者のためにする契約とは全く異質な派遣（関係）の特徴は、ひとえに要約者（労働者）の保護を目的とした法律とその解釈によるものであり、したがってそれらの要件を充たさない場合には、かりに派遣元と労働者との、第三者のためにする契約が締結されたとしても、合法的には派遣はなされ得ない。このような決定的相違がある以上、派遣元と労働者との契約を、典型契約としての労働契約に第三者約款を付したものとか、「労働契約の基本構造に変化は生じていない」と解することはできない。民法レベルで既に、「単に第三者の権利取得を認めることが合目的的だという理由だけから、当該の場面の特性を顧みることなく、便宜的に無反省に『第三者のためにする契約』概念の適用範囲を拡張しすぎることのないよう特に戒めることを要する」、との指摘がある。[30] 法理念を異にする労働法の分野においては、その「戒

め」を一層強く必要とする。

3 派遣労働契約説の提唱

　労働法上、本来は承認され得ない労働者供給事業や中間搾取が、特に労働者派遣という概念で括られ、派遣法が定める要件を充たす限りにおいて合法と認められる。そうであるとすれば、派遣元と労働者との契約の性格論はその意義を忠実に反映した理論でなければなるまい。従来の典型契約にはそのような契約類型が存在しない以上、それは派遣法が創設した、まったく新しい類型の労務の提供に関する契約であり、"派遣労働契約"と名付ける以外にあるまい。従来も、その名称が提唱されたことはあるが、内容について言及・解説は充分ではなかった。重要なことは名称ではなくその内容である。既存の概念の利用やその組合せに留まることなく、派遣法の諸条項との整合性を保ちつつ、労働者保護の趣旨に沿った契約像を構築しなければならない。

(1) 派遣労働契約の意義

　派遣労働契約は派遣法が創設した新たな類型の契約であり、したがって派遣法のすべての要件を充たして、合法的に行なわれる派遣の場合にのみ存在を承認される、特異な労務供給に関する契約である。内容および特徴は次の諸点にある。

　① 労働者が提供すべき労働の種類および賃金、労働時間をはじめとする労働諸条件が契約の基本的要素となるが、それについては労働者と派遣元との契約によって定められる。賃金は派遣元が支払い義務を負う。

　登録型の場合、具体的な派遣先が明示され、それについての合意により契約が締結されるから、労働者は当該派遣先の労務指揮に従って就労することを前提として、同時に労働の場所、労働の具体的内容も決定される。派遣元と派遣先との間でも、ほぼ同時併行的に交渉が進み、労働者派遣契約が締結される。

　常用型では、労働者はあらかじめ、派遣元が適宜指定する派遣先の労務指揮に従って就労することを契約する。当該契約において、派遣先の範囲を限定することはあり得るし、望ましいことであるが、採用される時点では具体的な派遣先は特定していないこともある。もともと派遣法は、特定の企業に長期間継

続的に派遣を行なうことによって、派遣労働者を当該派遣先の正規職員の代替労働者とする状況を避けるべきものとしており（48条2項）、派遣労働者は不特定多数の企業へ次々と派遣されると想定されている。それは派遣労働者に不都合なこともあり得るが、派遣事業の性格上、避けられない事態である。

　派遣先が特定し、労働の場所および具体的に提供する労働内容その他、始業・終業の時刻をはじめとする労働時間制、安全上の規律など労働する際の諸条件が、労働者派遣契約および派遣元の就業規則や派遣元と労働者との契約の範囲内で決定される。とはいえ、現実には、派遣先が多岐にわたる可能性があるが故に、労働時間制一つとってみても、派遣元の就業規則を作成すること自体が極めて困難であるのだが。

　②　登録型では、特定の派遣先の労務指揮に従って就労することを前提に派遣労働契約を締結するから、当該契約と一体的に労働者派遣契約が締結されることによって、派遣先の労務指揮権が創設される。派遣先は派遣法が創設した、労働契約にもとづかない特異な労務指揮権を原始的に取得する。

　常用型の場合は、派遣労働契約の締結後、しばらくの時間をおいて労働者派遣契約が締結されることがあり得るが、その間は、労働者は将来、派遣があり得ることに同意したまま派遣元の指揮に従って就労するか、派遣先の決定を待って待機している（休業）状態に置かれる。労働者派遣契約が締結され、ある特定の派遣先への派遣を指示されて初めて、派遣労働契約が現実に履行されることになる。つまり常用型の場合は、派遣労働しか行わない（派遣元の指揮下では就労しない）旨の特別の合意がない限り、一般の労働契約と派遣労働契約との混合契約が存在しており、ある時点でいずれが機能しているかは、派遣契約の締結に左右される。

　③　労働者は派遣先の指示に従って、当該派遣先のために就労する。派遣先による労務に関する指揮は労働者派遣契約によって創設された労務指揮権の行使であるから、派遣先は同契約で定めた範囲内でのみ労働者を使用することができる。

　派遣先は労働契約は締結はしてはいないものの、実際に指揮命令して就労させることに伴い、均等待遇、強制労働の禁止、公民権の行使権の保障、労働時間法の遵守などについては労働基準法上の「使用者」としての義務を負うし

(44条)、労働者の生命、身体に危険を及ぼすことのないよう、安全に配慮する義務を負う（45条）。[32]

④　労働者は派遣先の施設内で就労することに伴って付随的に、派遣先の施設利用に関する規則を遵守する義務、派遣先企業の秘密を漏洩しない義務などを負う。それらの義務に違反した場合、内容と程度によって、派遣先は派遣労働契約を一部解除し、当該労働者の差し替えを派遣元に要求することができる。派遣における就業に関わる非違行為である場合、一定限度内での懲戒も可能と解すべきであろう。しかし派遣先は労働者と労働契約を結んではいないから、そのような就労に関わる規律違反や派遣先の施設利用の際の規則違反の場合などを除き、労働者としての地位等に関する懲戒処分を科すことはできない。労働者の上記の義務の違反によって損害を被った場合、派遣先は当該労働者に対して債務不履行を理由として損害賠償を請求することができる。

⑤　派遣先は労働者の「国籍、信条、性別、社会的身分」や労働組合活動等を理由として労働者派遣契約を解除することは許されない（27条）。

労働者派遣契約は基本的には民法上の一般の契約と解されているから、その解除は契約自体によって制限していない限り、派遣先、派遣元のいずれからも原則として自由になし得る。したがって、労働者、特に登録型労働者は労働者派遣契約の解除によって、労働の基盤を失う危険に常に曝されていることになる。

⑥　これまでもオンコール・ワークといった類似の形態は存在したが、派遣法成立以前は、登録中の派遣元と労働者の関係と同一のものはなかった。[33] 登録型では、登録の状態のまま、ひたすら特定の派遣先が提示されることを期待しつつ待つ、ということにならざるを得ない。その場合、契約は成立していないから賃金は支払われず、休業手当もない。

ある派遣先から派遣要請のあった特定の日時、場所、業務を遂行し得る労働者は多数登録されている場合、その中の誰から接触をはかっていくのか、一応は派遣元の裁量に委ねられる。派遣元は登録している労働者に対しては必ず就業の機会を与えなければならない、という法的義務を負っているとまでは言えない。ただ労働者派遣は、一般に需要と供給の「迅速かつ的確な結合を図る」目的で行なわれる事業であり、そのことを確認のうえで労働者を登録したので

あるから、派遣元は、それに相応しい適切な派遣先を早急に確保し、登録労働者を雇用して派遣し得るよう努力する義務を負っている。そのような関係を、どのように呼ぶことが適切かはともかく、登録までに面接、試験などを経て一定の知識、技術などの所持者と認められて名簿に記載された後のことであるから、事情を異にする、社会的に求人募集を行ない、それに応募した学生との関係、つまり内定以前の、求人企業と応募した学生との関係とは比較ならないほど、濃い法的関係に入っている。したがって、合理的な理由もなく、ある特定の労働者を労働能力以外の要素によって差別的に、派遣に応じるか否かの打診を行なわないことは、ただちに雇用責任が問われることはないとしても、登録関係に入ったことによって生じる信義則に反し、少なくとも契約締結上の過失責任に類似する、損害賠償の責任は生じる。[34]

　常用型の場合、派遣先の指定がなされない時、あるいは労働者派遣契約の満了、解除などによって派遣先での就労が終了し、かつ派遣元の指揮下で就労するよう求められない時は、次の派遣先の指定を待ちつつ休業することになる。この場合は労基法26条により、休業手当を保障される。ただ現実には、派遣先が見付けられないことを理由に、通常解雇されることがあり得る。派遣元と契約があるから労働者は保護されている、という実態にはないことに留意しなければならない。[35]

(2)　派遣労働契約説の実践的意義

　ある契約が労働契約であるか否かを確定する実践的意義は、当該契約の下で他者に労務を提供する者が「労働者」として労働基準法をはじめとする労働者保護法の適用を受けられるか否かを決定することにある。派遣法に、派遣労働者に対して労基法、安衛法を適用することが明記されており、その意味では、派遣労働契約は上にみたように極めて特異な内容ではあるが、広義では"労働契約"に含まれる。換言すれば、派遣労働契約は立法によって創設された、変種ではあるが、広義の労働契約概念に含まれる契約である。

　第三者のためにする雇用契約・委任説などと派遣労働契約説との間に、実践的な差異は存在するか、存在するとすれば、その差異はどの点か。

　派遣法所定の要件を充たして合法的に派遣が行なわれていれば、派遣に固有

の紛争は想定されず、契約の性格は問題になる余地がないから、いずれの説によっても特には差異は生じない。

しかし、同法所定の要件を充たさないまま事実上、派遣が行なわれている場合には、諸説の間には実務対応に差異が生じる可能性がある。派遣法違反、同時に職安法違反となるから、労働者を提供する契約は、客観的には違法行為を目的とした契約であり、公序良俗違反の契約として無効ではないか、ということが問題とならざるを得ない。[36]

ところが派遣法制定後の判例で、海外でポンプ設備据え付け業務（図面作成や試運転調整などを含む）を行なう契約について、東京地裁は「本件契約は……派遣するためにその前提として締結した雇用契約である」、としてそれ以上の言及はしない。[37]また、X社に採用され直ちにY社に出向し、フロッピーディスクドライブ装置の部品の寸法の許容値、精度等についての検証実験測定等といった業務（製造業務であり、派遣法は認めない）の請負契約にもとづき、Yの指示により発注者Z社で働き、「具体的な作業の指示も同被告の技師らから受けていた」松下通信工業（セントラル工設ほか）事件においても、東京地裁は、それらは出向および業務請負であったといい、Zでの就労が違法派遣＝労働者供給に該当しないかは検討していない。[38]英会話の講師を派遣するスタッフ・センターと講師との契約の性格が問題となったアサヒ三教事件において、当時は派遣対象業務ではなかったが、東京地裁は、理由を明らかにしないまま、同法人が「労働者供給事業をすることを目的とするものであったとしても、そのことの故にスタッフ・センターと原告との雇用契約……が無効となるものではない」、と述べているが、[39]スタッフ・センターを合法的な主体と認め、労働者供給事業を黙認することになる、職安法の存在を無視する乱暴な議論である。[40]

第三者のためにする雇用契約説によれば、判例と同様、当該契約は本来的には合法的な契約がたまたま労働政策的な派遣法に違反したにすぎず、手続き違反を犯した派遣元の責任の問題は別として、派遣元と労働者との契約そのものは有効である、とされる余地がある（公序良俗に反し、無効と解される可能性もないわけではない）。第三者のためにする労働契約・原始取得説においては公序良俗違反と解される可能性が大である。

これに対し派遣労働契約説によれば、元来、派遣労働契約それ自体が本来は

労働法の基本的な原理に反する契約であり、派遣法の定める要件を充たす限りにおいてのみ違法性が阻却され、有効と認められるから、派遣法違反の契約は、本来的な判断に戻って違法・無効と評価される（その場合、派遣先と労働者との法的関係が浮上することになる、第2節、第3節参照）。ただ、契約上は無効とされたとしても、その効果は将来に向かってのものであり、常用型、登録型のいずれの場合も、派遣元は建前上は労働契約を締結して労働者に対しては使用者の立場にあるものとしての外見を整え、そこから経済的利益を得ていたのであるから、従前の関係に関する限り、派遣元は使用者としてのすべての責任を負う。

そのような理論状況があるにもかかわらず、派遣元と労働者との契約の法的性格に関する論考のなかで、避け難いはずのその問題について言及したものは現在に至っても多くはない。むしろ最近はそれを問題視さえせず、先に検討した議論を踏まえた結論とも言えるが、一般の労働契約と同視するものも多い。[41] しかし、実践的な意味は大きくはないとしても、派遣労働契約の性質論は、通常の労働契約との共通点と相違点とを考察することを通じて、労働契約の性質を見直す契機ともなるもので、理論的には等閑にすべきものではない。

（1）近畿放送事件・京都地決昭51.5.10労旬904号70頁ほか。第2節で詳しく検討する。
（2）前掲注（1）の近畿放送事件判決のほか、本多淳亮「派遣労働者と派遣先企業の法律関係」季労120号（1981年）17頁、大沼邦博「事業場内下請労働者の法的地位」労判367号（1981年）7頁等参照。
（3）派遣法成立以前の論稿として、高木紘一「労働契約の法的性質」西村健一郎ほか編『労働法講義3労働者保護法』（有斐閣、1981年）59～60頁、豊川義明「労働者派遣の実態と労働契約論」学会誌59号（1982年）90頁等参照。
（4）小室豊充氏は、派遣元と派遣労働者の契約は労働契約ではない、と明確に述べられたことがあるが（「派遣労働者をめぐる労働契約の理論的諸問題」季労129号（1983年）70頁）、自ら、それは派遣法成立以前に、派遣労働関係を「より有効かつ衡平にする立法を具体的に提案していく段階での議論」に他ならず、既に制定された労働者派遣法を「前提として展開されるべき解釈論」は「レベルを異にする」、とされた、同「労働者派遣法の施行とその法理」立命館法学201・202合併号（1981年）80～81頁。
（5）中島正雄「派遣労働者と労働者保護法制」学会誌68号（1988年）77頁。
（6）小西国友「多様化する労働契約法」季労130号（1983年）86頁、前掲第2章第2節注（7）渡辺・信州大学経済論集23号40頁。

（7）　中山和久「労働者・使用者概念と労働契約」本多淳亮先生還暦記念『労働契約の研究』（法律文化社、1986年）31頁以下参照。それは事実的労働関係説の提唱でもあった。
（8）　横井芳弘「派遣労働者の法的地位－私法上の権利義務関係を中心として－」季労140号（1986年）8〜13頁。同旨、前掲第2章第2節注（36）国武・季労137号46頁、前掲第2章第2節注（18）土田・労協330号48頁。
　　　なお、渡辺裕氏は、直接的には出向に関してではあるが、「他人の下での他人のための労働提供行為といえども自らの利益に合致するならば、その労働提供行為は間接的には自らに労働提供している、より直截には、観念的に自らに労働提供をうけている」と評価し得ると述べられる（前掲第2章第2節注（7）信州大学経済論集23号43頁）。論理的には、派遣に関しても第三者のためにする雇用契約説をとることになると推測される。
（9）　馬渡『研究』108頁。
（10）　馬渡『研究』37〜39頁。
（11）　馬渡『研究』19頁。
（12）　馬渡『研究』7〜8頁、43頁。
（13）　馬渡『研究』14頁。
（14）　馬渡『研究』43〜44頁、106〜108頁。
（15）　馬渡『研究』75頁、83〜84頁および109〜111頁。
（16）　我妻栄『債権各論中巻二（民法講義Ⅴ3）』（岩波書店、1962年）540頁、林信雄「雇用契約と労働契約」『契約法大系Ⅳ雇傭・請負・委任』（有斐閣、1963年）1頁、幾代通編『注釈民法第16巻・債権7』（有斐閣、1967年）八頁以下（幾代通）など。
（17）　前掲第1章第1節注（12）馬渡・山口経済学雑誌34巻6号16〜19頁。
（18）　馬渡『研究』12頁。
（19）　前掲第1章第1節注（12）馬渡・季労157号14頁。
（20）　前掲注（4）小室・立命館法学201・202合併号84〜85頁。
（21）　甲斐祥郎「労働契約と労働者派遣について－『第三者のためにする契約』論の試み－」広島大学総合科学部紀要Ⅱ・社会文化研究14巻（1989年）179頁、同旨、馬渡『研究』106頁、107頁注（7）。
（22）　前掲注（8）横井・季労140号13頁。
（23）　前掲第2章第2節注（18）土田・労協330号48頁。同旨、前掲注（21）甲斐・社会文化研究14巻192頁。
（24）　前掲注（21）甲斐・社会文化研究14巻186頁。
（25）　前掲第2章第1節注（2）脇田・労旬1132号8頁。
（26）　前掲第2章第2節注（18）土田・労協330号48頁。同旨、砂山克彦「派遣労働の実態と二重の労働契約論」伊藤博義ほか編外尾健一先生古稀記念『労働保護法の研究』（有斐閣、1994年）90〜91頁、下井隆史「派遣労働の法律関係」ジュリ894号（1987年）35頁。
（27）　前掲第2章第2節注（18）土田・労協330号48頁。
（28）　前掲注（21）甲斐・社会文化研究14巻192〜194頁。
（29）　竹屋芳昭「第三者のためにする契約」松阪佐一・西村信雄・舟橋諄一・柚木馨・

石本雅男先生還暦記念『契約法体系Ⅰ契約総論』（有斐閣、1962年）270頁以下、中馬義直「第三者のためにする契約」谷口知平編『注釈民法（13）債権（4）』（有斐閣、1966年）320頁以下、船越隆司「第三者の保護効をともなう契約」奥田昌道ほか編『民法学5（契約の重要問題）』（有斐閣、1976年）45頁以下など参照。

(30) 前掲注（29）中馬『注釈民法（13）債権（4）』341頁。

(31) 西谷・脇田『派遣』135頁（萬井隆令）参照。
　　ちなみに、派遣業界大手であるパソナの当初の派遣労働者就業規則6条1項には、「スタッフの就業時間および休憩時間は、派遣先事業所の就業条件その他の事情を勘案し、個別契約（派遣就業条件明示書を兼ねる）において示すものとする」と、同条2項には1か月変形制について、「会社は労働基準法第32条の2の定めるところにより……変形労働時間制を採用することができる。この場合において、特定の週、または日における労働時間、始業および終業時刻は、派遣先事業所の就労形態を勘案して個別契約で定める」と規定されている。しかしそれでは派遣労働者の始業・終業時刻はあらかじめ特定して明示されたことにならず、労働基準法89条1項1号に違反する。

(32) 詳しくは西谷・脇田『派遣』76頁以下（片岡昇）、脇田『公正雇用』174頁。

(33) 訴訟となった事案として、鉄道の保線作業などの請負業者に登録し、注文が入った時に就労要請を受けて、応じる時には点呼場に出向くことになっているという形態で、断続的に10年以上働いてきたが、業者が就労要請をしないため休業手当を請求した、大阪施設工業事件（大阪地決昭63.10.7労判528号35頁）、登録簿に登録しておき、出勤票の交付＝採用通知、出勤＝承諾という形で競輪開催日毎に雇用される競輪事業の従業員（日々雇用の一般職地方公務員である）が、出勤票の不交付を違法な出勤停止処分としてその無効確認を訴求した、東京都11市競輪事業組合事件（東京地判平2.2.22労判558号33頁）、メンタルアドバイザー養成学校が、受講者で資格試験を取得し登録した人の中から、「アドバイザー契約をし、広く活動への支援を」行なう旨を記載している案内書のとおり登録したが、学校が倒産し、就業できなかったため、債務不履行を理由として損害賠償を請求した、新日本ニューメディア事件（東京地判平7.11.7労判690号93頁）、常用的日々雇用とされる配膳人が経営状況悪化に伴い解雇された、日本ヒルトンホテル事件・東京高判平14.11.26労判843号20頁等がある。
　　ただし、これらの事案では、登録等をしている企業が、作業がある日には労働者と直接、労働契約を結ぶ。その点で、登録型派遣が、労働者を使用する企業ではなく、派遣元と労働契約を結び、三者間の労務提供関係が生じる点で、性格がまったく異なる。

(34) 西谷・脇田『派遣』68頁（片岡昇）。

(35) 限定正社員制度の議論との関わりについて、第1章第4節2（2）（ア）参照。

(36) 同旨、砂山克彦「派遣労働の現状と労働法的諸問題」学会誌81号（1993年）71頁。

(37) 三和プラント事件・東京地判平2.9.11労判569号35頁。同判決について、和田肇「派遣労働者の時間外手当等請求権の有無」ジュリ987号（1987年）116頁、大橋範雄「派遣労働者への時間外手当の支払が認容された例」民商107巻3号（1996年）121頁参照。なお、コンピュータ・システム開発に従事させるため、「業務委託契約」

を装って労働者を採用し派遣した、エグゼ事件・東京地判平6.5.9労判659号64頁も同様である。
(38)　松下通信工業事件・東京地判平2.9.28労判570号6頁。同事件・東京高判平3.1.29労判598号40頁および最1小判平4.9.10労判619号13頁も同旨。
(39)　アサヒ三教事件・東京地判平2.12.14労判567号34頁。
(40)　同旨、アサヒ三教事件解説・労判576号30頁。
(41)　荒木〔3版〕525頁、土田〔契約2版〕826頁、西谷敏「労働者派遣の法構造」和田ほか『法』76頁、本庄『役割』85頁、川口『労働法』628頁。

第2節　派遣先と労働者の間の労働契約の成否－判例に見る

1　概説

　労働者派遣では、派遣先は労働者との間で使用従属の関係になるが、当該労働者を雇用することはない。直接雇用の原則からは外れることだが、派遣法は派遣を間接雇用の一つの形態としてを肯認した。しかし、適正な派遣であれば済まされるとしても、偽装請負、派遣可能期間を超えた派遣など、違法派遣が行なわれることがあり、その場合には再度、直接雇用の原則の観点から事態の是正が求められることになる。

　労働者の申告を受け、労働局は偽装請負を認定した場合、「雇用の安定」を前提とする、当該違法状態の是正を指導した。それは本来、直接雇用を促す趣旨であるが、表現が曖昧なこともあり、労働局がその趣旨の徹底に消極的な場合、当該派遣先はその指導に素直に従おうとはしなかった。むしろ是正指導から危険を察知した派遣先は、業務請負契約や派遣契約の解除によって違法な事実関係の抹消を図り、そのため労働者は結局は失業状態に追い込まれることが多かった。リーマンショック後、派遣切りが多発し、対応を迫られた厚労省は2008年11月28日、通達（職発第1128002号）において、「雇用の安定」とは別に「対象労働者の直接雇用を推奨する」と明記した。厚労省は、同通達「以降は、是正指導を行う場合には全件で直接雇用を推奨している」[1]というが、そのような指導を受けても、企業は態度を改める気配はない。労働者はやむなく、当該企業を相手方として、黙示の労働契約が成立しているといった論理を以て労働契約関係存在確認の訴訟を提起した。裁判所はその種の訴えを肯定するこ

とに消極的であったが、社会的な批判は根強く、国会は、2012年の法改正において40条の6を制定した。その、労働契約申込みみなし制により、当該違法派遣を行なった派遣先は、労働者に対し、その違法行為を行なった「その時点において」、労働契約締結を申込んだものと看做されることになり、その種の紛争は、従来の労働者の主張を肯定する形で立法的に解決が図られることになったわけである。

しかし、40条の6が、立法の趣旨に添って円滑に運用され、企業も当該申込みに対する労働者の承諾を率直に受け容れて、積極的に具体的に詳細な労働条件についての協議に入り、現実に労働契約関係の存在状態が実現するといった保障はない。先に見たように、厚労省自体が、すでに15年10月の施行以前から行政解釈において消極的な姿勢を示している（第1章第4節2）。労働者が「承諾」を伝えても、40条の6の要件を充たしていないといった理由で、ユーザーがその承諾を無視し、労働契約関係の存在を認めない態度をとる可能性は否定できない。法施行後、1年余を経過したが、40条の6が有効に機能しているという情報はほとんど聞かれない。

労働者は結局、40条の6の要件を充たしていることの確認を主位的な主張としながら、それと併せて、従的に、以前と同様、事実に即した法解釈論に依拠して、黙示の労働契約関係が存在していることの確認を求める訴訟を提起することを余儀なくされる可能性が大である。期待はされたものの、40条の6の施行によってその種の紛争が解決されるとは言い切れないから、その解釈論の意義、必要性も続くことになる。

同種の訴訟は派遣法成立以前から連綿として続いていたが、大半は、使用従属関係の存在は認めながら、賃金の決定、支払いは派遣元が行なっているから労働契約の存在を認定し得ないといった、在来型の形式論的判決であった。中には、登録型派遣が13年間も続いていた末の派遣切りの伊予銀行（いよぎんスタッフサービス）事件で、松山地裁、高松高裁判決のように、「同一労働者の同一事業所への派遣を長期間継続すること」は常用代替防止も立法目的とする派遣法が予定することではなく、継続雇用を期待することは「法の趣旨に照らして、合理性を有さず、保護すべきものとはいえない」とした判決もあった。期(2)間制限は、本来は、期間経過後は正社員への移行を展望するものであるという

派遣法の趣旨を理解せず、企業の小賢しい理屈による居直り的な主張を容認する、浅薄な認識にもとづく判決である。

　裁判においては結局、当事者の一方の主張を容認することになるから、双方が満足する判決は望むべくもない。しかし、紛争を沈静化させるためには、少なくとも、敗訴した当事者も、このような結論もあり得るという水準まで、事実認定としては要点を抑え、解釈論（判断の理由）では緻密で説得的であることが求められる。法規範についての強制力を伴う判断である以上は、いわゆる社会通念においても是認され得る内容でなければならない。最終的な有権解釈の権限を持つ最高裁としても、その例外ではありえない。むしろ、最高裁こそ、率先してその範を示すべきである。

　典型的な偽装請負であった松下PDP（パスコ）事件において、従来の判例が黙示の労働契約の成立の認定に消極的な態度をとり続けていたなかで、大阪高裁は、従来の判例の論理を継承しながら、的確な事実認定に基づき、黙示の労働契約が成立していると判断した。伊予銀行事件では上告不受理の決定であった[3]から、上告があれば、最高裁がこの種の事案については初めて見解を示す機[4]会であり、慎重な審理と適切な判断が期待された。ところが、最高裁判決は正反対で、その期待に真っ向から反するものであった。[5]結論は、印象論的に言えば、同高裁判決の影響が他の裁判所に及ぶことを防ぐために、何かに急かされたかのような、人を納得せしめる説明もないもので、紛争を沈静化させるには程遠い。結論だけで判決理由はないに等しいから、当時、継続中と伝えられた60件以上の同種あるいは類似の事案に対する、先例としての理論的な影響力も持ち得ないとも考えられた。

　ところが、予測に反し、その後、同判決は確固たる判例と位置づけられ、それ以降、下級審では、派遣切り事件においては黙示の労働契約の存在は認定されないという結論さえ出せばよい、特に理論的に説明を尽くす必要はないと言わぬばかりの、非論理的な判例が相次ぐことになる。それについては次に詳述することとし、先ず、松下PDP最高裁判決を批判的に検討する。

2　松下PDP事件・最高裁判決の検討

【事件の概要】

　被上告人Xは2004年1月に業務請負業者パスコ（以下、Pという）に採用され、Pと上告人松下PDP（以下、Yという）が結んだ業務委託契約の履行のため、Yの茨木工場でパネルに放電ガスを封じ込める封着作業に従事した。Yは松下電器75％・東レ25％の合弁企業だが、Yが直接雇用する労働者は存在せず、製造ラインで作業に従事するのは松下電器からの出向者とXら請負ないし派遣業者の従業員だけで、作業はすべて松下電器から出向している工程管理者、現場リーダーの指示に従ってなされた。

　Xはその後、偽装請負や派遣の問題を学んで自己の立場と法的問題点を知り、その解決を求めて2005年4月、Yに直接雇用を申入れ、5月26日には偽装請負を大阪労働局に申告した。労働局はただちに立入り調査し、その時は口頭で、7月4日には文書によって是正を指導した。Yは同指導を受けてデバイス部門におけるPとの委託契約を破棄し、訴外A社からの派遣に切り替えることにした。これに伴い、請負から撤退することになったPは、Xらに他の部門への移動を打診したが、Xは応じなかったため、Xが加入していた労働組合とYとの団体交渉で、YはXを直接雇用することに合意し、作業内容は漠然と「リペア作業及び準備作業」とし、期間工（5か月）として雇用した。Xは契約の期間、業務内容に異議を留めつつ、当面は当該業務に従事することにした。

　Xが指示された作業は、以前は廃棄していた不良パネルを再生させるリペア作業で、同工場内でリペア作業を担当するのはXだけで、特設された、黒色の帯電防止用シートで囲んだ場所での単独作業であった。06年1月31日、Yは契約期間満了をもってXを雇止めとし、その後の就労を拒否した。

　第一審大阪地裁は、「偽装請負の疑いが極めて強」く、「関係の実質は……Pを派遣元、Yを派遣先とする派遣契約……に基づき……Xが、Yに派遣されていた状態」である、ただ、労働契約の本質に照らし、「指揮命令関係があるといっても……賃金の支払関係がない場合……雇用契約関係があるとはいえない」、X・P間に雇用契約が存在する一方、Y・P間に資本関係などはなく、「実質的に一体である」とも認められないし、実質的な派遣状態が継続したからと

いって「黙示の雇用契約が成立することにはならない」、として請求を棄却した。ただ、リペア作業に就かせたことは不法行為と認定し、慰謝料45万円の支払いを命じた[(6)]。

控訴を受けた大阪高裁は、Y・P間の請負契約は職安法44条、労基法6条に違反し無効、その履行を目的とするP・X間の労働契約も公序良俗に反し無効とし、YはXを「直接指示して指揮、命令、監督して……その間に事実上の使用従属関係があった」し、Xの給与は、Pが受け取った「業務委託料……からPの利益等を控除した額を基礎とするもので……Yが……金員の額を実質的に決定する立場」にあった、その「実体関係を法的に根拠づけ得るのは……客観的に推認される……労働契約のほかな」い、として、XとYとの黙示の労働契約関係の存在を認定した[(7)]。Yが上告した。

【判旨】
（1）　本件の作業工程では「班長と呼ばれる工程管理者とこれを補佐する現場リーダーとはいずれもYの従業員」で、YとPほか1社の従業員が混在して共同で行なう「作業についてYの従業員から直接指示を受け」ており、休日出勤や休憩についても同様であった。「請負契約という法形式」だが、「請負契約と評価することはできない」。

しかし、リペア作業の指示を不法行為とする結論以外の高裁の判断は是認し得ない。

（2）　業務請負で、「注文者と労働者との間に雇用契約が締結されていないのであれば、上記三者間の関係は、労働者派遣法2条1号にいう労働者派遣に該当」し、違法でも「派遣である以上は、職業安定法4条6項にいう労働者供給に該当する余地はない」。

「派遣法の趣旨及びその取締法規としての性質、さらには派遣労働者を保護する必要性等にかんがみ」、違法派遣の場合も、「特段の事情のない限り、そのことだけによっては派遣労働者と派遣元との間の雇用契約が無効になることはない」。本件には特段の事情はなく、PとX間の「雇用契約は有効に存在していた」。

（3）　XとYの法律関係については、①YはPによるXの「採用に関与していたとは認められない」し、②Xの「給与等の額をYが事実上決定していた

といえるような事情もうかがわれず」、③ＰはＸに「デバイス部門から他の部門に移るよう打診するなど、配置を含むＸの具体的な就業態様を一定の限度で決定し得る地位にあった」から、④「その他の事情を総合しても」、Ｘ・Ｙ間に「雇用契約関係が黙示的に成立していた」とは評価し得ない。〈以下、略〉

【検討】

本件の争点は、①黙示の労働契約の成立認定の基準とその認否等、②後に結ばれた有期契約の内容、③有期契約の期間満了に伴う雇止めの相当性、④リペア作業指示の相当性の４点である。ただ、①において期間の定めのない契約成立が認められたならば、②の契約を結ぶ必要はなかったし、③の雇止めは認められず、④のリペア作業の指示自体が不法行為とされる。要するに、争点は①に集約している。そこで争点①に絞って検討することとしたい。

本判決には、労働者派遣であれば「労働者供給に該当する余地がない」とした判断に対しても、黙示の労働契約の成立を認定する基準と、原審が「適法に確定した事実等」に基づき原審判決を破棄し自判したことを含め、その基準に即した実際の判断に対しても疑問がある。

(1) 労働者派遣と労働者供給の関連

(ア) 違法派遣に適用されるべき法律

本判決はまず、本件の事実関係は「請負契約と評価することはできない」、すなわち偽装請負であると判断し、Ｙ・Ｘ間に「雇用契約が締結されていないのであれば」、三者間の関係は「派遣法２条１号にいう労働者派遣に該当」し、「労働者供給事業に該当する余地はない」とする。

ＸはＹとの間の黙示の労働契約の存在の確認を求めて訴訟を提起した。最高裁がそれについて判断の理由を述べる以前に、当該主張を否定する愚を犯すわけがないし、仮定法の表現に照しても、「締結されていない……」にいう「雇用契約」は明示の契約を意味すると解される。もとより、本件で明示の労働契約は締結されていない。

次いで、偽装請負は労働者派遣に該当する以上は「労働者供給に該当する余地がない」と述べるが、先に詳述したように（第１章第２節２(6)）、単独適用説、重畳適用説、折衷説が鋭く対立している問題であり、それは自明のことでもな

ければ論証不要のことでもない。偽装請負は労働者供給事業であると同時に違法派遣であるから、何故、それに対して職安法44条と派遣法が重畳的に適用されるということにはならないのか。それを何らの説明もなく一方的に、労働者供給事業ではないと断定し、しかも、それを判決理由の起点とすることが適切だとは考え難い。

　労働者派遣と労働者供給の関係について、職安法の定義規定は「行為類型として、労働者派遣を労働者供給から除外している」として本判決を支持するとか、両者は「相互補完的である」と解する、そのような判断に類する見解は存在する[8][9]。しかし、それらも、精々、職安法4条6項の存在を指摘する程度で、法解釈論としては不可欠な筈の論証は大筋さえない点では本判決と大同小異で、結局、「私はそう考える」というだけで、説得力に欠けている。「相互補完的」といっても、それは予め、（違法な）派遣と労働者供給という二つの概念が重なり合うとする派遣法、職安法重畳適用説を排除して、派遣法単独適用説に立つことを意味するが、肝心な、その前提が正当であるとの論証はない。

　単独適用説にたつ荒木尚志氏は重畳適用説を退けることについての論証を試みられた[10]。だが、繰り返しになるが、「同法違反の労働者派遣であるからといって……労働者供給となるわけではないことを前提に……」と叙述し始め、論証すべきことを「前提」とする倒錯的な論理展開であるし、派遣法が「独自に罰則等の規制を行っている」と指摘されるが、職安法と派遣法において処罰の対象が異なることを無視しており、充分な論証となり得ているとは言い難い（第1章第2節2（6）（ア）参照）。

　本庄淳志氏は、重畳適用説は「派遣法の『労働者派遣』を適法なものに限定し、それ以外の場合は職安法で禁止された労働者供給事業に該当する」とするから、「論理的には『派遣法違反のケースで派遣法による是正が図れない』という奇妙な結論」になると指摘されるが[11]、重畳適用説は一般的に「派遣」とは何かではなく、職安法4条6項が労働者供給の定義から除くこととした、その「労働者派遣」は「適法なものに限定」されるのか、が問われている局面において、それを肯定する。「奇妙な結論」との批判は、批判の対象を正確に理解しておらず、そのため的外れである（第1章第1節3（オ））。

　岡田幸人氏（最高裁調査官）は、行政解釈やそれらの学説の紹介に終始し、

本判決を掘り下げて理解することに資する解説をされてはいない。
　（イ）　重畳適用説の優位性
　偽装請負と認定された行為に関する紛争は、業者らの脱法的営利行為のために、心ならずも紛争に引き入れられた労働者の保護のために、直接雇用の原則に則り、条文の形式的な辻褄合わせではなく、立法の経緯と法規定の内容・趣旨から法違反に対して規定されているサンクションの内容（異同）まで明確に認識しつつ、紛争解決策が模索されねばならない。本判決のように、中職審『立法化の構想』以来の行政解釈を引き継ぐだけで何の説明もなく、「注文者と労働者との間に雇用契約が締結されていない」場合は派遣であり、それが違法な派遣であっても労働者供給事業には該当しない、と断定するだけでは済まされない。先に述べたように、派遣法と職安法は、性格が異なる法律であるが、派遣法は「職業安定法と相まって……」と定めており、単純に、一方だけが適用されるといった関係ではないことを銘記する必要がある。
　派遣法制定に伴い、職安法4条6項は派遣法の要件を充たした適正な派遣は「労働者供給」には含まれないとした。それは派遣法制定の趣旨から当然のことで、何ら異とするに足りない。労働者供給の一部を「派遣」という概念で括って合法化した経緯からも明らかなように、派遣法成立以前は、業者が労働契約を結んで確保している労働者を提供することも労働者供給と認識されていたのであり、その一部が「労働者派遣」として合法化されたとはいえ、それ以外に、国会審議において、同じ法構造の行為は違法派遣であっても、すべて職安法における労働者供給の定義から外すといった提案説明も質疑・答弁も行なわれた形跡はなく、もとより、そのようなことが定められているわけではない。また、労働者の供給元と供給先があって初めて成立する労働者供給事業が犯罪とされてきて、その一部を合法化する際に、供給元（違法な派遣元）に対する可罰は継承しながら、供給先（違法な派遣先）に対する可罰は行なわないことにする、とすれば、それは立法政策の重大な変更であり、国会における実質的な審議が一切なしに、そのような変更が行なわれることはあり得ない。だが、そのような審議が行なわれた形跡は存在しない。つまり、供給先を職安法44条違反を記したものと認定するが、それに対しては刑罰の対象から除くという立法者意思は存在しない。もとより、派遣法の定義により自動的に外れるとい

うものでもない。

　派遣法制定の経緯に照らし、適正に法律の要件を充たした合法的な派遣と（違法な）労働者供給とは相互に相容れない関係になったのであって、一般的に、労働者派遣と労働者供給とが互いに相容れないという意味での「相互補完」の関係になったわけではない。

　周知のように、ユーザーは数ある派遣元の中から相手を自由に選択できるから、基本的に、派遣を主導し、諸条件を牛耳るのはユーザーである。にもかかわらず、もっぱら派遣元を規制する派遣法の枠組みだけで違法派遣もすべて規制しようとするのは実態にも合わず、本来、違法派遣に対するサンクションの在り方として適切ではない。そのことをも考慮すると、労働者派遣の形式を回避し法律の手続きを踏まず、あえて請負の形式をとって脱法を図ったユーザーに対して、派遣法だけを適用する解釈論は法理論として合理的とはいえないし、社会的にも適正な情況を導くものともいえない。本判決は、その単独適用説を無批判に受け入れるもので、妥当とは言えない。

(2)　パスコと原告との労働契約の有効性に係る判示

　最高裁は、まず、①派遣法の趣旨、②派遣法の行政的取締法規としての性質、③労働者の保護の必要性、④「等」にかんがみ、PとXとの労働契約が無効となることはなく、有効に存在していたと判示した。

　その趣旨は、①は、違法な派遣も労働者供給事業に該当することはなく、それに対しては派遣法だけが適用される、②は、派遣法は取締法規でただちには私法的効力を持たない、Pとの労働契約は公序良俗違反にはならない、ということであろう。③は、それを無効と判断すると、Yとの黙示の労働契約の成立を認めないから、Xの「使用者」が不在となることを懸念してのことであろう。④の内容は不詳である。

　しかし、①が説得的でないことは上記のとおりである。

　②も論証されたわけではない。本判決は、「特段の事情のない限り」派遣法違反がP・Xの労働契約を無効とする私法的効果をもつことはない、と判示するが、肝心の、その「特段の事情」の内容については例示も説明もなく、その有無についての判示の適・不適の判断をする拠り所がない。理由不備というべ

きである。

　派遣法が取締法規であり、違反に対し行政指導が予定されていることを理由に、派遣法を単なる取締法規だと解するのは短絡的である。同じ労働法の一環である労働基準法は、派遣法とは比較にならないほどの、強力で効果的な監督システムを備えているが、そのために同法を単なる取締法規と見るものはいない。仮に、規定の私法的効力を宣言している労基法13条がなくても、労基法の全体的性格や目的を根拠にして解釈論によって同じ結論が導かれ得る。ある法律の条項の効力については、当該法律の性格や当該規定が実現を目指す法状態を具体的に検討することが不可欠であり、派遣法の規定内容とその意味を考慮すれば、派遣法の多くの規定が私法的効力を持つことを否定すべきではない。[13]

　③の指摘は、労働契約を無効とするとXはPに「使用者」責任を求めることができず、Xの保護に欠けるという論理であろう。だが原審は、PとXとの労働契約を無効としたまま放置したわけではなく、X・Y間の黙示の労働契約関係の存在を認定したから、X・P間の労働契約を無効と判断しても、Xの保護に欠けることはない。

　事態の推移をみると、Yは行政指導を受け、Xが所属する労働組合との団体交渉の結果、Xを直接雇用したものの僅か5か月の有期契約であって、一度も更新することなく、Xを雇い止めとした。だからこそ本件訴訟が提起された。むしろ原審判決を破棄し、Xの主張を否認する本判決こそが労働者の保護を蔑ろにするものである。要するに、③は、最高裁が自らの結論を前提にして考えた場合の状況にすぎない。その結論が、遡って、P・X間の労働契約の有効な存在を根拠付けることには少しもならない。

　最高裁は、労働者の「保護」を指摘し、XはPに対する賃金請求権を失わないことを示唆したとも解される。ただ、それは禁反言の法理によって実現することが可能であり、より適切である。すなわち、偽装請負を行なったPは、それを根拠に自ら積極的に労働契約の無効を主張し得る立場にはなく、Xから求められれば「使用者」としての責任を免れることはできない、その意味で本件契約は片面的には有効であって、Xによる賃金支払請求は容認され得る。[14]

　最高裁は、次いで二重の労働契約の存在を認めることを前提として、本件の本来の争点であるYとXとの黙示の労働契約に認否の検討に移っている以上、

本件の争点ではないP・X間の労働契約の存在を強調する必要はなかった。P・X間の労働契約の存否とX・Y間の黙示の労働契約の存在認定とは法理論的に直結するものではない。P・X間の労働契約が無効であれば、それはX・Y間の黙示の労働契約の存在を認定するよう促すであろうが、最高裁の上記判示は、内容として問題があるだけでなく、本件争点との関わりでは無用であったと言わねばならない[15]。本来なら、Yとの黙示の労働契約締結の成否を検討し、否定された場合に初めて、両者の関係にどの法律が適用されるのかが問われる性格の問題なのである[17]。

(3) 松下PDP・原告間の黙示の労働契約関係の存否を判断する三つの要素

　従来、使用従属関係が存在し、ユーザーが賃金を決定し、支払っていると認められる場合、あるいは偽装請負や違法派遣で、労働者を提供する業者の法人格が否定されるような場合、ユーザーと労働者との黙示の労働契約の存在が認められることがあった[18]。最高裁は、事実上の労働関係および賃金支払い関係を重視しているから、実質的には「裁判例の立場と軌を一にする」と言えなくもない[19]。だが、最高裁は、それらの判断基準をとるとは明言せず、また、独自の一般的認定基準を示すこともなく、事例判断に徹し、本件では①X採用への「関与」はなく、②Xの給与等をYが「事実上決定していた」とは認められず、③Xの「具体的な就業態様を一定の限度で」Pは決定していたことの３点を根拠に、Y・X間の黙示の労働契約関係の存在を否定した。そのような三つの要素によって黙示の労働契約関係の存否を判断することが妥当なのか、かりに妥当であるとしても、本件の判断は的確であったか、が問題となる。

　（ア）　X採用への「関与」

　本判決は、「採用面接にYの従業員が立ち会ったなどの事情は認められ」ず、「YはPによるXの採用に関与していたとは認められない」と判示する。

　PがXを採用する判断をYが実質的に左右する程度まで「関与」していたとすれば、当初からYがXを直接に雇用し、その後で使用者責任を免れるためにPに派遣という形をとらせたと評価され得る[20]。しかし、Xの採用にYが関与していなかったとしても、そのことは、Y・X間の黙示の労働契約の成立を否定する根拠となるわけではない。

本件では、Pは独自の判断でXを採用しており、Yはまったく関与していなかった。したがって、Xは、Pによる採用にYが実質的な判断をしているとか影響力を行使しているといった類の主張はしていないし、原審でも、Yが採用面接に「立ち会ったといった事情」は認められていない。にもかかわらず、原審が、YがXを「直接指揮、命令監督して作業せしめ、その採用、失職、就業条件の決定……等を実質的に行い……」と、不用意に「採用」を含む判示としたのは誤った判示であった。[21]

最高裁は、原審までの一件書類は閲覧しているにもかかわらず、その誤認を見過ごしたとすれば不注意である。しかも、「採用に関与したとは認められない」と述べ、それを黙示の労働契約の存在を認めない根拠の一つとしたが、そのような事情がある以上、松下PDP事件については同判示は特に意味はないと理解する以外にない。[22]傍論として、一般的に、ユーザーが業者による従業員の採用に「関与」していたとすれば、その内容、程度によっては、当初からユーザーとの間に黙示の労働契約の存在が認められることがあり得ると示唆した程度のことと理解される。

(イ) 賃金額の「事実上」の決定

黙示の労働契約の存否の認定にとって、判断の要素とした3点の内、現実的に意味のあるのは賃金問題だけである。従来から、事実上の使用従属関係の存在を認めても、ユーザーが給与の決定・支払を行なっていないことを根拠に、黙示の労働契約の成立を認めない判例、学説は多かった。したがって、大阪高裁が、「YがPに業務委託料として支払った金員からPの利益等を控除した額を基礎とする」から、YがXの受け取る「金員の額を実質的に決定する立場にあった」と認定して、黙示の労働契約の成立を認めたことは画期的であったし、正にその点が、一部の論者からは、それでは「適法な労働者派遣であっても、派遣先が賃金の支払いをしているということになりかねない」とか「派遣が成立しなくなる」として、批判の対象ともなった。[23]しかし、適法な派遣であれば、労基法6条違反を構成することはない。それらの批判は、偽装請負の事案に対する判示であることを見過ごしている点で的外れであり、現実には偽装請負を擁護する効果を果たすものでしかない。

なお、最高裁は「事実上決定……」、原審は「実質的に決定……」と、表現

はやや異なるが、いずれもYが明白に自ら決定していなくても、事情によってはYがXの賃金を決定していたと認定し得ることを示唆した。かつて、同種の事件である全日空（NDB）事件において、「労務に対する報酬として直接当該労働者に対し賃金を支払う意思」を有していないことが、またJR西日本（大誠電機）事件において、業者の規定に基づいて計算され支払われていることが、黙示の労働契約の存在を否定する根拠とされた例がある。本判決はそのような形式論ではなく、賃金の決定・支払という要件について実質的な判断を肯定した点は評価し得る。

　だが、そうであったとしても、やはり同判示は適切ではない。Xの賃金額の決定へのYの関与の有無およびその程度は事実問題であり、結論を左右する程に重要であるが、その判断は事実認定に他ならない。大阪地裁は「金銭の流れ」から見て「請負代金額が、PとXとの間の賃金額の決定に与える影響は大きい」と述べるに止まった。原審は、YはXが「給与等の名目で受領する金員の額を実質的に決定する立場にあった」と認定した。ところが本判決は、それに代えて、給与額を「Yが事実上決定していたといえるような事情もうかがわれ」ない、と述べて原審を破棄し、自判した。

　そこで、当該認定を変更し、自判したことの適否および「実質的に決定」と「事実上決定」はどこがどのように異なるのか、が問われる。

　（a）　最高裁における「自判」

　最高裁は法律審であるから、原審判決を破棄する場合は差戻が原則であり、自判は、「確定した事実」について法令の適用を誤ったことを理由に原審を破棄し、かつ「事件がその事実に基づき裁判をするのに熟するとき」に限られる（民訴法326条1号）。「裁判をするのに熟する」は含みの多い表現であるが、原審が確定した事実は最高裁を拘束するから（民訴法321条1項）、自判は、少なくとも、新たに事実認定をする必要はなく、原審認定の事実を踏まえて、原審判決を覆す法解釈によって判決し得る状態を指していると解される。

　しかし、本判決が、その自判の条件を充たしていたのかは多分に疑問である。主張・立証された事実関係は一つであるから、「事実上決定」という事実認定を法的評価として「実質的に決定」と言い換え、しかも本件事実関係に即せば、それは存在しなかったと解釈することが容認されるのか、という問題に帰着す

る。

「事実上」と「実質的に」は何が異なるのか。Yは業務請負契約の発注者であり、賃金額などを決定する法的に正当な権限はない、だが、その権限を持つPに対して業務処理を発注する顧客という立場にあり、その業務処理代金がXらの賃金の原資となっているという関係があることには疑問の余地はない。その代金が賃金額の大枠を決めることになる。そういう事情だから、大阪高裁は、法的権限を持たないYが「事実上」決定したと判示した。最高裁では口頭弁論は開かれたが、事実審理は一切なかったから、認定された事実は原審と変わらない。「事実上」と「実質的に」は、一般社会における常識では同様のことを指していると解される。認定された事実は一つであり、最高裁は原審の事実認定に拘束されるにもかかわらず、何故、結論はまったく逆にしたのか、説明は何もない。

(b) 事実「認定」と事実の「法的評価」

上記批判は賃金額決定を「事実上」行なったか、「実質的に」行なったかは事実認定の問題であるという判断にもとづいている[28]。しかし、事実「認定」と事実についての「法的評価」の差は、必ずしも明快ではない[29]。

最高裁は法律審として、原審認定の事実について独自に法的評価を行ない得るが、大内伸哉氏は、本件の最高裁の判断は「認定事実の評価」であると理解される[30]。同氏は、最高裁は本件で、原審の上記判示部分は確定した事実についての法的評価であると捉え、「……を基礎とする」という程度で給与額を「実質的に決定」したとの評価は「適法」ではなく、Yが「事実上決定していたといえる」までの立証はいまだ行なわれていないと判断すべきである、と判示したものと理解されるのであろう。

最高裁調査官の岡田氏は、「規範的判断であるため、法的見解の表示であるとともに事実認定の要素を含む」と折衷的な見方を示している[31]。しかし、そのような曖昧な表現によって原審の判断を覆すことが正当化されるのか、疑問である。

事実認定は裁判官の自由な心証に委ねられている（民訴法237条）。ただ、その存否や内容・程度等が、問題となっている紛争の法的解決に影響を与える事実について行われる、一定の法的視点による判断であるから、必ずしも、事実

に対する法的評価と截然と、あるいは容易に区別し得るとは限らない。しかし仮に、賃金決定に関わる「事実」について法的評価を述べるというのであれば、事実認定と認定された事実に対する法的評価とを区別する基準について、最高裁の基本的見解を示し、それにもとづいて、原審が確定した事実に対する法的評価はこの点が不適法である、といった説明・指摘を行なうか、少なくともそのような内容を示唆すべきであった。本件ではYが「実質的に」決定していたが、この要素が欠けるから「事実上」決定していたとは認められないといった趣旨の判示が存在しなければなるまい。その説明もなく、給与額を「Yが事実上決定していたといえるような事情もうかがわれ」ない、という結論だけを述べるのは、訴訟当事者をはじめ関係者を納得させようとする姿勢を欠くもので、司法機関として適切であるとは到底、言い難い。

　(c)　本判決の二つの具体的問題点

　Xの賃金額決定へのYの関与問題について、さらに二つの具体的問題がある。

　まず、給与額をYが事実上決定していた「事情もうかがわれ」ない、という断定と原審の判断との間には相当の幅・隔たりがあるとすれば、その中に、賃金額決定への関与の度合いに諸相があることになる。最高裁は、上記（イ）に留意するとともに、その幅・隔たりのどの辺りに位置すれば「事実上決定していた」と判断し得るのか、について基準を示し、原審が「……を基礎とする」と説いた事実はその基準に適合するか否かを再審理せよ、として差戻すことに止まるべきであった。

　次に、より重要な問題だが、仮に事実について法的評価をして自判するにせよ、本判決には、その評価に際し不可欠な筈の、賃金決定の問題に関わる一件書類等を精査しなかった過誤がある。

　Pは請負業者といいながら、ホームページで「御社工場内での、『構内請負』を基本としておりますので、御社が従来から使用している生産設備や原材料なども有効に活用することができます」と広報するように、工作機器を持たず、専ら、集めた労働者を他の企業に提供し、その代金から労働者に賃金を支払い、その差額を自己の営業利益とする、端的に言えば、典型的な寄生的労働者供給業者である。契約でパネル生産1台あたりの業務委託料を決めたが、生産設備はYの所有で、それを借用したことになっているものの、契約書でそれを証

明することもできず「借り受け状況」は明らかでない。Y・P間の契約では「PDP生産1台あたり」の代金を決めているが、作業現場ではY、P、訴外業者、少なくとも3社の従業員が混在し、Yの社員の指示に従って共同で作業していたから、Pが、この製品は我が社が生産したと言える状況にはなかった。しかも、YはXらの入退場や労働時間を管理し、就労時間数を請負代金の決定に「加味」したと述べて、Xらの稼動時間数が代金の基礎となっている、あるいは影響していることを自ら認めていた。[32]

それらは、代金はPDPの生産量に対してではなく、労働者の供給に対して支払われていたことを意味する。中間搾取がなければそのままXらの賃金であった。中間搾取は法的に容認され得ないから、結局、「代金」がXらの賃金の「基礎」であった事実は明白であり、Yはその額の決定につき支配的立場にあった。原審は、そのような認識で、Yが給与の「額を実質的に決定する立場にあった」と認定したと解される。

最高裁は中間搾取についてはまったく言及していないが、偽装請負であればPが利益を得ることは労基法6条に違反するから[33]、代金を自己の所得とすることはできず、必然的にXの賃金額決定に対するYの影響力は大きく評価されることになる。最高裁が中間搾取の存在を考慮していれば、賃金に関わる法的評価も原審と同じ結論に達する可能性が大であった。その意味で、本判決が中間搾取について判示しないまま、原審の事実に対する評価を否定したことは法解釈に欠落があるとの誇りを免れない。

労働法上の使用者責任を免れんがために請負の形式を選んだユーザーが、自ら使用者性を表明することになる賃金の決定行為を公然と行なうことはまず有り得ない。本件においてさえ、ユーザーが賃金を「事実上決定していた」と認めないのでは、司法機関が企業の脱法的意図をほぼ全面的に追認することになりかねない。

最高裁調査官岡田氏は、「基本的に原審の専権に属する事実認定であると性格付けたとしても、それは明らかに経験則に反する推論に基づくもの」と原審を批判されている[34]。しかし、仮に最高裁がそう判断したのであれば、判決文において、原審判決のどの部分がいかなる理由で、どのような内容の経験則に反するのかを説示したうえで、正確な事実認定をするよう、差戻すべきであった。

証拠調べもしないまま、その「経験則」とは何かを説明もしないでおいて、賃金額を「実質的に決定」したとは言えないと判断をする権限は最高裁にも認められてはいまい。調査官の解説に委ねて済まされる問題ではない。

　労働契約は諾成契約であり、これが欠けては労働契約とは言えないという核心は就労についての合意である。偽装請負の事案においては、実際に使用従属関係が既に長期にわたって存在するため、ユーザーが賃金を決定し、支払っているかという問題が重視される傾向があるが、それは適切ではない。賃金の額の決定へ関与していること等は労働契約成立の認定の不可欠の要件ではない。労働契約の成否については、あくまで、何を基準として就労についての合意が成立しているとみなされるかの判断こそが焦点である。(35)

　そもそも、現実に自ら指揮命令して就労させながら、明示の労働契約を結んでいなかったことを理由として、その労働者に賃金を支払わないことは許されることではない。賃金は「労働の対償」であるから（労基法11条）、実態を観察し、本件のように「代金」が実際には完成された仕事に対してではなく、労働者の提供に対して支払われており、その代金からＰが中間搾取し、残金がＸらの賃金となっているという事実関係があれば、偽装請負および中間搾取を許さないためにも、客観的には賃金支払に係る暗黙の合意については、原審程度の概括的な関係が重要であり、それで認定するに足りると解すべきである。

　ユーザーは、安価に手間をかけず自らの組織内に労働者を調達さえできれば、彼らの賃金額の決定や支払に関心はなく、必要もないから関与しないのが通例である。ＹにはＸらと労働契約を結ぶ意思はなく、直接、賃金を支払う意思もない。しかし、問われるのはユーザーの主観的な意思ではなく、あくまで実態から「客観的に推認される……意思」である。業務請負を偽装し、職安法44条の規制を免れようという「脱法意図が認められる」場合には、「当事者に適用規範の選択を許すわけにはいかない」から、ユーザーの「契約意思を問題にすることは無意味」であり、そのような「脱法意図」は法的には斟酌はされ得ない。(36)

　（ウ）　就業態様の決定権限

　ＰはＸの「就業態様を……決定し得る地位にあった」と判示するが、請負は偽装であっても、独立した企業である限り、従業員の「具体的な就業態様を一

定の限度で決定し得る地位」にあったことは当然であろう。
　しかし、本件のデバイス部門から他の部門への移動の打診は、大阪労働局からの是正指導によりPは請負から撤退せざるを得なくなり、同部門における就労を継続しえなくなったという事情による。それはいささかも、Xの「就業態様を……決定し得る地位にあった」ことを積極的に説明するような事情ではない。
　しかも同判示は、X・Y間の黙示の労働契約の存在を否定する根拠として説かれているが、最高裁自身が二重の労働契約説を取っている以上、P・X間の労働契約の存在が肯定されたとしても、X・Y間の黙示の労働契約の存否の認定に影響はない筈であり、したがって、そのような根拠となり得るものではない。

(4)　まとめ
　上記 (1) は原審が確定した事実について法的評価を誤ったという他はない。(3) も同様である。(2) は黙示の労働契約の存在認定に直接関わるだけに、より重要である。
　賃金決定についてのYの関与に関する原審の判示は、論旨は筋が通ってはいるが、説明に緻密さが欠けることは否定できない。だがそれは、最高裁が給与額を「Yが事実上決定していた」という判断を否定し、逆の結論をとることを正当化するものではない。
　最高裁は事実審理をしてはいないから、原審の認定を覆す独自の根拠を持っていないし、実際、示してもいない。賃金の決定・支払いの問題は黙示の労働契約の存在認定にかかわる重要な事項である以上、最高裁は、原審の判示の趣旨を慎重に忖度すべきであった。それでも疑問が残るのであれば、繰り返すが、賃金支払関係にYがどの程度関与していることをもって黙示の労働契約の存在を認定するのか、について判断基準を示し、後は、原審に差戻して本件における事実について検討を委ねるべきであった。
　判決理由の中には、黙示の労働契約の成立を否定する結論を導く合理的説明はなされていない。原審の事実認定を破棄しながら、何らの理由も述べずにそれと反対の結論だけ示すこと、ましてや、賃金支払に関わる事実は「裁判をす

るのに熟する」ほどに確定していたとは考えられないが、要件は充たされていなかったにもかかわらず自判したことは、司法機関の最上位に位置する最高裁自身が法令違反を犯し、また、その使命に背くものであった。

　結局、本判決は、偽装請負の注文者（違法派遣先）に法律違反の責任をとらせることはしない、当該違法行為によって不安定な状態に陥れられる労働者を救済もしない、という結論だけ言い渡したに等しい。それは、客観的には、続々と派遣切り事件が係属する多くの下級審に、最高裁でさえこの程度だから、結論さえ間違えなければ、判決理由について詮索はされないというメッセージを送った効果しか残さなかった。その評価を実証するように、その後の下級審判決は、思考停止状態と評さざるを得ない、惨憺たる判決が続出している。次に、詳しく紹介、検討をしたい。

3　松下PDP最高裁判決以降の下級審の動向

　偽装請負のユーザーと労働者との間に黙示の労働契約の成立を認めた松下PDP事件・大阪高裁判決は注目を浴びたが、わずか4か月後、最高裁が上告受理を決定したことをみて、同種の訴訟が係属中の裁判所の中には、審理を中断して判決を見守るものもでる事態になり、2009（平成21）年12月、最高裁が派遣切り問題について一定の方向を示すに及んで、一斉にその最高裁判決に従う傾向が顕著になった。

　松下PDP最高裁判決は、派遣法の「趣旨及びその取締法規としての性質」というだけで、その「趣旨」や「取締法規としての性質」は何を指すのか、取締法規には私法的効力はないのか等、肝心な問題について何の説明もなく、結論を示すだけであった。その後、最高裁に倣うのであればまだしも、結論に追随するだけで、論拠の空疎な判決が相次いだ[37]。それは、訴えられた事案について事実関係を丹念に検討し、認定した事実に基き法律に照らして判断するという、憲法76条3項が定める裁判官本来の使命を忘れ去ったのではないか、と思われるほどである。

　ところで、労働者が黙示の労働契約の存在を主張する場合、その論拠は大きくは二つに分かれる。一つは、ユーザーが事前面接等において採用を実質的に決定した後、派遣元ないし請負業者が雇用し、ユーザーに派遣する形式を整え

たもので、派遣や業務請負は偽装であり、事実関係に照らせば、当初からユーザーとの間に労働契約が成立しているという論理である。松下PDP最高裁判決が「関与」に言及したこともあり、そう主張する事案がにわかに多くなった。もう一つの論拠は、以前からある、事実上の使用従属関係の存在を主たる根拠にしたものである。

なお、訴訟の中には、偽装請負・違法派遣という違法な状態で労働者を就労させたことを不法行為と位置付けて、損害賠償を請求するものもあるが、偽装請負・違法派遣に関わる基本的な論点についての判示がない限り、検討は省略する。[38]

(1) ユーザーによる採用決定を根拠とする黙示の労働契約成立論
　(ア) 問題の所在
　(a) 労働者派遣の建前とユーザーの「関与」
　松下PDP最高裁判決は、松下PDPが業者による原告の「採用に関与していたとは認められない」ことを契約成立否認の根拠の一つとし、傍論ながら、労働者の採用にユーザーの「関与」が認められた場合には、当初からユーザーと労働者間の労働契約の成立を認定し得る場合があることを示唆した。業者の労働者採用に何らかの影響を与えることが「関与」と理解されるから、「関与」は相当に幅の広い概念である。しかも、それはユーザーと労働者との労働契約関係の認定という効果を導く可能性があるとされる重要な概念であるが、最高裁自身はその内実については何ら説明していない。実務家と研究者に「関与」の意義の究明が委ねられた形である。

業務請負の形式を取った場合は、業務全体の企画に始まり、原材料の仕入れから作業の完成まで業者がすべて決定し、指示・監督し、業務を遂行させる建前であるから、労働者の採用も業者が行なうのは当然である。

派遣は、派遣先の要請を受けて、派遣元は雇用している労働者の中から、派遣先の当該要請に応じ得る者を選んで派遣する（選抜と採用のタイミングは、登録型と常用雇用型では異なるが）、という仕組みである。派遣を行なうためには労働者派遣契約の締結が要件であるが、同契約には、通常、基本契約と個別契約があり、派遣に関わる様々な事柄を定める基本契約には、労働者は人数で示

されるだけで、氏名等は記載されない（26条1項本文および特定避止努力を義務付ける6項の反対解釈）。実際に派遣する段階になって、派遣元は各労働者についての個別派遣契約を結び、それと前後して、「派遣するときに」、労働者の氏名や年齢、性別等を派遣先へ「通知」する（35条、施行規則28条）。つまり、派遣先はその「通知」が届く就労直前まで、性別、年齢、経歴・職歴、特技等、労働者の特性を何も知らない状況にある。厚労省1999年告示138号『派遣先が講ずべき措置に関する指針』は、性別や年齢の限定、履歴書の送付指示などを禁止している。

　ユーザーは、雇用責任を負わなくて済む等のメリットがあるから業務請負や派遣を利用するが、他方でそのようなリスクを負うし、不安を感じている。そのリスクを避け不安を払拭するために、現実には、就労に先立って労働者の特性、特に年齢、技術、経験などを具体的に把握しようとして、「現場見学」「面談」等の名目で事前面接を実施している。日本人材協会は2004年10月に作成した、派遣先用リーフレットでも、建前として事前面接は禁止されていることを明記しているが、そう配慮せざるを得ないほど事前面接が横行しており、実際には、派遣労働者の7割以上が体験している。[39]

　しかし、ユーザーが事前面接において選抜試験を行い、採用を決めることは許されない。派遣の建前を前提とする限り、派遣先が、派遣元による労働者の採用に些かでも「関与」することは本来認められない。三者間の労務提供関係において、業務請負にせよ派遣にせよ、労働者の選抜‐採用は請負業者や派遣元が行なう建前である。その本来の仕組みに、ユーザーがどのような形で、どの程度まで「関与」した場合に、実質的に採用したものと認定されるのか、その指標・基準が問われる。

　（b）「特定」

　「関与」までには至らないものに「特定」がある。派遣法26条6項は避止努力を義務付けるが、「特定」について法律に定義規定はなく、その意味は必ずしも明確ではない。「特定」の概念についても共通の理解が求められる。

　一部に、「特定」をユーザーによる採用選抜試験と解す見解がある。[40]「特定」の避止努力義務は1999年派遣法改正の際に定められたが、国会ではネガティブリスト化および派遣期間制限等が主要な論点となり、他に有料職業

紹介を原則自由化する職安法改正もあって、「特定」はあまり議論の対象にならなかった。ただ、「特定」に関わって、性別・年齢等による差別の禁止が論点の一つとされたし、紹介予定派遣については、2003年改正時に26条7項により例外的に「特定」が許容されたが、紹介予定派遣では、派遣前ないし派遣中に職業紹介が行なわれ、選抜試験が許されることから、「特定」が選抜のための面接と理解された可能性がある。だが、国会審議では、「事前面接」と「入社試験」は異なるものとしつつ、履歴書の提示等の禁止を求める主張もあり、「特定」概念の意味内容については、焦点が定まらないまま審議が進んだ。政府委員も、特定は脱法行為であり、派遣法26条7項の趣旨も併せて指導を厳格に行なう、といった説明で終始している。[41]

　派遣においてはユーザーは労働者を雇用しない前提であるから、本来、ユーザーによる採用試験は想定されない。ユーザーが自ら指揮命令して就労させる予定の労働者を試験して選抜し決定する行為（選抜試験）は、派遣の枠組みを完全に逸脱する。「特定」が選抜試験を意味するのであれば、法律の論理や構造に照らし、それを単なる避止努力に留め置くとか、違反に対して行なわれる指導、助言等に従わなかったとしても企業名の公表といったサンクションも予定されない（47条の3～49条の2）、単なる行政指導にとどまる避止努力義務で済ませるとは想定し難い。

　そのような事情を斟酌すれば、派遣法にいう「特定」は精々、業者が提供する労働者を決めた後、実際に派遣するまでの間に氏名や性、特性・技術力等を把握することを意味すると解される。上記『指針』が挙げるのは正にそのような例である。ちなみに、労働者が自主的に派遣先を訪問することも特定禁止に触れる虞があるから、同『指針』が「これらの行為を求めないこととする等……充分留意すること」を派遣先に促していることも、そう理解して初めて整合性がある。

　もっとも他方では、ユーザーが派遣される労働者の特性を派遣受入れ前に知り得たからといって、先のリスクや不安を解消することにはならない。「特定」がその程度のことであれば、努力義務とはいえ、敢えて「避止」を求めることの意味も疑問である。おそらく、「特定」を認めれば、それに止まらず、「事前面接」と紛らわしい事態が生じることへの行為を懸念してのことであろ

う。
　(c)　事前面接の実態と意義
　現実には「特定」には止まらない「事前面接」が行なわれている。関係者（派遣労働者、派遣元の業務担当者など）からの聴き取りによれば、ユーザーは、業者に派遣する予定の労働者を連れてこさせ、面談の口実としていた業務内容等についての説明とは別に、実技、筆記試験や口頭試問を含む試験を行って適性を確認し、不合格の場合は次の候補者を面接し、合格と判断できる労働者を得たうえで、それを業者に伝えて派遣を要請することが少なくない。いっときに、実際に使用する予定の数よりも多く労働者を連れてこさせて、ユーザーが競争選抜を行ない、合格して初めて業者による採用が決まる例もある。それは誰が見ても、実質的にはユーザーが提供される労働者を決める行為であり、選抜試験（採用行為）に他ならない。
　そもそも労働契約の当事者（となろうとする者）でなければ事前面接（選抜試験）を行なうことはない。内容や程度にもよるが、派遣先が事実上、派遣労働者を選抜して「使用」することを決定し、その後で業者との間で派遣の手続きが取られた場合には、派遣は偽装であり、当初から当該「事前面接」の時点で派遣先と労働者の間に労働契約が成立している、と解される。
　なお、そのように解すとしても、派遣元、派遣先は「派遣」を標榜した以上、当該労働者について派遣法上の手続きや派遣法によって負う義務の履行を求められた場合、禁反言の法理に照らし、それを拒否することはできない。
　(イ)　事前面接における採用決定と労働契約
　派遣切り事件において、事前面接が行なわれたが、それはユーザーによる採用を意味し、面接の時から黙示の労働契約が成立している、と主張される例は多い。労働省は以前から、事前面接や書類選考は「派遣先が特定の派遣労働者を指名する行為」であり、それは派遣先との労働契約成立と「判断される可能性が強くな」る、と指摘していた（1993年6月25日需調発第22号）。
　事前面接による採用と見るべき事案は、古くから存在したが、それが労働契約の成立であると明確に主張されるようになったのは比較的最近のことである。事案を具体的に観察すると、選抜試験そのものであることが必ずしも稀ではないにもかかわらず、問題意識が薄かったことが原因と考えられるが、法理論的

検討が遅れ、原告側の弁護士が論点を鮮明にして明確に主張しなかったケースもあり、最近でも、判決では独自の論点として緻密な認定がなされていないものもある。

従来の事例における実態を、ユーザーが「採用」を否認する理由に着目し、争点の在り方に応じて整理すると、(a) 事実関係等から当該事前面接を選抜試験と推認し得る型、(b) その変則型であるが、「採用」をユーザーが自白していると見られる型、そして、(c)「事前面接」者は人事担当ではなかったと弁明するため、独自の分析をしておく必要がある型、という3つの型がある。

(a) 事実関係等から当該事前面接を選抜試験と推認し得るケース

業者とその業者に登録している労働者と派遣先という三者の、最初の接触の機会である事前面接において、黙示のうちに労働契約の締結に関わる合意があったのか、については、その経緯と三者のおかれた立場、力関係等を適切に考慮し、判断する必要がある。

主張された事実が実際に存在するか否かを判断する事実認定、あるいは立証された事実の法的評価を適切に行なうためには、蓄えてきた知識や研ぎ澄ました感覚や柔軟な想像力が求められる。裁判官には事実を的確に把握し、分析し、事案の真相を洞察する力が不可欠である。しかしそれは、至難というほどのことではなく、言葉や文書の意味についての社会常識と健全な理解力、合理的な想像力があれば可能なことである。

① 松下通信工業（セントラル工設ほか）事件では、原告はセントラル工設（CM）に採用されたが、CM社専務はセントラルエンジニアリング（CE）に「連れて行き」、通信機事業部長に「引き合わせ」た。同部長は経歴等を確認し、業務請負基本契約を結んでいる松下通信関係の「業務につかせることを決め」、原告をCEに出向させた。それから原告はCEの管理職に「伴われて」松下通信へ行ったが、最初に「引き合わされた」開発研究所機構電子部長は「難色」を示したので、次にデータ制御事業部フロッピーディスク装置技術課長に「引き合わされ」、そこで「作業を担当することに内定し」、8月11日から松下通信の工場で、「技術指導や指示を受け」て就労を始めた、作業の結果は松下通信の従業員に報告した。原告とCMとの労働契約書の日付けは、CM採用の日ではなく、松下通信で就労を始めた8月11日である。

結局、次々と面談が行なわれた事実経過と結果は、CMの「採用」は実質的には労働者を手元に確保した登録であり、CEの同意を得て、松下通信のデータ制御事業部の「内定」が実際の採用決定であった、その後に手続きがなされて、CMを派遣元とする派遣が偽装されたことを明瞭に示している。本人訴訟であり、原告が的確な事実関係の整理と緻密な法律論を主張し得たのかは疑問であるものの、事実に関する法的評価として東京地裁はそのような判断を示すべきであったと考えられるが、その責務を果たしてはいない。[42]

　② NTT（NTT・ATら）多重派遣事件では、原告Xは、就業場所はNTTコミュニケーション科学基礎研究所（CS研）、業務は日本語文の品詞分解等とするW電気社の求人に応募し、社長の面接で採用された。それからWが連絡を取ってS社の仲介を経て、NTT・ATの課長と会い、一通り、英語能力を確認され、次いでNTTでCS研協創情報研究部知識処理研究グループ（創処G）のリーダーG、主任研究員Hらの面接を受けた。「本件業務内容として、TOEIC700点相当の英語力が必要と考えていた」G、Hらは「英字新聞の英文を日本語に訳す」ことを求め、Xの訳文を見た結果、「要求レベルに達しており、データ整理も問題なさそうだと判断」して、NTT・ATに「十分業務を遂行する能力がある旨伝え」た。NTT・ATはSに「大丈夫である旨、電話で伝え」、雇用主であるはずのWは関わらないまま、SとXの間で就労へ向けて話が進められた。XはCS研に出勤し、創処GでG、Hらの指示を受けながら、翻訳ソフト開発に使用するデータ作成に従事した。

　ちなみに、NTTが、辞めた前任者の後任として（Xの前に）某と面接したが、英語力が欠如しており「業務に適していない」と判断され、NTTで就労するに至らなかった経緯がある。その例に照らしても、また本件でNTTから業務委託契約を解除されるや直ちにXはWから解雇されたことからも、面接の際、英語能力が一定のレベルと認められなければ、派遣の要員と位置づけられていたXはWに雇用され、派遣されることはなかったことは明らかである。[43]

　Wは携帯電話機の修理業者で、副業として携帯電話機の製造販売にかかわる企業への派遣も行なうが、本件のような業務への派遣は異例で、現社長（当時、管理部長）は、NTTの使用の意向が伝えられなければXを採用することはなかった、と証言している。[44]

客観的には、WがNTTから（NTT・AT、Sを通じて）依頼されていた労働者募集業務として、NTTに紹介する候補者としてXを確保し、NTT（創処G）が面接し、試験をして能力を確認し、創処研で就労させることを決定した、その後、派遣の手続を取ったという経緯である。当初からX・NTT間で労働契約が結ばれていた、と解するのが事実に即した率直な理解であろう。
　京都地裁は、「採用に関し、NTTの影響はかなり大きいものであった」が、当初、Wを雇用主と認識しており、「NTTを自らの使用者であるとは認識していなかったことを推認させる」いくつかのXの発言と、NTT創処研のG、HはNTTの職員採用の権限を持たないことを根拠に、NTTが「Xを自らが雇用する労働者であると認識していたとは到底いえ」ないとして、黙示の労働契約の成立を否認し、大阪高裁は、職安法44条・労基法6条違反を認定しながら、結局はその論理を引き継いで、契約成立を否認した。[(45)]
　③　ムサシ鉄工（ラポール）事件は原告Xが日系ブラジル人である。ムサシの社長は「『採用試験』と表題のある書面を示し、口頭の説明や質問を日本語で自らした上で回答させることで、NC旋盤の補助作業の経験の有無・程度、日本語能力を確認した」後、「Xを派遣労働者として受け入れる旨を業者に伝え」、労働者派遣契約を結んで就労を始めた、と認定された。にもかかわらず名古屋地裁豊橋支部は、「複数の登録者の中から被告がXを選定したとか、被告の申し入れた能力以外の事項を確認したものとは認められ」ず、ムサシと業者間に資本関係や人的関係はなく、Xの給与の額をムサシが事実上決定していた事情もないことをあげて、面接における技術・能力の確認行為があったとしても当初からの黙示的な労働契約の成立を認め得ない、とした。[(46)]
　労働者の採用は必ず複数の候補者の中から行なわれなければならないというルールがあるわけではないから、判示の前半は根拠のない言い掛かりに類し、法的には意味がない。後半は、ムサシが知りたかった「能力」だけを確認したことは、ムサシによる採用決定を強く推認させこそすれ、逆に、それを否定する根拠となるものではない。
　なお、同判決は、「登録自体に被告が関与してい」なかったと指摘して、それを被告の関与がなかったとの判断の根拠としている。[(47)]しかし、登録と実際に派遣する労働者の選抜・決定は全く別のことである。登録型派遣の場合、登録

したからといって、派遣されることが保障されるわけではない。派遣先から要請があり、派遣元は適当な労働者を選んで打診し、了解が得られれば、同時併行的に派遣先と協議して条件面などでの合意に達すれば、派遣元は最終的に雇用を決め、派遣することになる。裁判所は、登録と派遣元による採用の意義と関連を理解し得ていないわけで、登録型派遣についての初歩的な知識の欠如を露呈している。

④　日本化薬（タスクマネジメント）事件では、神戸地裁姫路支部は、派遣業者の指示に従って工場見学をし、仕事内容や勤務体制の説明を受け、製造業務の経験等について質問を受け、最後に「いつから来ることができますか」と問われた等の事実を認めながら、その際、面談した者は採用担当者であると自己紹介しなかったし、採用権限を持っていなかった、原告は履歴書を持参していなかった、給与について説明しなかった等を指摘して、採用のため事前面接をしたとはいえない、と判示する。(48)

しかし、派遣という建前であるから、面接に当たっている人が「採用担当者」だと自己紹介するわけがない。その建前は別にしても、現に面接をしていれば、わざわざ自己紹介などはしない。ちなみに、法廷で審理にあたる裁判官も、大学入試の面接で面接に当たる教師も、証人や受験生に対し自己紹介をすることはない。廷吏の案内で法廷に入った証人は裁判官席に法服を着て座る人は裁判官だと思い、職員の案内で面接室に入った受験生は机をはさんで向かい側に座る者を試験官だと思って、審理や面接が始まり、進んでいく。そういう社会常識に照らすと、自己紹介云々は愚にもつかない指摘で、説得力に欠ける判決理由である。そもそも、企業も実質的に採用担当でない者に面接させるであろうか。

履歴書を持参するかどうかは業者の指示の有無によることで、また、面接－採用試験に欠かせないものではない。本来の入社試験でも給与その他の労働条件について、労基法15条どおりの明示があるとは限らない、しかし、それでも、採用面接であることにかわりない例はいくらでもある。たとえば、欠員を早く埋めたいといった事情があれば、関心事である、企業が担当を予定している「業務の経験等」と就労開始可能な日についてだけ質問し、回答に納得すれば、それだけで採用が決定される。給与などの労働条件について労働者は関心

があったとしても、企業の側は労働者から問われなければ説明しないことは充分にあり得る。

　労働契約締結の認定にとって、不可欠な手続き的要件があるわけではなく、いかなる事実によって合意の成否を判定するかが問題である。採用試験の一般論や建前ではなく、当該事案に即して、その事前面接が採用試験であったのか否かを審理すべきである。

　⑤　日産自動車横浜工場（プレミアライン）事件では、業者は予め原告の「職務履歴を記載したスタッフスキルシート」を渡しており、指示を受けて「デザイン等の作品」を持参して臨んだ「面談」では、原告が日産で働くことになった時の現場責任者らから作品について「説明」を求められ、「経験してきた業務内容」について質問を受け、日産における業務内容などを説明され、女性の原告は残業への「覚悟」、結婚の予定等を訊ねられた。「面談」を終えて、日産は業者に「派遣就労させることに問題がない旨伝えた」。その後、原告は業者に採用され、日産に派遣された。

　横浜地裁は、労働者派遣および黙示の労働契約論についての基礎的な理解の不足のためか、検討の順序も未整理で、何を明らかにするための論点なのかも不明確なまま、事実についてあれこれと論じ、そのため、何が論証されたのかも判り難いまま結論に至っている。判決理由の体を成していないため、判旨を理解することが困難なほどである。

　判決は、事前面接について、業者による採用には日産の「意向が少なからず影響を与えていた」が、原告を「多数の派遣登録者の中から……派遣就労の候補者として選定したのは」業者で、日産は派遣で「受け入れることが可能か否かを判断したにとどまる」から、日産が労働者の「採用行為を行ったとまでは」いえない、と結ぶ。東京高裁も同判旨を引き継いでいる。(49)

　たしかに、候補とならなければ日産による事前面接まで行きつかないから、候補とされることも重要でないわけでない。しかし、日産から「問題がない」と伝えられて初めて、業者は登録状態にある原告を採用し、派遣することになった。業者が候補とすることと、派遣先が「受け入れることが可能か否かを判断」することを対比した場合、どちらが派遣労働者としての採用に決定的なのか、自明のことと思われるが、裁判所は理解できないようである。

⑥　日産自動車本社（アデコ）事件も同様である。被告が自ら証拠として提出した、同社の『派遣staff管理manual』という社内文書は、「派遣staffを選択する行為（面接により選考……性別特定、若年層限定等）は禁止されています。それらを……本人同意のもと、"職場見学"という事に置きかえて"面談"を行っています」と記し、「面接」とは呼ばないように留意を促している。「面談」では、「業務を遂行するために必要なスキルを持ち合わせていることを前提にし……安心して仕事を任せられるかどうかを確認することが目的」とされ、必要なスキルのほか「職場風土など」への適合性も「重要な確認事項」とされ、「NGとなった場合に、新たに別の候補者との面談を進める」という手順が示されている(50)。同『manual』では「同時に複数候補者との面談はできません」と記しているが、判決は、日産では人事部署から連絡を受けた、購買関係部署＝第一サービス・サポート部は「実績のある複数の派遣会社と連絡を取り、派遣労働者の候補者が派遣先の予定部署を訪問する機会を設定し……」、「複数の派遣会社の候補者と並行して面談を実施し、人柄・仕事への意欲等をただす質疑等を行った上、その結果を踏まえて、いずれの派遣会社と契約し、派遣労働者を受入れるかを決して」いたと認定している(51)。自ら作成した『manual』にさえ反し、複数の業者から候補を集め、競争選抜採用試験という以外にない「面談」をしていたのである。

しかし東京地裁は、日産は「雇用主が採用・選定行為として行うべき役割の相当部分」を担っていた、派遣元は自らの責任を果たさず、多くの派遣法違反を招いていたとまで指摘しながら、派遣元が賃金を支払い、社会保険に加入し、就業規則を定めて労働者の就労を管理していた、本件の面談の際に原告の個人情報は提供していなかったから、派遣元が労働契約の主体であることを否定できない、として原告と日産との労働契約関係の存在を否定した(52)。

賃金支払い、社会保険への加入などは労働契約の当事者であることを装うためには効果があるから、常套手段でもある。最大の関心事であるスキルの有無を確認した上、当該面接において必要と考えることは尋ねて、答えを得ているのであるから、他の「個人情報」の提供の有無など、採否の判断には特に影響はない。「採用・選定行為……の相当部分」というが、「採用・選定行為」としてはそれで充分で、その「相当部分」以外に何が残されているというのであろ

うか。ユーザーとの労働契約を否定するために、わざわざそのような些末な事柄を指摘したとしか考えられない。

⑦　遡れば、この種の事案は多い。

初期の青森放送（東洋建物）事件は、青森放送の庶務部長、素材部長が履歴書を見ながら「面談が15分ほど続いたのち……素材部長に……素材部の部屋に案内され、勤務場所として同部屋を指定され、即時勤務を開始した」と認定されており、当該面談は選抜試験で、当初から直接的な労働契約が締結されたと解される。

請負業者が採用した形になっているが、職安の紹介により直接、派遣先に行き、そこで採用が決定されたセンエイ（光幸商事）事件、「組立作業及びピッキング作業」員募集に応じ、派遣先の工場で「実技試験（金属板にビスをはめ込む等）と面接を受け」た後、採用されたナブテスコ（ナブコ産業）事件等もほぼ同様である。
(53)

⑧　一橋出版（マイスタッフ）事件はやや特異な事案である。

一橋出版から編集業務担当者の派遣の依頼を受けた、出版関連業界への派遣を業とするマイスタッフは求人広告を行い、それに応募した原告はマイスタッフによる第一次試験、マイスタッフと一橋出版共同の第二次試験に合格し、最終面接として、一橋出版（派遣先）の代表取締役とマイスタッフの取締役を兼任するＡ、一橋参与兼マイスタッフの取締役のＢおよび一橋の取締役（編集部長）Ｃによる面接を受け、仕事の経験、大学での専攻と編集業務の関連等について質問があり、翌日、採用が決定され、マイスタッフが雇用し、一橋出版に派遣された。

東京高裁は、マイスタッフによる募集、採用、派遣の手続きを指摘して、原告はマイスタッフの派遣労働者であり、原告と一橋出版の間に「労働契約締結の黙示の意思の合致があった」とは認められない、当時、「役員等を兼任していない者はいなかった」から、採用決定に際し一橋の役員が「マイスタッフの役員という立場で面接を行なったことをもって、一橋が実質的に採用試験を行なったということはできない」、と判示した。
(54)

しかし、それは派遣のメカニズムから懸け離れた判断である。派遣においては、社会的経済的関係では一般に派遣先が上に立つ。また、同一人物が派遣先、

派遣元の役員を兼ねている場合、応募者は派遣労働者として評価の対象になっているのであるから、雇用する派遣元の役員としての視点よりも、受け入れて実際に使えるか、役に立つか、という派遣先の役員としての視点からの評価が重きをなすのが自然である。一橋出版のトップ・取締役社長兼マイスタッフの取締役Aが面接を行なった場合、特段の事情がない限り、Aという一人の人間の中でも、派遣先となる一橋出版の役員としての判断が全体の判断を左右し、結局、一橋出版が実質的に採用を決定した、と解すべきであろう。しかも本件では、最終面接では一橋の代表取締役および編集部長が面接している一方、マイスタッフ独自の役員は面接には参加していない。当該判示は全く逆の結論になる方が社会通念にも合致し、合理的である。

　なお、労働事件に限られることではないが、紛争当事者の主観的な理解や認識にどこまで重きを置くかという問題は、安易に考えてはならない。

　NTT多重派遣事件で京都地裁は、原告が当初、Wを雇用主と認識しており、「NTTを自らの使用者であるとは認識していなかったことを推認させる」片言隻語とNTTの契約意思不在を指摘し、補足的に、NTT・CS研創処Gのリーダーらは職員の採用権限を有していないことを理由にして、XとNTTとの間に労働契約は成立してはいない、と判示した。(55)

　しかし、契約締結意思の存否は当事者の主観に重点を置いて判断されるべきものではない。提出された証拠を社会通念に照らして判断し、客観的にNTTが採用を決定したとみられる場合、NTTはXとの労働契約締結に合意したものと認定される。NTTは、たしかに労働契約を結ばないまま、Xの能力を利用するだけの意図で業務委託契約を結んだに違いないが、そのような脱法的意思は、法的には容認され得るものではない。(56)

　WからS、NTT・AT、さらにNTTと盥回しされた当初の、しかも法律家にとってさえ難問である労働者派遣、業務請負の法的性格とその異同、労働契約の締結の本来の在り方などについて、法律的知識を充分には持っていない労働者の主観的認識を決定的要因として、NTTとの法律関係を判断することが妥当といえるのか。派遣の形式が整えられれば、労働者は派遣元に雇用され、派遣先へ派遣されていると理解するようになるのは自然である。それは、そう説明され、思い込まされて生まれた虚偽の認識である。当事者の主観的な、し

ばしば誘導された虚偽の認識を基礎として法的判断をすることは適切ではない。

　Xとの間の黙示の労働契約の成否が争われた場合、職安法や派遣法の規制を免れるために派遣や請負を二重、三重に偽装し、虚構を構築したNTTの主張をそのまま容認することが公正と言えるのか。同判示は実態を適正に評価し、生じている紛争を公正に解決するという、労働裁判に寄せられる期待に応えていない。京都地裁は、「労働者が注文主を使用者と認め……注文主も請負業者の配下にある労働者を自らが雇用する労働者と認める……に足りる事実」がなければ黙示の労働契約の存在を認定し得ないというが、双方の意思がそうであれば、そもそも紛争が生じることもないし、訴訟の提起も裁判所の判断も必要ない。京都地裁は「紛争」ということの意味を理解していないのであろうか。

　黙示の労働契約の存在認定にとって最も重要なことは、自ら指揮命令して就労させる労働者を、誰がどのようにして決定しているかについての判断である。

　(b)　企業が事前面接による採用を自白しているケース

　稀ではあるが、企業側が弁明や主張において、事前面接が選抜試験であったことを自ら鮮明に物語っているものがある。

　②NTT多重派遣事件におけるNTTの弁明はその例である。NTTは、「NTT・ATが、発注した業務を遂行できる適切な人材を探し出せるかどうか、業務に適していない人を押しつけられるのではないかと心配」して「候補者の英語長文読解の能力を手早く把握する方法として、英字新聞の記事を示して、そこに何が書いてあるかを手短に説明」させて英語力をテストした、と述べ、問わず語りに、選抜試験を行ない、自らが最終的な採否を判断したことを認めている[58]。

　③ムサシ鉄工事件では、社長は、面接して、日本語の会話能力と使用することになるNC旋盤の経験を確認したと陳述した[59]。

　⑥日産自動車本社事件では、日産は、派遣業者から紹介された労働者に求める「技術水準を確認することを目的とするもの」であった、と述べ、判決は、日産は「複数の派遣会社の候補者と並行して面談を実施し……その結果を踏まえて、いずれの派遣会社と契約し、派遣労働者を受け入れるかを決して」いた、それを踏まえて業者は原告と労働契約を締結したと認定している[60]。

　それらは、事前面接で自社に適当な人か否かを派遣先自らが判断し、決定し

たと認める自白に他ならない。その後で、「登録」の状況から業者に「雇用」され、派遣されていった経過を見るとき、NTTや日産の「確認」は、業者が当該労働者を雇用して派遣してくることを予め了解し、業者の行なうべき採用試験を、実質的には派遣先が行なったことを意味する。労働者派遣の構造・建前からは、決して容認され得ないことである。その時点で、労働者との間に直接の労働契約関係が生じたと解すことこそ最も現実に忠実な解釈である。

民事訴訟においては、弁論主義がとられ、裁判所は自白や当事者が争わない事実を前提として裁判が行なわれるものとされている。したがって、被告のNTTや日産の自白を裁判所は否認し得ない。にもかかわらず、裁判所は契約成立を認めていない。それは採用行為を意味しないと法的評価をしたものと推測されるが、その評価の妥当性が疑われる。今更ながらのことではあるが、労働契約は諾成契約であり、特別の様式は求められず、両当事者の合意によって契約成立が認められる、という基本を再確認する必要がある。

(c) 「事前面接」者は人事担当ではなかった、という弁明

ユーザーが、「事前面接」を担当した現場の管理職は労働者採用の権限をもった人事担当者ではなく、採用を決められるわけがない、と弁明する例も多い。
(61)

面接の有無とその内容は裁判官の自由な心証による事実認定に託されている。ただ、自由な心証といっても、主張、立証された事実にもとづき、人の行動や心理等に対する的確な洞察や経験則に支えられた合理的な判断でなければならない。人事は会社の人事部が所管するといった、固定観念的な一般論ではなく、具体的事案に係る当該派遣労働者についての事前面接から就労に至る推移を具体的に検証することが必要である。

ある業務を担当させるために誰を採用するかは、社会的には「人事」に属する。いずれの企業においても、人事の担当部署は明確に定められている。権限についてみれば、NTTの現場で作業を直接指示する創処Gのリーダーや、外部労働者の管理を担当し、作業を指示することになるにすぎない日本化薬や日産自動車の下級職制は、役員でさえなかったから、いわゆる採用権限を持ってはいないことは確かであろう。それどころか、日本の企業においては、個人企業は別として、役員会の合議によりあるいは稟議制により、採用を最終的に決

定することが多く、労働者の採用権限を特定の個人が持つことはむしろ稀である。ただ、それらのことは、彼らが「採用」決定に関与しなかったとか、その権限がないと判断することを些かも正当化するわけではない。

偽装請負や派遣といった場合は、それに特有な、通常の採用権限以外の問題に留意することが必要な事情がある。

ユーザーが、派遣でも業務委託でも形式に捉われず、ある業務遂行に必要な労働者を得られれば良いという場合、具体的な人選や派遣の発注等は人事の担当部署ではなく、当該労働者を実際に指示しつつ共同作業をすることになる現場の管理職に判断を委ね、当該者が労働者の採用を実質的に決定することが少なくない。企業によっては、一定限度の額までは物品の購入を現場の部署が決定し、執行する権限を与えられていることは稀ではないが、派遣労働者の受入れについてそれと同様に、すなわち、物品の購入と同じ事務手続きとしているわけである。それは、派遣労働者の受入れをそもそも「人事」と認識していない、換言すれば、派遣の場合は日本の企業は労働者を「商品」視しているということでもある。しかも、消費税法では、労働者派遣は「事業として対価を得て行われる……役務の提供」にあたり、商品の売買と同じ性質のこととして「資産の譲渡等」として一括されており（消費税法2条8号）、ユーザーは派遣元に支払った派遣代金について仕入れ税額の控除を受けられることになる実益も伴うのである。それは、派遣の利用を促す要因ともなっている。

NTT多重派遣事件では、NTTは、もとより、純粋持株会社たるNTTグループの総括的な管理運営にあたる人材を得ようとしてはいなかった。必要な英語力を有する労働者を得ようとして、NTT内部で業務委託契約の決済権を持つ部長は、委託業務を遂行する労働者の人選を、当該労働者を実際に指示しつつ共同作業をする創処Gのリーダーに判断を委ねた。同事件判決は、当該リーダーらは「本件業務に関し……請負契約の最終的権限さえなかった」から、彼らの「意思がそのまま被告NTTの意思といってよいか問題がある」というが、彼らの判断があった後に、さらにXと面接して適格性を判断した者はどこにも存在しない。当該事前面接で、業務遂行能力、適性をテストし、「問題ない」とみて合格させ、それが最終的な決定となって派遣業者に採用され、派遣され就労することになった事実経過からみて、NTT創処Gのリーダーらの

判断が現実には最終判断であった以上、社会的にはそれによってNTTによる採用が決まった、法的にはNTTによる労働者の採用行為があったと理解する以外にない。他の事件でも同様である。

　日産では、先に見たように、人事部署から連絡を受けた、購買関係部署が派遣労働者の実質的な採用面接を行なっている。ユーザーは間接雇用の労働者をまさに「モノ」扱いし、（偽装）請負や派遣の発注はそもそも「人事」と認識せず、通常の採用人事の手続を経ないで、業務の外注や物品購入と同様、当該労働者を使う部署の判断に委ねているのである。それは、「労働は商品ではない」とするILOフィラデルフィア宣言に反することであり、労働法上は、裁判所がそのような労働者の「商品」視を容認することは許されない。その意味では、上記の消費税法上の処理は労働法の原則と齟齬する。

　しかし企業の主観的認識がどうであれ、自ら指揮命令して就労させる労働者の人選を行ない、決定し、会社に迎え入れる行為は、社会的には「採用人事」以外の何ものでもない。誰が「面談」するかは個々の企業が決める、企業内部の権限配分の問題でしかない。当該面談者が企業を代表して実質的な派遣労働者「採用」決定の役割を果たしていれば、社会的には、それが当該企業の判断と看做される。いわゆる人事権限を持たない現場責任者を充てたからといって、企業が採用面接を行なったという社会的評価が左右されるものではない。松下通信工業、NTT多重派遣、日本化薬、日産自動車等々の事件で、現場責任者の判断が最終となり、その後、原告等の就労への手続が進行したことからみれば、社会的には彼らの判断が派遣先（松下通信工業、NTT等）自体の決定と評価され、法的には労働契約締結権限を委ねられていたとみなされ、労働契約締結を否認し得ない。

　もっとも、事前面接を行なった者は人事担当者ではなかった、という主張は、被告となった企業が企業内部の問題について主張することであるから、そのまま事実と受け取られやすいが、その主張自体も厳密に検証される必要がある。例えば、日産自動車横浜工場事件で「面談」に同席したのは、日産デザイン本部グローバル・デザイン・マネージメント部人事グループの一員で、そのデザイン本部の業務内容の一つは部門人事であって、まさにデザイン本部の「人事担当者」が「面談」に参加していた。しかし、横浜地裁は「人事担当者は同席

していなかった」と述べている。事実にもとづいて法的判断をすることが使命の裁判所としては許されない、驚くほどの杜撰さである。

　（ウ）　社会的常識にもとづく法的分析を欠く裁判所の判断

　事前面接以外に、労働者がユーザーの指示の下に就労する契機と見られるものが他に何か存在したのか、を問うことも有意義である。ここに見たいずれの事件においても、事前面接が最終的で、それ以後に派遣元による独自の採用試験が行なわれた跡はない。あとは、派遣という形式を整え、就労にいたる手続が進行する。そうだとすると、ユーザーによる事前面接は採用試験そのものだと評価する以外になく、当該面接を行なったユーザーは当初から労働契約を結んだ当事者と看做されることになる。

　上記でみた事件では、客観的に判断すれば、ユーザーが労働者を選抜し、その後で派遣元が雇用し、派遣している。にもかかわらず、裁判所は、主張立証された様々な事実を確認し、羅列していくだけで、それぞれの法的意義を分析することなく、黙示の労働契約の成立を認めない。結局は、法的な分析に欠ける、あるいは分析が不適切と評されてもやむを得まい。

　（エ）　ユーザーによる事前面接等による選抜試験－採用の意義

　事前面接も松下PDP最高裁判決のいう「関与」の在り方の一つであり、そこにおいて派遣先が使用する予定の労働者を選抜しているのであれば、当該面接によってユーザーは労働者の採用を決定し、労働契約を結んで直接雇用したことを意味する。

　先にみた判例は、いずれもそのような判断をしなかったが、それらの裁判所は、事案は異なるが、大日本印刷採用内定事件で、最高裁が、「当該企業の当該年度における採用内定の事実関係に即し」た事例判断であることを強調しながらも、「労働契約は、あくまでも当事者の意思の客観的合理的な解釈として認められ」るとした高裁判決を支持したことを想起すべきである。先に見た下級審は、その「客観的合理的な解釈」という原則を忘れて、後日にとられた派遣の手続きの存在に幻惑され、真実体を見失うと共に、派遣法の建前を無視し、脱法的に事前面接等を行うようなユーザーの主観（および、時には誘導して創り上げられた労働者の誤解に基づく主観）を偏重しているとの誇りを免れない。

　なお、その派遣の偽装に加担した派遣元は、形式とは言え、雇用したのであ

るから、禁反言の法理により、当該労働者に対して「使用者」ではないとの主張は許されず、使用者責任を免れることはできない。いびつながら、二重の労働契約が存在することになる。

(2) 事実上の使用従属関係を根拠とする黙示の労働契約成立論

　派遣切り事件において、黙示の労働契約の存在を主張するもう一つのあり方は、ユーザーの指揮命令に従って就労している使用従属関係が現に存在する（存在した）が、直接雇用の原則に照らして、法的には労働契約がなくしてはそのような関係は認められ得ない、それを適正な関係として認めるためには、黙示の労働契約の存在を認定すべきである、という論理である。

　かつて安田病院事件において、大阪高裁は、労働契約の本質は「使用者が労働者を指揮命令し、監督することにある」から、契約の形式のみによらず、実態として「事実上の使用従属関係があ」り、それから「両者間に客観的に推認される黙示の意思の合致がある」と判断される場合には労働契約の存在が認められ得る、と一般基準を示した。[68]

　裁判所は従来から、その「黙示の意思の合致」を認定する要件として、①支配従属的な労働関係（使用従属関係）と②ユーザーによる、それに対する賃金の支払いという二つの事実を重視し、①は認めるが、②は存在しないから、結局は請求を棄却する、という態度であった。つまり、安田病院事件で示された黙示の労働契約についての一般論は受け容れられていたが、事実関係への当て嵌めによって、ナブテスコ事件などを除き、JR西日本事件、伊予銀行事件等で次々と労働者敗訴が続いた。[69]そのような状況の中で、松下PDP事件で大阪高裁は黙示の労働契約の成立を認めたが、それが最高裁判決によって覆されたという経過を辿っている。

　最高裁が一定の方向を示したことによって、下級審の裁判官は自主的に検討する姿勢を失ったのか、最高裁が示した方向にひたすら追随するようにみられる判決が相次いでいる。

　判断の基準としては、従来どおり、使用従属関係と賃金支払いを上げるものが多いが、それ以外に、派遣元の「企業としての独自性」を指摘したり、「採用時の状況」を加え、それと「指揮命令及び労務提供の態様、人事労務管理の[70]

態様、対価としての賃金支払の態様等」とやや表現を変えたものもあれば、特に基準には言及しないまま、諸事実を個別に検討し、最後に総合的結論を述べるものも存在した。ただ、それらは実質的には大同小異であり、結局、使用従属関係と賃金支払いを主要な判断基準としていたものとみられる。

　近年は、「①事実上の使用従属関係、②労務提供関係及び③賃金支払関係」の3点の有無、程度、内容等を総合的に検討し、両者の意思の合致の有無を判断することが相当だとすると述べられることが多くなった。このフレーズは遡れば、松下PDP事件・大阪高裁判決で使われ、その後、NTTアセットプランニング（AP）事件・大阪地裁判決、NTT多重派遣事件・大阪高裁判決、マツダ防府工場（日総工産など）事件・山口地裁判決、資生堂（アンフィニ）事件・横浜地裁判決、日産自動車横浜工場事件・横浜地裁判決、同事件・東京高裁判決等と続き、有力な一つの成型句の様相を呈している。

　ただ、黙示の労働契約論についての一般論を述べる、支配従属関係の存在と賃金支払いを指標とする従来型の基準と近年の成型句型の基準とは、内容的にそれほどの差があるわけではない。後者は従来型の「支配従属関係」を「事実上の使用従属関係」と「労務提供関係」という二つに分けただけとも言い得る。もっとも、肝心な「事実上の使用従属関係」と「労務提供関係」の異同とその関係が明快でなく、それが後述のように、DNPファイン事件さいたま地裁判決のような、前例のない判決を生む契機となるのであるが。

　問題として深刻なのは、それらの基準を判決文に書きはするが、労働法上の概念についての基礎的理解を欠き、あるいは（加えて）検討・思索を重ねた上のものでないため、所詮は借り物に終わり、中には支離滅裂なものさえ散見され、正に憂うべき状態になっていることである。

　先に見た、ユーザー、労働者双方がお互いに労働者、使用者と認めあっていることを労働契約存在認定の要件とする、およそ黙示の労働契約論が問題となる局面は何かを理解していないNTT多重派遣事件・京都地裁のような判決は問題外として、以下、黙示の労働契約論に係る判決の特徴と問題点を述べる。

　（ア）　粗雑な事実の認定・法的評価

　裁判は事実関係を正確に把握することが前提となる。事実認定といっても、法的に意味があるからこそ当該事実の存否を判断していくのであるから、事実

認定と事実についての法的評価の区分・識別は必ずしも容易ではない。しかし、いずれにせよ、事実関係を正確に把握し理解することが不可欠であることは間違いない。

ところが、事実を把握していないのか、それとも、把握した事実の法的意味を理解できないのか定かではないが、法廷に提出された証拠のうち、何を法的に意味のある事実として認識したのか、見識を疑わざるを得ないような粗雑な判示が存在する。

NTT多重派遣事件で京都地裁は、原告Xは当初はNTT（創処Gの管理職）から作業上の留意事項について必要な指導を受けていたが、「数か月が経過すると、このような指導を受けることもなかった」とか、NTTが「業務態度等について何ら指摘したことはなく、原告に対する懲戒権等を有していたという事情も窺えない」と指摘し、そのことを使用従属関係がなかったと認定する根拠とする。しかし、NTTの職員から「直接の作業上の指示」を受け、「直接、本件業務の成果物をNTT職員に渡」すことは続いたのであるから、使用者の指示は存在していたのであり、付加された指摘の前者は、仕事に慣れて独り立ちし、仕事を指示さえすれば、特にそれについて「指導」する必要がなくなったことを意味するにすぎない。後者は、就労中に不審な態度や非違行為がなければ「業務態度……指摘」も「懲戒」も必要ないから、そのようなことがなかったというだけのことである。それは、Xが有能で規則はよく守る労働者であったことを示しこそすれ、いかなる論理で使用従属関係がなかったという認定ないし法的評価を導くのか、理解し難い。

同事件では大阪高裁は、NTTはXの出・退勤や休暇の管理は行なっていない、と指摘している。留意すべきは、NTTとNTT・ATは業務請負契約を結んでおり、Xの労働時間管理をあからさまに行なえば偽装請負であることを自認することになるから、それを承知しているNTTは労働時間管理を行なっていると認められることになる行為（書類の作成等）は公然とはしない、ということである。他方、NTT・ATはXを雇用している建前であるから、Xの労働時間管理を行なわねばならず、労基法上の義務である賃金台帳等を作成するためにも、実際に時間管理を行なっているかのような外見を整えておかねばならない。しかし、実際には作業の指示はNTT（の創処Gの管理職）が行なって

いる。そこで、NTT・ATは、労働時間管理は行なっており、法定労働時間制から外れていないことを証明する書類を整えておくために、Xに「月に140時間から180時間までの間で勤務している旨の月報（勤務報告書）を作成するよう指示」し、Xは言われるままに「実際の労働時間とは異なる月報」を作成していた。(76) おそらく、NTT・ATはそれをそのまま賃金台帳に記載したのであろうが、偽装請負を行なえば必然となる、ありふれた初歩的な、しかし労基法108条に反する違法な工作である。NTTでは研究職の職員は裁量労働制で、一般の労働者に対するような時間管理は行なわなかったとしても、NTTとしてはXの作業状況は把握しておきたいから、Xに指示して、毎日、業務報告を行なわせて作業「管理」を行なっていた。そのような仕組みである以上、NTTがXの労働時間管理を直接には行なっていなかったとしても、それは当然のことであって、殊更に取り上げて、意味ありげに指摘したからといって、黙示の労働契約の存在を否認する根拠に繋がるものではない。

　三菱重工高砂製作所（溜畑鉄工）事件では、原告は被告社員の作成する「手割り」と称する仕事の割り振りに従って作業したと主張し、被告はそれを「概ね認め」つつ、「逐一具体的な業務指示を……行っていなかった」と主張している。それは論点を逸らす主張だが、それに誘われたのか、神戸地裁姫路支部は、原告の作業は溶接の準備作業で、「一度作業内容を覚えてしまえば具体的な作業方法につきその都度の指示を受けることなく単独で行うことが可能なもの」であったとか、作業は被告従業員が行なう中核的作業とそれ以外に分かれていたと指摘するだけで、肝心な、作業の指示の有無については根拠を示さないまま、「指揮監督関係は見られない」と判示する。(77) しかし、準備作業と本作業は一連のもので、準備作業が予定どおり遂行されていて初めて、本作業に掛かることができるから、それを欠くことはできない。仕事の割振りや作業の進捗についての指示は存在する所以であり、現にそれは存在した。単独でできるか否か、準備作業か本作業か等は、作業の難易度や担当者の処遇等には関連するであろうが、使用従属関係が存在したかという問題について、争点となるものではない。そのような、現場作業の実情から懸け離れ、作業についての指示の有無を無視する、杜撰で強引な事実認定が許されるのであろうか。

（イ）　事実と法的判断（結論）を繋ぐ論証の欠如

　松下PDP最高裁判決は事例判決であり、黙示の労働契約関係の存在認定について一般論を展開してはいないから、その後の下級審は、労働者の請求を退けるのであれば当該事案について具体的に把握した事実関係の下で、何故に黙示の労働契約関係の存在を確認し得ないのか、その理由を述べる必要があった。にもかかわらず、事実を羅列し、後は結論を述べるだけで、民事訴訟法253条1項が「記載しなければなら」ないとする、事実と法的判断を繋ぐ論証（判決「理由」）が欠ける例がある。

　パナソニックエコシステムズ事件において名古屋地裁は、就労当初の請負は偽装で、実態は期間制限を超えた違法派遣であったが、「全証拠を総合しても……黙示の労働契約が成立するといえる事情は、いまだ認めるに足りない」、との結論だけで理由の説明は一切ない。しかし、実は、その「全証拠」では次のような、派遣においては稀な、興味ある事実が認定されている。請負業者Aは原告らを雇用保険、健康保険などに加入させず、その負担を嫌って、結局、撤退することになったため、被告パナソニックは原告による業務の継承を派遣会社Bに依頼したが、Bは原告の賃金が高過ぎるとして躊躇した。ところが、原告は特定有毒含有物の調査業務に習熟しており、代役は見つけ難かった。原告がかつてAに在籍の頃、被告の職員甲は原告から退職の相談を受けた際、努力して上司を説得し、派遣料金を時給1,500円から2,200円に引上げて慰留したことがあるが、職員甲は再度、事情を説明して派遣代金の改善を上申し、被告が派遣代金を引上げて、ようやくBによる原告の雇用・派遣が実現した。要するに、AからBへの移籍を被告が「打診」し、特別に「派遣代金の引上げの申出」を行なって、それが実現した。このような経過に照らせば、被告がBに形式だけ原告の採用をさせたとみて、当初から黙示の労働契約が成立していたと理論構成することも充分可能な事案である。しかし少なくとも、Bに対し特定の労働者の採用を強く求め、その後、使用従属関係もあり、また経緯に照らし、原告の賃金を被告が事実上決定していたとも解されるから、松下PDP最高裁判決に照らしても、黙示の労働契約関係の存在を認定する余地が充分にあった。それを否定するのであれば、判断の根拠を詳しく述べる必要があった。にもかかわらず、そのような事実関係であっただけに説明に窮したの

か、判決理由は示されていない。

クボタ（吉岡商会ら）事件において大阪地裁は、就労当初の請負が偽装であった事実を認定しながら、業者とクボタとの人的・資本的関係のないこと、業者による原告採用にクボタは関与していないこと、吉岡商会らは雇用保険などに加入していたことなどを根拠に、黙示の労働契約の成立を否定する[80]。しかし、指摘する事実は、多くの事案でみられる請負を装うための常套手段にすぎない。当初の関係が偽装請負（労働者供給事業）であったことに対する法的評価は一切述べず、後に派遣に切り替えたから、クボタにより労働者に対する指揮監督、労務管理が行なわれるのは「当然のこと」で済ませ、また、派遣可能期間の制限を超えている問題には言及しない。当時、吉岡商会との間でも10年以上、偽装請負が続いていたが、偽装請負が幾ら長く続いていたとしても、派遣に切り替えれば、開始当時にまで遡って全て治癒されるとでもいうのであろうか。当初、適法な根拠なく使用従属関係にあった時点で、黙示の労働契約が成立したという解釈は充分に成り立ち得る。それを退けるのであれば、法的説明が不可欠と考えられるが、一切ない。

判決が「理由不備」と批判されることがあるが、論証の責任から逃避したと評さざるを得ない、このような理由なき判決は何と評されるべきなのか。

(ウ) 労働法理論の基礎的理解の欠如

労働事件の場合、労働法理論の基礎について充分な理解が不可欠であるが、率直に言って、その素養に欠けるといわざるを得ない判例が少なくない。

(a) 「指示」と「労働」についての無理解

「労働」が行なわれているかが重要な争点となることがあり、それは労働法理論においては重要な役割を持つから、その正確な理解が問われる。外見は同じ行為でも、労働法的には「労働」と評価される場合とされない場合がある。「労働」とか「指示」といった言葉について、法律上の明確で厳密な定義は存在しないが、「労働者」の定義は労働契約法2条でも労働基準法9条でも「……使用され」であるから、指揮命令に従って就労していることが重要な意味を持つ。指示に従った「労務提供」が労働法上の「労働」である。私が庭の一隅に果樹を植えても単なる庭仕事だが、造園業者の従業員が指示を受けて顧客の家で同じ作業をすれば、労働契約上の指揮命令にもとづく「労働」である。人が

何かの作業をしていることは比較的容易に客観的にその外形を観察し得るから、通常は争いにはならない。そこで、「労働」の存否については、他者の「指示」に従ってなされたかが主要な争点となる。

ところで、「指示」は一般社会で日常的に見られる行為であり、労働現場の状況を理解し、実態に即した判断を求められるから、その言葉の意味を正しく把握するだけの社会常識を持つことが必須である。ただ、労働現場は実に多種多様であり、就労形態も異なり、それに応じて「指示」の在り方も異なるから、あらかじめすべてについて通暁していることまでは期待できない。もっとも、訴訟となった場合、当事者は、当該事案に即して、指揮命令の在り方や労働者の就労状況を、意を尽くし微に入り細にわたって丹念に立証活動を行なう。それを相応な社会常識をもって理解すれば、実体をほぼ的確に把握できる（はずである）。

一般社会で、「指示」は必ず命令口調やあからさまに指示を意味する言葉で行なわれるとは限らない。そのような口調は、部下からは「偉そうにしている」と受け取られ、反感を招くだけのことで、反って作業の停滞さえ誘発しかねない。普通はむしろ、「処理しておいてください」とか「必要な資料の作成をお願いできますか」といった、文字にすればお願い、仕事を促すようなニュアンスの言葉や質問表現が使われる。それを「お願い」や「質問」だから無視しても良いと考える労働者はおそらく皆無であろう。指示が文書で行なわれることもある。(81)

そのような常識に裏打ちされた的確な把握・認識とはほど遠い判決がある。DNPファイン（ユニ）事件の東京高裁判決はその例である。同事件では、労働者Xはユニに採用され、ユニとミクロ、さらにミクロとDNPファイン（Y）との業務委託契約にもとづき、Yの工場で光学機能フィルムのプリント基板製造業務に従事していたが、派遣切りにあった。Y、ユニら3社はいずれも大日本印刷の100％出資会社である。当初、Xはユニの社員から工場内にあるユニの事務所の説明を受けた後、Yの部長らから工場の概要、作業の流れなど、さらに班長、サークル長から研磨機の操作、稼働前チェック等について説明を受け、翌日からバンプ工程の作業に従事した。設備や機材は大日本印刷ないしYの所有であり、クリーンスーツ、ゴム手袋などはYが無償で貸与した。三直

二交替勤務、24時間操業体制で工場全体の人員体制表が定められており、労働者はタイムカード打刻－着替え－朝礼－作業位置を示した設備配置版の確認を経て、「作業予定表」に従い「製造指示書」にもとづいて作業し、終了の際は、Y作成の書式により「生産実績表、作業時間表、設備日報及び引継ぎ連絡シート」を提出した。人員体制表、作業予定表等はすべてYが作成した。

このような業務遂行の状況について、さいたま地裁は、ユニは「出勤、欠勤、早退及び遅刻の管理」と従業員の配置換えを行なっていたにとどまり、「従業員が混在しており、各作業員の取り扱う機械自体は異なるものの……作業は一連のものであって、作業スペースも物理的に区分されていなかったのであるから、混在していることを原因として、必然的に（筆者注－Yが）直接指示する関係があった」と認定した。ところが、東京高裁は、原告の担当した工程は標準化された単純作業で、「基板を製造する過程の一部として前後関係にあるものの、それぞれ独立して作業することができる」、人員体制表は「各作業員がどの班に所属してどの工程を担当しているかを記載した」だけである等と指摘し、「直接指示する関係が生じていた」とはいえない、と判示し、Yの指示による労働の存在を否認した。[82]

この認定は到底、合理的とは言い難い。工程のバンプ印刷等は基板製造「過程の一部として前後関係」にある。各作業が「独立して作業でき」、それぞれの作業が適切に仕上げられていったとしても、前の工程だけ早く進行しても次の工程で対応して処理できなければ、境界部分で仕掛け中の部品が滞留する、前の工程が遅ければ、次の工程では手持無沙汰のまま作業を止めて、部品が流れてくることを待つ以外にない。一般にも、流れ作業では、効率的な生産のためには、工程の各作業が有機的に組み合され、全体がスムーズに流れるように調整することが極めて重要である。まさにそのために、Y社員であるサークル長は個別の作業はしないで、工程全体の調整に専念していた。

また判決は、「人員体制表」は「各作業員がどの班に所属してどの工程を担当しているかを記載した」だけだというが、それの作成日と記載内容を照らし合わせて、その意味を確認する必要がある。たとえば、05年3月31日作成の「生産体制表」（甲第16号証）には、備考欄に「4月1日より山下←→熊谷」といった担当者の交代を示す記載が数例あり、甲17号証は12日分を予定してい

るから、それは、「今後、これに従って作業を進めていく」という人員配置の予定を示し、Yが回路、バンプ等の区分ごとの「班編成」と個々の労働者の配置（担当業務）予定を一覧表の形で示し、それを組み合わせて、作業体制の決定・指示を周知するものであった。現場の統括責任者作成の、ある日の「昼勤・実施事項」（甲30号証）は作成は07年7月27日で、2日後の29日の「昼勤」の勤務者、業務内容、何かあった際の連絡先まで記載しているから、それは2日後の業務に係る指示書である。当該文書に、その表に従って就労せよといった「指示」の文言がなくても、シフト制で就労する、様々な業種・職種に見られる、普通の勤務指示の在り方である。Yは「作業予定表」を作り、日々、労働者各人の作業する位置を示した「設備配置版」を確認させ、「製造指示書」を示し、作業終了時には「生産実績表……設備日報及び引継ぎ連絡シート」を提出させて作業内容を確認し、次に引き継ぐ体制をとり、回路、バンプ、プレス等の各作業サークルに配置したサークル長を通じて全体の工程をつぶさに把握し、確認し、必要に応じて指示する体制を作っていたのである。

「直接指示」とは、Yの社員が工程の進行を目視しながら、口頭であれこれ指示する場合だけを指すものではない。識字率が低い社会ならばともかく、日本では労働者は文書によってなされた指示の意味を充分に理解できるから、文書による場合も、それが「直接」的であれば、「直接指示」であることに変わりはない。高裁は、Xらの作業は「単純定型作業」で、各工程は「独立して」行なわれることを強調するが、難易にかかわらず、業務遂行は使用者の指示があって初めて行なわれる。高裁は、書証の意義を読みとることができず、易しい作業であったから指示はなかったという、常識外れの判断に陥っている。[83]

(b) 「使用従属関係」概念の理解不足

次に、「使用従属関係」という、労働法学上の基礎的な概念すら正確には理解していないと評さざるを得ない判決もある。

NTT多重派遣事件で京都地裁は、契約成立を認めるためには、職務遂行上必要な作業上の留意点を指示するといった使用従属関係があるだけではなく、「労働者に対して事業所における作業開始時刻や作業終了時刻を指示して拘束したり、労働者側の事情により休暇を取得したい場合であっても、一定の要件の下で休暇申請に対して承諾せずに勤務を命じることができるといった支配・

従属関係が存在」する必要がある、と判示する。
　しかし、職務遂行上の指示に従っている「使用従属関係」の中に、作業の開始時刻の指示といった労働時間管理等は含まれているのではないのか。それ以外に、作業の開始・終了の時刻の指示や年休申請に対する時季変更権の行使が、「使用従属関係」の存否の判断とどのような関係にあるというのか。先にも指摘したように、NTTとNTT・ATは業務請負契約を結んでいたから、NTTが公然と作業開始などを指示するわけがなく、したがって、訴訟でも具体的に問題とならなかった。そのような事柄をわざわざ持出して、敢えて、それについての「使用従属関係」の不存在を理由に黙示の労働契約の存在を否定しただけのことではないのか、と推測せざるを得ない。
　同事件において大阪高裁は、「作業上の指揮命令を行っていた」と認めながら、「XとNTTの間に事実上の使用従属関係……があったとは認められない」という。「事実上の使用従属関係」とは、契約上の適正な根拠はないにもかかわらず、資本、取引関係その他の力関係などを背景に、現実に「作業上の指揮命令」をして就労させているという状況を指すが、「作業上の指揮命令」はあったが「事実上の使用従属関係」は認められない、とは一体どういう状況なのか。大阪高裁は、「使用従属関係」いう言葉で何か別のものを想定しているのか、理解に苦しむ。
　DNPファイン事件・さいたま地裁判決も先に見たように、「労務提供関係」の存在は認めながら「使用従属関係」を否定した点で同様である。
　実は、冒頭に見た近年の成型句を相当とした一般論に、これらに共通の、判決理由不備の誘因があると推測される。つまり、皮肉なことに、その成型句を裁判官が先例として尊重したためか、内容に立ち入って検討せず、「使用従属関係」と「労務提供関係」の意味の相違を考えないで一体として理解し、実際には「使用従属関係」の存否だけを審理してきたため、問題点は顕在化せず、研究者もそれを特に評釈の対象とすることはなかった。ところが、さいたま地裁は、表現が異なる以上は別個のものと認識したのか、考えあぐねた結果、「労務提供関係」は存在するが「使用従属関係」は存在しないと判断したようである。
　先例的なフレーズについても意味を吟味した点では、機械的に丸写ししただ

けの判決よりも意欲的であったと言い得る。だが、DNPファイン事件で、地裁が「労務提供関係」を肯定しながら「使用従属関係」を否定した根拠は、採用への不関与、ユニの現場管理者による出・退勤等の管理といった類のことで、繰り返し指摘するように、偽装請負を合法的な請負と装うために行なわれる常套手段でしかない。地裁はフレーズ自体を疑わず、しかも、請負関係にある企業との間で労働者が「労務提供関係」にあることが「事実上の使用従属関係」であるという、労働法理論についての基礎知識を欠いていたために、自明の理であるはずの両者の意味と関係を正確には理解し得ず、誤った判断に行き着いてしまった。

さらには、事実上の使用従属関係という法概念も、それと黙示の労働契約関係との関連も正確には理解していないため、当該裁判所自体が何を言ったのか、自ら説明できないのではないか、とさえ疑わしくなる判示まである。

黙示の労働契約の成否の判断にとっては、事実上の使用従属関係の存在の認定が前提となる。ところが、NTT西日本AP事件において大阪地裁は、派遣元が形式的な存在で、派遣労働者の労務管理を行わず、「派遣先が実質的に派遣労働者の採用、賃金額その他の労働条件を決定し、配置、懲戒等を行い、派遣労働者の業務内容・派遣期間が労働者派遣法で定める範囲を超え、派遣先の正社員と区別し難い状況となっており、派遣先が、派遣労働者に対し、労務給付請求権を有し、賃金を支払っている等派遣先と派遣労働者間に事実上の使用従属関係があると認められるような特段の事情がある場合」には、黙示の労働契約の成立が認められる場合があると判示した。[87]

だが、労務給付請求権は、労働者に対し一定の労務を指示し、就労することを求め得る、労働契約を結んで初めて使用者が得る権限であって、労務給付請求権をもつことが使用従属関係の存在を認定する要素となるという関係ではない。そもそも、ユーザーが労務給付請求権をもつような労働契約を結んでいるならば、労働者があらためて当該ユーザーを相手どって労働契約関係存在確認の訴えを提起する必要もない。

実は、菅野和夫氏は『労働法』初版において、①労働契約関係の存在を確認するためには「賃金の決定・支払に加えて、受入企業が社外労働者に対して、労務給付請求権を有すると認められることが必要」である、と述べていた。[88]一

橋出版事件で東京地裁は、②「派遣先が、派遣労働者に対し、労務給付請求権を有し、賃金を支払っている事情があるとき」には黙示の労働契約成立を認め得ると判示し、さらに東京高裁は、③「労務給付請求権を有し、賃金を支払っており、そして当事者間に事実上の使用従属関係にあるときには……黙示の労働契約が成立したと認める余地がある」と述べた。

　表現も叙述内容も類似していることから推測すると、②は①からヒントを得た、そして③は②を借用したと見られる。ただ、③は事実上の使用従属関係の存在を基礎に説き始めた筈であるにもかかわらず、「労務給付請求権を有し……」と重ねて「事実上の使用従属関係にあるとき」を、しかも並列させて叙述しており、理論的混乱を見せている。その点を別とすれば、いずれも、労務給付請求権を持っているような状態、つまり労働契約が結ばれていれば、黙示の労働契約が存在すると認め得る、つづめて言えば、労働契約があれば黙示の労働契約があると認められると述べているわけで、それらは、まったく法的な説明になっていない。ただ、上記の①から③までは、曲がりなりにも労働契約関係の存在認定の要件について叙述した形になっている。

　ところで、「事実上の使用従属関係」は、改めて指摘すると、労働契約がないにもかかわらず、資本、取引等の特別な関係を背景に、あたかも使用者であるかのように他企業の従業員を指揮命令して就労させている状況を示す言葉（概念）である。にもかかわらずNTT西日本AP事件において大阪地裁は、一橋出版事件東京高裁判決をほとんど引き写しているが、ただ従来の学説判例上、黙示の労働契約の存在を認定する際の要素とほぼ一致して考えられてきた、派遣先が「実質的に派遣労働者の採用、賃金額その他の労働条件を決定し……賃金を支払っている」ことまで、誤って「事実上の使用従属関係」の存在を認める「特段の事情」と位置づけている。何故そのような用法をしたのか、判示の趣旨はいたって判り辛いが、その用法によれば、従来の事実上の使用従属概念という概念の理解や用法とは異なるとともに、そのような意味における「事実上の使用従属関係」が認定されれば、賃金の支払いまで含めているのであるから、それだけで黙示の労働契約の存在が認定されることになる（はずである）。

　だが、大阪地裁は、そのような判りづらい判示をしておきながら、それとどのように関連するのか理解し難いが、本件では、労働者の契約の相手方である

KDC は独立性を有し、賃金を決定し、支払っていたから派遣契約も労働契約も有効であり、他方で、原告は派遣契約では政令指定業務担当とされていたが、現実には一般業務を担当していたから旧法 40 条の 4 の適用が想定されるが、同条にいう「通知」がなかったから同条違反は認められない等を理由に、黙示の労働契約の成立は認められない、と判示した。全体として、鮮明な判旨とは全く対極にある。

　（エ）　司法機関の存在意義や司法の役割についての自覚の欠如
　司法機関の存在意義、役割についての自覚が欠如しているとみられる判決もある。

　日本トムソン（プレミアライン）事件では、被告は出向、業務委託、労働者派遣と次々と契約形式を変えながら、一貫して業者の従業員を受け入れ、彼らを指揮命令していた。大阪高裁は、両者間の契約は「実質的には労働者派遣契約であり、当時、派遣が許容されていた対象業務に製造業が含まれていなかったため、出向形態が利用され、本件出向協定が締結されたに過ぎない」から、協定に原告らが「被告に在籍する旨の記載があることをもって……黙示の雇用契約が成立し」たとはいえない、と述べつつ、出向とは「労働者は、出向元企業との労働契約関係を維持しつつ、出向先との労働契約に入るもの」と述べた原審判決を否定し、出向先との間に労働契約が結ばれたとは認定しない(91)。結局、被告（日本トムソン）は労働契約を結ばないまま労働者を使用したことになるが、それを職安法 44 条違反とは認めず、派遣法に違反する労働契約も無効となるとはいえない、とも言う(92)。いずれも、説明なしの結論だけの判示である。

　派遣対象業務でないものについて、派遣以外の法形式を利用して実際には労働者を提供する（労働者を供給する）という明白な脱法行為を確認しながら、出向は便法であり真実は（違法）派遣であった、として済ませてよい筈がない(93)。脱法目的で出向協定を結び、原告らが被告に「在籍」すると明記した以上、少なくとも法廷においては、禁反言の法理に照らし、自らが建前としたことに反する主張は許されないはずであるし、裁判所がそれを肯定することは許されまい。大阪高裁は、少なくとも、そのような疑問に真摯に応える責務があろう。

　（オ）　裁判の提起それ自体を阻む「法理論」
　日本化薬事件で神戸地裁姫路支部は、原告が被告に直接雇用を申込んだこと

は「内容的に、自らが被告でなくタスクマネジメントに雇用されていることを前提とする行為」である、と指摘し、それを労働契約関係の存在を否認する根拠の一つとする。[94]

だが、そのような論理が許されるならば、現在の法形式上の使用者は虚偽であるとして、法的関係の是正のため、真実の使用者と考えるものを相手方とする労働契約関係存在確認の裁判を提起することは一切できないことになる。そのような論理は、労働事件に限らず、一般の事件に関しても司法制度の存在・機能を否定することにも繋がるもので、理不尽の一語に尽きる。

(3) 小括

何を要素として労働契約が締結されたと判断するのか、合法的な根拠に基づかない事実上の使用従属関係にある場合、それを黙示の労働契約が成立したとみなすことができる要因は何かは、労働法上の基本問題である。

（ア）的確な事実認定の必要性

労働者の担当業務を決定した上で、その遂行を作業位置を示した設備配置版、「作業予定表」「製造指示書」等の文書によって詳細に示しても、それを労働者に対する「指示」とは認めない（したがって、使用者の指示にもとづく「労務提供関係」はなかった）と判示するDNPファイン事件・東京高裁判決は、従来の労働法理論についての理解を大きく外れ、それを無視する判決である。

事案が異なるとはいえ、超勤手当て請求に関して、最高裁は三菱重工長崎造船所事件、大星ビル管理事件において、現場の状況を勘案し、行為の「労働」性を客観的に理解して、更衣を「労働」の開始と認め、仮眠をとることも一定の条件の下では「手待ち時間」に該当すると判断した。その際、誰が更衣や仮眠をとることを指示したのか、どのような形式による指示か（口頭なのか文書によるのか）、といった、無用の発問はしていない。[95] あえて説明を求められれば、包括的な指示ないし許可があった、とでもいうのであろうが。

ところが、黙示の労働契約の認定事案になると、将来にわたって当事者を労働契約によって結び付けることになるから、慎重に判断する必要はあるにせよ、合意という要素や指示にもとづく労働が、必要以上に、過剰なまでに意識されている。DNPファイン事件では、労働者は会社の予定どおりに就労して、生

産は順調に進められているのであるから、それ自体が「指示」が正確に届いていたことを裏付けており、したがって、改めて「指示」の有無の詮索は無用な筈である。にもかかわらず詮索し、しかも、詮索するからには書面等の内容も精査すべきであるにもかかわらず、精査はしないまま、求められる想像力を働かせることもなく、口頭による指示が立証されていないとして、「労働」の存在を否認した。労働事件ではしばしば使われる「指示」とか「労働」という言葉を、現実に即して認定することの重要性が再確認される必要がある。

　（イ）　労働法の基礎的な理解に欠ける裁判に対する危惧

　ユーザーが「労務給付請求権を有し……」と、労働契約を結んで初めて得られる労務給付請求権の存在を黙示の労働契約の成立の認定要件とする一橋出版事件の東京地裁、東京高裁等の多くの判決とか、ユーザーの指示に従った就労が行なわれていることを認めながら、さらに「派遣元が形式的な存在」であり、ユーザーが「労務給付請求権を有し、賃金を支払っている等」を「事実上の使用従属関係にあると認められるような特段の事情」を求めるNTT西日本AP事件・大阪高裁判決等々、労働法の基礎的な理解に欠けると評さざるを得ない判決が少なくない。

　日本トムソン事件で大阪高裁は、出向、業務請負、派遣という法形式を次々利用しながら長く労働者供給事業（違法派遣）を続けてきたことを不法行為と認めた一審判決を破棄したが、その理由としたのは、対象業務や派遣可能期間は経済情勢や社会労働政策に関わる行政上の問題であり、「行政上の取締法規」である「派遣法によって保護される利益は、基本的に派遣労働に関する雇用秩序であり……個々の労働者の利益を保護しようとするものではない」、派遣は「労働者に対しては就労の場を提供する機能を果たしていることも軽視でき｣ない、ということであった[96]。それは、司法機関の法的判断なのか、厚生労働省の政策判断のそのままの借用なのかまで疑わざるを得なくなるほどの、法律制定の経緯も構造も無視した判決である。

　しかも、それが東京高裁や大阪高裁など、日本の大企業の本社が立地し、労働事件も多いから、判決の実務的影響力も大きいとみられる高等裁判所で出されている。そのような状況であるだけに、研究者の一部に見られる、判例や行政解釈の後を追って、その紹介と判旨の解説に終始する判例・行政解釈に関す

る実証主義的な理論は、不合理な判例等を拡散するだけになりかねず、研究者としての独自の役割、存在意義を疑われることになりかねない。

　判例や行政解釈、一部の研究のこのような動向を放置することはできない。今、職安法44条と直接雇用の原則、派遣法の立法趣旨、また黙示の労働契約関係の存在を認定する基準・要素などについて、改めて正面から論議し直し、そのような判例の動向に警鐘を鳴らすことが求められている。

　（ウ）　労働安全衛生法上の指示と偽装請負

　先に見たDNPファイン事件の高裁判決について、濱口桂一郎氏は、DNPファインの就労指示の存在を肯定しつつ、別の論拠により、なお正当な請負に該当すると主張される。すなわち、労働安全衛生法30条の2が「製造業の元方事業者」に「作業が同一の場所において行われることによって生ずる労働災害を防止するため、作業間の調整や連絡等の措置を義務づけて」おり、「元方事業者による一定の指揮命令を予定している」ことを根拠として、ユニも指揮命令をしていたとも認定されており、また、「安全衛生に関わる指揮命令は注文者ないし元請事業者（の労働者）からも請負人の労働者になされることを求めている」、労働市場法制では、「注文者が少しでも指揮命令をすれば直ちに請負ではなくなり労働者供給事業ないし労働者派遣事業となるとされているわけではない」、と主張される。しかし、問題はそう単純ではない。

　濱口氏は、安衛法29条と30条の2が規定する「元方事業者」に認められる関係請負人の従業員に対する「一定の指揮命令」権を紹介されるが、まず、そもそも、DNPファインは安衛法30条の2にいう「元方事業者」に該当するのかという問題がある。多重請負においては、一つの作業場において元請けや複数の下請け業者の従業員が混在して就労することがあるが、安衛法は、それぞれの業者の指示が錯綜することに起因する危険を防止するために、「最も先次の請負契約における注文者」である「元方事業者」に統括安全衛生責任者を指名させ、同人に、下請け業者の協議組織の設置・運営、作業の連絡・調整、工程の計画や機械設備の配置等についての安全措置などを統括させている（安衛法15条、30条1項）。たとえばビルの建設現場では、基礎工事、鉄骨の搬入・組立、電気配線、水道管の配管、エレベーターの設置、セメントの注入等々の作業が、それぞれの工事を請負った業者によって行なわれるが、統括安全衛生

責任者は、複数の業者の従業員が混在して異なる作業をすることに起因する事故が起きないように、それらの一切を統括管理し、種々雑多な作業を順序立てて、可能な限り混在状況を少なくし、手際よく工事を進行させるよう、業者間の連絡・調整を義務付けられている、ということである。安衛法30条の2第1項は「製造業……の元方事業者」について、同第2項は、その「仕事の発注者」について30条2項を準用することにより、同様の義務を課している。

　安衛法は、注文者とその請負人の作業が同一の場所で行なわれており、注文者自身もその仕事の一部を行なっている場合を想定しているから、大日本印刷は安衛法15条および30条の2第1項の「元方事業者」には該当しない。DNPファインは、大日本印刷の完全子会社で、工場の敷地、建物は大日本印刷から賃借してはいるが、会社としては独立して操業しているから、本件では、仮に大日本印刷とDNPファインが請負の関係であったとしても、安衛法に関しては多重請負はDNPファインから始まると解され、請負業者がミクロ、ユニと「2以上ある」から、DNPファインが「最も先次の請負契約における注文者」＝「元方事業者」に当たる。また、「注文者のうち、その仕事を他の者から請け負わないで注文している者」＝「発注者」にも同様の義務が課されるから（30条2項）、その点からも、DNPファインは「発注者」としてその適用を受ける。

　たしかにDNPファインやユニ、ミクロの従業員が混在して就労している。東京高裁は地裁判決の前記部分をそのまま引用しながら、ユニも指揮命令をしていたと述べているが、ユニについて認定されているのは勤怠管理だけで、作業自体について指揮命令していたと認定されてはいない。DNPファインでは、作業の指示がユニやミクロからも出されて錯綜しているわけではなく、指示はすべてDNPファインが一括して行なっている。危険があるとすれば、もっぱらDNPファインの施設の不備や指示の不手際によるものである。要するにDNPファインでは、多重請負により、「同一の場所」で複数の業者の従業員が混在労働を行なってはいるが、業者の指示が錯綜することに起因する特有の危険が存在する状況ではなかった。それは安衛法が想定する作業場の状況ではないが、それでも安衛法が適用されるのであろうか。濱口氏は安衛法が当然適用されるかのように説かれるが、DNPファイン事件に即して、それらの疑問を

どのように解明されるのか、明快な解説はみられない。

なお、安衛法が下請業者やその従業員への指示などを認めるのは、元方事業者が指名した統括安全衛生責任者ただ一人である。濱口氏は、「元方事業者（の労働者）」と言うが、朝礼やQCサークルの例を指摘されるところから推測すると、統括安全衛生責任者以外の、元方事業者の職制（サークル長など）の誰彼も指示し得ると理解されているように窺われるが、それは誤解ではあるまいか。

次に、より重要な問題は、仮に安衛法15条、30条の2が適用されるとしても、それらが義務づけるのは、もっぱら混在労働によって生じる労災を防止する観点から「作業間の連絡及び調整を行うことに関する措置」等に限定されていることである（15条1項、30条1項）。安衛法は、労働者に対する安全配慮義務は労働契約の当事者である使用者が負うという労働法上の原則を堅持しており、したがって、当該「措置」についての統括安全衛生責任者の指示は、主要には下請け業者に対して為される。業者を飛び越えて、その従業員に対し、しかも、（安全衛生問題に関わらない）作業そのものに対する指揮命令を認めるものではない。濱口氏は、本件の「朝礼への参加やQCサークルへの参加、トラブルや変更時」のYのサークル長の指示は「安全衛生上の配慮として正当化し得る余地が十分にある」と述べられる。しかし、さいたま地裁は、朝礼では主として各工程の生産進捗状況や品質、設備に関する基本的留意点の確認が行なわれ、QCサークルでは品質意識の向上が目的とされたと認定している。「トラブル」といっても、製品の品質に不良があるとか設備の不具合といった製品製作に関するトラブルであり、安全等に関わりはない。「変更時」は担当業務や作業日程等の変更と解される。東京高裁は、ユニは「『自らその従業員に対する指揮命令を行なっていた』と（正しく）述べ」ていると濱口氏は指摘されるが、高裁が指摘したのは、勤怠管理、スキル評価、配置転換などの「基本的な労務管理」と作業着やネームプレートに「ユニの指定したものがあ」るという些末なことだけで、作業遂行に関わるものではない。双方の主張や証拠書類を見る限り、DNPファインの原告らに対する指示は、もっぱら、誰がどの業務を担当し、どの時間帯に就労するかを中心とする、通常の業務遂行を円滑に進めるための指示であった。

かつて濱口氏自身も、松下PDP事件について、「本件では個々の指示が安全衛生法上必要なものか否かを論じ得るような水準を超え……もっぱらあるいはほとんどY（筆者注－松下PDP）の従業員の指示の下に作業している……契約形式どおり業務委託ないし請負と判断することは困難であろう」と指摘された。濱口氏がDNPファイン事件について挙げる事項が、いかなる意味で「安全衛生上の配慮として正当化される余地が十分にある」のか、それは松下PDP事件に係る先の指摘と矛盾しないのか、両者はどのように整合するのか、充分な説明がなされているとは言い難い。

　もとより、製造業のことであり、通常の業務遂行の中に有害物質を使用することもあり、安全衛生問題が潜んでることはあるから、まったく関係ないとは言えないかも知れない。また、業務請負においては、業者の指示の下で適正に就労するとしても、発注者の施設内で作業する場合には、当該施設を利用することになるから、そのことに関連する、防災、風紀その他の秩序維持、省エネ等についての発注者（施設の所有者）の規則や指示に従わざるを得ない。規則に違反した行動があれば、発注者がその場で直接、それを指摘し、当該行動を止めるよう指示することはあり得よう。しかし、業務請負の注文者は労務遂行を推進する積極的な指揮命令を行なう権限は一切、認められない。

　濱口氏は、DNPファイン事件に即して、業務請負においては「広義の指揮命令」、すなわち、注文者による安衛法上の「安全衛生上の配慮」にもとづく指揮命令と、業者による業務遂行上の指揮命令がなされるのが「前提」で、「安全衛生上の配慮」にもとづく指揮命令も「少し」であれば許容されると主張し、「両者の指揮命令を比較考量して相対的な判断」すべきで、本件で埼玉労働局は「偽装請負の成立を否定すべきであった」とされる。東京高裁判決の「論理構成には疑問」を呈しつつ「結論には賛成」されるのだが、書証を見る限り、同事件ではDNPファインは大半、労務遂行を推進するための指揮命令を行なっている。安全上の配慮によるものであれば、DNPファインも作業上の指揮命令を許容される、とするその「少し」の指揮命令とは、具体的に何を指すのか。具体的な事件についての判例に対する評釈は一般論や抽象論では済まされない。濱口氏はDNPファイン事件の事実関係を証拠に即して具体的にどのように認識し、東京高裁判決を肯定する結論に至るのか、具体的に詳細

に説かれるべきであろう。

　業務請負の発注者の指示にもとづく就労が認定された以上、偽装請負であるとの判断は揺るぎないのではあるまいか。

(1)　2009年7月14日、厚生労働省が小池晃参議院議員および鷲見賢一郎、今村幸次郎、三浦直子弁護士らに対して参議院議員会館で行なったレクチャーの際、厚労省労働者派遣事業係長三姓晃一氏、中央需給調整事業指導官大木隆久氏による説明である。もっとも、「直接雇用の推奨は、口頭で行う。是正指導書には記載しない」と付言している（三浦弁護士の非正規ネット〈hiseiki-net@freeml.com〉への配信）。もっとも、厚労省は直接雇用を指導しているという報道はそれ以前にも存在した、2007年2月27日「朝日新聞」。

(2)　伊予銀行事件・松山地判平15.5.22労判856号63頁。高松高裁は、同判示を引用する、高松高判平18.5.18労判921号48頁。

(3)　松下PDP事件・大阪高判平20.4.25労判960号5頁。

(4)　伊予銀行事件・最2小決平21.3.27労判991号14頁。同決定を評釈した脇田氏は、今井功裁判長が上告を受理すべきだとする反対意見を述べたことを紹介し、次の機会には「法的正義感情に溢れた判決」への期待を表明していた、同「伊予銀行・いよぎんスタッフサービス事件最高裁上告不受理決定を批判する」労旬1705号（2009年）32頁。

(5)　松下PDP事件・最2小判平21.12.18労判993号5頁。萬井意見⑤労旬1694号17頁、萬井評釈⑧労旬1714号6頁および萬井評釈⑨和田ほか『法』148頁。

(6)　松下PDP事件・大阪地判平19.4.26労判941号5頁。萬井評釈⑥労旬1665号55頁。

(7)　松下PDP事件・大阪高判平20.4.25労判960号5頁。萬井評釈⑦労旬1682号24頁。

(8)　大内伸哉「いわゆる偽装請負と黙示の労働契約の成否」ジュリ1402号（2010年）153頁。菅野〔11版補正〕381頁、水町〔6版〕337頁、本庄『役割』97頁も結論は同旨。

(9)　前掲第1章第1節注（10）濱口・NBL885号18頁以下。

(10)　荒木〔初版〕432〜433頁。〔3版〕525〜526頁でも同文である。

(11)　本庄『役割』99頁。

(12)　岡田幸人「最高裁判所判例解説」法曹時報63巻10号（2011年）219〜221頁。
　　　一般に、最高裁調査官が担当した事案について解説を書くようであるが、判旨の理解に必要ならば、判決文で、裁判所が自ら述べるべきである。なお、当該事案を担当した調査官が執筆したとしても、個人の解説にすぎず、それを最高裁の見解であるかのように理解することは妥当とは言えない。藤川久昭氏は、調査官解説を分析し（派遣法に関わる判例は対象外とされているが）、一般論として、研究者には「徹底した実証に基づく『挑戦』」が求められているとされる、同「労働法における調査官解説・研究序説」菅野古稀524頁。

(13)　西谷敏「労働法規の私法的効力」法時80巻8号（2008年）80〜82頁。

(14)　同旨、前掲第1章第2節注（39）和田・名古屋大学法政論集228号313頁。

(15) 他の判決で明確に指摘されることがある。たとえば、DNPファイン事件・さいたま地判平27.3.25労旬1859号64頁。
(16) 私はかつて、本判決は黙示の労働契約の成否を論じているが、それは、P・X間の労働契約の存在の強調、他方で黙示の労働契約の成否の検討の余りの杜撰さから、単なるポーズであると判断した（萬井評釈⑧労旬1714号12頁）。しかし、ポーズにせよ黙示の労働契約の成否の検討に移るからには、二重の労働契約の存在を認めるものと判断することが妥当であるので、先の見解を修正する。
(17) 下級審には、結論の当否はともかく、正にその順序で説くものもある、パナソニック電工（アロービジネスメイツ）事件・津地判平23.5.25（判例集未掲載－原本24頁）、パナソニックエレクトロニックデバイスジャパン（PEDJ）事件・福井地判平23.9.14労旬1756号88頁。
(18) 契約関係を認定したものとしてセンエイ（光幸商事）事件・佐賀地武雄支判決平9.3.28労判719号62頁、ナブテスコ（ナブコ産業）事件・神戸地明石支判平17.7.22労判901号21頁など。
(19) 前掲注（12）岡田・法曹時報63巻10号221頁。
(20) 前掲第1章第1節注（26）砂山『労働保護法の研究』87頁参照以下。詳しくは本節3（1）参照。
(21) 前掲注（7）労判960号15頁と20頁。
(22) 名古道功氏は、原審の判示を「否定するために採用への関与を持出した」と指摘されるが（同「判例研究」民商法雑誌142巻6号（2010年）84頁）。
(23) 前者は前掲注（8）大内・ジュリ1402号152頁、後者は前掲第1章第5節注（13）島田陽一・労研580号33頁。
(24) 全日空事件・大阪地判昭51.6.17労判256号55頁、JR西日本事件・大阪地判平13.3.9労判806号86頁。後者について萬井評釈④龍法34巻2号2頁。
(25) 松下PDP事件・大阪地判平19.4.26労判941号17頁。
(26) 松下PDP事件・大阪高判平20.4.25労判960号20頁。
(27) 松下PDP事件・最2小判平21.12.18労判993号12頁。
(28) 同旨、豊川義明・村田浩司ほか「違法な労務供給先の雇用責任を免責し、司法救済を不法行為に限定した最高裁判決」労旬1714号（2010年）26頁。
(29) 事実認定については、以前から様々な角度の議論がある。田尾桃二「事実認定論の基本構造」田尾桃二・加藤新太郎編『民事事実認定』（判例タイムズ社、1995年）31頁以下、中野貞一郎・松浦馨・鈴木正裕編『新民事訴訟法講義〔第2版補訂版〕』（有斐閣、2008年）278頁以下（第3編訴訟の審理－第4章・証拠調べ（春日偉知郎）、第5章・証拠の評価と証明責任（青山善充））、藤田広美『解析民事訴訟法〔第2版〕』（有斐閣、2013年）93頁以下等参照。訴訟法研究者による本件についての具体的検討を期待したい。
(30) 前掲注（8）大内・ジュリ1402号152頁。
(31) 前掲注（12）岡田・法曹時報63巻10号233頁。
(32) 第一審Y05年12月14日答弁書4頁、06年6月30日第3回準備書面13～14頁。
(33) 偽装請負や違法派遣の場合も必ずしも中間搾取には当たらないとの見解が一部にある（『施行通達』1（2）ロおよび『別添』4）。派遣では「労働契約関係が派遣元と

第 2 節　派遣先と労働者の間の労働契約の成否——判例に見る

の間に存在し、派遣先との間には存在しない以上は、派遣元が第三者として労働関係に介入したとはいえない」という菅野氏の理解（同〔初版〕134 頁）も同旨。その解釈の問題点については、第 2 章第 2 節 2（3）（カ）参照。

(34)　前掲注（12）岡田・法曹時報 63 巻 10 号 233 頁。
(35)　事案の性格は異なるが、採用内定の法的性格論争において改めて確認されている、大日本印刷事件・最 2 小判昭 54.7.20 民集 33 巻 5 号 582 頁、萬井『締結』156 頁以下参照。
(36)　村中孝史「労働契約概念について」『京都大学法学部創立百周年記念論文集第 3 巻』（有斐閣、1999 年）501 頁。
(37)　村田浩治「松下 PDP 事件最高裁判決後の状況」労旬 1721 号（2010 年）18 頁、河村学「松下 PDP 最高裁判決後の状況」労旬 1759＋60 号（2012 年）63 頁、塩見卓也「松下 PDP 事件最高裁判決後の下級審判例」和田ほか『法』188 頁、萬井論文⑰労旬 1764 号 37 頁等。
(38)　日本トムソン事件・神戸地姫路支判平 23.2.23 労判 1039 号 5 頁ほか、前掲注（1）塩見・和田ほか『法』203 頁以下参照。
(39)　2010 年 3 月 6 日「朝日新聞」。派遣ネット（http://www.haken.or.jp/_contents/kikaku/070418.html）によれば、ほとんどの案件で＝ 70％、派遣先の希望があれば＝ 15％、3 か月以上の派遣について＝ 9％と、合わせて 94％で事前面接が実施されており、派遣業者の 85％が解禁を希望している。その他、門倉貴史『派遣のリアル』（宝島社、2007 年）40 頁他、多数が事前面接の存在を指摘する。
(40)　パーソンズ等事件・東京地判平 14.7.17 労経速 1834 号 17 頁、沼田雅之「派遣労働者の特定行為の禁止」中野麻美・浜村彰編『最新労働者派遣法 Q＆A』（旬報社、2004 年）60 頁、勝亦啓文「派遣労働者の保護」季労 211 号（2005 年）52 頁、大橋範雄『派遣労働と人間の尊厳』（法律文化社、2007 年）12 頁等。
(41)　1999 年 6 月 8 日、参議院労働・社会政策委員会における、小宮山洋子、但馬久美議員と渡邊信労働省職業安定局長の質疑応答（会議録第 12 号）参照。
(42)　松下通信工業事件・東京地判平 2.9.28 労判 570 号 6 頁、同事件・東京高判平 3.10.29 労判 598 号 40 頁、最 1 小判平 4.9.10 労判 619 号 13 頁。
(43)　塚田元（NTT 創処 G 主任研究員）証人 09 年 7 月 23 日調書 36 〜 37 頁、NTT 多重派遣事件・京都地判平 22.3.23 労経速 2072 号 17 頁。
(44)　W 社長・加藤秀光証人 2009 年 7 月 23 日調書 1 〜 2 頁、7 頁。
(45)　NTT 多重派遣事件・京都地判平 22.3.23 労経速 2072 号 16 頁、萬井意見⑧。同事件・大阪高判平 23.2.17 労旬 1759＋60 号 108 頁。同事件に関する、塩見卓也「職安法 44 条・労基法 6 条違反の私法的効力について」労旬 1759＋60 号（2012 年）71 頁。
(46)　ムサシ鉄工事件・名古屋地豊橋支判平 22.3.25（判例集未掲載－原本 13 〜 14 頁）。中谷雄二「ムサシ鉄工事件－松下 PDP 事件最高裁判決の影響」労旬 1721 号（2010 年）36 頁以下、萬井意見③龍法 42 巻 1 号 1 頁。
(47)　前掲注（46）判決原本 15 頁。
(48)　日本化薬事件・神戸地姫路支判平 23.1.19 労判 1029 号 80 頁、萬井意見⑨。控訴審は同判示をそのまま引用している、同事件・大阪高判平 23.10.25 原本 3 頁（判例集未掲載）。

(49) 日産自動車横浜工場事件・横浜地判平 26.3.25 労判 1097 号 39 頁、萬井評釈⑪労旬 1825 号。同事件・東京高判平 27.9.10 労判 1135 号 79 頁。
(50) 日産自動車本社事件・乙イ（日産自動車）第 14 号証 18 ～ 19 頁、萬井意見⑦。
(51) 日産自動車本社事件・東京地民平 27.7.15 労判 1131 号 65 頁および 69 頁。
(52) 日産自動車本社事件・東京地民平 27.7.15 労判 1131 号 69 ～ 70 頁。
(53) 青森放送事件・青森地判昭 53.2.14 労判 292 号 25 頁、センエイ事件・佐賀地武雄支決平 9.3.28 労判 719 号 40 頁、ナブテスコ事件・神戸地明石支判平 17.7.22 労判 901 号 24 頁。その他、最近でもパナソニックエコシステムズ事件・名古屋地平 23.4.28 労判 1032 号 19 頁は同様である。
(54) 一橋出版事件・東京高判平 18.6.29 労判 921 号 11 ～ 15、17 頁。
(55) NTT 多重派遣事件・京都地判平 22.3.23 労経速 2072 号 21 ～ 22 頁。
(56) 前掲注（36）村中・京大法学部創立百周年記念論文集第 3 巻 501 頁。
(57) NTT 多重派遣事件・京都地判平 22.3.23 労経速 2072 号 21 頁。なお、松下 PDP 最高裁判決以前であるが、全日空（NDB）事件も、採用決定は実質的には全日空が行なったと見られる同様の事例だが、大阪地裁は、双方の認識問題を取り上げ、京都地裁と同趣旨の判示をしている、大阪地判昭 51.6.17 労判 256 号 55 頁。
(58) 09 年 4 月 17 日付けの NTT 第 2 準備書面 7 頁。
(59) 松井繁裕（ムサシ社長）09 年 10 月 29 日の本人調書 4 頁。
(60) 日産自動車本社事件・東京地民平 27.7.15 労判 1131 号 63 頁および 69 頁。
(61) NTT 多重派遣事件・京都地判平 22.3.23 労経速 2072 号 10 頁、日本化薬事件・神戸地姫路支判平 23.1.19 労判 1029 号 80 頁、日産自動車横浜工場事件・横浜地判平 26.3.25 労判 1097 号 21 頁等。
(62) 国税庁 HP における、質疑応答事例「『労働者派遣』に係る労働者派遣料」。
(63) 前掲注（43）NTT 多重派遣事件・塚田証人調書 2 頁。
(64) 同事件・京都地判平 22.3.23 労経速 2072 号 22 頁。
(65) 前掲注（49）日産自動車横浜工場事件・デザイン本部人事担当者・田中祐二・2013 年 6 月 13 日証人調書 1 頁、日産の答弁書 7 頁、第 2 準備書面 10 頁など。
(66) 日産自動車横浜工場事件・横浜地判平 26.3.25 労判 1097 号 34 頁。
(67) 大日本印刷採用内定事件・最 2 小判昭 54.7.20 労判 323 号 19 頁。
(68) 安田病院事件・大阪高判平 10.2.18 労判 744 号 63 頁。
(69) センエイ事件・佐賀地武雄支決平 9.3.28 労判 719 号 38 頁、ナブテスコ事件・神戸地明石支判平 17.7.22 労判 901 号 21 頁。労働者側敗訴の例は、JR 西日本事件・大阪地判平 13.3.9 労判 869 号 86 頁（萬井意見①）、伊予銀行事件・松山地判平 15.5.22 労判 856 号 45 頁、同事件・高松高判平 18.5.18 労判 921 号 33 頁、同事件・最 2 小決平 21.3.27 労判 991 号 14 頁、一橋出版事件・東京地判平 17.7.25 労判 900 号 32 頁、同事件・東京高判平 18.6.29 労判 921 号 5 頁。松下 PDP 事件・大阪地判平 19.4.24 労判 941 号 5 頁等。
(70) 積水ハウス（リクルートスタッフィング）事件・大阪判平 23.1.26 労判 1025 号 42 頁、日産自動車横浜工場事件・東京高判平 27.9.10 労判 1135 号 80 頁（萬井評釈⑪労旬 1825 号 26 頁）等。
(71) 日木精工（M 社）事件・東京地判平 24.8.31 労判 1059 号 21 頁。

(72) ヤンマー（ヤンマービジネスサービス）事件・大阪地判平23.2.7（判例集未掲載）判決原本27〜28頁－控訴審でも同判旨はそのまま引用されている、大阪高判平23.12.22（判例集未掲載）判決原本11頁−、イナテック事件・名古屋地岡崎支判平23.3.28労経速2106号17頁、いすゞ自動車事件・東京地平24.4.16労判1054号33〜34頁など。
(73) 松下PDP事件・大阪高判平20.4.25労判960号19頁、NTT・AP事件・大阪地判平22.12.27判タ1349号120頁、積水ハウスほか事件・大阪地判平23.1.26労判1025号42頁、日本化薬事件・神戸地姫路支判平23.1.19労判1029号83頁、NTT多重派遣事件・大阪高判平23.2.17労旬1759・60号114頁、マツダ防府工場事件・山口地判平25.3.13労判1070号6頁、資生堂事件・横浜地判平26.7.10労判1103号57頁、日産自動車横浜工場事件・横浜地判平26.3.25労判1097号38頁、DNPファイン事件・さいたま地判平27.3.25労旬1859号68頁（萬井評釈⑬労旬1859号22頁）等。
　　もっとも、積水ハウス事件で大阪地裁（平23.1.26労判1025号42頁）、日産自動車横浜自動車工場事件で東京高裁（平27.9.10労判1135号80頁）は、その前に派遣元の「企業体としての独自性の有無」を指摘している。
　　なお、マツダ防府工場事件においては、山口地裁は、労働者派遣契約の形式を用いながら、派遣可能期間が到来すると労働者を「サポート社員」という名の有期直接雇用に替え、いわゆるクーリング期間を過ぎると再び派遣に替える形で「雇用に関与」しただけでなく、労働者をランク分けし、ランクに従った派遣代金として、労働者の賃金の「額を実質的に決定」していたことを根拠に、マツダとの黙示の労働契約の成立を認定した。松下PDP最高裁判決の論理にそのまま従った判決であるが、同じシステム下にありながら派遣−直用−再雇用を経ていない労働者2人については契約成立を否定しており、なお論理が不徹底である、前掲労判1070号35〜36頁。
(74) NTT多重派遣事件・京都地判平22.3.23労経速2072号22〜23頁。
(75) NTT多重派遣事件・大阪高判平23.2.17労旬1759＋60号115頁。
(76) NTT多重派遣事件・京都地判平22.3.23労経速2072号20頁。同事実は控訴審でも引用されている、労旬1759＋60号111頁。
(77) 三菱重工高砂製作所事件原告訴状4〜5頁、被告答弁書4頁および第2準備書面4頁、同事件・神戸地姫路支判平22.12.8労判1017号93〜95頁。
(78) パナソニックエコシステムズ事件・名古屋地平23.4.28労判1032号42頁。
(79) パナソニックエコシステムズ事件・名古屋地平23.4.28労判1032号40〜41頁。
(80) クボタ事件・大阪地判平23.10.31労経速2129号9頁。
(81) 派遣切り事件ではないが、教師の残業手当不払い裁判において、①入試に必要な調書等を作成している教師に学校長職印を手渡し、②期末試験の日程表の掲示を出したが、①は「激励」であり、②は掲示を見て教員は「自発的、自主的」に問題を作成したもので、いずれも「指示」はなかったから「労働」にはあたらないとした例がある（大府市事件・名古屋地判平11.10.29判タ1055号）。
　　入学式における君が代ピアノ伴奏について、校長の職務命令を拒否した音楽教師が戒告処分を受けた東京都教委（日野市南平小学校）事件では、当初、校長は「ピアノ伴奏をお願いしたい」と繰返したが、断られ、最後には、発言時刻を確認し、

職員会議の記録担当者に記載させたほどの厳命である「職務命令」を発した。最高裁は同処分を有効と判断した、同事件・東京地判平15.12.3 判時 1845 号 142 頁、同事件・最3小判平 19.2.27 労判 935 号 14 頁。「お願い」は「やむを得ず引き受け」なければ、直ちに法的拘束力がある「職務命令」に変更される。教師は校長の「お願い」は「命令」だと認識することになる。

(82) DNP ファイン事件・さいたま地判平 27.3.25 労旬 1859 号 41 頁、同事件・東京高判平 27.11.11 労旬 1859 号 39 〜 40 頁。原告は上告したが、最高裁第 2 小法廷は 2016 年 7 月 20 日、棄却、上告不受理を決定した。
(83) 詳しくは、萬井評釈⑬労旬 1859 号 22 頁。
(84) NTT 多重派遣事件・京都地判平 22.3.23 労経速 2072 号 22 〜 23 頁。
(85) NTT 多重派遣事件・大阪高判平 23.2.17 労旬 1759 + 60 号 115 頁。東レリサーチセンターほか事件で大津地裁も、派遣であったことを認めながら、派遣元が独立した企業であることを理由に派遣先と「実質的な使用従属関係、労務提供関係」の存在を否定している、大津地判平 22.2.25 労判 1008 号 86 頁。
(86) たとえば、松下 PDP 事件・大阪高裁判決への評釈は多いが、同判決が黙示の労働契約の存在を認定したため、評釈はその点に集中し、労旬 1682 号は特集を組んだが、誰も同フレーズの問題点には言及していない。
(87) NTT 西日本 AP 事件・大阪地判平 22.12.27 判タ 1349 号 118 頁。同事件・控訴審判決はその地裁判決を追認する（大阪高判平 23.10.6 判例集未掲載−原本 7 頁）。なお、積水ハウスほか事件・大阪地判平 23.1.26（労判 1025 号 42 頁）も同じ裁判官により同文である。
(88) 菅野〔初版〕76 頁。菅野〔11 版補正〕で、別の個所では「労務指揮権は、労働者が労働契約によって労働力の処分権を使用者に委ねたことによって使用者が取得する基本的な権限である」と述べながら（149 頁）、その点については 181 〜 182 頁でも同文である。
(89) 一橋出版事件・東京地判平 17.7.25 労判 900 号 38 頁。
(90) 一橋出版事件・東京高判平 18.6.29 労判 921 号 11 頁。積水ハウス事件・労判 1025 号 42 頁や東レリサーチセンター事件・大阪高裁判決も同文である（大阪高判平 23.2.8 判例集未掲載−原本 11 頁）。表現は異なるが、アヴァンストレート事件・津地裁判決（平 22.9.29 判例集未掲載−原本 16 頁）およびパナソニック電工（アロービジネスメイツ）事件・津地裁判決（平 23.5.25 判例集未掲載−判決原本 14 頁）は同旨である。
(91) 日本トムソン事件・神戸地姫路支判平 23.2.23 労判 1039 号 5 頁。
(92) 日本トムソン事件・大阪高判平 23.9.30 労判 1039 号 31 〜 32 頁。
(93) 會澤高圧コンクリート（ウップス）事件では、S 運輸に雇用されウップスに出向していた原告が S から解雇されたため、主位的にはウップスを、予備的に會澤高圧を被告として労働契約の存在確認を請求した。S 運輸およびウップスの経営内容や財政的支援などに関する実質的支配はいずれも會澤高圧が行なっている。札幌地裁（竹田光広裁判官）は、原告の採用、労働条件の実質的決定、労務管理などをウップスが行なっていた事実を認定し、最終的には実質的な支配従属関係の存在を根拠として原告とウップスとの黙示の労働契約の成立を認めた、同事件・札幌地判平 22.6.3 労

旬1725号56頁。札幌高裁は、Sの形骸化を指摘する他は同地裁判決をほぼ全面的に維持し控訴を棄却した、札幌高判平23.1.27判例集未掲載－原本2～3頁。最高裁は不受理決定、平23.9.29。
(94) 日本化薬事件・神戸地姫路支判平23.1.19労判1029号80頁。
(95) 三菱重工長崎造船所事件・最1小判平12.3.9労判778号、大星ビル管理事件・最1小判平14.2.28労判822号。
(96) 日本トムソン事件・大阪高判平23.9.30労判1039号31～32頁。
(97) 濱口桂一郎「偽装請負と黙示の雇用契約の成否」ジュリ1499号(2016年)121頁。
(98) この種の問題は、福島第一原発の事故があり、原発では下請けが数次にも及んでいるため、喫緊の解答が求められた。しかし、厚労省にとっても、安衛法の解釈は容易ではないようで、たとえば、今なお、原子力発電という事業の業種分類についてさえ、製造業である（定期点検の時には建設業としての性格も帯びる）と明快に断言していない状況である。また、電力事業者（たとえば東京電力）と、そこから直接業務を請負った企業（たとえば東芝、IHI）を同時に重複して「元方事業者」とよんでいる（厚労省「原子力施設における放射線業務及び緊急作業に係る安全衛生管理対策の強化について」2012年8月10日基発0801第1号）。後者は、元方事業者が指名する統括安全衛生責任者に重層下請けで就業する全労働者の安全衛生に関する全責任と権限を集中させる、安衛法の趣旨に反するのではあるまいか。また、15条についても、「自らも仕事をし、かつ、仕事の一部を他の者に請け負わせているもの」と説明する（労基局安全衛生部『実務に役立つ労働安全衛生法』(中央労働災害防止協会、2000年) 140頁)。だが、DNPファイン事件のように、DNPファインが作業指示をすべて行なっているような場合にも、なお、安衛法が適用されるのか、についての明快な説明はない。研究者の言及もほとんどない状態で、定説らしきものはない。私は、原子力発電所における業務に即しては一定の見解を述べた（「原発被曝労働と電力会社の労働者保護責任」季労245号123頁)。
(99) 前掲第1章第1節注(10) 濱口・NBL885号18頁。
(100) 前掲注(97) 濱口・ジュリ1499号121～122頁。

第3節　黙示の労働契約論－労働者派遣法40条の6への架橋

1　問題の所在

(1)　黙示の労働契約推認の要件が問われる事情－二つの場合

労働契約は労働者が「使用者に使用されて労働し、使用者がこれに対して賃金を支払う」と合意することによって成立する（労働契約法6条）。それが本来の在り方である。

それ以外に、黙示の合意があったとして労働契約の成立・存在が認定される

ことがある。一つは、業務委託、代行、演奏など何らかの労務提供に関わる契約があり、その履行として合意した労務の提供がなされるが、その実態からみて、法的性格として当該契約は労働契約であり、受託者などは労働法上の労働者と認められる場合である[(1)]。他は、企業間の業務請負等の契約履行の形をとって、請負の発注者や無許可の業者から派遣を受けた派遣先など（ユーザー）が、業者の従業員を指揮命令して就労させている実態がある時、両者間に黙示の労働契約の存在が推認される場合である。ここでは後者について論じる。

　具体的に問題となる典型的なケースは、周知のように、偽装請負等につき労働局から是正指導を受け、ユーザーは業者との契約解除による関係解消という手法で対応したため、余裕がない業者は労働者を解雇する、労働者はユーザーに対し雇用関係の確認を請求するが、その論拠として、それまでの使用従属の実態から判断して、黙示の労働契約が成立していたと主張するという経緯を辿る。

　事案は社外工とか事業場内下請け問題などと呼ばれて古くからあり、当初は裁判で労働者の主張が続けて認められた[(2)]。派遣法制定には、そのような直用化を認める、相次ぐ判例の動きを封じ込める意図も含まれていたと解される。

　ところが、派遣法成立が間接雇用という手法を広報する機能を果たすことにもなった。派遣の利用には幾つかの制約があり、特に、15年改正以前は派遣可能期間の制約が大きく、それを避け、業務請負を便宜と考える企業が多く、偽装請負は絶えることがない。

　松下PDP最高裁判決以降、黙示の労働契約成立が認定された裁判例はない。下級審は、偽装請負事案で黙示の労働契約が認定されることは最早ないと多寡を括ったのか、あるいは独自に審理して契約成立を認定しても上級審で覆されるだけだと見て意欲を失ったのか、最高裁判決を引用するだけで、後は、事実認定は杜撰で、判決理由は整然たる論理に欠けるなど、総じて憂うべき状態にある（第2節参照）。研究者は真摯な検討と鋭い問題提起を行ない、裁判官の自覚を促し続ける以外にない。

(2)　検討の依るべき基軸－直接雇用の原則

　黙示の労働契約論の検討に際して依るべき基軸は、直接雇用の原則、すなわ

ち労働者を指揮命令して自己のために就労させるためには当該労働者と直接に労働契約を締結して指揮命令権を得なければならない、ということである。労働契約を結ばないまま、他の業者の従業員を自ら指揮命令して働かせることは、使用者責任の潜脱を図るもので、同原則に照らし容認されない。実態として労働者を指示して就労させていたのであれば、将来に向けて事態の公正な解決を図るべく、直接雇用の原則により、黙示の労働契約の成立が推断され、ユーザーは使用者と認められる。

　派遣法は成立以降、次々と規制緩和を行なったが、一方では、労働者保護を徐々に充実させた。中でも40条の3から40条の6は、派遣可能期間の制限と相俟って、派遣の基本的枠組みを外れる場合、同原則に立ち戻り、労働契約を成立させる方向を明示している。

　労働者派遣を一定の要件の下に容認しながら、当該要件を充たさなくなった場合、法律により、派遣先が直接、労働者を雇用すべしとする例はドイツ、イタリア、フランス、韓国でも見られる(3)。派遣法40条の6は、その国際的な原則である直接雇用の原則の妥当性を承認し、それをようやく国内法化した点で重要な意義がある（詳しくは、第1章参照）。

2　事実上の使用従属関係の意義

　黙示の労働契約を論じる際、その認定基準についての理解や表現には若干の相違があるとしても、事実上の使用従属関係の存在を前提とすることについては異論を見ない。問題は、それを法的にはどのように評価するか、である。従来は、それは所与の前提であるかのように認識されていたが、その認識自体が問い直される必要がある。

(1)　「指示」と「労働」

　「使用従属関係」や「労働」という概念について、労働基準法にも労働契約法にもそれ自体についての定義はない。ただ、労働者の定義が「使用され……」であるから、「労働」は使用者の指示に従った作業を指すと解される。「指示」も「労働」も社会常識に従って判断すれば足りるが、労働（就労）は客観的に観察できる事実行為であり、その成果も形となって目に見えるから、

その存否の判断について見解が分かれることは必ずしも多くはない。したがって、それが使用者の指示に従ったものか否かが主な争点になる。

　ところが、労働基準法制定後、70年を経て、判例も充実し、労働法理論も緻密に展開されている今日、「指揮命令に従った労働」の存在を認定しながら「使用従属関係」の存在を否認するとか、文書による指揮命令は法的「指示」と認めないといった、労働法の基礎的概念についての認識を疑う判決が散見される。むしろ、最近、増えているという方が正確かも知れない。作業の指示は口頭のものに限るといったことがあるわけがなく、現実にも文書による指示はどの企業でも行なわれているが、DNPファイン事件・東京高裁判決は、文書による作業指示を労務給付請求の意味を持つ法的な「指示」とは認めない（ようである）。原告らが上司の指示に従い、指示されたとおりに現場の同僚と分担しながら日々、就労したからこそ、企業が期待したとおりの仕事の成果を上げられた筈である。その成果が上げられたことは認定されているから、指示がなかったとすれば、それがどうして可能であったと説明するのか、むしろ不思議である。当然の検討さえ尽くされていないから、判決理由はないに等しい。しかし、そのような判例が相次いでいるのも現実であり、無視してはすまされない（第2節2）。不本意ではあるが、そのような状況をも視野に収めながら、黙示の労働契約を論じざるを得ない。

(2)　事実上の使用従属関係の意義

　企業は労働契約を結んで得た指揮命令権（労務給付請求権）を行使し、労働者に一定の作業を指示して就労させることにより、使用従属関係が顕在化する。それは労働契約の効力として生じる、本来の使用従属関係である。ところが、労働契約にもとづくことなく、業務請負に関わる発注者と業者とか親会社と子会社といった企業関係に乗じて、作業内容およびその遂行方法や手順、作業の場所や時間の割り振り、作業上の規律等に関して労働者を指揮命令し、労務を提供させるという、社会類型的にみて労働契約に基づく関係と同視すべき程度の関係が発生し、存在していることがある。それもまた社会的には使用従属関係であるが、法的に適正な根拠に基づかないでものであるため、「事実上の」という形容詞が付けられる。すなわち、「事実上の使用従属関係」とは、適正

な労務給付請求権を基礎づける法的な根拠を欠くが、実際には存在する、不適法な使用従属的な労働関係を指している。

NTT西日本AP事件・大阪地裁判決などのように、「事実上の使用従属関係」という労働法の基礎的概念について認識不足を露呈させている判決は論外であるが（第2節2（2）（ウ）（b））、実は、概念の意味を正確に捉えたその先に、「事実上の使用従属関係」の意義をめぐって、理論上の問題がある。

下井隆史氏は、松下PDP事件の最高裁宛意見書において、「そもそも、黙示の労働契約の存否が問題になるのは……現実に指揮命令下の労務給付がされている場合なのであるから、事実上の使用従属関係の存在はいわば当然の前提であって、黙示の労働契約の成立の根拠として特にあげることに意味があるとは考えられない」と述べられた[4]。

それは一見、もっともらしいが、的外れである。事実上の使用従属関係は、法的な根拠に基くことなく、資本、取引その他の力関係を背景に、現に指揮命令をして就労させている事実としての状態を指す。それは、自然に発生した事象でも労働者が持ち込んだ状況でもなく、ユーザーが派遣法の適用を免れる目的などをもって、経済力を使って、意図的に創り出した人為的な、しかも違法な状態に他ならない。つまり、事実上の使用従属関係は、法的に何も問題のない、所与の前提ではない。下井氏は、あたかも何も問題がないかのように、淡々と「現実に指揮命令下の労務給付がされている」と言い、その関係（労務給付とその受領）が何を根拠として出現しているのか、疑いもせず、問われようとはしない。労働契約にもとづくのであれば特に問題とする必要もないし、また誰も問題にはしない。確かに、黙示の契約を論議する場合には「当然の前提」ではあるが、その存在自体が、問題視しないで放置できる事柄ではない。法的には違法な状態で、社会的には存在すべからざるものである。にもかかわらず現に存在しているからこそ、その状況を打開し、それをめぐる紛争を将来に向けて法的に公正に解決するための法的根拠として、黙示の労働契約の存在が提唱されるのである。

濱口桂一郎氏も、「『事実上の使用従属関係、労務提供関係、賃金支払関係があるかどうか』は、労働者派遣においては雇用関係のない労働者と派遣先の間に本来存在するものであるから、それをもって（筆者注－黙示の労働契約の存否

認定の）判断指標とすることができない」と言い、「派遣法制定以後は、雇用関係のない派遣先が指揮命令することは当然なのであるから、原審のように指揮命令の存否それ自体を黙示の雇用契約の成否のメルクマールとすることは失当である」とも言われる。前は松下PDP事件、後はDNPファイン事件という、いずれも偽装請負（違法派遣）に対して、黙示の労働契約論を以てユーザーである松下PDP、DNPファインに労働契約関係の存在確認を請求した事件に係る判例評釈の中のフレーズである。したがって、その「労働者派遣」は、違法派遣をも含む叙述ということになる。しかし、派遣法の規定に則った適法な派遣に限り、派遣先による派遣労働者への指揮命令が認められるのであって、派遣法が制定されたからといって、偽装請負のように、その法的な根拠もなしに、ユーザーが労働者を「指揮命令することは当然」ではないし、一般的に認められるものでもない。

　労働契約なしには出現し得ない筈の使用従属関係が、現に、「事実上」存在するからには、その根拠が問われ、契約が暗黙のうちに結ばれたのではないかと考えるに至るのは、思考の筋として自然であるだけでなく、法律家としては当然辿るべき思考の順序である。それを「黙示の労働契約の成立の根拠」として「特にあげる」意味はないとか、「メルクマールにする」ことは「失当」などというのは、筋違いも甚だしい。ある事象の合法、非合法を問い、確認することは、それについての法解釈論としては不可欠である。「使用従属関係」が目の前にあるからといって、その適法性を検証することなく、そのまま受け入れるというのは、法律家がとる態度ではない。眼前の事実関係の問題点を把握し、的確に分析することもなく、曖昧にして置くことは、黙示の労働契約論を歪んだ方向に導くことになる。

3　学説上の黙示の労働契約論 – 諸説の検討

　事実上の使用従属関係の意味および意義を的確に確認したうえで、当該関係を成立させている要因、経緯、当事者となっている三者の関係等を正確に分析し、それをめぐる紛争を法的に公正に解決する法解釈を提起することが求められる。

　未払い賃金の支払いとか労働災害の補償といった、いわば過去の問題の処理

に際し、責任の追及の根拠として労働契約の存在が問われることがある。労働契約が存在していれば使用者責任は自明のことである。仮にそれが確認できない場合も、現実に指揮命令をして就労させたり、災害により損害を与えたのであれば、必ずしも労働法でなくても、不当利得返還請求や不法行為論によっても、ある程度の解決策は見出し得るし、労働法上は、事実としての使用従属関係が存在していれば、それを直接の根拠として労働法上の該当条項が適用され、紛争を処理し得る。

　しかし、現在から将来にわたって、従業員たる地位の存在・存続を認めるためには、明示の契約がない以上、既往の使用従属関係を根拠として黙示の労働契約関係の存在を論証することが不可欠となる。

　偽装請負において、業者が企業としての実体を備えず、形式的に労働契約の外装を作り出しているに過ぎない場合には、法人格否認の法理や、業者はユーザーの労働者募集・採用業務担当にすぎないといった解釈が妥当し、労働契約関係の存在も認められ易い。しかし他方で、一応は業者としての実体を有する独立した法人格で、労働者との間に実質的な契約関係が存在するからといってそれは、必ずしもユーザーと労働者の間の労働契約関係の存在を否定する根拠となるものではない。理論上、労働契約は同一人について複数の企業との関係で同時に成立し得ないものではないからである。

　業者が企業としてのある程度の実体を持っている場合にも、ユーザーとの関係で事実上の使用従属関係が生じていることがある。再度確認しなければならないが、問題なのは、使用従属関係の存在からすれば、客観的には意思の合致の推認が可能（あるいは、推認すべき）であるにもかかわらず、ユーザーは主観的には労働者と直接、労働契約を締結する意思を毛頭もたないだけでなく、明確にそれを拒絶しており、他方で業者は労働契約の締結、社会保険の加入、賃金支払いなど、外形的にも使用者であることを明瞭に示している状態にある、という場合である。労働契約の存否を問う以上、たんに使用従属関係が存在するというだけでは十分ではなく、当事者の意思の合致が認定されることは不可欠の要件というべきであるが、それだけに問題は単純ではなく、結局、何を以て合意の存在を認定し得るか、が焦点となる。

　判例では、先に概観したように、労働法の基礎的素養に欠けた、乱雑な見解

が現れていて、今や収束の目処もつかない状況にある。学説上は、それぞれは理路整然とした諸説が提唱されているが、同一の方向を向いているわけではない。大別すると、次にみるように（1）従来の伝統的な黙示の契約論を労働法へ応用する型と（2）以下の、労働法独自の在り方を探る型に分かれている。

(1) （伝統的）黙示の労働契約説

　通常の黙示の契約説では、黙示の合意の存在を認定するためには、当事者双方に契約を結ぶ意思があり、かつその意思が何らかの形で外部に表示されていること、つまり外形的事実から契約締結意思を推認することが可能であることが要件とされる。伝統的な黙示の労働契約説もまた、それと基調を同じくしつつ、労働法的修正を凝らした見解を取ろうと試みたが、契約締結に反対する意思が鮮明に表明されている場合、特に賃金の決定、計算、支払いを業者が行なっている状況では、本来の、オーソドックスな労働契約締結観に呪縛されて、その要件を充たしていると論証することは著しく困難であり、したがって黙示の労働契約の存在の主張には苦慮し、結局はそれを肯定できないことになる。

　かつて菅野和夫氏は『労働法』初版において、使用従属関係が存在するからといって、それだけでは黙示の労働契約の存在は認められない、それが認められるためには①賃金が、実質上ユーザーによって決定され、請負企業を介してユーザー自身によって支払われているとみなし得ること、②ユーザーが労働者に対し「労務給付請求権を有する」と認められる（そのためにはユーザーが作業上の指揮命令や出・退勤管理を行なっているだけでなく、業者は配置・懲戒・解雇等の権限を明確に保持していない）ことが必要である、とされた。もっとも菅野氏は、〈ア〉業者がユーザーの組織に組み込まれている、〈イ〉請負の実態がユーザーの募集・賃金支払いの代行である、〈ウ〉業務に従事する間に労働契約の諸要素が具備された、という三つの場合は、黙示の労働契約の存在が認定されると付記し、判例を挙げられた[6]。〈ウ〉は同義反復的な内容で無意味であるが、それらの付記は4版で削除され、5版からは、趣旨は不明だが、結論部分にセンエイ事件・佐賀地裁竹雄支部判決だけが紹介されている[7]。松下PDP最高裁判決は肯定的に紹介されている[8]。

　容易に想像し得るように、具体的な事案について適用を考えると、要件とさ

れた②は、要件というよりもむしろ黙示の労働契約が存在する状況とほぼ同じ内容である。作業上の指揮命令や出・退勤管理という事情は存在しているが、しかし、先にも述べたように労働契約を結んで初めて得られる「労務給付請求権を有する」状態まで求めるとすれば、そこまでユーザーが持っているわけではないから、その要件が充たされることは皆無の筈であるが、菅野氏も、叙述は削除されないものの、現実に要件とされるかは疑問である。そこで、①についての見解が実際には決定的な位置を占める。

しかし、ユーザーはそもそも労働者が得る賃金について特に関心を持つことはないし、使用者責任を負うことを避けるために敢えて間接雇用を選択した以上、あからさまに賃金額を直接決定したり、支払うようなことはしない。それどころか、何よりも、そう見なされないように細心の注意を払う。したがって、伝統的な黙示の契約論に拘泥する限りは、通常の事案では黙示の労働契約の存在を肯定するに至ることはない。

土田道夫氏は、労働契約法6条の労働契約の定義を根拠に、黙示の労働契約の存在を認めるには、労働者が「労働義務を負い」、かつユーザーが賃金支払い義務を負担していると評価し得る事実関係の存在を要するとされる。しかし、「労働義務」は労務給付請求権と対をなすものであるから、主張の内容、したがって問題点も菅野氏と同一である。

川口美貴氏も、労働契約の一般論を説きながら、労務供給と「その対償として派遣先又は注文者・委任者が派遣元又は請負人・受任者を介して報酬を支払うことについての両者の意思の合致があれば（派遣先……が直接労働者に報酬を支払う必要はない）、黙示の労働契約が成立すると解す」と説くから、ほぼ同旨と解される。もっとも、川口氏はおそらく、この評価は不本意であろう。たしかに、松下PDP事件・大阪高裁判決を「基本的に支持」し、他方で、賃金などの労働条件の決定をしていることを黙示の労働契約認定の要件としたサガテレビ事件・福岡高裁判決を批判し、それは法人格形骸化を認定する要件であり、「黙示の労働契約の成立要件としては不要」とし、「派遣元又は請負人・受任者を介し」た支払いがあれば「直接支払う必要はない」とされる。だが、その理由は何かは説かれず「両者の意思の合致」を求め、焦点となる賃金額の決定問題はどう考えるのかという肝心な問題を論じることをむしろ避けていると見ら

れる。松下PDP高裁判決は松下PDPが賃金を「実質的に決定」したという事実認定にたった（だからこそ、最高裁で破棄された）もので、その限りでは、「派遣労働者の賃金額を実質上決定していたということはできない」と認定して黙示の労働契約の成立を認めなかったサガテレビ高裁判決と理論的に相容れないものではない。両事件は賃金や決定支払に関わる事実認定が異なっていたから結論は分かれたが、理論的枠組みは異ならない。黙示の労働契約成立の要件として、労務提供の事実だけでなく、不可欠の要件として、「報酬」としての賃金額の決定と業者を介した支払いについてのユーザーと業者の合意を求めるとすれば、ユーザーは、業者に支払うのは派遣あるいは請負代金であって、業者を介した賃金の支払いを合意したものではないと主張して譲らないに違いないし、当該「合意」の立証は著しく困難であるから、黙示の労働契約の成立を認め得ないことになるのではあるまいか。

　要するに、在来の民法上の黙示の契約説を労働法分野に引移すことは、わずかばかりの修正を試みたとしても、賃金額決定についての合意ないし支払いを要件とする限り、結局は、それを充たすことはできず、黙示の労働契約論が問題となる状況に適合するものには成り得ない。間接雇用の形態となっている以上は必然のことになるのだが、同説は客観的には、むしろ、黙示の労働契約の存在を否定する要件を列挙することになっている。

(2)　客観的労働契約成立説

　事実上の労働関係論は、労働法上は、意思の合致のモメントが修正をうけ、意思関係を媒介としない社会関係の成立を肯定的に受け止めることを強調する。しかし、同概念が妥当するのは、既往の労働関係における残業手当の支払い等、労働者保護法の適用を問う場合のことである。その場合には、労働契約の有無さえ問題とはしない。その範囲を超えて、現在から将来にかけての労働契約の存在を認定するにあたっては、その時点までの使用従属関係を確認したうえで、さらに契約意思を必要とすることは論理的におかしい、とは単純にはいえない。使用従属関係の存否は客観的に観察されるが、その存在だけで、たとえば有罪判決を受けて懲役刑に服す囚人の労働や、親分子分関係の下で子分が親分の稼業に従事する場合も、一応は使用従属関係であるが、その原因をなしている客

観的状況を無視したり就労している者の意思を問うことなく、労働契約の成立・存在を認めることは妥当とはいえない。他方で、ユーザーの意思をどのように考え、法的にはどう処理するかも説明なしでは済まされない。

小室豊允氏は、かつては労働契約は「個人人格の自由意思を唯一のモメントとして成立するごとく構成されていた」が、労使の立場の互換性の全面的喪失および労働者が人間の尊厳を実現する最低限の必要条件としての賃金債権の性格が認識された結果、「生存権理念の浸透によって、契約関係が意思関係を媒介とせず、客観的に成立する」ことが認められる、とされた(11)。意思の合致を要件とされない点に特徴がある。

(3) 事実的労働契約関係説

本多淳亮氏は、資本主義の発展、独占企業の成立・巨大化とともに「契約における自由意思のウェイトは著しく低下し、契約が物化される傾向」にある下で、「両当事者の意思の合致が存在しないけれども、契約が有効に成立し存在している場合と同様の社会類型的関係または容態が客観的事実として存在するならば」契約が有効に存在している場合と同様の法的効果を与える、というドイツで生れた事実的労働契約関係説に共感を示された。そして、たとえば「親会社が使用者としての実権を握り現実に指揮監督をしているのに形式的な合意の欠如を理由にそこに法的関係を一切認めないことは、親会社の偽装工作をそのまま容認する結果となる」が、それを避けねばならない。そして、伝統的な意思論を中心とする契約法理によることなく、「労働者の生存権に対する配慮から……当事者における当初の形式的な契約意思ではなく、使用従属関係の存在という社会的事実から、労働契約関係という当事者の意思とは異なる法的関係を認定」し得る、と説かれた(12)。

小室氏が意思の存在を問わないのに対し、本多氏は「客観的事実を中心としてその存在を推定する客観的推定意思」を拠り所としつつ、契約＝意思の合致とする見解を堅持される(13)。

ただ、本多氏は、契約には不可欠な意思の合致の認定を断念もしくは不要と判断しているかに見られる。「推定」と「認定」は実際には区分し難いが、他人の指揮監督の下で従属労働を提供するという関係は当事者の意思を媒介とす

ることなしには生じえないとする近代法の根本原則との関わりについて、充分に説得的であったのか問題が残った。

(4) 客観的黙示の労働契約成立説

　高木紘一氏は、「従属労働の提供とその対価としての賃金の支払」という労働契約の本質的な「要素（＝使用従属関係）の存在が認められれば、直接、労働契約の成立を肯定していく」べきであるとして、基本的に本多氏の発想を支持しつつ、「使用従属関係の存在という事実が、契約当事者の黙示の意思表示に等しいとされるわけで、契約の成立を『擬制』ないし『推定』するわけではない」と主張される。(14) 契約の成立にとっては両当事者の意思が不可欠であるという契約理論の原則に従いながら、当該意思を客観的な事実関係の中に「認定」するという論理である。

　ただ、「黙示の意思表示に等しい」といえば「擬制」や「推定」とは異なるというのは、表現の好み、言葉の綾の問題であろう。岸井貞男氏は、それは「事実的労働契約関係説の契約論的構成」を行なったもので、内実は同じであるが、伝統的な黙示の契約説が当事者の主観を重視したのと対比して、客観的な事実関係の存在だけでもって意思推定の基礎とする点で、客観的黙示の労働契約成立説と呼ぶべき見解だとされる。(15)

　本多氏の事実的労働契約関係説も、単なる事実的労働関係説に止まらないで、意思の合致を要件とする労働契約の存在を主張する以上、客観的事実の中に当事者の意思の存在を認定していると解される。事実的労働契約関係説と客観的黙示の労働契約成立説はいずれも供給先の主観的な意思の存在の主張・立証を要件としないという重要な点では一致しているし、またそこにこそ意義と特徴がある。しかし、それらはいずれも、賃金支払いの問題についての解説を詳細には行なっていない。その点が説得力が足りない憾みがあった。

(5) 片面的事実的労働契約関係説

　かつて私もこの問題に言及し、労働契約も契約の一種である以上、当事者の意思の合致という契機を無視し得ないこと、内心の意思は直接に見聞することが不可能であるから、問題はいかなる外的事実をもって意思（の合致）とみる

第 3 節　黙示の労働契約論——労働者派遣法 40 条の 6 への架橋　299

のかに帰すること、事実的労働契約関係説ないし客観的黙示の労働契約成立説は基本的に正当であること、放送番組等の印刷、フィルム編成業務を受託した業者の従業員をサガテレビが指揮命令して使用していたサガテレビ事件の佐賀地裁の判決、すなわち、使用従属関係が存在し、「労働契約が存在すると評価される方がより自然」であるが、業務委託契約が労働者供給契約と認定されて無効となり、違法な労働者供給の廃止が職安 44 条のめざす「労働者保護及び労働の民主化をはかることに全く逆行する結果をも招来することは容認すべからざる背理……逆行する結果を回避すべき責任は……使用者たる被申請人会社で負担するのが相当」であり、無効となるべき業務委託契約を盾に、申請人ら労働を「労働契約の意思表示の合致と無関係のものと主張することは、法の許容しえないところと解される」との判示は示唆に富む見解であると評価し、いかなる法形式をとったにせよ、社会類型的に労働契約から生ずる関係と同視しうる使用従属関係を形成・存続せしめた以上、そこには労働契約の存在が推定され、労働者は労働契約関係の存在を主張し得、供給先企業はこれに対して労働契約締結に関わる意思の不存在をもって抗弁とすることは許されない、と主張した。

　事実的労働契約関係説等との差異は、私見が、事実関係から契約の存在を「推定」するのではなく、供給先からの意思の不存在の抗弁を許さないとすることで、契約の存在の受入れを迫り得ることを示唆したことであり、もう一つは、労働者の意思を無視してまで、使用従属関係の存在という事実のみでもって労働契約の成立を認めるべきではなく、事実的労働関係の存在を根拠に労働契約の存在を主張し得るのは労働者に限られ、当該事実的な労働契約関係を違法目的で利用しているユーザーの側からの主張は許されないことを明確にする点にあった。後者は、企業秩序維持義務、守秘義務、競業避止義務などを就業規則に規定しており、それに抵触する労働者の行為があったとしてユーザーが損害賠償を請求する事案を想定すれば、例は稀であるとしても、やはり明確にしておく必要があった。

　また、少なくとも、偽装請負の業者（供給元）としては、仮装であるにせよ、労働契約を締結し、賃金支払、各種保険への加入等によって自ら労働契約の当事者（使用者）であるかのような外形を整えた以上、労働者が使用者としての

義務の履行（提供した労務の受領、賃金支払など）を請求した場合に、自らの法令違反ないし契約の形骸性を理由として、労働契約の無効を主張することは、法的正義に反し許されないことも指摘した。

　要するに、労働者は供給先、供給元のいずれに対しても、片面的に、労働契約関係の存在の確認とそれにもとづく義務の履行を請求しうる、現実にいずれに対して請求するかは労働者の選択に委ねられることになる。[18]しかし、やはり、賃金支払い問題についての理論的解明に不充分な点があったことは否めない。

(6) まとめ

　この間、判例が蓄積されていったが、先に見た学説上の(2)～(5)の諸見解は、発想としては松下 PDP・大阪高裁判決などに影響を与えた可能性はあるが、ほとんど判例に取入れられることはなかった。

　根本的な問題は、学説も、事実上の使用従属関係が存在することの意味を深く掘り下げず、曖昧なままでいたために、賃金支払い問題についての説明不足という弱点を克服できないことも加わって、在来の「合意」論に呪縛され、意思の合致の立証を追及する判例学説の傾向の欠陥を明快に剔抉し得ず、それに対する根底的な批判と克服の在り方を展開し得なかった点にある。

　以下、判例の問題点を振り返りつつ、改めて、その問題を整理したい。

4　判例における黙示の労働契約認定要件の「定式化」

　事実上の使用従属関係が存在することを前提として、他にどのような要件があれば黙示の労働契約の存在を認定し得るであろうか。

　判例において初期のころは、事実上の使用従属関係の存在自体によって黙示の労働契約の存在が推認され、他に要件を求められることもなかった。その後、第2節で見たように、従来型の黙示の合意論に依拠し、しかも、十分に吟味したとは考え難い要件が場当たり的に次々と追加され、近年は、その多くの要件を備えた場合にのみ黙示の労働契約の存在を認定することが定式化され、結局は、認定を否定するパターンに統一されつつあり、黙示の労働契約論の本来の意義が見失われている。根本的なその批判的検討が求められる。

(1) 初期の黙示の労働契約論

リーディングケースである新甲南鋼材事件で神戸地裁は、個人Mから提供された6～8人の労働者を本工と「共同作業を行わせるなど、その生産工程に組み込み……出欠をチェックし、職務の態様に従った配置や時間外労働の命令等もすべて会社の指示に基づいて行われていた」事態を直視すると、「日々労務を提供し、会社がこれを受領している限り、両者の間には少なくとも暗黙のうちに雇用契約が成立している」と認めた。

近畿放送事件で京都地裁は、使用従属関係の存在を指摘するほか、業務は近畿放送の「社員によっていつでも代替できる内容」であり、請負代金は「一定の仕事に対する報酬ではなく……労務の提供と対価的牽連関係を有し実質は賃金とみるべきもの」で、請負契約が「外装に過ぎないとの認識はあった」として、黙示の労働契約の存在を認定した。[19]

つまり、上記のサガテレビ事件を含め、それらの事件において裁判所は、主に使用従属関係の存在から率直に黙示の労働契約の存在を推認した（京都地裁は「認識」も指摘するが）のである。

(2) 安田病院事件および松下PDP事件の大阪高裁判決

安田病院事件で大阪高裁は、実態として「事実上の使用従属関係があ」り、「両者間に客観的に推認される黙示の意思の合致がある」場合は労働契約の存在が認められる、と一般論を述べた後、事実関係によれば派遣は「形式だけ」で、結局、Y（医師）の「指揮、命令及び監督のもとにY病院に対して付添婦としての労務を提供し、Y病院がこれを受領していた」から「実質的な使用従属関係が存在」し、「客観的に推認される……意思は、労働契約の締結と承諾」であったとして、黙示の労働契約の成立を認めた。[20]

労務管理の内容は、同事件ではワンマン経営のため様相は異なるものの、偽装請負等の事案でも大同小異である。法的に適切な説明のつかない使用従属関係の存在からほぼ直接に、黙示の労働契約の存在を認定した点では、それ以前の判例を踏襲しており、最高裁も同判決を維持した。[21]

松下PDP事件は典型的な偽装請負事件である。大阪高裁は、松下PDPの社員が休日労働も含めすべて、業務委託契約の履行として提供された労働者に対

し就労に関わる指示を行ない、社員と混在した就労があった等と指摘し、賃金は委託料から業者の「利益等を控除した額を基礎」としているから、松下PDPが「給与等の名目で受領する金員の額を実質的に決定する立場にあった」、継続したその「関係を法的に根拠づけ得るのは」両者間の黙示の労働契約の成立しかない、と判示した。
(22)

　同高裁判決は、安田病院事件大阪高裁判決当時から様相が変わり、下級審で、事実上の使用従属関係の存在だけでは黙示の労働契約の存在を認めず、他の幾つかの要件、特に賃金支払いという要件を充たして初めて契約を認定するとし、現実には、認定しない傾向が既に顕著になっている中で、事実上の使用従属関係そのものが黙示の労働契約の存在を推認させることを説いた点に重要な意義があった。
(23)

　ただそれは、偽装請負等を利用し、それが判例上も容認ないし黙認されていると見ていた企業の嫌悪の対象となり、間接雇用に寛容な研究者には違和感を惹起したと推測される。

(3)　黙示の労働契約認定の要件とその検討
　（ア）　意思の合致論の陥穽
　一般的には、契約の成立には両当事者の合意が要件であることには誰も異論はない。
　問題は、ユーザーは下請け業者の従業員や派遣労働者と労働契約を締結する意思はまったく持っていないことである。労働者を直用することを避けたいがために業務請負や派遣という間接雇用を選んだわけで、請負契約や派遣契約を結び、他方で、業者は労働者を雇用し、賃金を支払い、社会保険に加入し、就業規則を定める等々、使用者としての外形を整えている。実態は偽装請負であっても、否、そうであるからこそ、ユーザーも業者も違法状態を糊塗する手立てを種々講じ、適法と見える形式を整えるよう務めている。
　一般には、当事者が契約を結ぶ意向があることを推測させる事実から黙示の契約を推断するという手法が取られるが、そのような事情があるから、その手法は派遣切り事件などにおける黙示の労働契約論には、ただちには応用できない。表面上の事実は、むしろ、ユーザーが主観的には契約締結の意思を持って

いないことを明示している。したがって、ユーザーの契約締結の主観的意思を探すことは徒労に終わることが多い。それだけに、黙示の労働契約の認定に当たっては、主観的意思の合致ではなく、安田病院事件高裁判決が指摘したような、事実関係・経過から「客観的に権限される意思」に基く総合的判断によって決することが容認されるのか、むしろ、そうすべきだと考えることが適切なのかが問われる。

　具体的な事案についての検討になると、ユーザーが古典的な民法の意思論を強力に主張し、それに引かれて、その「基本」が曖昧にされる傾向があることに留意しなければならない。

　人の内心の意思を直接見ることはできないから、社会的な外形を観察し、そこから客観的に推断される意思が重要である。

　労働者の意思を取り上げる在り方にも慎重な配慮が欠かせない。派遣の場合、派遣であることの説明を受けて派遣元に雇用され、派遣元から給与表を渡されて賃金を支払われれば、労働者は派遣元が雇用主であり、三者関係は「派遣」だと理解する。業務請負の場合は、発注者の企業の構内で就労するが、業者の出張事務所を置き、管理職を指名し、作業服・帽子やネームプレートは業者独自のものとし、就労の「指示」は業者（出張事務所の管理職）が出しているものと装って、適正な業務請負であると説明する。派遣、業務請負などの法的概念に疎い労働者も多く、そう思い込まされて生まれた虚偽の認識を持つに至っている。労働者も、虚偽の主観的な認識をもっている場合も少なくないから、それを基礎として軽々に法的判断をすべきではない。

　加えて留意すべきは、労働者は仮に、ユーザーこそ真の使用者ではないかと疑問を持ったとしても、労働条件の改善、ましてや労働契約の存在確認に関してユーザーに対し直接、何らかの要求を成し得るとは限らないことである。仮に条件改善等を労働組合を通して要求したとしても、ユーザーは取り合おうともしないから、取りあえずは、契約を結んでいる業者とに求めざるを得ない。労働者は常に真意を公然と表明し、実現できるとは限らない。そういう事情に基づく態度や行動を、労働者も業者が使用者であると認識していた証拠であると判断するのは、余りにも労働現場の事情に疎く、社会常識に欠けることである。

業務請負業者や派遣元さえ、事態を正確に把握できているとは限らない。間接雇用を利用するユーザーはほぼ正確に法律論を理解していると推測されるが、そうでない場合もないわけではない。それらの事情もあるから、偶々、当事者に一致した認識があるからといって、それが法状態に正確に一致するとは限らない。三者間労務提供関係に係る法律論は複雑であり、当事者の主観的認識を無条件に前提とはなし得ない。

黙示の労働契約の存在認定のためには「労働者、注文主双方とも相手方を契約当事者と「認め」ていることを要件とするNTT多重派遣事件・京都地裁は、問題の所在さえ理解し得ていないことを再度指摘しておきたい[24]。双方の意思がそうであれば紛争とはならず、訴訟提起の必要もないからである。

（イ）　黙示の労働契約認定の要件を「定式」化した判例の問題点

一橋出版事件・東京高裁判決は、派遣元が形式的存在に過ぎない反面、「派遣先が実質的に労働者の採用、賃金額その他の就業条件を決定し、配置、懲戒等を行い、派遣労働者の業務内容・期間が労働者派遣法で定める範囲を超え、派遣先の従業員と区別し難い状況となっており、派遣先が、派遣労働者に対し、労務給付請求権を有し、賃金を支払っており、そして、当事者間に事実上の使用従属関係があると認められる特段の事情があるとき」には派遣先との間に黙示の労働契約の成立を「認める余地がある」と判示した[25]。

同判決は、「事実上の使用従属関係」という基本的な概念の意義を誤解している（第2節3（2）（ウ）参照）。それはおくとしても、従来の判例を集大成するかのように映るためか、同判決にならう例は多いが、いかなる意味でそれらの事実がなければ黙示の労働契約を認定し得ない「要件」なのか厳密には検討せず、思い付き的にあらゆる事柄を羅列したように見える。

中途のフレーズ、「派遣先の従業員と区別し難い状況となって……」は、独自の要件なのか、その前の文章を受けるのか、それとも次の「労務給付請求権を有し……」等の文章を導くのか、判然としない悪文で、いずれとも決められない。とりあえず、前後の語句をそれぞれ独自の「要件」と見ることにして、それぞれの指標の意味を検討する。

なお、同事件はマイスタッフは派遣会社であり、派遣法に従って一橋出版に派遣されたことを一応の前提としている。だが、偽装請負の場合には、当初か

ら、労働者を提供している業者が独立した企業である建前であり、労働条件の決定や就労に関わる指示をする適法な権限をユーザーが持たないから、賃金や就業条件を決めたり、配置を行なうこと自体が、本来、あってはならない。にもかかわらず、現実には、少なくとも作業の指示があり、それに従った就労という事実、すなわち使用従属関係があった場合であることに留意する必要がある。

(a)「派遣先が実質的に……採用……を決定」

一橋出版事件は、一橋出版が実質的に採用を決定した後、派遣の形式をとった、派遣偽装である。それは「派遣」の概念の枠外にあり、当初から黙示の労働契約が成立していると解すべきであるから、同判決は無用の「要件」を提示したことになる。

松下PDP最高裁判決が「関与」を指摘したために、その問題が改めて浮上したが、「採用」なり「関与」の意義についての正確な理解が求められる（第2章第2節2 (1)（ア））。

(b)「派遣先が実質的に……賃金額その他の就業条件を決定……配置、懲戒等を行い」

賃金については項を改めることにし、まず「就業条件を決定……」について検討したい。適法な派遣であれば、派遣契約の範囲内で、派遣先が労働者を職場に「配置」し、就労場所、使用する機器の種類、始・終業時間等の「就業条件」を決定するのは当然のことである。派遣契約で約される担当業務に幅がある場合、その枠内で行われる配置換え・担当業務の変更も容認される。ただし、業務請負においては、発注者による「就業条件を決定……」はあり得ない建前であるから、②の要素は本来、事実上の使用従属関係の認定に吸収されている筈である。それを、黙示の労働契約の存在を認定する要素としたことは、別の意義を持つ（(ウ) 参照）。

なお、適法な派遣においても、派遣先が労働者の地位に関わるような懲戒権を取得することはないから、派遣先によって懲戒が行われることはあり得ない。だが、労働者が就業に関わる非違行為を行なったとか遅刻した時に、派遣先が一定期間出勤停止としたり、降格することは現実の問題としてはあり得るし、その限度までは指揮命令権に随伴するものとして容認され得る。しかし、正社員でも就労中に怠慢や非違行為がなければ懲戒されないから、実際に懲戒が行

なわれなかったとしても、それは懲戒権の有無の判断と直結することではない。
　(c)　「業務内容・期間が……法で定める範囲を超え」
　判決は、派遣契約では政令指定業務（19号－書籍等の製作・編集）であるにもかかわらず、実際には自由化業務を遂行しており、また派遣可能期間について派遣法が規定した「範囲を超え」ているという。それは適法な派遣とは認められないと指摘したもので、やはり、黙示の労働契約の存在認定との関わりで別の意味を持つ（(ウ)参照）。
　(d)　派遣先が「労務給付請求権を有し」
　「労務給付請求権」（指揮命令権とも呼ばれる）は、労働契約を結んで初めて使用者が得る権利である。換言すれば、現に「労務給付請求権を有」していることは既に労働契約が成立していることと裏腹の関係にある。だが、既に労働契約を結んでいるならば、労働者が改めて当該ユーザーを相手どって労働契約関係存在確認の訴えを提起する必要もない。
　したがって、派遣先が「労務給付請求権を有し」というのは、正当な権限を持たないにもかかわらず、事実上指揮命令して就労させている実態を念頭においていると考えられるが、それをそのように表現することは、裁判所はユーザーが「労務給付請求権を有」するということの法的意義も、事実上の支配従属関係の下で労働者が黙示の労働契約の存在確認を求めることの意味も理解していないことを示唆する。
　ちなみに、派遣法制定当時、適法な労働者派遣において派遣先は何を根拠に労働者を指揮命令し得るのかが理論上、問題となったが、いずれにせよ、合法的な派遣ならば、派遣先が派遣契約によって自らのものとした労務給付請求権を行使すると理解することもあり得る（本章第1節）。しかし、偽装請負や違法派遣の状態となっている場合には、適法な労務給付請求権を持ち得ないことを有耶無耶にしてはならない。
　(ウ)　まとめ
　示された、黙示の労働契約認定の要件論に倣う判決は多いとはいえ、一橋出版東京高裁判決は、論理の正確さ、説得力、紛争解決策の公正さ・社会的妥当性など、いずれの点についても肯定的には評価し得ない。[26]
　判例上、「要件」として挙げられている諸事実は、①や、③業務や派遣期間

第 3 節　黙示の労働契約論—労働者派遣法 40 条の 6 への架橋

が適法な「範囲」を超えていたことは問題外として、②「就業条件」、「配置」の決定・実施や「実質的な懲戒処分」も、④ユーザーによる労務の指示も（それが③を生み出す関係にあるが）、要するに、適法な権限に基づくことなくユーザーが実際には行なっている、ということであって、すべて事実上の使用従属関係を構成する要素に他ならない。つまり、それらが別に独自に存在しなければ黙示の労働契約が成立しないという意味で、黙示の労働契約存在認定の「要件」となるわけではない。不可欠の要件ではないものをわざわざ取り上げて論じて、その不存在を理由に契約を否定したわけで、むしろ、黙示の労働契約の存在を認めないために意図的に設けた要件と評す以外にない。

そこで、検討課題として残るのは、労働契約は労務の提供と賃金額の決定、支払いを中心とする合意であるとして、労務の提供は存在するものの、ユーザーが賃金の決定・支払をしていないという事実をどのように考えるべきか、である。

(4)　賃金の決定、支払いに関わる要件論
　(ア)　賃金の決定・支払と労働関係
　従来の判例は、いかなる理由で賃金額の決定もしくは賃金支払いを黙示の労働契約を認定する際の不可欠の要件としてきたのか。全日空事件で大阪地裁は、「直接当該労働者に対し賃金を支払う意思」の存在を求めるが、理由については「労働契約であるから」としか語らず、その他の判例もほぼ同様である。[27] 学説でも、ユーザーが賃金を「実際上」決定し、請負企業を介してユーザー「自身によって支払われているとみなしうることが必要」と述べ、理由は賃金を労働契約の基本的要件として指摘するものが多い。[28] 賃金の決定・支払を黙示の労働契約認定のために絶対不可欠の要件と言いながら、意外にも、その理由はそれ以上は説明されていない。だが、それは議論する余地や必要のないほど当然のことではない。

ユーザーが、「労務に対する報酬として直接当該労働者に対し賃金を支払う意思を有しているものと推認するに足るだけの事情」が認められた場合には、[29] 使用従属関係と相まって、労働契約の存在を推定すべき決定的な根拠となる。だが、逆にそのことまでも契約認定の要件とする必要はないのではあるまいか。

ユーザーは従来の学説判例を考慮し、契約上の使用者としての責任をとらされることのないよう、労働者に対して賃金額を決定し、支払うことはもとより、そう見られるような対応を意識的に、可能な限り避ける。その問題状況の特徴を把握し、分析し法理論化する必要があるが、判例は、事件の性格や事情を考慮することなく、単に、賃金額を決定ないし直接に支払っていないことを指摘するだけで、それを結論につなぐ理由は述べないまま、労働契約の成立を認めない。それは、ユーザーが自らの法違反を棚上げにした、脱法の建前論を法的には一理あるものとして容認することになり、司法機関として最も重視すべき、法的正義の実現、紛争の公正な解決といった基本的な責務に叛くものである。

　ちなみにサガテレビ事件で佐賀地裁は、力関係において優位にあるユーザーに違法行為的要素がある場合、「使用者の有する社会的・道義的責任との関連で、労働者の生存権がより保障される方向……不正が是正される方向で、伝統的な意思表示理論の修正が妥当とされる場合もあり」得る、との基本姿勢を明示していた[30]。

　無償の労働はあり得ないから、賃金は労働契約の本質的要素であることは疑いない。だが、賃金の支払関係が誰の目にも見える形になっていないからといって、そのことを理由に、労働契約関係があるとはいえない、と解すべきものではない。先にも述べたように青森放送事件において、青森地裁は、「賃金の直接の支給者が誰であったかというようなことは、その事柄の性質上いかようにも操作し偽装し得る……直接の支給者……をさまで重要視することはできない」と喝破している[31]。それは、すべての法律家に、外面的な事象に惑わされず、健全な想像力、洞察力を以て、その「操作」や「偽装」の裏にある真実を剔抉することを期待するメッセージでもある。

　賃金に関わる状況を考察すると、それは「名称の如何を問わ」ないし、第三者を経由した経済的利益も賃金に該当する。未払の場合は後で一括して支払わせることもできる。また、労基法24条は、労働に見合う賃金の全額払いを求めるが、その「労働」は、合法的な労働契約を結んでなされた場合のものに限られない。仮に契約などの法的根拠がなくても（36協定なしに時間外労働が行なわれることが常態化している）、実際に労働させた以上は、それに見合う賃金の支払いを義務付けられる。労働者が年少者で労基法56条違反により契約が

無効であっても事情は同じである。自ら主導的に創り出した、違法な事実上の使用従属関係の下で、法的に適正な契約上の根拠なく指揮して就労させながら、その労働に対して賃金を支払わないことは違法であり、ユーザーは二重に法を犯していることになる。

　労働者を指揮命令して就労させ、利益を得ながら、その労働者に対して直接に賃金を支払わなくても責任を追及されないのは、唯一、適法な労働者派遣であって、労働に見合う代金を派遣業者に支払い、その中から業者が当該労働者に賃金を支払うことが認められる場合に限られる。

　ユーザーは業者との経済的関係を利用して、当該業者の従業員を指示して現実に就労させる関係を事実上創り出しながら、労働契約3条、6条や労基法15条等の労働法規に違反する状態を告発され、ないしは労働局から是正を求められると、それを期に、当該関係を導いている請負契約等を解除することが多い。だが、それにより失業した労働者が、黙示の労働契約論を援用してユーザーに直接雇用を求めると、違法な自らの当該賃金不払いを棚に上げ、むしろ、それを逆手に取って、突如、深い眠りから醒めたかのように、臆面もなく労働契約の建前やあるべき労働契約締結の手続を持ち出して、労働契約は労働と賃金の交換にかかわる合意であり、賃金を決定ないし支払っている事実がなければその存在を認めがたい等と嘯き、原理原則を主張し始めるのである。法的正義が支配すべき法廷で、義務を怠り賃金を支払っていないことを自らの利益となるように援用することは許されない。[32]

　三者間の労務提供関係において、業者は請負代金から必要経費を差し引き、幾らかの利益を捻出することを唯一の目的とする。代金全額を労働者に渡してしまえば、彼らを「雇用」している意味がなくなるどころか、事業者として存続さえできないから、自己の賃金規定にもとづいて労働者に支払い、差額を捻出するのは必然である。だが経済合理性があるからといって、ユーザーと労働者との労働契約関係の成否の判断をする場合、法的にはそれを無条件に肯定することはできない。

　（イ）　事実上の使用従属関係と中間搾取

　事実上の使用従属関係は、ユーザーと労働者とそれを仲介する業者の三者によって構築されている。偽装請負や違法派遣は「法律に基づいて許される場

合」に該当しないから、ユーザー・労働者間を仲介して利益を得ていれば、中間搾取として労基法6条が適用される。そのような違法な仲介料を業者は手に入れることはできないから、ユーザーが業者に支払った仲介料は本来は労働者に渡されるべき賃金と看做され、労働者に渡されるべきものが不法にも業者の手元に留まっているとみるべきである。

5 小括－派遣法40条の6への架橋

　事実上の使用従属関係、ユーザーの労働者への賃金未払い、この2点について事実に即した厳密な法的評価をすることなく、両者があたかも自然に生成し存在するものであるかのように錯覚し、それを所与の前提としつつ黙示の労働契約を構成しようとしたところに、従来の議論の盲点があった。起点を誤り本筋を外れると、議論は本来の軌道から外れていく。黙示の労働契約論が問われる場面を具体的に想定し、その法的評価を正しく定めて議論に入る必要がある。

(1) 黙示の労働契約論の再認識
　（ア）　黙示の労働契約論が問われる場面の位置づけ

　黙示の労働契約の存在が主張されるのは、違法に事実上の使用従属関係を創り出し、長年、その状況を積み重ねてきたユーザーが、その是正を求められている場面である。ところがユーザーは、その状態を将来へ向けて是正することを求める労働者に対し、本来なら、契約の有無に関わりなく支払うべきであった賃金の未払いという、別の違法行為を対置して、その求めを退けようとする。理不尽という他ない。

　もともと、事実上の使用従属関係は、合法的な契約上の根拠がないにもかかわらず、ユーザーが指揮命令し、労働者がそれに従って働かざるを得ないために生じた状態であり、それが存在すること自体が不法である。したがって、事実上の使用従属関係を主導的に創り出したユーザーは、それを法的に是正することが求められるが、進んで是正しないために、やむなく労働者が黙示の労働契約論に依拠し、労働契約関係の存在確認訴訟を提起することになるのである。その場合、訴訟当事者としては形式上は対等な立場に立つが、問題状況を考慮すれば、ユーザーは当初からから規範的批判を受け、事態について弁明を求め

られる立場にある。社会良識に照らせば、事実上の使用従属関係という、契約法的には容認されない状況を創り出した企業は、まず以て、それに対する反省や謝罪を述べて初めて、法と正義が支配する法廷に立つことができるというものである。ましてや、その違法状態を是正する方策を示すこともなく、立場もわきまえず、ことさらに労働契約やその締結の本来の在り方を説き、労働者に直接支払うべきであった賃金の未払いという自らの別の違法行為を黙示の労働契約成立を否認する根拠として持出すのは、筋違いも甚だしい。

黙示の労働契約論の性格に照らし、青森放送事件で青森地裁が述べたように、「いかようにも操作し偽装し得る」事柄については、労働者保護の立場からユーザーに対する厳しく批判的視点をもって臨むことが求められている。

（イ）「規範的解釈」

ユーザーが自ら進んで契約締結の意思を表明することを期待しても、それは叶えられまい。それにこだわることは、現実にはその恣意を咎めだてることなく見逃すか、容認することになる。

内心の意思は実際には把握できないから、ある紛争の公正な解決のためには、外見から推認され得る客観的な意思が拠り所となる。直接雇用の原則は、まさに「原則」であるがゆえに、当事者の意思を推認する際、それを基準として労働契約の成立が確認されるという意味で、合意の推定に直に働きかける権能を有する。

違法な行為を法解釈に組み込むことはできない。問題状況を考慮するならば、労働法的な正義の実現のためには、賃金不払いが上記のような性格であることを考慮すれば、事実上の使用従属関係さえ認定されれば、直接雇用の原則に従い、賃金の支払いの有無を問うことなく、黙示の契約成立を認定すべきである。

そのように、直接雇用の原則を組み入れる解釈を、特別視して「規範的解釈論」と呼び、契約解除や賃金不払いを不法行為を認めることはともかく、労働契約の成立を認めるのは論理に飛躍がある、契約成立にはあくまで当事者、具体的にはユーザーの明示の合意が必須である、とする見解がある。[33]

しかし、法解釈は、紛争となっている事実関係に対してある法規範を適用し、当該紛争を公正に解決する使命を持つから、常に「規範的」である。法解釈にかかわる一定の方法論をそう呼ぶことがあるようだが、少なくとも、言葉の厳

密な意味で、「規範的」でない法解釈など、あり得ない。しかも、「規範的解釈」と呼ぶことで、何か、本来の法解釈論を逸脱したかのような印象を与えるのは適切ではない。

偽装請負等の場合に、ユーザーは契約締結の意思がないとか賃金支払いをしていないから契約成立を認定できないと主張することは容認され得ない、つまり事実上の使用従属関係が確認されたならば、その違法状態を将来に向けて是正するために、その確認だけで契約成立が認定されるべきであるという論理こそ、本来の規範的解釈である。結論が異なるのは、当該紛争をどのように捉え、何を規範とみるのか（この問題について端的に言えば、直接雇用を労働法上の原則と見て、合意を推認する機能を有すと評価しないのか）、その理解が論者においてそれぞれ異なるからに外ならない。

なお、高橋賢司氏は、民事法の約款論に関わり、事案の公正な解決をめざす解釈を肯定する「規範的解釈」論を紹介し、「合意の意味が不明確で、多様に解釈されるときはその合意内容の作成者にとって不利な意味に解釈されるべき」だとする、「不明確準則」を紹介される。就業規則の規定の解釈に応用できるかもしれない、有益な紹介ではあるが、一般の約款とは異なり、労働者については契約書が作成されるとは限らない。しかも、ドイツのように「同原則が約款のみに妥当し、契約には妥当しない国」があるとすれば、日本法においても妥当するのか、間接雇用に関わる問題にどう具体化されるのかを提示されれば、有益であったろう。だが、それがないため、紹介された趣旨が不明なまま終わっている。

　（ウ）　黙示の労働契約論と派遣法40条の6

鎌田耕一氏は、他の法分野における契約締結強制の例を丹念に検証した後、もっぱら、立法政策として適切かという視角から40条の6を検討し、違法派遣の是正の際に労働者の「就労を確保する」ものであり、また「違法状態の発生を防止するという強いインセンティブを派遣先にもたらす」という「派遣事業の適正な運営の確保という目的にとって必要であり、かつ、合理的関連性を有する」と評価して、支持される。優れた立法論ではあるが、それと通底する違法派遣と黙示の労働契約論についての解釈論が展開されていれば、一層の説得力を持ち得たと考えられる。

土田道夫氏は、解釈論としては無理だが、「企業の法令違反行為を是正する機能を営む」ものとして派遣法40条の6条を評価される[(38)]。ただ、解釈論と立法は性格、効果に差はあるにせよ、法理論的には通底しているべきで、それを単純に別のものと視るべきではない。法解釈（論）は法源として「条理」まで根拠とし得る柔軟性を認められており、可能な限り、まず、解釈論を突き詰めることが求められる。

　同条は、（違法な）事実上の使用従属関係を創り出したユーザーに対しては黙示の労働契約の存在が認められるという法解釈が妥当であるが、学説判例は膠着状態にあり、裁判では決着を付けがたい、労働者が不合理な状況を強いられ続けられる事態の打開のために、労働法的正義を優先し、立法的解決を図ったとみるのが自然である。

　安倍政権による労働法制改革によって、派遣可能期間の制限が、俗にいう「箍が外れた」と評されるほど著しく緩和され、それに応じて40条の6の適用範囲は大幅に縮減された。しかし、少なくとも偽装請負等の違法派遣については、契約申込みみなし制はそのまま維持された。国会において全会派が賛成した同条は、今や、社会の支配的規範意識に支えられ、確固たる基盤を持つ。

　外見上の合意を優先し、それを探求し続け、結局、解決を得られない、黙示の労働契約に関わる従来型の法解釈論は、社会全体の規範意識のそのような変化・発展に立ち遅れている。同条の説明に窮しているのは、その状況に理論的に対応し得ていないことを示している。上記のように、事実上の使用従属関係が認定されたならば、賃金支払いの問題に拘泥することなく、原則として黙示の労働契約の成立を認定する見解こそが労使関係の実態に見合う合理的な解釈である。

　厚労省は2015年5月18日の労政審労働力需給制度部会に提出した資料で、偽装請負の「状態となったことのみをもって『偽装請負等の目的』を推定」はしないとし、同条の適用の限定をしようとし、法施行に関わる9.30通達でも、その見解を維持している。意図的に周到な準備をしてようやく成り立つ偽装請負について、40条の6の適用を「免れる目的」を「推定」しないのは根拠薄弱であり、厚生労働省がしばしば見せる、企業救済のための歪んだ行政解釈と評さざるを得ない。

(2) 黙示の労働契約の成立時期と労働条件

　近畿放送事件で京都地裁は「遅くとも前記団体交渉申入れのころまでに」と、黙示の労働契約成立の時点を特定しなかった(39)。訴訟では、契約成立の時点が争われるわけではなく、契約の存在の確認を求められている。過去における事実上の使用従属関係や賃金の未払いは不法行為として処理されざるを得ないとしても、判決の時点で、成立の時期には触れないままで、将来に向けて労働契約の存在を確認することはあり得る。

　派遣法40条の6は、偽装請負等を「行った場合には、その時点において」契約申込をしたものとみなすとした。それに対する労働者の承諾が必要であるから、派遣法上はその承諾があった時点で労働契約が成立することになる。

　事実上の使用従属関係があれば黙示の労働契約の成立を認定するとして、その場合の労働条件はどのように定めるのか。それは、契約の基本に立ち、双方が協議し、合意によって決定することになる。ただ、労働契約法20条、労働基準法3条等が示唆する均等待遇の原則に照らし、同種の労働者と均等な労働条件を保障されるべきである。

　派遣法40条の6によって成立する労働契約では、一旦は従前と「同一の労働条件」となるが、上記と同じ趣旨により、均等な条件に修正されるべきである。

（1）　萬井隆令「業務委託契約における受託者の労働者性－NHKの受信契約締結等業務の受託者に即して」季労237号（2012年）57頁。
（2）　新甲南鋼材事件・神戸地判昭47.8.1判時687号96頁、近畿放送事件・京都地決昭51.5.10労判252号16頁、青森放送事件・青森地判昭53.2.14労判292号24頁、サガテレビ事件・佐賀地判昭55.9.5労判352号62頁等。
（3）　大橋範雄「ドイツの労働者派遣法」和田ほか『法』281頁、矢野昌浩「フランスの労働者派遣法」同書316頁、脇田滋「韓国の労働者派遣法」同書346頁等参照。
（4）　松下PDP事件に関わる、平成20年6月19日付最高裁宛『意見書』9頁。
（5）　前掲第1章第1節注（10）濱口・NBL885号21頁、前掲第2節注（97）濱口・ジュリ1499号122頁。
（6）　菅野〔初版〕75～76頁。〈ア〉の例として阪神観光事件・大阪高判昭55.8.26労民31巻4号902頁、〈イ〉の例として青森放送事件・青森地判昭53.2.14判時916号99頁、〈ウ〉の例として近畿放送事件・京都地決昭51.5.10労判252号16頁を指摘された。
（7）　菅野〔3版〕（1993年）79～80頁、菅野〔11版補正〕181～182頁。センエイ事

第 3 節　黙示の労働契約論―労働者派遣法 40 条の 6 への架橋　315

　　　件・佐賀地武雄支判平 9.3.28 労判 719 号 38 頁。
（8）　菅野〔11 版補正〕181 〜 182 頁、399 〜 401 頁。
（9）　土田道夫「労働法の解釈方法についての覚書」菅野和夫・中嶋士元也・山川隆一・野川忍編『労働法がめざすべきもの』（信山社、2011 年）166 〜 169 頁。同旨、荒木〔3 版〕61 頁。
（10）　川口『労働法』638 〜 639 頁。
（11）　小室豊充『使用者概念と労働者派遣』（総合労働研究所、1986 年）126 頁。
（12）　本多『人事』204 〜 210 頁。
（13）　本多淳亮「親会社と事業場内下請労働者の労働契約関係」労旬 1011 号（1981 年）33 〜 34 頁。
（14）　高木紘一「社外工・下請労働者の雇用実態と労働法上の地位」季労 110 号（1979 年）49 頁、54 頁註（7）。
（15）　岸井貞男「不当労働行為における使用者」月刊労委労協 258 号（1975 年）18 頁。
（16）　サガテレビ事件・佐賀地判昭 55.9.5 労判 352 号 93 頁。
（17）　萬井『締結』250 頁。秋田成就「労働契約における権利と義務の考察」社会科学研究 26 巻 3・4 号（1985 年）72 頁以下に教えられる点が多かった。
（18）　同旨、前掲注（13）高木・季労 110 号 50 〜 52 頁。
（19）　前掲注（2）参照。
（20）　安田病院事件・大阪高判平 10.2.28 労判 744 号 69 頁。
（21）　安田病院事件・最 3 小判平 10.9.8 労判 745 号 5 頁。
（22）　松下 PDP 事件・大阪高判平 20.4.25 労判 960 号 19 〜 20 頁。
（23）　BAB 事件・東京地判昭 54.11.29 労判 332 号 28 頁、サガテレビ事件・福岡高判昭 58.6.7 労判 410 号、JR 西日本事件・大阪地判平 13.3.9 労判 869 号 86 頁、一橋出版事件・東京高判平 18.6.29 労判 921 号 5 頁、伊予銀行事件・高松高判平 18.6.29 労判 921 号 33 頁、松下 PDP 事件・大阪地判平 19.4.24 労判 941 号 5 頁など。
（24）　NTT 多重派遣事件・京都地判平 22.3.23 労経速 2072 号 21 頁。大阪高裁もその論理を引き継いでいる、労旬 1759＋60 号 108 頁。かつて全日空事件で大阪地裁も同様の論理をとっていた、大阪地決昭 51.6.17 労判 256 号 48 頁など。
　　　荒木尚志氏は、「労務を提供する意思」と「賃金を支払う意思」が「推認され、社会通念上、両者間で労働契約を締結する旨の意思表示の合致があったと評価できる」事情を必要とされるが（荒木〔3 版〕62 頁）、参照される判決は前掲注（20）安田病院事件・大阪高裁判決、前掲注（23）伊予銀行事件・高松高裁判決などであり、NTT 多重派遣事件判決は参照されない。
（25）　一橋出版事件・東京高判平 18.6.29 労判 921 号 11 頁。その後の NTT 西日本 AP 事件・大阪地 5 民部判平 22.12.27 判タ 1349 号 132 頁、東レリサーチセンター事件・大阪高裁判決（平 23.2.8 判例集未掲載－原本 11 頁）は一字一句違わないし、アヴァンストレート事件・津地判平 22.9.29（判例未掲載－原本 16 頁）等もほとんど同文であるが、微妙だが大きな相違については、第 2 節 3（2）（ウ）（b）参照。
（26）　前掲注（25）のほか、三菱電機ほか事件・名古屋地判平 23.11.2 労判 1040 号 20 頁、同事件・名古屋高判平 25.1.25 労判 1084 号 75 頁、資生堂（アンフィニ）事件・横浜地判平 26.7.10 労判 1103 号 57 頁等。

(27) 全日空事件・大阪地決昭51.6.17労判256号55頁に続き、BAB事件・東京地判昭54.2.29労判332号28頁、サガテレビ事件・福岡高判昭58.6.7労判410号33〜34頁、大映映像事件・東京地判平5.5.31労判630号81頁等。
(28) 菅野〔初版〕75〜76頁（菅野〔11版補正〕181頁でも同文）、前掲注（9）土田『労働法が目指すべきもの』166〜167頁ほか。
(29) 全日空事件・大阪地決昭51.6.17労判256号55頁。
(30) サガテレビ事件・佐賀地判昭55.9.5労判352号90頁。
(31) 青森放送事件・青森地判昭53.2.14労判292号24頁。
(32) 同旨、前掲第1章第1節注（8）毛塚・労判966号5頁。
(33) 前掲注（9）土田『労働法がめざすべきもの』169〜170頁。
(34) 前掲第1章第1節注（8）毛塚・労判966号5頁、豊川義明「違法な労働者供給関係における供給先と労働者との間の労働契約の存否」甲南法学50巻4号（2010年）258頁等。
(35) 高橋『研究』351頁以下。
(36) 高橋『研究』354頁注166)。
(37) 前掲第1章第5節注（8）鎌田・毛塚古稀551頁。
(38) 前掲注（9）土田『労働法が目指すべきもの』172〜173頁。
(39) 近畿放送事件・京都地決昭51.5.10労判252号19頁。

第4章　労働者派遣と不当労働行為制度

　企業間の労働者派遣契約は、派遣法による規制があるとはいえ、基本的には通常の私法上の契約であり、一般の契約法理に依拠する。そのため、その契約自体で制限されない限り、解約は自由である。実際に解約されれば労働者は派遣就業の基盤を失うから、必然的に身分的に不安定であるし、労働諸条件は派遣元の立地の地域的労働条件（の中でも、低いもの）が基準となって横並びとされる傾向があり、同様の作業をする正規社員と比較すると相当低い。そのうえ、派遣労働者は正社員になれなかった劣った人間であるかのように、差別的感覚を持つ正社員も少なくない。そのような、置かれている客観的状況からして、一般の労働者以上に、派遣労働者には労働組合を結成して改善・解決すべき問題は多い。しかし、雇用に不安をかかえていることは、持続的に団結活動を行なうことを阻害する要因として機能するから、一般の労働者にも増して、労働組合を結成し、活動し続けることが難しい。ただ、そのような状況の下でも、派遣労働者の労働組合も生まれ、活動してきた。
　初期には、黙示の労働契約論による地位確認請求事件、労働組合との団体交渉拒否の不当労働行為事件とも、近畿放送事件、青森放送事件、朝日放送事件、サガテレビ事件など民間放送関係に多かった。同じ職場で働く非正規労働者の比重が大きく、同じ境遇、条件の者が多かったという事情に加え、派遣先の放送局の正規労働者の労働組合（日本民間放送労働組合連合会＝民放労連）が派遣労働者の労組の結成、活動に積極的な方針をとったことが大きく作用している。[1]

第1節　不当労働行為制度上の「使用者」

　派遣労働者の組合活動は、正規労働者の組合の場合と同じく、労働条件の維持改善を求める団体交渉を中心とし、それを支える派遣先事業場内におけるビラ配布やデモなどの組合活動が考えられる。それに対しては、組合幹部に対す

る不利益取扱いや団体交渉拒否等も起こり得るが、これまで現実に問題となった不当労働行為は、大半は派遣先の団体交渉拒否である。不当労働行為の要件などは通常と異ならないが、派遣に特有の問題として、派遣労働者の労働組合に対する派遣先の労組法上の「使用者」性が問われる。派遣を念頭におきながら、まず、労働組合法上の「使用者」概念の一般論を概観しておきたい。

1 不当労働行為制度の趣旨と「使用者」

不当労働行為制度は、組合活動の自由な展開を保障すべく、使用者の活動妨害を禁止し、違反した場合は労働委員会の命令を以てそれを迅速かつ効果的に排除し、原状の回復を図る制度である。

労働者の権利拡大は使用者にとって負担となる関係にあるから、組合活動の妨害・抑圧行動をするのは、一般的には当該労組の組合員を雇用している雇用主である。だが、事情によっては、当該雇用主と何らかの特別な関係がある第三者も同様の行動に出ることがあり、組合活動の自由を保障するために、それに照応する「使用者」概念の拡大が求められる。

不当労働行為制度は、労働契約上の使用者の責任を追及するものではなく、不当労働行為がなされる以前の、正常な労使関係の回復を目的とするから、「使用者」を労働契約と直接に関連付けて限定すべき理由はない。そこで学説上、早い時期から、「被用者の労働関係上の諸利益に何らかの影響力を及ぼし得る地位にある一切の者[2]」、「労働者の自主的な団結と、団結目的に関連して対向関係に立つもの[3]」といった支配力説や対向関係説が有力であった[4]。他方、それでは外縁が不明確であるとし、労働契約関係に「隣接ないし近似する関係を基盤として成立する団体的労使関係の一方当事者」とする労働契約基準説ないしそれに準ずる見解もある[5][6]。

2 不当労働行為の類型と「使用者」

労組法7条は不利益取扱など三つの不当労働行為類型を定めている。全体として労働組合の自由な活動の保障を目的とするが、類型の差に応じて主体となる「使用者」は異なり得る[7]。

(1) 不利益取扱・黄犬契約と「使用者」

不利益取扱は、一般には、使用者が保有する指揮命令権を行使して行なわれるし、黄犬契約は採用直前か、現に労働契約を結んでいる企業が契約の更新または解消の際、それに便乗して行なわれるから、行為主体は労働契約の当事者たる使用者である。

それ以外に、偽装請負において業者従業員の就労のスケジュール・場所・環境などの基本的条件を決定している発注者とか、近い将来の労働契約関係の可能性がある営業譲渡の際の従業員の承継を拒否する譲受会社等が行為主体となることもある。個別的労使関係上の問題としても、不利益取扱いと重なり合う場合もあろうが、派遣先による思想差別、パワハラ、（セクハラを含む）性差別等は考え得るし、実際にも存在する。それらは労働契約上の責任を負うことはないと理解している派遣先が主体であるために、多発し、また陰湿化し勝ちである。派遣法27条はそれを想定し、「派遣の役務の提供を受ける者」に対し、組合活動を理由とする労働者派遣契約の解除を禁止している。それについては労働契約基準説でも妥当な結論を得られる。

だが、かつての、山恵木材の従業員の組合活動を嫌悪した木場組合が、彼を解雇せよ、さもなければ木場から出よと威圧し、当初は逡巡したが結局、解雇するに至った山恵木材事件において、被解雇者が当該解雇につき木場組合を被申立人として救済を求めたと仮定すると、木場組合は、同じ木場において営業する、組合加入の木材会社の共通の利益を図る組織であって、山恵木材従業員の労働条件を日常的に直接支配することはなく、また木場組合と解雇された労働者との間に労働契約が近く結ばれる可能性は考え難いから、労働契約基準説では木場組合は「使用者」とは認められない可能性が大きい。しかし、労働委員会が、山恵木材の人事方針（解雇）に強い影響力をもつ木場組合に「威圧」を撤回させれば、山恵木材は解雇を撤回し、原状を回復することが可能となり、社会的にも妥当な結論を導き得る。

同事件と同様のことが、偽装請負や違法派遣のユーザーによっても行なわれることは充分に想定される。それらを視野に入れれば、1号の類型についても支配力説が適切である。

(2) 団体交渉拒否と「使用者」

(ア) 団体交渉の意義

団交拒否の事案において、義務的交渉事項や「使用者」性について検討する際、派遣労働者の労働組合が紛争当事者となっている場合、派遣にかかわる特殊性に関心が集まるあまり、肝心の、団体交渉の基本的意義の分析が疎かになっている嫌いがある。ある具体的な事案についての判断にあたっても、常に、憲法28条が保障した団体交渉権についての基本的理解を基礎として、団体交渉が申込まれる事情・経緯、労働組合の意図、それに応じる企業側の負担等々の的確な把握が不可欠である。

労働組合は今日、社会的政治的問題にまで活動分野を拡大しているが、労働者の「経済的地位」は、基本的には身分（企業内での位置づけ）、賃金、労働時間等の労働諸条件に依存するから、組合の中心的活動は必然的にそれら諸条件を安定・向上させるための、使用者との団体交渉である。なお実際には、力関係で優位に立つ使用者が労働諸条件を一方的に決定して労働者に押しつけることが今でも多いから、団体交渉で協議し、合意に達して結ぶ労働協約によってそれらを決定することは、企業社会における労働者の契約主体としての確立・地位の向上、労使関係の近代化、民主化をも意味する。その二重の意味において、団体交渉は労働組合にとっては最も基本的な活動の一つである。

労働組合の中心課題は賃金、労働時間等や就労環境といった基本的な労働諸条件の維持向上であるから、そのための団体交渉は組合活動上、重要な位置を占めるだけに、拒否された場合に受ける損失は大きい。実現を図ろうとした要求について話合いにすら入れないから、労働組合としての存在が否定されるに等しいし、当該要求が叶えられないため組合員の信頼を損ないかねない。他方、団交応諾を求められたとしても、使用者は誠実な対応を義務づけられるが、何らかの譲歩や必ず合意に至るべきことまで義務付けられるわけではないから、特に過重な負担を負うわけではない。労働組合が被る打撃と企業の負担とを比較考量すれば、一般的に、団体交渉に入ること自体は緩やかに認められるべきである。交渉を続けても有意義でないことが明白になれば、そこで打ち切れば済むことであり、交渉応諾を義務付けることに躊躇するべきではない。

さらに、労働組合の組織形態も視野に入れる必要がある。近年、企業別組合

の形態では活動が一企業の枠内に限られ勝ちになる弱点に対する自覚から、あるいは非正規労働者などは企業別組合に加入し難い事情があるため、企業の枠を超えて、ある地域で働く労働者が加入する地域ユニオンが増えている。派遣労働者の組合や職種別組合であれば、組合員には失業者もおり、雇用の確保が組合の重要な活動分野になる。そういった事情にも対応し得るような「使用者」概念が求められている。

（イ）「使用者」性と紛争解決能力－交渉事項と「使用者」性の相関性

団体交渉は、労使が合意に達すれば紛争が解決する可能性があることを前提として初めて有意義に行われ得る。したがって、「使用者」性を検討する場合も、労働組合が交渉を申込んでいる当該事項について、現実的な解決能力を持つ存在か否かが重要な一つの基準・視点とされなければならない。

偽装請負の場合、業者の従業員の直用化や雇用保障も、「労働者を採用するか否かは使用者の専権事項であり、交渉議題に馴染まない」といった一般論ではなく、それが組合の要求となった事情、経緯等を慎重に斟酌して、紛争解決能力の視点から、当該企業が「使用者」に当たるのか、義務的団体交渉事項となり得るのかを考察すべきである。

経済社会では、株式保有、取引、融資などを通じて、ある企業が他の企業に対して支配的な立場に立つ場合があり、事案の性格や経緯によって、後者の従業員が組織する労働組合は前者の企業と交渉しなければ問題解決を図り難いとすれば、当該問題との関係では、労働契約関係に関わりなく、前者は労組法7条2号の「使用者」であるというべきである。

地域ユニオン等は、労働契約的な関わりを持っていなかった企業に対し、まさにその関わりを構築するために団交を申込むことがある。当該企業は、雇用確保のために交渉することが必要・適切であると労働組合に見込まれたわけであるが、当該申込に社会的必然性ないし労働組合活動上の合理性が認められる限り、広い意味での集団的労使関係の一方当事者として、労働組合と対向関係にある企業は「使用者」にあたるというべきである。

交渉事項が「雇用保障」であれば、交渉相手による雇用には限られず、就労機会の紹介・斡旋などによる、交渉相手と関わりのある他の企業に対する就職斡旋による雇用機会の確保も含まれる。その場合の相手方は、労働契約基準説

にいう「近い将来の労働契約関係の可能性」がある者とは似て非なる者である。
　直接雇用について合意が成立すれば、当該組合員は相手方企業と労働契約関係に入っていく。その局面は「将来の労働契約関係の可能性」の現実化である。交渉によって労働契約関係が生じることを期待する点では同じであるが、労働契約基準説は交渉に入る条件としてその現実的可能性の存在を求め、その可能性が現にあることが立証されて初めて「使用者」と認める。しかし、問題はそれ以前であって、直接雇用について交渉することの社会的有用性、妥当性が認められれば、それだけで団体交渉に応ずべき「使用者」と判断すべきである。労働者との、紛争発生時点での雇用関係を重視する労働契約基準説では、当該事項についてまで「使用者」とは捉え得まい。しかし、労働組合としての当該交渉の必要性、切迫度などが明白であれば、就労機会の紹介・斡旋などを求められる者は「使用者」と認められて然るべきである。
　団体交渉は労使紛争の最終的な解決には不可欠である。また団結の力を背景とするとはいえ、交渉の場は資料の裏付けを持った説得力ある主張こそが決め手であり、それ故、団体交渉は本来、平和的なものである。したがって、使用者が団体交渉に応じることに特に消極的になる理由は存在しない。
　そのような団体交渉の特質に照らし、使用者が交渉権限や交渉対象についての自己の見解に固執して交渉のテーブルに着こうとしないことは、労働組合の団体交渉権の侵害にあたり、また正常な労使関係の形成を阻害するもので、不当労働行為として禁止される。

(3)　支配介入と「使用者」
　支配介入は企業による労働組合の活動に対する妨害抑圧行為であり、事実上の対応や措置を含む。労働契約関係の存在を利用した行為もあるが、それに限られるわけではないから、支配介入の判断について労働契約関係の存否を基準とすることは適切ではない。

(4)　小括
　不当労働行為の主体とされる「使用者」は、不利益取扱いについては労働契約関係とかなり近い関係にある者に限られるとしても、団体交渉拒否、支配介

入については、団結活動に影響力を及ぼす程度の、相当に広い範囲に及び得る。

しかし、中労委は不当労働行為の類型と「使用者」概念の関連には無頓着なようである。東海市では、請負業者に雇用された外国人が、業務委託契約の下で市立小学校で講師として働いていた。労働局により偽装請負と判断され、直接雇用するよう推奨されたが、東海市は是正せず、結局は職を失う事態となったため、労働組合は当該労働者の直用化を求めて団交を申し込んだが、拒否されたため、救済を申し立てた。1号、2号という、複数の行為類型が問題となるにもかかわらず、中労委第二部会（菅野和夫部会長）は一括して労組法7条「各号の……使用者」に当たるかと自問し、一つの「使用者」概念だけを審理し、それには当たらないとして、東海市の「使用者」性を否定した。[12]

菅野氏自身も、「使用者」概念は7条各号に共通し、「そのまま重なり合う」と述べられる。[13]

中労委も菅野氏も、不当労働行為制度および不当労働行為の類型と労組法上の「使用者」概念との関連等について、具体的に考察する姿勢を欠いていると言わざるを得ない。

（1）　前掲第2章第2節注（50）『がんばって良かった』34～63頁。
（2）　岸井貞男『不当労働行為の法理論』（総合労働研究所、1978年）148頁。
（3）　外尾健一『労働団体法』（筑摩書房、1975年）208頁。
（4）　「労働関係に対して、不当労働行為法の適用を必要とするほどの実質的な支配力ないし影響力を及ぼす地位にある者」とする、西谷〔組合3版〕150頁以下、唐津ほか『読むⅠ』55頁以下（米津孝司）ほか。
（5）　菅野〔初版〕563頁。同〔11版補正〕952頁以下で詳説されている。「労働契約の当事者および実際上それに準ずる地位にある者」とする下井隆史『労使関係法』（有斐閣、1995年）106頁も同旨。
（6）　理論状況については、竹内寿「労働組合法7条の使用者」季労236号（2012年）211頁、唐津ほか『読むⅠ』49頁（米津）等参照。
（7）　同旨、秋田成就・林和彦・渡辺章「新春鼎談・最高裁判決を展望する」労判638号（1986年）24～25頁（秋田、林）、西谷〔2版〕563頁、本久洋一「第三者労働力利用と集団的労使関係－派遣先の団交応諾義務」毛塚勝利編『事業再構築における労働法の役割』（中央経済社、2013年）234頁注2）、唐津ほか『読むⅠ』55頁（米津）。
（8）　派遣法47条の2は性差別やセクハラを禁止する雇用機会均等法11条1項等を派遣先に対しても適用すると定めている。立場上、抵抗し難い状況にあって、派遣労働者がセクハラを受けることが多いこと等について、斎藤貴男『機会不平等』（文藝春秋、2000年）73頁、脇田滋『派遣・契約社員働き方のルール』（旬報社、2002年）

85頁、94頁、牟田和恵『部長、その恋愛はセクハラです』（集英社、2013年）等。
（9）　たとえば、菅野〔11版補正〕955頁以下参照。
（10）　山恵木材事件・最3小判昭46.6.15民集25巻4号516頁。同事件では、木場組合の威圧に屈した山恵木材の不当労働行為意思が問われた。
（11）　ショーワ事件では、ストライキを実施したことに対し、派遣先（ショーワ）が指示して派遣元に派遣労働者を自宅待機（出勤停止）処分にしたことを不利益取扱いとして救済を求めている、ショーワ事件・埼玉県労委平22.6.23別中労時1420号484頁、同事件・中労委平24.9.19別中労時1436号16頁。交替を求めたことの不利益取扱い性が検討されるべきであったが、中労委は、それについては判断せず労働者派遣契約にもとづいて労働者の交替を求めたにすぎないとして、申し立てを棄却した。しかし、たとえば就業規則の配転条項にもとづいて配転したとしても、当該配転が組合活動を嫌悪してのものであれば、不当労働行為となるわけで、派遣契約にもとづいた交替であるというだけでは、申立て棄却の理由として充分ではない。
（12）　東海市事件・中労委平25.1.25別中労時1440号33〜34頁。
（13）　菅野氏は、「使用者」は、類型に関わりなく、単一の基準による、とする、菅野〔11版補正〕955頁。

第2節　団体交渉法上のユーザーの「使用者」性

　近年、派遣を利用する企業と派遣労働者の増加につれて、派遣労働者の労働組合や彼らを組合員とする地域のユニオンも徐々に増えて、それらの労働組合による団体交渉も行なわれるようになった。だが、労組法7条2号が、正当な理由がなく「雇用する労働者」の代表との団体交渉拒否を不当労働行為と定めていることを楯に、派遣先や偽装請負の発注者（ユーザー）は、派遣労働者あるいは請負業者の従業員を「雇用」してはいないから「使用者」ではない、として交渉を拒否する例が後を絶たない。

　派遣法40条1項は、「派遣就業に関し、苦情の申し出を受けたとき」誠意をもって「苦情の適切かつ迅速な処理」をすることを派遣先に義務付けている。労働者の就労に関わる苦情や不満には、通常は、契約関係上の使用者が個別的労使関係の枠内で対処するものであるが、派遣の場合は派遣先の事業場内で、その指示に従って就労するから、それに固有の苦情もあり得ることを想定し、それへの対応は派遣先にしか成し得ないから、派遣先の苦情処理義務に拡張したわけである。(1)

　その苦情処理とは別に、団体交渉の申し入れがあった場合には、それに応じ

る義務がある団体交渉は、労働組合が個々の労働者（組合員）の苦情などの解決を当該組合の課題として捉え、憲法が保障する団体交渉権の行使によってその解決を図る、集団的労使関係法上のシステムである。派遣労働者の労働組合に対する団交拒否事件は、派遣法の問題ではなく、労働組合法の解釈・運用の問題である。

　苦情処理と団体交渉は、目的、当事者、機能、法的保障内容のすべてが異なる。苦情処理義務規定があるから団交応諾義務はないとする見解があるが、それは苦情処理と団体交渉との質的相違を見ない、まったくの謬論である。菅野和夫氏は、派遣法は「苦情処理のシステムによって処理する体制」を定めており、労働組合も関与できる、それは「派遣先使用者が誠実に対応する限りは、労組法7条2号の交渉に代わるものになる」という。当事者の姿勢や苦情の内容によっては、現実にそのように機能することもあるとしても、苦情処理システムは全面的に団体交渉に代わり得るものではない。派遣法40条1項はむしろ、義務的団交応諾事項の存在を予告するものと理解すべきであろう。

　派遣法に、派遣先に対し団交応諾を義務付ける明文の規定がないことは派遣法の大きな欠陥の一つであるが、それは団交応諾義務の否定を意味するものではない。派遣法審議の際、当初、政府委員の加藤孝職安局長は「派遣先に交渉応諾義務があるというような場合もそれはあり得ることも考えられないではない」と歯切れが悪く、説明は積極的ではなかった（むしろ消極的ニュアンスであった）。だが最終的には、谷口隆志労政局長が、ケースや実態は様々なので「裁判所または労働委員会において個々の事実に即して判断されることになる」と答えて、それは労組法の解釈に委ねられることが確認された。朝日放送（大阪東通ほか）事件最高裁判決も団交応諾義務を認めており、学説では、理論構成は異なり、それによって「使用者」の範囲も異なってくるものの、結論としては団体交渉応諾義務を認めるものが通説である。

　派遣切りが労使紛争化し、労働者保護法上の黙示の労働契約論によらず、労働組合の団体交渉によって解決を図る道が選ばれた場合、「使用者」概念と義務的団体交渉応諾事項とは牽連関係にあるから、両者を絡み合わせながら検討する必要がある。偽装請負など違法派遣の場合には、労働局による是正勧告が出されている事案もあり、それが、（労働委員会が誤解をしている場合もあって）

理論的解明を複雑にしている事情も加わるし、二つの問題は交錯しているが、両者を独自に考察した上で、その両者の関係を整理する必要がある。

　具体的な事案については、争点は何かを正確に把握することが先決である。労働委員会の命令の中には、争点の見誤りから見当外れの法律論を展開し、誤った結論を導いているものがある。国交省広島事務所等事件・中労委第二部会の命令はその一例である。同事件は、派遣切りにあった組合員の直用化もしくは雇用保障（他企業への就職斡旋等）を求めて申込んだ団体交渉を、国交省が労組法7条2号の文言を楯に拒否したため、組合（スクラムユニオン・ひろしま）はそれを団交拒否の不当労働行為として救済を求めた。ところが、国に派遣法40条の4（当時）に基づく直接雇用の申込義務があるか否か、を問う事案ではないにもかかわらず、中労委は、国は「派遣の役務を受ける者」で40条の4にいう「派遣先」ではないし、組合員の雇用主は派遣期間満了の「通知」をしていないから、直接雇用の申込義務を負わないといった、的外れの説明をし、それを論拠に団体交渉法上の「使用者」性を否定した。争点の見誤りは論外だが、それにも論点の整理不足が影響している可能性がある。二つの論点の把握と両者の関係の検討を試みたい。

1　団交事項と「使用者」性の相関性

　「使用者」性と交渉事項についての処理権限は相関関係にあるから、交渉事項が何であるかによって交渉に応ずべき「使用者」の範囲も異なり得る。それは、「交渉当事者である『使用者』が具体的に誰であるかによって、義務的交渉事項の範囲は異なりうる」ということでもある[8]。

　さらに、団体交渉に応ずべきだとされる場合、当該企業が交渉事項に係り問題解決能力を持っていることが当然の前提である。団交議題の多数を占める労働諸条件や労働組合の活動に関わる諸事項は、組合員の労働契約の相手方である企業が決定し得るから、「使用者」は大半はそのような企業である。

　「労働者」の範囲も、企業との関係で相対的に判断される。INAXメンテナンス事件は、客から注文を受けたINAXが、委託契約を結んでいるカスタマエンジニア（CE）を指示して修理等を行わせている事情の下で、CEの労働組合が委託契約の相手方であるINAXに、委託条件の改善を求めて団体交渉を

申込んだが、「使用者」性を楯に団交を拒否した事案である。最高裁判決は、労組法上の「労働者」性は「使用者（たるべき存在）との関係性のなかで……相対的に決定される」と判示した[9]。

労組法上の「労働者」性を一般論として論じてもあまり意味はない。ある団体交渉拒否事件において、その交渉を求めた労働組合を構成しているのは、交渉を申込まれた企業との関係において、団交権の主体である労働組合の組合員である労働者なのか、が具体的に問われる。失業者の労働組合が職業安定所に就職の斡旋を求めたことが団体行動権の行使と認められた例がある。夕張職安事件では失業者も「労働者」であることが確認されたが、それは、失業している労働者に職業を斡旋することを業務とする職業安定所との関係において認められた団体行動権の主体としてのことであった[10]。当該組合が、どの企業とでも就職の斡旋や採用を求めて団体交渉をなし得るわけではない。甲社の従業員Xは、甲社との関係において、甲'労組の組合員である「労働者」であっても、乙社との関係では単なる一般の市民にすぎない。INAX事件において、CEが「労働者」にあたるか否かはINAXとの関係で判断するのは当然である。

野田進氏は、失業者も「労働者」に含まれることを指摘し、労組法3条では「客観的・絶対的な労働者が前提」であるとして、A社の社員Yが「地域合同労組のアクティブメンバー」としてB社での労働争議に加わり、団体交渉に参加する例を挙げ、最高裁の判旨によれば、「B社との関係では労働者性が認められなくなる」と批判される[11]。しかし、その場合、Yは、A社の社員としてではなく、地域合同労組のアクティブな組合員として争議や団体交渉に臨んでいるのであって、B社との関係で当該地域合同労組が当該争議や団体交渉の当事者たる資格を持っている限り、当該労組が規約において組合員資格を認めたYの「労働者」性をB社が否定することは許されない。野田氏は最高裁の判旨を誤解しており、批判は的外れである。

なお、ある要求が義務的交渉事項であるか否かは、その事項の性格により、ある程度まで客観的に決めることができる。たとえば、賃上げ、労働時間短縮、労災補償の上積みとか組合事務所の貸与、企業内組合活動が認められる範囲等々は、労働組合であれば当然、団体交渉で条件改善や権利の拡大の課題とすべき項目であるから、つねに義務的団交事項と認められる。しかし、そうだか

らといって、当該事項に関わる団交申込みについて、あらゆる企業がそれに応ずべき「使用者」と認められるわけではない。当該事項の性格、内容だけでなく、それをめぐる労使関係の実情等との関連において初めて決定される。どの企業に対しても団体交渉を申込めば応諾を義務付け得る「絶対的な労働組合」はないが、どの労働組合とも交渉に応ずべき「絶対的な使用者」が存在するわけでもない。その意味で、「使用者」性の存否は常に、ある労働組合や具体的な団交事項との関連で相関的に決定される以外にはない。

2 義務的団体交渉応諾事項

(1) 義務的団体交渉応諾事項の意義

　労働組合がある事項について団体交渉を申込んだが、企業がそれに応じない場合、労働委員会がそれを不当労働行為と判断し、団交応諾を命じ得るような交渉事項を義務的交渉事項という。日頃、団体交渉をめぐって見聞する、賃上げ、労働時間短縮、休憩室の設備改善、休日増加等々、広く労働者の経済的地位の維持・向上に関わる事項および組合事務所の提供、役員の時間内組合活動など労働組合の活動保障等に関わる問題等々、事柄の性質上、集団的合意による解決に馴染み、かつ適切であって、使用者が処理し得る事柄がそれにあたる。

　労組法には義務的交渉事項についての定義規定はないが、右のような結論にはほぼ異論を見ない(12)。団体交渉権が保障されたから団体交渉が始まったわけではない。それどころか、労働組合を結成することが法律で禁止されていた時代でさえ、組合は密かに結成され、事実としての団体交渉を積み重ね、後になってようやく、労働組合が合法化され、事実として続けてきた団体交渉が権利として承認（追認）されて、初めて団体交渉権となった。

　賃上げにせよ組合事務所の提供にせよ、労基法や労組法のどこにも交渉を義務付ける規定は存在しないが、労働組合たるものは、それらについて団体交渉することが必要不可欠であることは労働組合運動の歴史に照らして自明のことであり、それを前提として団結権、団体交渉権が基本的人権として承認された、だからこそ義務的団交応諾事項とされる、という関係である。団体交渉の意義や実態から離れて団交権が存在するものではなく、義務的交渉事項の範囲も労働基本権、団体交渉権保障の趣旨から直接に導かれるものである。

もっとも、一般論としてはそうであっても、具体的には、労働の意義についての考え方や労働組合観、労働基本権の理解によって、縁辺部分については結論は異なり得る。たとえば、西谷敏氏は「企業の違法もしくは反社会的な行動……は労働者の働きがいの問題に直結し」、精神的な満足感といったことも労働条件の要素であるから、「それを放置すれば、いずれ経営悪化を招き労働者の雇用や労働条件にも悪影響を及ぼす可能性がある」とし、労働組合が取り上げれば義務的団交事項となり得るとされるのに対し、菅野和夫氏は、それは労働組合の「社会的使命感に基づく」が、「労働条件その他の待遇に関係のない事項」とみて否定し、労働条件を物質的なものに引き付けて理解されている。[13]

　最近では派遣切りを契機に、派遣労働者の労働組合がユーザーに対し直用化や雇用保障について団交を申込むことが多く、そのような事項が義務的交渉事項に当たるか、が問題となっている。従来例が少なかったこともあり、立ち入った見解を述べる学説は未だ多くはない。

(2) 直用化、雇用安定措置等と義務的団体交渉応諾事項

　派遣切りをめぐる紛争においては、労働契約上の使用者と特別な関係にあった従来のユーザーが、解雇された労働者を採用ないし承継しないことが不利益取扱いにあたるかという問題と、ブリジストンケミテック事件や国交省広島建設事務所等事件のような、直用化などを「雇用の安定を図るための措置として提示された、Yにおける就労の継続に関する措置であって……Yにおいて処分可能な……処遇の問題」として義務的団交応諾事項と認めるべきかという問題がある。両者とも、相手方の不当労働行為の主体たる「使用者」性の問題としては共通するが、前者は7条1号、後者は7条2号の問題であって、不当労働行為の構成要件が異なるから、両者は明確に区別する必要がある。[14]

　（ア）　直用化等と義務的団体交渉事項

　（a）　直用化要求の意義

　直用化問題の義務的交渉事項性について、従来、訳もなく否定的に思い込み、検討を疎かにしてきたことに起因するのか、申立を却下した場合の理由も実に杜撰極まりない労委命令がある。

　朝日放送事件で、労働組合は当初、様々な就労条件の改善と併せて、偽装請

負状態で就労している組合員の直用（社員）化を求めたが、朝日放送は「使用者」ではないとして一切の交渉を拒否した。組合はそれを不当労働行為として救済を求めたが、大阪地労委は、「使用者」性は認めたものの、組合員の採用に「関与」していないことを理由に直用化問題は義務的交渉事項とは認めなかった。[15]だが、団交拒否の不当労働行為事件であって、黙示の労働契約が成立しているか否かを問う1号事案ではないから、団交申込の時からはるか以前のことである、業者の採用に対する「関与」の審議は無用である。本来、長く偽装請負で働いてきた労働者の直用化をめぐる団交をユーザーたる朝日放送に命じることが、団体交渉権保障の趣旨に沿うかを審議すべきであった。

中労委は、「使用者」性は認めながら、朝日放送は組合員らの雇用主ではないという理由で「賃上げ、夏季・年末各一時金の支給……等いわゆる労働条件に関する事項」を除外し、義務的交渉事項は番組勤務割など「就労に係る諸条件」だけに限定し、東京地裁は同判断を支持した。[16]東京高裁は、阪神東通等「現に労働者と雇用契約を締結している者がある場合」は、それが形式に過ぎないと判断できる場合を除いて、労組法上も使用者であるとして、地裁判決を取り消した。[17]

組合は上告したが、論点を絞るため直用化問題を主張しないこととしたので、最高裁は、番組勤務割等「就労に係る諸条件」についての「使用者」性に関わる基準について判断することだけを求められた。最高裁は、「自ら決定することのできる労働条件（本件命令中の『番組制作業務に関する勤務の割り付けなど就労に係る諸条件』はこれに含まれる）の改善を求める部分については」朝日放送は「使用者」として団交応諾義務を負うと判示し、高裁判決を破棄した。[18]当該判示は「特定の項目を交渉事項から除外してはいない」から、その内容判断は後に委ねられたと解される。[19]

朝日放送第2事件において大阪地裁は、直用化は朝日放送が「自ら決定することのできる労働条件であるとは言い難」いという理由で「使用者」性を否定した。[20]だが、下請け業者には朝日放送による直用化を決定することはおよそ不可能であって、朝日放送こそが唯一、その決定権限・能力を持っており、したがって、問題を検討し責任ある回答をし得る立場にある。大阪地裁の判決理由は、直用化に関わる紛争の構造や問題の所在を理解しようともせず、自明であ

るはずの事実を見てさえいない、的外れなものだという以外にない。

　偽装請負あるいは派遣可能期間を超えた派遣等の違法派遣を摘発され、労働局から、「雇用の安定を図るための措置を講ずることを前提に」違法状態を解消せよという是正指導を受けたユーザーは、「雇用の安定」を求められたことへの対応の検討は棚上げにし、請負や派遣の契約を解除することによって偽装請負、違法派遣の「解消」を取り繕うことが多い。仕事を失った業者から解雇された労働者は復権を目指す。その意図を汲んだ労働組合の直用化要求は、その基礎に、違法状態を創り出したことに対する抗議と責任追及の意味を込めている。

　派遣労働者の労働組合にとって、派遣切り事件が発生した際、組合員の雇用を確保することは何にもまして緊急の課題であって、派遣元との交渉では解決が見込めない以上、その事態を惹起したユーザーに直用化を要求することは、社会的にも自然と受け取られる、労働組合としては当然すぎるほど当然の行動である。その意味で、ユーザーの「使用者」性の問題は次にあるとしても、直用化は義務的団交事項にあたることは疑いない。

　(b)　雇用の安定措置と義務的事項

　ユーザーによる直用化がただちには期待できそうにない場合、直用化と併せて、就職斡旋なども含む意味で「雇用の安定措置」を交渉事項とする、あるいは、最初からそれだけを交渉事項とすることもある。

　「雇用の安定措置」はかなり幅のある概念であり、職業安定法との関係も考慮しなければならないが、関係企業へ就職を斡旋することも含まれ得る。自ら雇入れるわけではなく、伝手のある他の企業に就職を斡旋するだけで、あとは、当該労働者と斡旋先との労働契約締結交渉に委ねられることであるから、ユーザーに特に負担となることではない。他にも、1年間は雇用保険に一定金額を上積みして、従来の収入額となるようにして生活を保障し、その間にキャリアアップを図り、就職先を探すことを支援するとか、労働者が新たに起業し、ユーザーがそれに出資ないし寄付する等も「措置」の内容となり得よう。就職斡旋等は容易に応じ得る「措置」でもあるし、他の措置もユーザーが自らの判断で処理し得ることであるから、当然、それをめぐる団体交渉は現実性を持ち、義務的団交事項と認められる。

（イ）　直用化等に係る団交についての応諾命令

　直用化を交渉事項として団交応諾を命じたとしても、交渉の結果、合意して初めて雇用されるのであって、最終的に直用化するか否かについての決定の自由は保障されているから、そのような命令は採用の自由を直接的にも間接的にも制限するものではない。また、雇用の安定措置の形態は多様であり、それだけにユーザーの選択は幅広いから、それに関わる団交応諾を命じられたからといって、ユーザーの負担が過大になり、不当に拘束する事態は予測されない。

　とはいえ、団交応諾命令は、本来的に企業の自由に踏み込んだ行政命令という性格を持っており、著しい負担を課すものではないとはいっても、ある事項について、どのような状況にあれば、労働委員会は直用化や雇用の安定措置問題に関わる団交応諾を命じ得るのかは慎重に検討する必要がある。

　一般論として言えば、労働者がある企業に対し従業員として受入れられる、少なくとも何らかの雇用安定措置をとることを期待し、事案の経緯や諸般の事情からして、そのような期待を持つことが社会的にも合理性が認められる状況の下では、労働組合が直用化や雇用安定措置にかかわる問題を団体交渉において解決を図ろうとすることは自然であり当然のことであるから、義務的交渉事項とされる。

　そのような例として、営業譲渡の際に譲渡企業が労働者を全員解雇し、譲受企業が大半を継承しながら、一部の労働者を拒否した場合[21]、某病院付属看護学校卒業生は希望すれば例外なく同病院に採用されてきたが、自治会活動をした卒業生が採用拒否された場合[22]、採用試験に応募し、面接や実技テストの内容からして、労働能力の点では合格していたが、差別的に採用内定には至らなかった蓋然性が高い場合[23]などが考えられる。

　合法的な労働者派遣の場合、法律により雇用と使用との分離を認めた以上、派遣労働者の直用化を直ちに義務的交渉事項とすることには無理がある[24]。

　しかし元来、労働者を指揮命令して自己の利益のために就労させようとする者は労働契約を締結し直接に雇用すべきであり、職安法44条はそのこと、つまり直接雇用の原則を定めている。派遣法33条は派遣先による雇用を妨げる契約を禁止し、旧法40条の4は期間を超えて使用し続けようとする派遣先に直用申込義務を課していたし、さらに違法派遣と判断された「その時点」で派

遣先は直接雇用を申込んだとみなす40条の6が制定され、直接雇用が原則であることは、一層鮮明となった。派遣契約解除に伴い紛争が生じた場合には、直用化問題は、最低限、ユーザーには当該事案に関して直接雇用の原則に悖ることはなかったかという問題について、求められれば説明する義務はあり、その意味で、義務的交渉事項にあたると考えられる。

　事実上の使用従属関係を創り出したユーザーには、契約論上も、それまで労働契約なしに労働者を指揮命令して就労させてきた以上、その経緯や是正策について説明する責務があることも、そのような判断を補強する（第3章第3節）。厚労省は雇用問題については直接雇用を「推奨」(25)するが、行政指導を俟つまでもなく、直用化問題は義務的交渉事項であり、労働委員会が当該事項についての団交応諾を命令することは妥当であり、適法というべきである。また、雇用の安定措置を求められた場合、ユーザーは団体交渉に応じ、誠実に創意を凝らして、当事者との合意に至る可能性のあるものを提案することが求められる。

(3)　まとめ

　賃金支払い、労働時間制、母性保護等、労基法に定められている労働者保護規定に関して労働組合から団体交渉を申込まれれば、当該事項は団交に応ずべき義務的事項であることは言うまでもない。労働者派遣の場合、派遣法44条以下に派遣先が対処を義務づけられている事項も、それについては派遣先も団交に応ずべき労組法上の「使用者」であると同時に、当該事項が義務的団交応諾事項になることも当然である。問題は、そのような規定がない場合であっても、団体交渉の義務的交渉応諾事項の具体的判断は、憲法による団体交渉権保障の趣旨から直接導かれなければならない、ということであった。直用化や雇用安定措置問題も例外ではない。

3　団体交渉法上の「使用者」

　ある義務的交渉事項に関わる団体交渉に応ずべき「使用者」は誰かについては、すべての団体交渉に適用可能な概念であることを志向しつつ、一般理論が慎重に検討されなければならない。それを踏まえて、具体的事案に関しては、交渉を申込んだ労働組合や交渉事項との関係性を考慮して判断される。

(1) 中労委のいう「使用者」性の「一般的な法理」

中労委第二部会（菅野和夫部会長）は、先に見たショーワ事件や国交省広島事務所等事件において、「使用者」性論の「一般的な法理」を表明した。すなわち、労組法7条は労使対等を促進する法理念に反する使用者の一定の行為を不当労働行為として禁止するが、その場合、「使用者」は「団体交渉を中心とした集団的労使関係の一方当事者」を意味し、必ずしも労働契約上の雇用主には限定されない、「労働者の基本的な労働条件等に対して、雇用主と部分的とはいえ同視できる程度に現実的かつ具体的な支配力を有しているといえる者や、当該労働者との間に、近い将来において雇用関係の成立する可能性が現実的かつ具体的に存する者もまた、雇用主と同視できる」から、労組法上の「使用者」と解される、それは「一般的な法理」である、と。

中労委は、朝日放送事件・最高裁判決の部分的使用者論と学説上の労働契約基準説を並列し、両説を接合して、「雇用主と同視できる」者をもって使用者とする、雇用主同視説と呼ぶべきものを「一般的な法理」とした。三つの部会とも、そう自称している。[26]

その雇用主同視説に対しては厳しい批判があるが、中労委は、その判断の前半を朝日放送事件・最高裁判決に沿って述べるから、まず、その最高裁判決の意義が検討されねばならない。

（ア）朝日放送事件・最高裁判決の意義

朝日放送では、請負業者・阪神東通らの従業員は朝日放送の作業秩序に組込まれて、会社作成の番組編成日程と台本および制作進行表に従い、会社のディレクターの指揮の下で就労していた。地労委、中労委とも朝日放送を「使用者」と認め、地労委は「勤務内容等、会社の関与する事項」について、中労委は番組制作業務に関する「就労に係る諸条件」について団交を命じた。最高裁は中労委命令を維持した。

番組制作業務に関する勤務時間の割振り、休憩、ディレクターの指示の在り方、照明設備などの作業環境といった「就労に係る諸条件」について労働組合が改善を求めても、すべて朝日放送が所有・管理したり、決定・指示している事項であって、雇用主である阪神東通等、業者には改善のための「現実的かつ具体的な支配力」はない。だからこそ、組合はその「支配力」を有する朝日放

送に団体交渉を申込んだ。最高裁はそれを合理的で妥当な申込みであると認め、組合が当初意図した、直用化等を含んだ交渉事項と比較すれば「部分的」ではあるが、朝日放送はそれに関しては「支配力」を有しているから、労組法上の「使用者」として団交に応ずべき義務がある、と判示した。[27]

同判示の「雇用主と同視できる」者は比喩的な表現であって、それは、本来なら雇用主が持つ程度の「現実的かつ具体的な支配力」という機能に着目した、架空の存在である。もともと、交渉事項と指定された諸条件について、雇用主である阪神東通等は「支配力」を有していないからこそ、労働組合は問題解決能力を持つ朝日放送に団体交渉を申込んだ。つまり、「雇用主と同視できる程度に……支配力を有し……」といっても、そのような「雇用主」は実在しないから、それと「同視」できるものを探すことは叶えられない努力（徒労）である。

最高裁は、一つの労働組合に対し複数の「使用者」の存在可能性を認め、義務的団体交渉事項を分けて、それぞれの内容に応じて交渉に応ずべきもの（使用者）を、問題解決能力を持つ雇用主あるいは朝日放送とすることが適切である、としたのである。[28] 義務の交渉事項の範囲が「部分的」であり、それぞれに対応する「使用者」が存在するということである。

事件を担当したと見られる福岡右武最高裁調査官は、「労働契約上の雇用主」という「中心的な基準」からどこまで拡張し得るかという「判断の進め方」をしていることを根拠に、また菅野和夫氏は、朝日放送を「雇用主と近似する使用者」と扱っていると見て、いずれも同判旨を労働契約基準説と理解される。[29] しかし、本来的には「労働契約上の雇用主」が労組法で上の「使用者」であることは誰も否定しない。いかなる状況の下で、その使用者とどのような関係がある場合に、労働契約との関係では第三者であるものを労組法上の「使用者」と看做し得るのか、ということが問題の核心であった。支配力説を提唱された岸井貞夫氏は「労働契約の当事者ないし雇主としての使用者の外に……」と書き始め、外尾健一氏は「労働契約の相手方」だけに限定することを批判して自説を展開され、西谷敏氏も「『使用者』は労働契約の当事者に限定されない」と書き始める。[30] それは、労働契約の当事者は当然に労組法上の「使用者」にあたることを前提としているからである。したがって、そのことを最

初に説き、そこから、どこまで拡張し得るかという「判断の進め方」をしたからといって、それが「雇用主と近似する」者を指すとか「労働契約基準説の立場」ということに直結するわけがなく、その論拠とはなり得ない。「どこまで拡張し得るか……」の基準と具体的事案に即した判断の妥当性こそが問われるのである。

福岡氏は本判決を、最高裁として「部分的使用者性を肯定した」初めての判決と評価される(31)が、「部分的使用者」という表現は最高裁判決の趣旨を歪曲しているし、菅野氏の見解は、どのような論理によって労働契約基準説と解するのか、適切な論証もなく、牽強付会という他ない。

同判決は、労働契約関係との関連を一切問うことなく、労組法7条は「労組法の理念に反する」団結権侵害行為を禁止していることを根拠に直截、就労「諸条件」についての「現実的かつ具体的な支配力」を基準として「使用者」性を認めているのであるから、率直に理解すれば、基調はあくまでも支配力説である。(32)

なお同判決は、争点になっていないから、直用化や雇用保障の問題については何も判示していない。朝日放送事件の労働組合のように、現に指揮命令に従って就労している状況で、当該ユーザーとその「就労に係る諸条件」を交渉することと、契約解消型、つまり契約解除されて窮地に陥った下請け業者の従業員組合が当該ユーザーに直用化や雇用保障を求めて交渉することは、局面が異なるから、交渉内容も組合の要求根拠も大きく隔たってくる。にもかかわらず、前者についての判示を、あたかも、あらゆる交渉事項についての「使用者」性に関わる判示であるかのように理解するのは、判決文の読み方として稚拙・不適切であり、その結果、判決の射程範囲を超える、重大な誤読となっている。研究者の間で、ある判決が事例判決か否かで論議となることがある理由の一つは、判決はそのような位置付けをしつつ読むことが重要だからである。中労委は、誤解したまま、団体交渉で直用化や雇用保障を求めた事案についても、判断の対象を異にする朝日放送事件最高裁判決をそのまま基準として判断に至っている。

朝日放送事件最高裁判決を、認定された事実関係とそれに対する法的判断を照し合わせながら客観的に読み解くならば、最高裁は朝日放送が「雇用主と

……同視できる」から「使用者」と認めたのではない。同判決は交渉事項については部分的義務事項と捉えた、使用者については支配力説、ないし重畳的使用者説と呼ぶことが適切である。

（イ）　最高裁とJR採用拒否事件の「使用者」性論

JR採用拒否事件は、1987年4月の国鉄分割民営化に際し、JRに承継されなかった国労、全動労の組合員が職員「採用」過程で組合差別があったとして救済を求めた事件である。組合差別は明白であったから、争点は、採用業務を行なった国鉄以外に、JRが「使用者」として責任を負うか、という一点であった。全国17の地労委および中労委は肯定したが、取消訴訟に至り一転し、国労事件では東京高裁まで、全動労事件では東京地裁が揃って、朝日放送事件最高裁判決を論拠の一つとし、改革法の解釈としてJRの「使用者」性を否定した。国会における政府答弁（国鉄＝JRの採用業務の代行機関）は、「法案説明のために便宜的に用いられた」に過ぎない、と切り捨てられた。

最高裁では激論になったことが判決文から窺われるが、少数意見は、改革法による国鉄と設立委員の権限と責任の「分断」論は「あまりにも形式論にすぎる」、政府答弁は「立法者意思として法解釈に際して重く評価」されるべきで、便宜的な答弁云々は「国会の審議を無視し、国民の国会審議に対する信頼を損なう……到底容認できない」と、通常の判決には見られない厳しい表現で断言している。それに対し多数意見は、「使用者」性論についてはまったく沈黙し、不当労働行為が存在したとすれば、採用業務遂行の際に労働者の選別を行なった国鉄（清算事業団）が責任を負うとだけ述べて、原審が援用していた朝日放送事件最高裁判決には一言も言及しなかった。厳しい批判に直面して、説得力のない同判決を援用できなかったと推測される。そのような経緯に照らし、最高裁自ら、かつて朝日放送事件判決で説いたことを、少なくとも、「使用者」性論についての「一般的な法理」とは認識してはいないと判断される。

もっとも、JR採用拒否事件は不利益取扱いの事案であったから、団交拒否に関わる朝日放送事件で示した論理は援用し得ないと判断した、という理解の仕方もあり得る。しかし、中労委は、「使用者」概念を不当労働行為の類型ごとに考えるのではなく、一括して捉えているのであるから、中労委として筋を通すとすれば、少なくともJR採用拒否事件・最高裁判決と整合性のある「使

用者」概念を構築するか、そうしないのであれば、自らのいう「一般的な法理」との関連を解説すべきであった。しかし、そのような緻密な検討は行なわれていない。

(2) 中労委の「使用者」性論の問題点 – 具体的な事案に即して

中労委の「使用者」性論を具体的な事案に適用した場合、いかなる問題が生じるのか、二つの異なる事例に即して検討することとしたい。

（ア） 国交省広島事務所等事件

国交省事件において、中労委第二部会は、上記の「使用者」性論にもとづき、国交省は請負業者による労働者の採用に「直接的な関与をしたり具体的な影響を与えた」とか解雇に「直接的な関与をしたり影響力を行使した」とは認められないから、部分的使用者にはあたらない、という。(38)

同事件は、労働局が「雇用の安定を図るための措置」を前提とした偽装請負の解消を指導したが、その措置を執らない間に、業者が次期の請負契約を落札できなかったために、業者は業務を失ない、そこで労働者は解雇される羽目になり、組合が国交省に、すでになされていて然るべき雇用安定措置を求めて団体交渉を申込んだ事案である。したがって、契約解消とその事情・経緯やその前後の配慮の適否などが問題視されるとともに、将来に向けての当該紛争解決の方策が問われる。中労委は、当該交渉事項との関連で、組合員らの雇用の安定を図るべき立場にあり、かつ「現実的かつ具体的な支配力」をもって問題解決を図り得るのは誰かを問い、「使用者」性を判断すべきであった。

国交省と業者の従業員の間の黙示の労働契約関係の存否を問う事案ではないから、国交省が業者による労働者の採用に関与し、配置まで決めていたかといった、労働関係にかかわる過去の事情は直接は関係ない。中労委のように、労働契約基準説にもとづいて「一連の雇用の管理に関する決定」のような、団交を申込むに至った事情とは異なる要素を結びつけることは事案の性格にそぐわない。

また中労委は、労働局は直接雇用を「特に要請して」はいないから、国交省は彼らとの間に近い将来、「雇用関係の成立する可能性が現実的かつ具体的に存する」わけではないとして、「使用者」性を否定する。しかし、「雇用の安

定」には直接雇用も当然含まれる。直接雇用といっても、正規職員としての雇用もあれば非正規もあり、正規であれば国公法の規定に従った手続きをとる以外には方法はない等を説明すべきであった。非正規であれば、国公法の手続きを経ないで採用し得る（それが「雇用の安定」に値するかは別の問題である）。国交省は組合にそれでも差し支えないか確認する必要もあった。いずれにせよ、国交省が交渉に応じ、そのような説明や確認をすることは紛争解決に近づく。行政指導がなければ団交応諾義務は生じないものではないが、広島および福岡労働局は行政指導として直接雇用を含む「雇用の安定」を要請しているのであるから、その「一般的な法理」に従っても、中労委は、「雇用関係の成立する可能性」ありとして、国交省の「使用者」性を肯定できたはずである。

中労委はその「可能性」がないと判断したが、可能性がないのではなく、国交省が彼らを雇用する意思も、他への就職斡旋等の措置をとる気もないだけのことである。ユーザーの意思が一方的に尊重され、団体交渉に応じなくても済むとすれば、それを容認することになる「一般的な法理」は一体、どのような立場であれば「使用者」と認めるのか、それが客観的基準たり得るのか疑問である。

　（イ）　パナソニック・ホームアプライアンス（HA）事件
　契約解消型紛争に直面した場合、労働組合が従来の責任追及を含めて、組合員の雇用確保のためにユーザーに団体交渉を申込むのは当然であって、申込まないとすれば、むしろ労働組合は存在意義が問われる。

　紛争処理機関は具体的な事案に照応して判断することが求められる。だが中労委は、その後も、実際の事件に適合的か否かを検証することもないまま、ユーザーの「使用者」性否定の姿勢を改めようとはしない。

　パナソニックHA事件は、直用化のほか、派遣法違反の状態で就労させてきたことへの謝罪と金銭的解決を交渉事項として申込んだ団体交渉を拒否した事案である。滋賀労働局は組合から申告を受けて、「直接雇用を推奨する是正指導を行った」。しかし、結局、団体交渉には応じなかったため、組合は救済を申し立て、滋賀県労委は、その謝罪および金銭的解決についてはパナソニックHAは「使用者」にあたるとした。だが中労委第一部会は、国交省事件における第二部会の「使用者」性論と同じ「一般的な法理」を述べた後、労働局の指

導は「直接雇用を推奨するものにすぎず……両組合員を直接雇用することを特に要請するものではなかった」し、「雇入れを求める行政勧告ないし行政指導がなされたとも認められない」と述べて、近い将来における雇用関係の成立の可能性の存在を否定し、パナソニックHAの「使用者」性を否定した。⁽⁴⁰⁾

　しかし、それは、派遣切りに関わる厚労省の行政指導の経緯を全く理解していないし、それだけでなく、当該事案に関する滋賀労働局の指導の内容を把握さえしていない、唖然とするほどの決定である。すなわち、従来、労働局の指導の「雇用の安定を図る」という表現は内容が曖昧で、それを「前提に……」はユーザーに措置を一任するニュアンスがあるように受け取られ、実効性がないとの批判があった。その批判に応え、厚労省 2008 年 11 月 28 日通達（職発第 1128002 号）は、「雇用の安定」とは別に、「対象労働者の直接雇用を推奨する」こととした。同通達「以降は、是正指導を行う場合には全件で直接雇用を推奨している」と説明されている。[41]その経緯からして、「直接雇用を推奨する……」は直接雇用を促す趣旨を明確にし、それを強化するためであったことは疑いない。仮に、その経緯を知らないにしても、「直接雇用」を「推奨」するという表現そのものを読んで、なにゆえ、「推奨」は弱い表現で、直用を「特に要請するものではなかった」と言うのか、理解し難い。また、「特に要請」があれば別だが、「推奨」なら団交に応じなくても良いものなのか。労働局が是正指導をしているのに、「行政指導がなされたとも認められない」と解する理由は何なのか。労働局が「直接雇用を推奨」したが直用を「特に要請」はしなかったという中労委の理解は、そのような経緯や労働局の指導文書の表現を余りにも無視した解釈である。慎重に審理をした末の結論だというのであれば、公益委員の状況認識力や社会常識が厳しく問われる。

　しかも、パナソニックHA事件で申込まれた交渉事項には、直用化だけではなく、違法派遣についての謝罪と金銭的解決も含まれていた。にもかかわらず中労委は漫然と、労働者の「採用等一連の雇用管理に関する決定権について、雇用主と同視できる程度に現実的かつ具体的な関与等をしたとは認められない」[42]として使用者性を否定した。その論理は、仮に直用化の事項についての「使用者」性を否定するものとなり得るとしても、事実上、業者の従業員を指揮命令して就労させ、違法派遣状態を創出したことに関わる、謝罪・金銭的解

決という交渉事項に係る「使用者」性を否定する判断基準となり得るものではない。中労委は自らの、部分的使用者論の意義・適用範囲さえ見失っていると評さざるを得ない。

　（ウ）　まとめ
　このように見てくると、中労委はそもそも適切とは言い難い「使用者」性論をとり、しかも、事案の具体的内容を把握する努力を怠って、事案に適合しない不当な命令を出し続け、紛争処理機関としての役割を充分には果たしていない。「使用者」性論についていえば、部分的使用者論、労働契約近似・隣接説にはともに適用上の限界がある上に、基調を支配力説とする部分的使用者論と労働契約基準説は理論的基盤も外延も異なるから、その両者を接合することには無理があるが、「木に竹を接ぐ」形でそれを並列し、それを合体させた中労委の雇用主同視説が「使用者」性論の「一般的な法理」となるとは到底考え難い。
　中労委の見解に従えば、山恵木材事件で団交拒否が問題となったと仮定すれば、木場組合の使用者性は認められないことになる。また株式保有、役員、取引などの点で総合商社・伊藤忠の総代理店的な立場にあった大阪工作所が営業譲渡され、それに際し解雇された同工作所従業員組合が同譲渡および雇用保障について伊藤忠に団体交渉を申込んだ例、破綻した日本航空の会社更生に関わっていた管財人・企業再生支援機構が融資の権限を楯に、退職強要抗議、整理解雇反対を目的としたストを中止するよう客室乗務員組合に圧力を掛けた発言の支配介入が問題となった例についても、「使用者」性は否定されることになろう。だが、その結論が妥当であるとは考え難い。それは翻って、中労委見解の「一般的な法理」としての適切性に疑問を投げかけることになる。

(3)　論理倒錯的理由付けの労委命令
　近年、労働委員会命令の一部に、ユーザーの「使用者」性を認めるが、それを確認していく本来の道筋を外れ、論理が倒錯していると言わざるを得ないものが目立つ。しかも、中労委はそれを追認し、同じ轍を踏んでいる。
　（ア）　日本電気硝子事件・滋賀県労委と中労委の命令
　特殊ガラス製品の製造販売を業とする日本電気硝子（Y）は液晶用基板ガラ

スの製造の一部の工程をNに請負わせたが、Nはその3割をRへ再下請けに出していた。NおよびRの従業員の作業日、始・終業時刻、休憩などはYが作成する交替勤務表で決められ、作業の指示、勤務態度の管理等もすべてYが行なっている、典型的な偽装請負であった。滋賀一般労組は3年を超えて就業している組合員の直用化、健康保険への加入、36協定もなしに行なわれている長時間残業の解決などを求めて団体交渉を申込んだが、Yは「使用者」ではないとして拒否した。

滋賀県労委は、偽装請負にも派遣法の適用があると判断し、その派遣法の解釈として、①旧法40条の4に定める派遣終了の「通知」がなかったから同条に定める雇用申込み義務はないが、「派遣から派遣先への直接雇用へと移行させ……労働者の雇用の安定を図る」同条の趣旨、社会的正義および派遣労働者への信義を考慮すれば、Yには雇用申込み義務があると解されるから、雇用条件について交渉すべきであり、その段階では派遣先は「近い将来、派遣労働者との雇用契約が成立する可能性が現実的かつ具体的に存」し、黙示の労働契約は成立してはいないが、Yは雇用主に準ずる「使用者」にあたる、②長時間残業の責任および是正措置については44条2項によりYは「使用者」である、と判断した。[45]

同命令は、述べていること自体はそれなりに論旨一貫しており、一見、派遣法を団体交渉法理の解釈に活用し、直接雇用の原則に則ってYの団交応諾義務を認めた結論も妥当であり、何ら問題はない、あるいは優れた判断であるかのように映る。しかし、同命令には看過し得ない欠点がある。

すなわち、一般論としていえば、団交当事者としての「使用者」にあたるか否かは、労働基本権が承認されるに至った歴史的経緯、労働組合運動の歴史や労働者が置かれている現状などを広く視野に入れ、かつ当該事案において労働組合が申込んだ、団交事項として交渉を求められているものの内容に即して考えた場合、社会的規範意識に照らし、当該項目の交渉に応ずべきものとして、誰が適切かという観点から判断すべきものである。ところが、滋賀県労委は、そのような本来の労組法上の「使用者」性の判断の在り方（筋道）から外れて、まず、法律上、当該項目について派遣法に照らしYに交渉義務があるか否かを判断し、それが肯定されればYは「使用者」であるとする、論理の倒錯と

いう致命的な欠陥を有している。

　先に示した団体交渉法上の「使用者」性判断についての本来の在り方は、社会的規範意識に照らし、当該項目の交渉に応ずべきだとする判断に基づいている。滋賀県労委は派遣法上、当該項目についてはＹは交渉に応ずべきだとする判断に基づいており、いずれも規範的判断であって、両者は似ているように見られかねないが、それは「似て非なるもの」である。前者は、広く労働基本権（団体交渉権）の趣旨と社会的規範意識に依拠し、支配力説が提唱するような基準に基づいて判断するが、滋賀県労委は特定の実定法（派遣法）の存在を拠り所とする。したがって、滋賀県労委の判断手法によれば、ある事項について派遣先に交渉を義務づける規定（および、それから類推されるもの）が見当たらない場合には、「使用者」性が認定され得ないことになる。

　本件においては、旧法40条の４から類推される、直用化に関わる交渉の義務があると解釈したからＹの「使用者」性が肯定された。だが、仮に、Ｙの某管理職は作業指示の際にも派遣労働者を軽蔑し差別している、改めるよう指導せよとか、派遣労働者にもＹ社員と同程度の質の制服を支給せよといった類の、要求としてはごく些細で、社会常識的にもＹは交渉に応ずべきだと考えられ、当然、Ｙの「使用者」性が認められることになるはずの場合にも、そのような事については交渉を義務づける法律の規定は特別にはないから、「使用者」とは認められないことになりかねない。現に、当該事件においては、厚労省が『派遣先指針』により求めている、労働者派遣契約解除の際に「派遣労働者の新たな就業機会の確保を図る」こと等を求めた部分についてさえ、それは単なる行政指導であって法律上の義務ではないことを理由に、Ｙは「使用者」にあたらないとして、団交応諾義務を否定した。(46)団体交渉の席で、「直用化は難しいが、伝手のある企業に就職を斡旋することではどうか」といった問答は充分に想定し得ることであって、直用化を交渉事項とする団体交渉について「使用者」と認めながら、それと極めて近い関係にある「新たな就業機会の確保を図る」ことについては認めないという結論は、いかにも不自然である。

　（直用申込義務の履行に伴う）雇用条件問題や残業問題に係る団交に関して「使用者」と認めた結論は妥当であるとしても、正当な論理によって導かれていないために、別の交渉事項となると、本来の「使用者」性論から逸脱して、

それを否認する結論を導く論理の進め方は妥当とは言えない。どの事案にも妥当する、正しい筋道を踏んで適切な結論を導くことが求められる。しかし、批判を受けながらも滋賀県労委は、その後も同種事案で同じ判断枠組みをとり続けており、泥沼に嵌ってしまった感がある。[47]

　団体交渉法上の「使用者」性の判断は、義務的交渉応諾事項の具体的判断と同様、憲法による団体交渉権保障の趣旨から直接導かれなければならない。労働者派遣法は、派遣先、派遣元、派遣労働者という三者間の、個別的労使関係を規律する法律であって、当然のことながら、労組法上の「使用者」性を判断するための法律でも、それに判断基準を提供する法律でもない。あるユーザーが労働組合から求められた事項、たとえば、派遣労働者の長時間労働の是正とか就労場所の危険な備品への防災措置といった問題について、「使用者」として団体交渉に応ずべきかという問題は、一貫して労組法の論理に従って判断されるべきである。労働時間とか安全設備について、派遣法44条、45条が派遣先に労基法、労安法上の措置を義務付けているのは、あくまで個別労使関係においてのことである。そのような義務付けは、労組法上の「使用者」性を認めた上で、なお、「派遣法も、個別労使関係においてさえ、対応すべきことを義務づけているではないか」といった形で、団交申込に応ずべき使用者だとする判断の説得力を補強する機能を果たすことがあるにすぎない。派遣法に対応を義務づける規定があることを根拠として、それらの問題については団体交渉に応ずべき「使用者」である、とする論理の誤り（論理の倒錯）は明らかというべきであろう。

　同事件について中労委第三部会は、「使用者」性については雇用主同視説を取り、①組合員とYとの間に黙示の労働契約は成立していない、②Yは「採用、配置、雇用の終了等の一連の雇用の管理に関する決定」はしていないから雇用主とは同視し得ない、③本件は「二重派遣に当たり得る」ものの、派遣と認められるためには「原則として……労働者派遣契約が存在することが必要である」が、YとRの間には「実質的に労働者派遣契約に相当する関係が存在すると認めるに足りる特段の事情」はない、④旧法40条の4の派遣先の直用申込義務規定が定める抵触日の「通知」が行なわれてはいないし、派遣法は取締法規であり、違反に対して行政的取締りがなされるが、私法的効果はないから、

Ｙは同条に定める申込み義務を負ってはいない。信義則や公序を理由とする義務も認め得ない、⑤Ｎは法人格否認の法理が適用されるような会社ではなく、実体がある等として、Ｙを「使用者」とは認めなかった。(48)

①は黙示の労働契約の存在確認を請求する訴訟ではないから、中労委が判断するに適した事柄ではないし、②は、組合の団交申込みに係る事項と対比すると、「一連の雇用管理」に「採用、配置……」まで要素とすることは的外れの感を否み得ない。③は、Ｙ・Ｎ、Ｎ・Ｒの間の契約はそれぞれ請負契約であり、その中に労働者提供に関する合意条項を記載するわけがなく、ましてや本件は二重の偽装請負であって、Ｎを飛び越えてＹとＲの間に、「実質的」といっても労働者派遣契約に相当する合意条項が存在するわけがない。その契約がないから派遣法は適用されないという前半は、中労委が金輪際叶えられることのない要件を持出した無理難題である。また法理論としても、二重派遣には派遣法は適用されないという判断は、偽装請負に対しては職安法は適用されず、派遣法が適用されるとした松下ＰＤＰ事件最高裁判決の判示にも反するが、それはさておくとしても、Ｒが雇用している労働者をＹが指揮命令して就労させていれば、違法ではあるが労働者派遣の実体を備えており、二重派遣と認めながら、それに対して、なぜ、派遣法は適用されないのか、疑問である。本件のような判断をするからには、中労委は、「労働者派遣」をどのような構造のものとして理解しているのかを明らかにしたうえで、本件は、その「派遣」には当たらないとする理由を明快に説明する責務があるが、何ら論証はない。④も、旧法40条の4の趣旨に反するだけでなく、派遣法の適用を避けるために業務請負の契約形式に応じたＲが、派遣法上の義務であるＹへの派遣可能期間の抵触日の「通知」をすることもあり得ない、⑤はＹとＮとの関係についての判断であり、それが本件の争点といかなる関係にあるのか、説明はない。総じて、二重の偽装請負という事案の具体的事実関係に即して検討がなされたとは考え難い、現実離れした判断である。

そして、①、④は、Ｙは契約上の使用者あるいは旧法40条の4が創設した、近い将来における、いわば"看做し使用者"ではないから労組法上の使用者ではないという倒錯した論理を下敷きにしている。契約上の使用者ではないが、それとどのような特別な関係があれば労組法上の使用者と認められるかを探求

する、本来行なわれるべき論証における思考の筋道を完全に踏み外している。
　（イ）　倒錯的論証の轍を踏む中労委
　論理倒錯は日本電気硝子事件の中労委第三部会だけに留まらない。ショーワ事件において第二部会は、旧法40条の4、44条等の存在を指摘し、「派遣労働者の労働条件や雇用について、一定の責任を負わされたり、義務を課されている」のであればユーザーの「使用者性を認める余地がある」と述べながら、当該条件は充たされていないとして「使用者」性を否定し、国交省事件では、先に第1章第5節1（1）で詳述したように、申立ての趣旨を正しく把握せず、旧法40条の4の「派遣先」という概念についての解釈自体が派遣法の仕組みを理解しないものであったが、それに加えて、「行政指導は、業務委託関係を契約形式どおりに適正に運用すること」に止まり、「労働者の直接雇用（任用）を求めるまでのものではなかった」と誤認し、その誤認のうえに、国の「使用者」性を否定した。第一部会もパナソニックHA事件において、旧法40条の4による直用申込義務を負っていないことを使用者性否定の根拠とした。
　「一般的な法理」では「近い将来において雇用関係の成立する可能性が現実的かつ具体的に存在する者」と言いながら、直用を求める行政指導が存在した場合にさえ「使用者」性を認めず、結局、交渉事項が「直用化」であれば、ユーザーに契約締結の積極的意思がある状況の下でのみ、その「可能性」の存在が認められると判断している。それは中労委自らが言う「一般的な法理」よりも相当に狭い要件であり、「一般的な法理」の射程範囲の不確かさを自ら露呈させているのではあるまいか。
　その論理では、交渉事項が直用化や雇用保障等の場合はユーザーは「使用者」たりえないことになる。中労委の全ての部会が論理倒錯の轍を踏むとともに、偏向も示しており、寒心に堪えない。
　なお、業務請負や派遣が合法的に運用されている場合には、派遣法上の苦情処理義務以外に特別の規定はないから、ユーザーは「使用者」にあたらないという結論になりかねないことにも留意する必要がある。

（4）　都道府県労働委員会の注目すべき命令
　かつては都道府県労働委員会が「使用者」概念を拡大して団体交渉応諾義務

を認めた事例は多くあったが、近年、紛争類型のいかんを問わず一様に、部分的使用者論や労働契約基準説を使用者性判断の基準として援用し結論を述べるだけで、自主的な論証は見られないものが多い。

　しかし、それらと基準を異にする注目すべき例がある。ここでは2例のみ紹介するにとどめる。

　一つは住友電装（ハーネス）事件・宮城県労委命令である。宮城県労委は、住友電装を唯一の株主とする協立の100％子会社たる三陸ハーネスの閉鎖と全員解雇に際し、雇用確保等について申込まれた団体交渉を住友電装が拒否した同事件について、孫会社の閉鎖にともなう雇用問題であり、「企業再編という企業グループの経営戦略に関わる重大な決定」が「住友電装の主導（具体的方針の指示ないし承認）の下に決められた」から、住友電装は「使用者」として応諾する義務がある、とした。

　また、国交省事件において広島県労委は、労働契約と隣接ないし近似する関係にあって、雇用の確保という組合の「要求事項について深く関与し、団体交渉を通じた問題解決に寄与すべき地位と可能性」を有し、「現実的かつ具体的に支配・決定することができる地位にある」場合、「労働組合が団体交渉を求めることが法的保護に値すると認められる」、本件では「雇用の確保という組合の要求事項について深く関与し、またその解決に寄与すべき立場」にあり、要求が「直接雇用に限定されているわけではないという事情の下では、団体交渉を通じて問題を解決する可能性がある」として、偽装請負を行なわせていた国交省広島自動車事務所の「使用者」性を認めた。

　前者は、純粋持株会社を解禁した1997年の独占禁止法改正以来、多くの業種で純粋持株会社が急速に増加し、それとともに被持株会社も子会社を作り、企業の多重構造化と企業再編成が進行している中で起きた、多くの事件の中の一つである。具体的な労働条件などに関わる支配力やその関係を問うことなく、被整理会社と労働者の生活基盤そのものを資本関係を通じて支配している持株会社を使用者と認めた、画期的な命令である。後者は契約解消型の典型的な事案だが、労働契約基準説と似ているようでありながら異なる論理をとり、交渉による問題解決の重要性と事実経過に照らして「解決に寄与すべき立場」にあることを重視している。いずれも、労働基本権保障の趣旨に沿う優れた命令で

ある。

(5) 学説における「使用者」性論
(ア) 雇用主説（概念拡大否定説）
　木南直之氏は、労働契約関係を基礎としない当事者が交渉しても正常な労使関係秩序の実現には寄与しないから、「強い権利性」をもつ団体交渉権と使用者の団交応諾義務の「バランスを保ちつつ、合目的的に確定する」ためには、誠実交渉義務の内容を高度のものにすれば、「使用者」の概念を拡大することなく、団交権保障の趣旨を実現することが可能であり、それが適切であるとし、「使用者」を「雇用主又は部分的であれ雇用主と同様の権利義務の関係にあると看做されうる者」と定義し、ある事項を「実質的に支配決定している者のその支配決定の度合いに応じ、問題解決に向けて可能な措置を採ること」も誠実義務に含まれるとする。つまり、親会社、持株会社、有力な取引先などがある問題を実質的に支配している場合には、労働契約の当事者である使用者（雇用主）が当該親会社などを「交渉に出席させるなど、可能な措置を講じることを要求される」誠実義務を負うと理論構成することによって補完すれば、「使用者」概念拡大論と同じ効果を得られる、と述べられる。朝日放送事件に即して言えば、雇用主である阪神東通等が「使用者」である、しかし、交渉すべき事項は朝日放送が実質的に支配しているから、阪神東通等は朝日放送を団交の場に「出席させる」ことを誠実義務として負っていると理論構成されるわけである。
　従来、学説判例は、労働契約関係にはないが、ある問題を「実質的に支配決定している者」を「使用者」として団体交渉の席に着かせて、紛争の有効、適切な解決を図ろうとした。拡大された「使用者」概念で捉えられたのは、親会社、請負契約の発注者、有力な取引先などである。木南氏は、発想を転換し、誠実交渉義務の拡張によって同じ効果を狙うことが適切だとされる。
　木南氏は、労働契約関係の存在の意義を強調し、「使用者概念の厳格性を追求すれば、雇用主に限ることも選択肢の一つ」であるとされる。最高裁は朝日放送事件において、使用者概念をある程度拡大する見解を述べたが、木南氏は、同判示を「部分的には、実質的に労働契約関係が成立しているのと変わらない

水準のものを求め」、「雇用主と同様の雇用契約上の権利義務を有する」と看做され得るとしたと理解される。しかし、同判決に「雇用契約上の権利義務」を問う判示などは存在しない。最高裁は、労働契約が存在しないことを前提として、ユーザーの事実上の支配力を直視し結論を導いたのだが、同判決の読み誤りではあるまいか。

また自らは、「雇用主以外の者が部分的であれ労働契約上の権利を行使しあるいは義務も負った場合にのみ、その限りにおいて団交義務を負う」と述べられる(55)。だが、労働契約を結んでいない「雇用主以外の者」が何を根拠に、どのような内容の「労働契約上」の「部分的」な権利を有し義務を負うことになるのか。労働契約を結んだ相手方ではないが、それゆえに、労組法上の「使用者」とみなし得ないのかということが問題となっている状況にそぐわないし、「労働契約上の権利を行使しあるいは義務も負」うとすれば、それはもはや「部分的」であれ、雇用主そのものではないのか。何を主張されているのか、理論的に筋が通っていると言えるのか、疑わしい。

さらに、労働契約の存否と労使関係の実態との関係に係る認識についても疑問がある。従来の議論は、労働契約関係がない場合でも、団体交渉を行わせることに社会的にも法的にも意義があるとの判断に立ったものであった。木南氏は、それでは「正常な労使関係秩序の実現には寄与しない」と述べられるが、何を根拠にそう判断されるのか。そもそも、労働契約によって結合されている労使は、基本的に利害が対立する存在であると観ることが労働法生成の原点であり、したがって、それを理解する場合の基礎である。労使関係は労働契約関係を基礎としつつ、対立的かつ動的な労使秩序を創っている。厳しい労使紛争が長く続いているJRやJALの例を指摘するまでもなく、労働契約関係にあれば「正常な労使関係秩序」の維持が可能となるといった、単純な事情にはない。

雇用主以外の者が労使関係に現実に多大な影響を与えているからこそ、その者をも労働団体法上の「使用者」として捉えることが理論課題となったのであって、「使用者」概念の拡大が紛争を惹起したり、労使関係を複雑にしたわけではない。木南氏は「正常な労使関係秩序」という表現でどのような状況を想定されるのか不明だが、その「実現」と交渉当事者間の労働契約関係の有無とはどのように関わると認識されるのか。

なにより問題なのは、具体的な結論が実態からまったく遊離しているのではないか、という疑問を拭えないことである。朝日放送事件に即して考えれば、朝日放送こそが決定している「就労に係る諸条件」であるので、労働組合は朝日放送に団体交渉を求めたのだが、その団交を拒否する朝日放送が、要請を受ければ阪神東通等の団体交渉に出席し、誠実に回答する可能性はあるのか、保障はあるのか。そもそも、得意先である朝日放送に対して、法律上の義務を負わないけれども、団体交渉に出席して、組合の主張に対応してくれるよう依頼することを阪神東通等に期待し得るのか。阪神東通等は朝日放送が実際に出席するまで説得し続けることを誠実義務として求められるのか。要請し、説得しても出席しない場合、あるいは、仮に出席したとして、対応が誠実でなかった場合、組合はどのような救済を求め得るのか、労働委員会はどのような救済をなし得るのか。次々具体的な疑問が浮かぶが、木南氏は何一つ答えようとはされない。木南氏に対し、「法解釈は……実態に即して柔軟に」行なうべきで、「使用者」概念の拡大の法理を追及してきた過去の労働法学の理論的努力も、その歴史的意義も踏まえない、空理空論ではないかという厳しい批判が寄せられる所以である[56]。

木南氏は使用者の「明確な基準」の確立を意図したと村中孝史氏は解説されるが[57]、労働法上の解釈論は、明確でさえあれば内容は問わない、というものではない。しかも、示される基準は一向に「明確」ではない。その上、労使関係の実態にそぐわない認識に基づく内容で、提言の現実的妥当性がほとんどないのでは、紛争解決に向けた解釈論としては存在意義を疑われよう。

（イ）労働契約近似・隣接説[58]

菅野和夫氏は、団体的労使関係は「労働者の労働関係上の諸利益についての交渉を中心として展開する」ことを根拠に、「使用者」を「労働契約関係ないしはそれに近似ないし隣接した関係を基盤として成立する団体的労使関係の一方当事者」と定義される[59]。

契約に「近似」の関係を基盤とする例は3例に分け、①構内業務請負において、請負業者に企業としての実体がなく、発注者と受入れた労働者との間に「ほぼ労務提供と賃金支払の関係が成立している事案」や、基本的労働条件は業者が支配決定するが、発注者が「就労のスケジュール・場所・環境などの基

本的諸条件を支配決定している」事案では当該ユーザーを使用者と認め、偽装請負等における契約解消型において雇用確保を申込まれた場合は、ユーザーが過去に業者、子会社による「労働者の雇用そのもの（採用、配置、雇用の終了等）について現実的具体的支配をしていた」場合に限り使用者と認める。②親会社が、子会社を「実質上親会社の一部門として経営上全面的に……支配」し、「子会社の労働条件も……決している」場合は「使用者」性を認めるが、子会社解散や事業再編成に伴う雇用確保に関しては上記の要件が必要とされる。③「その他の事例」では、短期契約を反復している派遣添乗員に対し派遣業者の「使用者」性を肯定される。

契約に「隣接」の関係を基盤とする例は2例に分け、④「近い将来の労働契約関係の可能性を基盤とする使用者」として、雇用を反復してきた季節労働者に対する企業、合併の際の吸収会社、営業譲渡の際の譲受会社等をあげ、⑤「近い過去の労働契約関係を基盤とする使用者」としては解雇撤回、退職金等をめぐる紛争の場合を例とされる。

「使用者」性の理論的な定義の重要性はいうまでもないが、具体的な事案についての適用（当てはめ）の結果の適切さがそれに劣らず重要である。それが妥当でない場合には、遡って定義それ自体が問題とならざるを得まい。

次のような疑問が浮かぶ。すなわち、「契約近似」の①および②の契約解消型紛争の場合、黙示の労働契約関係の存在を問う事案ではなく、紛争を将来に向けて公正に解決することを目指す団体交渉を申込んでいるのであるから、過去と現在、そして将来は一連であるにしても、業者による労働者の採用への関与や「ほぼ労務提供と賃金支払の関係が成立して」いた等の過去の事情は、当該紛争とは直接には関係がない。そういった事情があったとすれば、それを引き継いでいる者の「使用者」性を認めるべき主張を補強する材料になるが、それがないとしても、団交を申込むに至った事情とは異なる問題であるから、それを結びつけることを必須の要件とする趣旨や論理が不明である。菅野氏は、業者による「労働者の雇用そのもの（採用、配置、雇用の終了等）について現実的具体的支配」の事情を問われる。だが、長く（違法な）派遣状態の下で就労させられ続けて、採用時から時間も相当経過した時点で行なわれた、請負契約や派遣契約の解除が惹き起こした紛争の処理の在り方が問題となり、ユーザー

は当該契約解除の経緯についての説明と契約解除に伴う問題の処置について団体交渉に臨む義務がある「使用者」にあたるか、が問われる事案において、「採用、配置」まで含む「雇用そのもの……について現実的具体的支配」を問うことは、内容的にも時間的にも離れすぎていて、事案の性格にそぐわない。交渉事項の性格、内容と団交応諾義務を負う「使用者」概念を相関関係の下で具体的に検討することを軽視されているのではあるまいか。「雇用の関係をめぐる団体交渉関係」という、現実の団体交渉の一部しか捉えられず、実像の全体を捉え得ないフレーズを「使用者」概念の基準に据えることは、その意味で不適切である。

　また菅野氏は、派遣切りの際に、労働者が雇用責任を追及すべく求めた団体交渉に関しては、直接雇用の方針を持っていない派遣先の「使用者」性を否定される[65]。だが、直接雇用の方針を持っていないからこそ紛争となり、労働組合は同方針の変更を求めて団体交渉を申込む。それに対して、直用の方針を持っていないから「使用者」ではない、ということでは、堂々巡りで説明にはならない。当該ケースは何故、「契約隣接」の①「近い将来の……可能性」の適用対象とならないのか。近い将来雇用するつもりはないというユーザーの意思を不動の前提にするようでは、「使用者」性についての客観的な判断基準たり得ない。

　菅野氏も、労働組合の事務所の貸借や組合幹部の時間内組合活動、さらには争議行為のルール等、「団体的労使関係の運営に関する事項」まで一般に義務的団体交渉事項と認められる[66]。自明のことのように言われるのだが、労使関係は労働者の労働関係上の諸利益についての交渉を中心として展開するとしても、「使用者」概念について労働契約関係との近接性を強調することと、組合活動に関わる諸問題も団交事項だとする結論との整合性や関連性が明快に説明されているとは言い難い。労働組合の活動は「労働関係上の諸利益」には直接には含まれないから、「雇用の関係をめぐる団体交渉関係」といった漠然とした表現の下で、その基準ですべてを捉えることは難しいのではあるまいか。

　なお、菅野氏は、親子の会社という関係で子会社の解散や事業再編に直面した場合、雇用確保という事項に関して親会社の団交当事者適格を認めるためには、子会社従業員の「労働条件のみならず雇用そのもの（採用、配置、雇用の

終了等）について現実具体的支配をしてきたことが必要」とされる。派遣先が100％出資して設立した派遣元企業という例は多いが、専ら、その派遣先に派遣してきたが、当該子会社からの派遣を中止するとか、出資者という立場から派遣元を解散する方針をとったような場合、派遣労働者の労働組合が解散問題を交渉事項として申込んだとしても、「雇用そのもの」に具体的な介入をしてきていない場合には、当該派遣先（持株会社）は、「使用者」とは認められないことになるのであろうか。ましてや、純粋持株会社が派遣会社を支配下に置いている場合には、純粋持株会社は資本を通じ子会社を基盤から丸ごと支配することを基本とし、通常は直接、労働条件等の決定には関与しないから、それに対して「現実的具体的支配」を及ぼしてはいない。しかし、そのような親会社や持株会社の運営方針が、子会社もろとも、組合員の仕事も収入もすべて無にしてしまおうとしている場合、住友電装事件のように当該組合が団体交渉によって、その方針の転換や善後措置を求めるのは必定であるが、そのような「支配」を持株会社の使用者性を認める要件とするならば、子会社（派遣会社）の従業員組合との関係では、到底、「使用者」とは認められず、労働組合は親会社や持株会社と団体交渉することはできないことになるが、それが現実に即した妥当な結論だとは考え難い。

なお、派遣法44条は労基法7条、労働時間制に関する32条以下等については派遣先のみを労基法上の使用者とみなすとするが、その44条違反が問われている場合は、派遣先の労組法上の使用者性を認められる、という論法からみると、菅野氏もまた論理倒錯の道に陥っている虞れがある。一般論としては「団体交渉権を保障した目的（労働条件の取引についての労使の実質的対等化、労使関係に関する労使自治の促進）から判断していくべき」だと述べられるが、派遣先の「使用者」性論がその一般論とどのように関係し、活かされているのかも判然としない。

このように、菅野氏の説く労働契約近似・隣接説には幾つも疑問があり、現実的に労使紛争を社会的に公正に解決していく解釈論として、妥当とも有効とも評価し難い。

　（ウ）　土田道夫氏らの純粋持株会社に関わる見解について

1997年の独占禁止法改正によって純粋持株会社問題が浮上した。純粋持株

会社は資本所有を通じて子会社の経営戦略を支配する。企業の閉鎖や営業譲渡を決定した場合、子会社は、正確に言えば、それに従うか否かを判断する余地はなく、従う以外にない。労働組合が反対しても態度を変える権能は子会社にはないから、子会社と団体交渉をしても当該団交は空転することは必至である。事業持株会社の下でも起こり得た問題であるが、純粋持株会社の場合はより純化した形で起こる可能性が増し、NTTなどでは発足後、直ちに現実問題となった。

　従前の「使用者」概念の拡大論は、ある企業が他の企業の労働者の賃金、労働時間等の就労条件や就労環境を支配するか、それに影響力を及ぼしているか、という実態に着目して「使用者」性を検討してきた。その特徴に捉われたままでいると、それは反って、限界性になりかねない。派遣切り事件でも同様である。

　労働契約近似・隣接説をとる荒木尚志氏や中窪裕也氏はその問題を取り上げながら、結局は純粋持株会社に特有の考察は避け、労働条件について支配力を有し、影響力を及ぼしているかという観点からのみ考察されるに止まる。[69]

　同説をとりつつ土田道夫氏は、「持株会社が間接的支配の利益を享受しつつ、そこから生ずる責任を免れる事態は労働法上も問題」だと指摘し、純粋持株会社が「経営上の指示（生産調整やコストダウンの指示）や、人事管理上の方針の決定（人員計画の作成）を行い、子会社が事実上これに従って」いるなど「労働条件を実質的に決定しているといえるほどの強度の支配力」を持っているか否かを基準にして「使用者」性を判断する旨述べられた。ところが記述が進むうちに、最終的には、「業務が密接に関連し、子会社における労働時間形態が事実上、持株会社の指示によって決定されている場合は、労働時間に関する限りで持株会社の『使用者』性を肯定できる」とされた。何故、「労働時間に関する限り……」となるのか想像が付かないが、交渉事項を極端に縮減し、それによって、「使用者」性を認めた意義をほとんどなきものに等しいほど、矮小化している。[70]

　傘下企業の経営管理を主業務とする純粋持株会社と具体的な事業を行なう子会社の「業務が密接に関連」することは想定し難いし、ましてや、労働時間形態まで具体的に指示することが通例だとも考えられない。経済産業省が行なっ

た実態調査によれば、純粋持株会社が保有する機能としては、傘下グループ企業の業務監査（79.0％）、経営戦略策定・推進機能（76.8％）、経営理念・ビジョン（73.2％）などグループ・ガバナンスに関する機能の保有割合が高い。土田氏は後に、「人件費等削減の経営上の指示を行い、子会社がそれに従って労働条件を決定している場合」に拡張されるが、それとても、具体的に検討されたのは、「人件費等の削減」といった事柄に限定されている。それは持株会社をめぐる紛争の中ではむしろ枝葉のことである。そもそも土田氏の立脚点は、間接支配により利益を得ながら労働問題について責任を免れることは公正か、ということであった筈で、企業売却や合併、子会社の閉鎖、派遣切りの際、雇用保障・確保などを交渉事項とした申込みについて応諾義務を負うのかという肝心の問題についての見解を示されるべきであった。それを避けていては、自らの立論の趣旨に背くのではあるまいか。

盛誠吾氏は、従来の使用者性論による対応では「子会社の団体交渉が一層形骸化していく危険性をはらんでいる」と指摘されるが、「概念そのものの見直し……現行労使法制の再編成」の示唆で終わり、「概念そのものの見直し」の方向は明らかではない。

（エ）　支配力説

「使用者」は、労働組合の権利を侵害した場合に、当該侵害行為がなかった原状を回復すべき責任を問われる立場にあるものを指す、不当労働行為制度上の概念である。したがって、個別労働者との労働契約関係の有無に関わらず、労使関係の実態に即して確定される。先に述べたように、本多淳亮氏は「労働関係上の諸利益になんらかの直接的な影響力や支配力を及ぼしうる地位にある者」、外尾健一氏は「労働者の自主的な団結と、団結目的に関連して対向関係に立つもの」として包括的に定義される。同趣旨の主張は多く、総称して支配力説と呼ばれる。

支配力説を、「不明確かつ広範すぎる」とか「基本形を持たない弾力概念」と批判する見解があるが、果たしてそうであろうか。

西谷敏氏は、「実質的に団結権ないし労使関係秩序を侵害している……ことを見定めて、それを効果的に排除すべく『使用者』の範囲を決定する」ことが必要であり、その「目的論的視点もふまえ」、一般的基準は「労働関係に対し

て、不当労働行為法の適用を必要とするほどの実質的な支配力ないし影響力を及ぼし得る者」が「使用者」であるとし、具体的には①他企業の労働力を利用する者、②将来もしくは過去の労働契約当事者、③他企業を支配する者に大別し、①には派遣、業務請負、出向など、他企業の従業員を受け入れて事実上指揮命令して就労させており、勤務時間の編成、労務提供の態様、(セクハラ、いじめも含む)作業環境など就労条件を決定している企業のほか、派遣契約解除や差替え要求等により、労働者の地位に影響を及ぼす立場にある企業が、②には、登録型派遣で登録中でも事情により団体交渉への期待が社会的に合理性があると認められるとか、解雇やそれに関わる条件を争っている場合の相手方企業が、③には、企業の縮小・閉鎖が争われるような場合、「株式所有、役員派遣などを通じ、あるいは注文主」として、「従属企業を全体として支配し、その命運を握っている支配企業」などは、「使用者」として団交に応諾することが要請される、と具体的かつ詳細に説明される(75)。「基本形」は明瞭であるし、示される基準は「不明確」ではない。

　支配力説も当然、労働契約関係にあることが基本であるとしながら、しかし、労働契約関係の存在やそれとの関係にはいたずらに拘泥することはない。労使紛争発生の原因等を創り、それに関与し、当該紛争解決にとって必要な支配力、影響力を有している者をして団体交渉の席に着かせて、紛争解決に向けた実質的な交渉を実現させ、もって労働基本権保障の趣旨をまっとうすることを意図している。「基本形」についての考え方が異なるわけで、「不明確」云々は、自らとは観点が異なることの別の表現に過ぎない。また、「広範に過ぎる」はもともと批判の基準にはなり得ない。当該基準による「使用者」が当該紛争の解決に当たるべき者として相応しい立場にあるならば、「広範」であることは適切であったと、むしろ評価されるべきである。「集団的労使自治の原則に基づき、当該紛争を解決する権限を持っているか否かを基本的判断基準とし、紛争当事者性を第二判断基準として使用者概念の外延を決定す」る、という浜村彰氏の注目すべき提唱もある(76)。

　筆者も支配力説をより具体化する趣旨で、労組法（団体交渉法）上の「使用者」とは、事実上の支配従属関係を創出し、交渉を申し込まれた問題について解決の権能を有し、かつ紛争解決のために交渉する場に立つことが社会的に相

当であると判断される者と考える。

　企業が経営上の理由によって営業分野を拡大し、組織形態を変更し、他の企業と業務提携し、融資関係を結ぶ等々に従って、当該企業の労使関係に影響力を持つ別企業が出現する。労働組合の活動の重要な一環である団体交渉も、それに対応する必要上、労使関係の展開の中で交渉事項や交渉の相手方とされるべき「使用者」も、基準はある程度は柔軟にならざるを得ない。「社会」や「社会通念」の変動に適宜に適切に対応しようとすれば、「社会的に相当」といった、ある程度柔軟な基準に依らざるを得ない。その適用の際に法律家の良識によって、個々の事案に対応し、その曖昧さを補完した具体的な判断を積み重ねることにより、より客観的な判断基準を創造していくことが求められる。

　従来から、子会社の労働者の人事管理や労働条件の内容に対し個別具体的に影響力を行使し、ないし支配する企業が団体交渉法上の「使用者」と認められることは通説であるが、それは、労働条件を現実に支配する者に当事者適格を認め、団交を現実に紛争解決するものたらしめる趣旨にでたものである。そうである以上、紛争となっている問題の性格に応じて、つまり、たとえば純粋持株会社こそが当該紛争の争点となっている問題を惹起し、当該会社こそ労働条件を根底的に左右する権能を有し、したがって持株会社だけが当該紛争に関して解決能力を有しているような場合には、住友電装事件で宮城県労委が示したように、より一層強く「使用者」と認められるべきである。[77]

　（オ）　まとめ

　今や、団体交渉法上の「使用者」の問題は、偽装請負や違法派遣のユーザーが違法状態から脱却する際に、従来使用してきた間接雇用労働者の直用化に関わる問題について、当該ユーザーの「使用者」性に適切な解答を提供し得るかが一つの焦点である。

　支配力説は、具体化した基準を提示しながら実情の変化、事態の推移に応じて柔軟に「使用者」性概念の拡張適用を試みている。これに対し、労働契約近似・隣接説は、菅野氏のように、「構内業務請負における発注企業」でも、「雇用そのもの……について現実的具体的支配をしていたか」を問うことに拘泥して、結局は、受入れた労働者との間に「ほぼ労務提供と賃金支払の関係が成立し」労働契約関係が認定され得る事案に限定される。[78] 労働契約との関連を求め

る余り、自縄自縛に陥り、実情に対応しかねているのではないか、との疑問を拭えない。

4 小括

　ここまで、団体交渉法上の「使用者」概念について、主に労働委員会の命令を念頭に置きつつ検討してきたが、中労委の命令に対する取消訴訟が提起されており、この問題に対する裁判所の判断が重要になってくると考えられる。その問題を検討しておきたい。

(1) 国交省(スクラムユニオン・ひろしま)事件・東京地裁判決

　中労委の命令に関する取消訴訟はすべて東京地裁に提訴されるだけに、この種の事案における最初の取消訴訟である国交省事件についての東京地裁の結論とその法理論が注目されていたが、同民事19部は、中労委のいう「一般的な法理」には言及せず、朝日放送最高裁判決を引用し、しかし内容的には中労委の判断をほぼそのまま容認し、取消の訴えを棄却した。したがって、中労委見解に対する批判もそのまま妥当するが、雇用保障(他の事業主に対する就職斡旋等を含む)を交渉事項として団体交渉を求めたことに関わる判断についてのみ、以下、指摘する。

　東京地裁は、「就職斡旋等による雇用確保」に関して、国(国交省)は労働者の「雇用に関する事項について現実的かつ具体的な支配力を有していたとは認められ」ないこと、彼らとの間に「近い将来において雇用関係が成立する現実的かつ具体的な可能性」も認められないことを理由に、国の「使用者」性を否定した。[79]本件の組合員らは車両管理業務を請け負った企業に雇用されていたのだが、実際には国に指示されて生物実態調査、流出した油の処理、河川敷の陥没個所の修復等にも従事し、いわば多能工になっていたから、斡旋先としては国の伝手がある幾つもの企業があり得る。是正指導を招いた経緯があるから、国は交渉に応じ、その席で、斡旋可能な企業名、直用か派遣かといった就労形態、労働諸条件等を説明し、組合および当該組合員の判断を聞き、さらに交渉を重ねることを社会的に要請される立場にあった。当該企業に対しては労働者を紹介して、採用の依頼、打診、要望などの形をとることになろう。団体交渉

において何らかの形で合意が成立するか否か、また成立した合意に基づき就職斡旋を行なったとしても、労働者は紹介ないし推薦されるに過ぎず、当該企業に就職し得るかは別の問題で、最終的にはエンプロイヤビリティが決め手になる。国はその前段階である「就職斡旋」に関わる団体交渉に応ずべき「使用者」に当たるか否かが問われていた。

　国は就職先を斡旋をするように求められているのであって、斡旋の対象となるのは国（国交省）ではないし、元の雇用主でもない、それまでは、当該労働組合員とは直接には関わりなかった（可能性もある）別のいずれか任意の企業である。そのような企業への就職斡旋を求める団体交渉に関して、国が過去に組合員らの雇用に関する「現実的かつ具体的な支配力」を有していたかとか、組合員らとの間に「近い将来」雇用関係が成立する「現実的かつ具体的な可能性」があるか等は、国の「使用者」性の判断に関しては全く何の関わりもない。国の「使用者」性を否定する際に、国の組合員らに対する支配力や近い将来の組合員との労働契約の成立の可能性がないことを理由として挙げることが何を説明したことになるのか。その指摘によって何を示唆したのか、おそらく東京地裁自身も説明できないのではあるまいか。

　控訴を受けた東京高裁も、判断すべきは、「団体交渉事項が、本件において参加人が雇用主と同視できる程度に現実的かつ具体的に支配、決定することができる事項か否か、ということ」であるとし、地裁判決の判決理由全文をそのまま引用して控訴を棄却して終わっている[80]。団体交渉事項とそれに対応する「使用者」の相関性を理解しない点では地裁と変わりない。

(2)　おわりに

　元々、労働法制の根底には、抽象的な市民法の下では形式を重視し実態を捨象する傾向を免れがたいため、実際には、経済的社会的力関係に差があり、企業と対等に交渉し契約を結ぶことができない労働者の生きる権利を侵害することになる必然的傾向があり、人間の尊厳を犯す危険性がある、という反省的認識が存在する。そして、労働者が労働組合を結成し団結力を背景に団体交渉を行い、僅かでも企業と対等な力関係に近付き、労働条件と生活を守ることを求める、そのことを国家が基本的人権（労働基本権）として保障すべきだとして、

契約の自由万能から実質的な契約の自由保障へと法理念は転換した。ある関係を規律する法の適用に当っては、契約締結の事情や契約履行の際の実態を総合的に捉え、それに適合する解釈をすることが重要であるという哲学である。労働者に関わる問題の適切な理解・解釈と法律の運用にとっては、実態を把握し、それを法的に構成することは初歩であり、基本であり、不可欠である。

裁判所や中労委に「使用者」性論の意義に対する理解がないこと、紛争の原因や実情を把握し損ねていることは信じ難いほどである。理解をしようとする意欲の欠如（意欲さえあれば、理解することができないほど、難しい問題ではあるまい）に慨嘆する他はない。

朝日放送事件最高裁判決の意味内容を自らは真摯に検討することなく、決り文句を呪文のようにただ繰り返して、自己の選んだ結論に結びつける判例が多く、それを支持ないし容認する研究者もいるが、理論的怠惰、怠慢と思えてならない。

裁判所や労働委員会は、委ねられた具体的な労使紛争を法的に公正に解決すべき自らの使命を再確認する必要がある。近い将来、直用化、雇用保障を交渉事項とする団体交渉に応ずべき「使用者」を現実的具体的に事案に即して緻密に検討し、裁判所や労働委員会は法理論が通じるところだと思い直すことができるような、判決や労働委員会の命令に出会うことを期待したい。

（１）　高梨『詳解』310 頁。
（２）　安西『実務』408 頁。それに対する的確な批判として、西谷敏「労働者派遣法と集団的労働関係」月刊労委労協 366 号（1986 年）9 頁参照。
（３）　菅野和夫・諏訪康雄『判例で学ぶ雇用関係の法理』（総合労働研究所、1994 年）300 頁。
（４）　1985 年 5 月 14 日衆議院社会労働委員会議 20 号 8 頁、同年 6 月 6 日参議院社会労働委員会議 25 号 2 ～ 3 頁。高梨『詳解』311 頁参照。
（５）　朝日放送事件・最 3 小判平 7.2.28 労判 668 号 11 頁。
（６）　脇田『公正雇用』228 頁、西谷〔2 版〕561 頁、緒方桂子「労働組合法における派遣先企業の使用者性」和田ほか『法』132 頁、菅野〔11 版補正〕952 頁等。
（７）　国交省事件・中労委 24.11.21 別中労時 1437 号 21 頁、第 1 章第 5 節 1 参照。
（８）　西谷〔組合 3 版〕297 頁。
（９）　INAX 事件・最 3 小判平 23.4.12 労判 1026 号 27 頁。
（10）　夕張職安事件・札幌地岩見沢支判昭 44.5.6 労旬別 707 号 5 頁。

(11) 野田進「労働者性に関する最高裁二判決」労旬1745号（2011年）40頁。
(12) 西谷〔組合3版〕297頁、菅野〔11版補正〕850頁、荒木〔3版〕606頁、道幸哲也『労使関係における誠実と公正』（旬報社、2006年）64頁、渡辺章『労働法講義・下』（信山社、2011年）98頁等。
(13) 西谷〔組合3版〕299～300頁、菅野〔11版補正〕853頁。
(14) ブリジストンケミテック事件・三重県労委平22.10.25（掲載誌未詳）。同命令は、その両者を混同しているように見られる、萬井論文⑮労旬1739号47頁。
(15) 朝日放送事件・大阪地労委昭53.5.26別中労時918号36頁。
(16) 朝日放送事件・中地労委昭61.9.17労旬1165号69頁、東京地判平2.7.19労判566号28頁。申立人は「当時の裁判状況の厳しさ」を考慮し、団交事項に関わる判示を不服とする取消訴訟を提起しなかった（豊川義明ほか「派遣先と派遣労働者との団交権」権利210号（2005年）37頁。朝日放送が「使用者」性をめぐって控訴した）。
(17) 朝日放送事件・東京高判平4.9.16労判624号64頁。
(18) 朝日放送事件・最3小平7.2.28労判668号11頁。
(19) 脇田滋「派遣先事業主の団交応諾義務についての一考察」龍法33巻3号（2000年）48頁。
(20) 朝日放送第2事件・大阪地判平18.3.15労判915号94頁。
(21) 直用化の際の「就労すべき場所及び職種」をも対象として命じた、JR東日本（宮城）事件・中労委平8.3.6別中労時1176号141頁。

　経営破綻した専門学校の承継者が教員の不採用問題について団交を拒否した東京日新学園事件に係り、中労委とさいたま地裁は評価が分かれた（中労委平18.12.20労判929号90頁、さいたま地判平16.12.12労判888号13頁）。萬井隆令「営業譲渡先による教員の承継拒否と不当労働行為」法時78巻4号（2006年）119頁参照。
(22) 黙示の労働契約の締結が争われた慶応大学付属病院事件・東京高判昭50.12.22労判243号43頁について、萬井『締結』202頁以下参照。
(23) 五洋建設事件は内定取消事件であるが、取消の理由は父親の労働組合活動に対する嫌悪と推測された（同事件・広島地県支判昭49.11.11判タ322号272頁）。仮に、労働組合が採用を求めて団体交渉を申込んだとすれば、五洋建設には応諾義務があろう。
(24) 脇田氏は「派遣期間終了後」には交渉義務があるとする、前掲注（19）脇田・龍法33巻3号52頁参照。
(25) 厚労省職安局長『現下の厳しい雇用失業情勢をふまえた労働者派遣契約の解除等に係る指導に当たっての労働者の雇用の安定の確保について』2008.11.28職発1128002号。
(26) ショーワ事件・中労委平24.9.19別中労時1436号36頁、阪急交通社事件・中労委平24.11.7別中労時1437号16頁、国交省事件・中労委平24.12.21労委平1437号39頁、東海市事件・中労委平25.1.25別中労時1440号36頁、日本電気硝子（第2）事件・中労委平26.2.19（掲載誌未詳）。なお、それに倣う裁判所もある、川崎重工事件・神戸地判平25.9.10別中労時1446号52頁、国交省事件・東京地判平27.9.10労旬1853号63頁等。

　研究者が論文を執筆する時、「一般的」に通用する法理と認められることを期する

であろう。だが、示された法理が「一般的な法理」か否かは、当該理論の適切さ、汎用性等を他者が評価し、おのずから定まっていくことである。裁判所の判決、労働委員会の命令の場合も事情は同じである。自らが「一般的な法理」と称するのは思い上り、傲慢とも見られかねないから、自称する例はほとんどない。水町勇一郎氏は、中労委は「使用者」性をめぐる法の趣旨、基盤を見誤っていると批判される（前掲第1章第4節注（14）水町勇一郎「団体交渉の主体」『労働法の争点』178頁）。

(27) 朝日放送事件・最3小平7.2.28労判668号11頁。

(28) 同旨、前掲第1節注（7）渡辺・労判638号12頁。高裁判決評釈の中で、渡辺章氏は、それを「新しい問題−といっても、実際界ではすでに、以前から問題視されていた……最高裁の判断が注目される」と述べている。

(29) 福岡右武「雇用主との間の請負契約により労働者の派遣を受けている事業主が労働組合法7条にいう『使用者』に当たるとされた事例」法曹時報50巻3号（1996年）188頁、菅野〔11版補正〕955頁。同旨、荒木〔3版〕673〜674頁、

なお、菅野氏は、最高裁判決以前に、交渉事項、交渉機能の両面で「部分的な『使用者』」と表現されており（「業務処理請負契約による就労先企業の団体交渉上の『使用者』性」ジュリ1027号（1993年）134頁）、労働契約基準説の判断基準を明らかにしたことが同判決の第一の意義だと評されるが（同「会社解散をめぐる不当労働行為事件と使用者」山口浩一郎ほか編『経営と労働法務の理論と実務』（中央経済社、2009年）536頁）、理論的説明はない。

(30) 前掲第1節注（2）岸井『不当労働行為の法理論』148頁、同注（3）外尾『労働団体法』208頁、西谷〔組合3版〕149〜150頁。

(31) 前掲注（29）福岡・法曹時報50巻3号189頁。

(32) 同旨、馬渡淳一郎「雇用主との間の請負契約により労働者の派遣を受けている事業主が労働組合法7条にいう『使用者』に当たるとされた事例」民商114巻2号（1996年）94頁、前掲第1節注（7）本久『事業再構築における労働法の役割』239頁、浜村彰「発注元（派遣先）による直用化問題と労働組合法上の使用者」月刊労委労協2016年1月号19頁等。水町勇一郎氏は、「労働契約基本説を基盤としつつ、『現実かつ具体的に氏は委員会・決定』という文言を用いて支配力説を取り込んだ」折衷的見解とみる、前掲第1章第4節注（14）参照。

なお、日本製箔事件において、滋賀県労委は、派遣先は派遣元より「雇用関係に大きな支配力を有し」ており、同判示に照らしても、派遣先による「契約の中途解除ないし派遣労働者の差し替え要求が……解雇の決定的な要因と認められる場合」は、派遣先も「雇用主と同視できる程度に現実的かつ具体的に支配、決定できる地位にあった」として「使用者」にあたる、と判断した、同事件・平17.4.1別中労時1328号159頁。同旨、タイガー魔法瓶事件・大阪府労委平20.10.10別中労時1393号33頁。

(33) 前掲注（12）道幸『労使関係法における誠実と公正』65頁、187頁など。

なお、東京都法務部専門副参事・直井春夫氏は、「部分的」と「重畳的」を語学的に分析して前者を採られる（同「朝日放送事件最高裁判決の読まれ方」中労時1062号（2006年）2頁）。傾聴に値はするが、問題は当該判決が何を示唆しているかであって、その場合、語学的分析よりも法理論的な分析が重視される。

筆者も萬井評釈②では「部分的……」の表現を使ったが、適切ではなかったので、

(34) JR採用拒否（JR東日本・JR東海等）事件・東京高判平 12.11.8 労判 801 号 57 頁、JR採用拒否（JR北海道・日本貨物鉄道）東京高判平 12.12.14 労判 801 号 41 頁。
(35) JR採用拒否事件・東京地判平 10.5.28 労判 739 号 35 頁ほか。
(36) JR採用拒否事件・最 1 小判平 15.12.22 判時 1847 号 14 頁。
(37) 萬井隆令「JR採用拒否事件・最高裁判決の意味するもの」権利 254 号（2004 年）15 頁以下。
(38) 国交省事件・中労委平 24.12.21 別中労時 1437 号 21 頁。
(39) パナソニック HA 事件・滋賀県労委平 23.10.25 別中労時 1425 号 1 頁。
(40) パナソニック HA 事件・中労委平 25.2.6 別中労時 1451 号 37 頁。
(41) 厚労省が「直接雇用へ指導強化」と伝えられていたし（07 年 2 月 27 日「朝日新聞」）、日本電気硝子（第 2）事件では口頭による直用推奨があった例は確認されている（滋賀県労委平 23.12.13 別中労時 1450 号 405 頁）。その他、第 3 章第 2 節注（1）参照。
(42) パナソニック HA 事件・中労委平 25.2.6 別中労時 1451 号 51 頁。
(43) 伊藤忠商事事件・大阪地労委昭 58.5.9 労判 411 号 88 頁。
(44) 審理中に更生計画が終了したため、被申立人は日本航空に変更されたが、命令の理由部分においては、支援機構の「使用者」性を認め、それが日本航空に継承されたと説いている。日本航空（企業再生支援機構）事件・東京都労委平 23.7.5（http://www.metro.tokyo.jp/INET/OSHIRASE/2011/08/20l83300.htm）。同命令はその後、東京地裁、東京高裁、最高裁でも支持され、確定した。同事件・東京地判平 26.8.28 労判 1106 号 5 頁、同事件・東京高判平 27.6.18 労旬 1850 号 49 頁、最 2 小決平 28.9.23（判例集未掲載）。
(45) 日本電気硝子事件・滋賀県労委平 22.12.6 別中労時 1429 号 11 頁。
(46) 日本電気硝子事件・滋賀県労委平 22.12.6 別中労時 1429 号 64 頁。
(47) 派遣終了後における過去の違法派遣の責任問題についての日本精工事件・平 23.4.21（掲載誌不詳）、前掲注（41）日本電気硝子（第 2）事件・別中労時 1450 号 368 頁等。
(48) 日本電気硝子事件・中労委平 25.7.3 別中労時 1457 号 51 頁以下。
(49) ショーワ事件・平 24.9.19 別中労時 1436 号 16 頁、国交省事件・中労委平 24.12.21 別中労時 1437 号 21 頁のほか、阪急交通社事件・中労委平 24.11.7 別中労時 1437 号 16 〜 17 頁も同様である。萬井評釈⑩権利 298 号 66 頁および萬井意見⑥権利 304 号 87 頁参照。
　なお、在り方研『報告書』は、「派遣先について、一定の場合に使用者に該当する場合があり得るとした」中労委命令があるとし、その例の「代表」としてショーワ事件命令を肯定的に紹介している。
(50) パナソニック HA 事件・中労委平 25.2.6 別中労時 1451 号 50 〜 52 頁。
(51) 唐津ほか『読む I』49 頁以下（米津）。
(52) 住友電装事件・宮城県労委平 19.6.12 労判 940 号 91 頁参照。
(53) 国交省事件・広島県労委平 23.6.24 労判 1029 号 94 頁。
(54) 木南直之「労働組合法上の使用者概念と団交事項」学会誌 119 号（2012 年）67 〜

71頁。
(55) 前掲注（54）木南・学会誌119号70〜71頁および70頁注42）参照。
(56) 清水洋二氏、渡辺章氏らの発言、学会誌119号113〜115頁。
(57) 学会報告グループの責任者で司会をされた村中氏の解説、学会誌119号115頁。
(58) その見解を労働契約基本（基準）説と命名することを菅野氏は是とされる（菅野〔11版補正〕954頁注7））。だが、労働契約が「基本」というだけでは見解の内容について何も示唆せず、命名として適当でない。内容に即し労働契約近似・隣接説と呼ぶことにする。
(59) 菅野〔11版補正〕954頁。同旨、土田〔概説3版〕420頁、荒木〔3版〕673頁。
(60) 菅野〔11版補正〕955〜957頁。例として、油研工業事件・最1小判昭51.5.6民集30巻4号409頁、朝日放送事件・最3小判平7.2.28民集49巻2号559頁等。
(61) 菅野〔11版補正〕958〜959頁。例として、前の事案ではシマダヤ事件・中労委平16.12.15命令集130周118頁、大仁事件・北海道労委21.1.9命令集143集7頁、後者の事案として大阪証券取引所事件・中労委平15.3.19命令集125集1139頁、高見澤電機製作所事件・中労委平20.11.22命令集142（2）集1308頁。
(62) 菅野〔11版補正〕960頁。阪急トラベルサポート事件・中労委平23.11.26別中労時1422号37頁を例示される。
(63) 菅野〔11版補正〕961頁。例として万座硫黄事件・中労委昭27.10.15命令集7集181頁、青山会事件・東京高判平14.2.27労判824号17頁、クボタ事件・中労委平21.9.2命令集145集844頁等。
(64) 菅野〔11版補正〕962〜963頁。東洋鋼鈑事件・中労委昭53.11.15命令集64集777頁、住友ゴム工業事件・大阪高判平21.12.22労判994号81頁等。
(65) 菅野〔11版補正〕401〜404頁。
(66) 菅野〔11版補正〕854頁。
(67) 菅野〔11版補正〕959頁。
(68) 菅野〔11版補正〕850頁と402〜403頁。
(69) 荒木尚志「持株会社をめぐる労働法上の諸問題」商事法務1431号（1996年）31頁以下、荒木〔3版〕677頁、中窪裕也「総論」西谷敏・道幸哲也・中窪裕也編『新基本法コンメンタール・労働組合法』（日本評論社、2011年）84頁以下。
(70) 土田道夫「純粋持株会社と労働法上の諸問題」労研451号（1997年）5〜7頁。
(71) 経済産業省2015年2月6日ニュース・リリース（同省HP）。
(72) 土田〔概説3版〕424頁。
(73) 盛誠吾「純粋持株会社解禁と労働法上の問題点」労旬1411号（1998年）9頁以下。
(74) 前者、国交省事件・中労委平24.12.21別中労時1437号21頁、後者、菅野〔11版補正〕752頁、同旨、前掲注（54）木南・学会誌119号66頁。
(75) 西谷〔2版〕563頁以下。
(76) 前掲注（32）浜村・月刊労委労協2016年1月号24頁。鄒庭雲「団交応諾義務にかかる派遣先の使用者性」季労242号（2013年）130頁、前掲第1節注（7）本久『事業再構築における労働法の役割』249頁参照。
(77) 萬井隆令「複数関係企業間労働条件の決定・変更」労働法学会編『講座21世紀の労働法（3）』（有斐閣、2000年）216頁以下。同旨、西谷〔2版〕561頁以下。

(78) 菅野〔11版補正〕952頁以下。
(79) 国交省事件・東京地判平27.9.10労旬1853号64頁。
(80) 国交省事件・東京高判平28.2.25別中労時1496号43頁。なお、最高裁は上告不受理を決定した、平29.2.7。

あとがき

　「雇用」と「使用」の分離を認める労働者派遣法は、労働法の基本である、直接雇用の原則から外れる特別法である。今や、年商5兆円を超え、派遣労働者数400万人にまで発展した人材派遣事業も、1985年の法制定当時には、対象業務や派遣可能期間に規制があったから、これほど普及し成長するとは予測されていなかった。30年の間に、規制は徐々に緩和されてきた。1999年改正でネガティブリスト化された対象業は2015年改正によって、ついに、「専門業務」という区分もなくされ、また派遣先が労働者の過半数代表から意見を聴きさえすれば労働者派遣契約を何回でも更新できることとされ、派遣可能期間の制約はないに等しいまでに姿を変えた。

　派遣事業の拡大には法制度の緩和による支えが大きかったが、雇用する労働者を他の企業に提供することは、職安法44条が禁止する労働者供給事業ではなく、（違法でも）派遣であるといった、制度の濫用を許容し、偽装請負の蔓延を助けてきた厚生労働省と裁判所および労働委員会の理不尽な法解釈の在りようも問題にせざるを得ない。今までのような判決や命令が続けば、労働者は紛争を法的に解決する道を断念することになりかねない。司法制度に対する危機感がこの書を書いた動機の一つである。

　法解釈の前提は、まず、事案に関わる事実関係を正確に把握することである。だが、近年、それが眼に余るほど疎かにされる傾向がある。諄いようだが一例だけ挙げれば、DNPファイン事件では、下請けユニの従業員に対する指示の存在を示す証拠として提出された書類の一つにDNPファインの「人員体制表」を東京高裁は、各作業員が「どの班に属し、どの工程を担当しているかが記載された」ものというが、それは、①過去の体制を記録したものなのか、②今、その体制で就労中であるという現状を示すのか、それとも③次週やその月間の今後の作業体制を示すのか、明言はしない。判決は「顧客による監査の際に本件a工場の人員を説明するために作成しておいた」と説明するから、①と理解しているようだが、それならば、顧客（ユニ）に説明する時まで事務所で

保管しておけばよい筈で、「クリーンルームの通路に掲示していた」こととそぐわない。「人員体制表」は作成時期、記載内容と照らし合わせて初めて意義が判る。実物（書証）を見ると、数日先のことも書きこまれているから、③であることは明らかで、三組二交代・24時間操業体制の下での作業予定とそれぞれの作業を誰が担当するのかを示し、個々の労働者に対しては、当該「表」に従って就労することを指示する役割と機能を持つ。「顧客に……説明するため」は誤認ではないのか。なぜ、東京高裁は証拠を検めて、それを確かめようとしないのか。合議していて、一人もそれを思い付かないのか。そして、どう分析したのか判らないが、結局、DNPファインが「班を編成していたことまで示す事情」はないという結論だけを述べている。製品は滞りなく次々生産されているようだが、一体、DNPファインでは、誰が班を編成したり、各労働者にどのように作業指示をしていたというのだろうか。事実認定が杜撰であるという謗りを免れまい。

　裁判官らは特に事実認定についての訓練・研修を受けるわけではない。実務を積み重ねてその能力を向上させるはずだが、必ずしも多くの労働事件を担当するとは限らないから、労働判例を数多く読む研究者の方がむしろ、そういった「指示」の態様等には知見が豊富かもしれない。多くの労働事件を手掛ける労働弁護士は一層、知見豊かであるに違いない。それにしても、指示の有無が争点となっているにもかかわらず、証拠をまともに調べもせず、分析も論証も抜きの事実認定が許されるのか。かつて、事実認定は裁判所の仕事で、研究者は法解釈の部分を検討の対象とするものだ、と言われたこともあるが、このような判決に接すると、もはや、それでは済まされまい。

　次に、労働法の基礎知識に欠け、論証もないまま、企業による派遣法の濫用を見過ごす判断も多い。また先例とされている判決、通説と看做されている学説について、自ら納得するまでそれを咀嚼し、検討する姿勢が見られず、借り物で済ませる傾向が窺われる。それが嵩じて、争点から外れたことを審理して終わるものさえある。これも一例だけ挙げれば、国交省（スクラムユニオン・ひろしま）事件では、組合は交渉事項として、直用化だけではなく、「雇用保障（就業機会の確保）」を挙げている。これに対し、中労委は、自ら「一般的な法理」と豪語する「使用者」性論を当てはめ、「採用、配置、雇用の終了等と

いった一連の雇用の管理」に関して部分的使用者ではなく、また、国交省と組合員との間に「近い将来において雇用関係の成立する可能性が現実かつ具体的に存して」いなかったとして、直用化について「使用者」性を否定し、救済申立てを棄却した。雇用保障の問題は派遣契約の中途解約の場合だけのことを限定して解し、本件では検討の対象としていない。取消訴訟で東京地裁は、「就職斡旋等による雇用確保」に関して、「近い将来において……」を検討し、否定して請求を棄却し、東京高裁はそれをそのまま継承している。「就職斡旋等」の斡旋先は、国交省が斡旋を持ちかけられるような伝手を持つ企業ないし団体等が想定される。求められたのは、国交省は「就職斡旋等」について団体交渉に応ずべき労組法上の「使用者」に該当するか否かの判断であり、示されるべきはその判断基準であった。斡旋先は国交省ではないから、国交省が組合員について「一連の雇用の管理」をしていたかとか、組合員と「近い将来において雇用関係の成立する可能性」があるかは、判断とは何の関わりもないのではあるまいか。中労委も裁判所も、申立人の主張を理解せず、紛争の事実関係や当事者の主張を、自らの「使用者」性論の枠組みの中に無理やり取り込み、押込んで、結論を急いでいる。解決を求められているのはどのような紛争なのか、当事者は何を、どのように主張しているのか、事案の争点を把握することは法解釈の前提である。争点の把握が必ず適切な法解釈を導くとは限らないが、それは争点を把握しないこととは天地の差がある。実は、本書で指摘したような、本来の法解釈の問題点はさらにその先にあるのだが。

　裁判官も労働委員会の公益委員も、有識者だと考えられているが、争点さえ的確に把握しないでいては判決や命令は書けない。川柳子は「有識者　政府の意向　汲める人」（川端柳・作）と皮肉っているが、笑って過ごせることではない。裁判官や労委の公益委員には、政府の意向や上級審の判断、学界の権威者の見解に囚われず、当事者の主張・立証について自らの矜持を懸けて吟味を試み、「憲法及び法律」と「良心」に従い判断する見識を期待したい。また、近年の労働法のテキストや論文を見ると、判例や行政解釈の内容を整理し、解説するだけの実証主義的なものも多いが、それは客観的には、判例等を拡散するだけで、試験で得点を稼ぐには便利かもしれないが、法理論の発展や労働者の権利擁護の役には立たない。研究者も研究の意義や目的を再度確認することが

求められる。

　判例等を紹介する際、裁判所名だけを記すことが慣例である。しかし、厳しく批判せざるを得ない判決や労委命令が多い。一覧表で紹介する際、主として松下PDP最高裁判決、ショーワ中労委命令以降について裁判官、中労委の公益委員の氏名も記したのは、僭越ながら、社会的責任の自覚を求めてのことである。

　私は派遣の問題についても、外国の派遣法を究め、それと比較しながら日本の派遣法を論じるというスタイルではなく、労働現場の状況や日本の労働者の実態を直視し、それを法的に分析して法解釈論を構築する方法を意図してきた。心がけたのは、「事実を以て語らせる」こと、判例や通説と言われるものもそのままには受け取らず、批判的に分析する態度である。本書には、事実関係の分析を重視し、判例評釈的な部分が多いが、ある事件の個別具体的な争点とそれに対する判断、そこに展開される論理の中に、普遍化すべき問題点とその解明の在り方が潜んでいると考えるからである。

　私の解釈論は裁判所や労働委員会では受け容れられないことが多い。受け容れられるに越したことはないが、そうでないからといって意味がないとは考えない。実態をふまえて、労働者の権利闘争に貢献し、権利闘争の発展によって将来的に多数の理解・支持を得られる法律論の構築を追及することは充分に意味がある。本書がそうなり得ていれば幸いである。

　本書は、紙幅の関係もあって派遣法をめぐる論争的なテーマに絞っており、派遣労働者に適用される派遣元の就業規則、派遣元の安全配慮義務などについてはほとんど触れていない。労働法のテキストの類を合わせて読まれたい。

　本格的な研究書だとは考えないが、派遣をめぐる法律問題を様々に、時には同じことも繰返し論じたことは確かなので、『労働者派遣法論』と題した。お読みいただいたことに感謝したい。私の誤解なども多々あるにちがいない。批判や書評は、論議を呼び、派遣法論の一層の発展の契機となるし、私自身にとっても再吟味の契機となるので歓迎したい。

判例等索引

※　●は、派遣が争点となってはないが参考となるものが示されている。
　なお、事件名は、最初に本文で紹介する時は関与した派遣元も記したが（例えば、松下PDP（パスコ）事件）、それ以降は煩頊であるので、本文の注も含め、通例に従った（例えば、松下PDP事件）。

【判例】

- ● 日立電子事件・東京地判昭41.3.31 労民集17巻2号368頁
- ● 夕張職安事件・札幌地岩見沢支判昭44.5.6 労旬別707号5頁
- ● 山恵木材事件・最3小判昭46.6.15 民集25巻4号516頁
- 　　新甲南鋼材工業事件・神戸地判昭47.8.29 判時687号96頁
- ● 三菱樹脂事件・最大判昭48.12.12 労判189号16頁
- ● 五洋建設事件・広島地呉支判昭49.11.11 判タ322号272頁
- ● 慶応大学付属病院事件・東京高判昭50.12.22 労判243号43頁
- ● 油研工業事件・最1小判昭51.5.6 民集30巻4号409頁
- 　　近畿放送事件・京都地決昭51.5.10 労判252号16頁
- 　　全日空事件・大阪地決昭51.6.17 労判256号47頁
- 　　青森放送事件・青森地判昭53.2.14 労判292号24頁
- ● 大日本印刷事件・最2小判昭54.7.20 民集33巻5号582頁
- 　　BAB事件・東京地判昭54.11.29 労判332号28頁
- 　　サガテレビ事件・佐賀地判昭55.9.5 労判352号62頁
- 　　マネキン紹介業（東販）事件・東京地判昭56.2.27 労判375号90頁
- 　　伊藤忠商事事件・大阪地労委昭58.5.9 労判411号88頁
- 　　サガテレビ事件・福岡高判昭58.6.7 労判410号9頁
- ● 大阪施設工業事件・大阪地決昭63.10.7 労判528号35頁
- ● 東京都11市競輪事業組合事件・東京地判平2.2.22 労判558号33頁
- 　　朝日放送事件・東京地判平2.7.19 労判566号28頁
- 　　三和プラント事件・東京地判平2.9.11 労判569号35頁
- 　　松下通信工業事件・東京地民19部判平2.9.28 労判570号6頁
- 　　アサヒ三教事件・東京地判平2.12.14 労判567号34頁
- 　　松下通信工業事件・東京高民8部判平3.10.29 労判598号40頁
- 　　松下通信工業事件・最1小判平4.9.10 労判619号13頁
- 　　朝日放送事件・東京高判平4.9.16 労判624号64頁
- 　　大映映像事件・東京地判平5.5.31 労判630号81頁
- 　　エグゼ事件・東京地判平6.5.9 労判659号64頁
- 　　朝日放送事件・最3小平7.2.28 労判668号11頁
- 　　新日本ニューメディア事件・東京地判平7.11.7 労判690号93頁
- 　　センエイ事件・佐賀地武雄支判決平9.3.28 労判719号62頁
- 　　安田病院事件・大阪高判平10.2.18 労判744号63頁

判例等索引　　371

- JR 採用拒否事件・東京地民 11 部判平 10.5.28 労判 739 号 35 頁
  安田病院事件・最 3 小判平 10.9.8 労判 745 号 5 頁
- 大府市事件・名古屋地判平 11.10.29 判タ 1055 号 142 頁
- 三菱重工長崎造船所事件・最 1 小判平 12.3.9 労判 778 号 11 頁
- JR 採用拒否（JR 東日本・JR 東海等）事件・東京高民 9 部判平 12.11.8 労判 801 号 57 頁
- JR 採用拒否（JR 北海道・日本貨物鉄道）東京高民 7 部判平 12.12.14 労判 801 号 41 頁
  JR 西日本事件・大阪地判平 13.3.9 労判 806 号 86 頁
- 青山会事件・東京高判平 14.2.27 労判 824 号 17 頁
- 大星ビル管理事件・最 1 小判平 14.2.28 労判 822 号 5 頁
  パーソンズ等事件・東京地判平 14.7.17 労経速 1834 号 17 頁
- 日本ヒルトンホテル事件・東京高判平 14.11.26 労判 843 号 20 頁
  JR 西日本事件・大阪高判平 15.1.28 労判 869 号 68 頁
  新日鉄事件・最 2 小判平 15.4.18 労判 847 号 14 頁。
  伊予銀行事件・松山地判平 15.5.22 労判 856 号 63 頁
- 東京都教委（日野市南平小学校）事件・東京地判平 15.12.3 判時 1845 号 142 頁
- JR 採用拒否事件・最 1 小判平 15.12.22 判時 1847 号 14 頁
  ヨドバシ・パソナ事件・大阪地判平 16.6.9 労判 878 号 20 頁
  東京日新学園事件・さいたま地判平 16.12.12 労判 888 号 13 頁
  ナブテスコ事件・神戸地明石支判平 17.7.22 労判 901 号 21 頁
  一橋出版事件・東京地判平 17.7.25 労判 900 号 32 頁
  朝日放送第 2 事件・大阪地判平 18.3.15 労判 915 号 94 頁
  伊予銀行事件・高松高判平 18.5.18 労判 921 号 52 頁
  一橋出版事件・東京高 24 民部判平 18.6.29 労判 921 号 11 頁
- 東京都教委（日野市南平小学校）同事件・最 3 小判平 19.2.27 労判 935 号 14 頁
  松下 PDP 事件・大阪地判平 19.4.26 労判 941 号 5 頁
  松下 PDP 事件・大阪高民 8 部（若林諒裁判長、小野洋一、菊地浩明裁判官）判平 20.4.25 労判 960 号 5 頁
  伊予銀行事件・最 2 小（今井功裁判長、中川了滋、古田佑紀、竹内行夫裁判官）決平 21.3.27 労判 991 号 14 頁
  松下 PDP 事件・最 2 小（中川了滋裁判長、今井功、古田佑紀、竹内行夫裁判官）判平 21.12.18 労判 993 号 11 頁
- 住友ゴム工業事件・大阪高判平 21.12.22 労判 994 号 81 頁
  東レリサーチセンターほか事件・大津地（石原稚也裁判長、芝本昌征、中出暁子裁判官）判平 22.2.25 労判 1008 号 73 頁
  NTT 多重派遣事件・京都地民 6 部（和久田斉裁判長、戸取謙治、辻本利雄裁判官）判平 22.3.23 労経速 2072 号 17 頁
  ムサシ鉄工事件・名古屋地豊橋支（島田正人裁判官）判平 22.3.25（判例集未掲載）
  會澤高圧コンクリート事件・札幌地民 1 部（竹田光弘裁判官）判平 22.6.3 労判 1012 号 43 頁
  アヴァンストレート事件・津地（福渡祐貴裁判官）判平 22.9.29（判例集未掲載）
  三菱重工高砂製作所事件・神戸地姫路支（中村隆次裁判長、吉澤暁子、館野俊彦裁判官）判平

22.12.8 労判 1017 号 93 頁

NTT 西日本 AP 事件・大阪地民 5 部（中村哲裁判長、内藤裕之、峯金容子裁判官）判平 22.12.27 判タ 1349 号 120 頁

● 公選法違反事件・東京地判平 23.1.7（判例集未掲載）

日本化薬事件・神戸地姫路支（中村隆次裁判長、吉澤暁子、舘野俊彦裁判官）判平 23.1.19 労判 1029 号 80 頁

積水ハウス事件・大阪地民 5 部（中村哲裁判長、内藤裕之、峯金容子裁判官）判平 23.1.26 労判 1025 号 42 頁

會澤高圧コンクリート事件・札幌高（裁判長、裁判官）判平 23.1.27（判例集未掲載）

ヤンマー事件・大阪地民 5 部（中村哲裁判長、大須賀寛之、松岡崇裁判官）平 23.2.7（判例集未掲載）

東レリサーチセンター事件・大阪高民 14 部（三浦潤裁判長、大西忠重、井上博喜裁判官）判平 23.2.8（判例集未掲載）

日本トムソン事件・神戸地姫路支（中村隆次裁判長、吉澤暁子、館野俊彦裁判官）判平 23.2.23 労判 1039 号 35 頁

NTT 多重派遣事件・大阪高民 2 部（西村則夫裁判長、亀田廣美、三木素子裁判官）判平 23.2.17 労旬 1759 + 60 号 108 頁

イナテック事件・名古屋地岡崎支（水谷正俊裁判長、澁谷輝一裁判官）判平 23.3.28 労経速 2106 号 17 頁

● INAX 事件・最 3 小（那須弘平裁判長、田原睦夫、大谷剛彦、寺田逸郎裁判官）判平 23.4.12 労判 1026 号 27 頁

いすゞ自動車事件・東京地民 36 部（光岡弘志裁判長、渡邊弘、三島聖子裁判官）判平 24.4.16 労判 1054 号 33 〜 34 頁

パナソニックエコシステムズ事件・名古屋地民 1 部（田近年則裁判官）平 23.4.28 労判 1032 号 19 頁

パナソニック電工事件・津地（渡渡裕貴裁判官）23.5.25（判例集未掲載）

パナソニックエレクトロニックデバイスジャパン事件・福井地民 2 部（坪井宜幸裁判長、平野剛史、仲井葉月裁判官）判平 23.9.14 労旬 1756 号 88 頁。

日本トムソン事件・大阪高民 9 部（坂井満裁判長、田中義則、渡邊雅道裁判官）判平 23.9.30 労判 1039 号 20 頁

NTT 西日本 AP 事件・大阪高民 8 部（小松一雄裁判長、平井健一郎、中垣内健治裁判官）判平 23.10.6（判例集未掲載）

日本化薬事件・大阪高民 8 部（小松一雄裁判長、平井健一郎、中垣内健治裁判官）判平 23.10.25（判例集未掲載）

クボタ事件・大阪地民 5 部（中村哲裁判長、峯金容子、内藤裕之裁判官）判平 23.10.31 労経速 2129 号 3 頁

三菱電機ほか（G ファクトリーら）事件・名古屋地民 1 部（田近年則裁判長、日比野幹、鈴木輝子裁判官）判平 23.11.2 労判 1040 号 20 頁

ヤンマー（ヤンマービジネスサービス）事件・大阪高民 12 部（安原清蔵裁判長、矢田廣高、板倉充信裁判官）判平 23.12.22（判例集未掲載）

いすゞ自動車事件・東京地民 36 部（光岡弘志裁判長、渡邊弘、三島聖子裁判官）平 24.4.16 労判 1054 号 33 頁

日本精工事件・東京地民11部（白石哲裁判長、菊池憲久、吉川昌寛裁判官）判平 24.8.31 労判 1059 号 21 頁

トルコ航空事件・東京地判平 24.12.5 労判 1068 号 32 頁

三菱電機ほか事件・名古屋高民 3 部（長門栄吉裁判長、内田計一、山崎秀尚裁判官）判平 25.1.25 労判 1084 号 75 頁

マツダ防府工場事件・山口地民 1 部（山本善彦裁判長、松永晋介、松崎由莉子裁判官）判平 25.3.13 労判 1070 号 6 頁

川崎重工事件・神戸地判平 25.9.10 別中労時 1446 号 52 頁

日産自動車横浜工場事件・横浜地民 7 部（阿部正幸裁判長、新谷裕子、岡田毅裁判官）判平 26.3.25 労判 1097 号 39 頁

資生堂（アンフィニ）事件・横浜地民 7 部（阿部正幸裁判長、建石直子、岡田毅裁判官）判平 26.7.10 労判 1103 号 57 頁

● 日本航空（企業再生支援機構）事件・東京地判平 26.8.28 労判 1106 号 5 頁

DNP ファイン事件・さいたま地民 4 部（志田原信三裁判長、高橋幸夫、鈴木拓児裁判官）判平 27.3.25 労旬 1859 号 41 頁

● 日本航空（企業再生支援機構）事件・東京高判平 27.6.18 労旬 1850 号 49 頁

日産自動車本社事件・東京地民 36 部（吉田徹裁判官）平 27.7.15 労判 1131 号 65 頁

国交省広島建設事務所等事件・東京地民 19 部（清水響裁判長、伊藤由紀子、島尻香織裁判官）判平 27.9.10 労旬 1853 号 64 頁

日産自動車横浜工場事件・東京高民 12 部（杉原則彦裁判長、高瀬順久、朝倉佳秀裁判官）判平 27.9.10 労判 1135 号 79 頁

DNP ファイン事件・東京高民 15 部（浜秀樹裁判長、波多江真史、高田公輝裁判官）判平 27.11.11 労旬 1859 号 32 頁

国交省広島建設事務所等事件・東京高民 2 部（柴田寛之裁判長、梅本圭一郎、矢作泰幸裁判官）判平 28.2.25 別中労時 1496 号 43 頁

DNP ファイン事件・最 2 小（山本庸幸裁判長、千葉勝美、小貫芳信、鬼丸かおる裁判官）判平 28.7.20（判例集未掲載）

● 日本航空（企業再生支援機構）事件・最 2 小決 28.9.23（判例集未掲載）

国交省広島建設事務所等事件・最 3 小（大谷剛彦裁判長、岡部喜代子、大橋正春、木内道祥、山崎敏充裁判官）』判平 29.2.7（判例集未掲載）

【命令】

● 万座硫黄事件・中労委昭 27.10.15 命令集 7 集 181 頁
● 五洋建設事件・広島地労委支判昭 49.11.11 判タ 322 号 272 頁
　朝日放送事件・大阪地労委昭 53.5.26 別中労時 918 号 36 頁
● 東洋鋼鈑事件・中労委昭 53.11.15 命令集 64 集 777 頁
● 伊藤忠商事事件・大阪地労委昭 58.5.9 労判 411 号 88 頁
　朝日放送事件・中労委昭 61.9.17 労旬 1165 号 69 頁
　JR 東日本（宮城）事件・中労委平 8.3.6 別中労時 1176 号 141 頁
● 大阪証券取引所事件・中労委平 15.3.19 命令集 125 集 1139 頁

シマダヤ事件・中労委平16.12.15命令集130集118頁
日本製箔事件・滋賀県労委平17.4.1別中労時1328号159頁
● 東京日新学園事件・中労委平18.12.20労判929号90頁
● 住友電装事件・宮城県労委平19.6.12労判940号91頁
タイガー魔法瓶事件・大阪府労委平20.10.10別中労時1393号33頁
高見澤電機製作所事件・中労委平20.11.22命令集142（2）集1308頁
大仁事件・北海道労委平21.1.9命令集143集7頁
クボタ事件・中労委平21.9.2命令集145集844頁
ショーワ事件・埼玉県労委平22.6.23別中労時1420号484頁
ブリジストンケミテック事件・三重県労委平22.10.25（命令集未掲載）
日本電気硝子事件・滋賀県労委平22.12.6別中労時1429号11頁
日本精工事件・滋賀県労委平23.4.21（掲載誌不詳）
国交省広島建設事務所等事件・広島県労委平23.6.24労判1029号94頁
● 日本航空（企業再生支援機構）事件・東京都労委平23.7.5（http://www.metro.tokyo.jp/INET/OSHIRASE/2011/08/20183300.htm）
パナソニック・ホームアプライアンス事件・滋賀県労委平23.10.25別中労時1425号1頁
阪急トラベルサポート事件・中労委第二部会（菅野和夫部会長、仁田道夫、藤重由美子、鹿野菜穂子、島田陽一委員）平23.11.26別中労時1422号37頁
日本電気硝子（第2）事件・滋賀県労委平23.12.13別中労時1450号368頁
ショーワ事件・中労委第二部会（菅野和夫部会長、仁田道夫、藤重由美子、島田陽一委員）平24.9.19別中労時1436号16頁
阪急交通社事件・中労委第二部会（菅野和夫部会長、仁田道夫、藤重由美子、鹿野菜穂子、島田陽一委員）平24.11.7別中労時1437号1頁
国交省広島建設事務所等事件・中労委第二部会（菅野和夫部会長、藤重由美子、鹿野菜穂子、島田陽一委員）平24.11.21別中労時1437号21頁　東海市事件・中労委第二部会（菅野和夫部会長、仁田道夫、藤重由美子、鹿野菜穂子、島田陽一委員）平25.1.25別中労時1440号33頁
パナソニックHP事件・中労委第一部会（諏訪康雄部会長、野崎薫子、柴田和史、山本眞弓、中窪裕也委員）平25.2.6別中労時1451号37頁
日本電気硝子事件・中労委第三部会（都築弘部会長、山川隆一、鎌田耕一、山本眞弓、木本洋子委員）平25.7.3別中労時1457号31頁
日本電気硝子（第2）事件・中労委第三部会（都築弘部会長、山川隆一、鎌田耕一、山本眞弓、木本洋子委員）平26.2.19（掲載誌未詳）

著者紹介
萬井隆令（よろい　たかよし）

　1943 年　鳥取市生まれ
　1965 年　京都大学法学部卒業
　1970 年　京都大学大学院法学研究科博士課程単位取得退学
　1970 年　立命館大学産業社会学部助教授
　1980 年　龍谷大学法学部教授
　2005 年　同法科大学院教授
　2011 年　退任
　現在　　龍谷大学名誉教授・法学博士

《主要著書》
『労働契約締結の法理』（有斐閣、1997 年）
『規制緩和と労働者・労働法制』（共著、旬報社、2001 年）
『労働契約と法』（共著、旬報社、2011 年）
『日本の雇用が危ない　安倍政権「労働規制緩和」批判』（共著、旬報社、2014 年）
『人間らしく働き生きる－労働者・労働組合の権利』（学習の友社、2014 年）

労働者派遣法論

2017年7月25日　初版第1刷発行

著　者	萬井隆令
装　丁	池田久直（株式会社 ビジュアル・ジャパン）
発行者	木内洋育
編集担当	古賀一志
発行所	株式会社 旬報社
	〒162-0041 東京都新宿区早稲田鶴巻町554 中川ビル4F
	TEL 03-5579-8973　FAX 03-5579-8975
	ホームページ http://www.junposha.com/
印刷	中央精版印刷株式会社
製本	中央精版印刷株式会社

©Takayoshi Yoroi 2017 Printed in Japan
ISBN978-4-8451-1506-8　C3032